Bilqis, Königin von Saba

Gerhard Konzelmann

Bilqis, Königin von Saba

Roman

Weitbrecht

Die Deutsche Bibliothek – CIP-Einheitsaufnahme

Konzelmann, Gerhard:
Bilqis, Königin von Saba: Roman/Gerhard Konzelmann. –
Stuttgart; Wien: Weitbrecht, 1995
ISBN 3-522-71790-2

Umschlaggestaltung von Rainer Simon, Böblingen.
Reproduktion des Umschlags von Repro Brüllmann, Stuttgart.
Gesetzt von KCS GmbH, Buchholz/Hamburg.
Gedruckt und gebunden von Friedrich Pustet, Regensburg.
Printed in Germany.
5 4 3 2 1

ERSTER TEIL
DIE KARAWANE

»Mächtiger Herrscher, vergönne mir, daß meine Worte in dein Ohr dringen und aufgenommen werden durch deine Sinne. Ich will dir erzählen, wie ich aufgebrochen bin, um aus meinem Land Saba zu dir zu gelangen. Ich will dir von meiner Reise berichten, von Abenteuern und Gefahren. Geheimnisvoll war der Anlaß, der nicht mit dem Verstand zu begreifen ist und außerhalb meiner Macht liegt. Doch daß ich zu dieser Reise gezwungen wurde, hat auch sein Gutes. Ein wichtiger Grund trieb mich an, dich aufzusuchen.« Die Stimme der Königin Bilqis klang melodisch und freundlich. Man merkte ihr nicht an, daß sie es gewohnt war, Befehle zu geben. Aber sie hatte sich auf diese Begegnung wohl vorbereitet und ihre Worte genau überlegt:

»Was ich zu berichten habe, o Salomo, geschieht an einem fernen Ort. Er stellt den Gegensatz dar zu allem, woran du gewöhnt ist. Du freust dich an der Sonne, die deinen Leib wärmt. Wir flehen die Sonne um Gnade an. Deine Stadt Jerusalem ist von fruchtbarem Land umgeben und liegt hoch über einem Tal, durch das Tag für Tag beständig Wasser fließt. Meine Stadt Marib ist aus dem unfruchtbaren Sand der Wüste Sayhad emporgewachsen, die nie ein Regentropfen näßt. Dämme aus Steinblöcken bauen wir, um Wasser aufzustauen, das uns Gott il-Umquh zweimal im Jahr auf wunderbare Weise schenkt. Die Mauern, die du, o Salomo, bauen läßt, sollen die Flut deiner Feinde abhalten. Meine Stadt Marib aber ist offen, denn wir laden ein zu uns alle, die Handel treiben wollen.«

Die Königin Bilqis schwieg nun, als warte sie auf eine Entgegnung des Königs Salomo. Doch der gab nicht zu erkennen, ob er den Sinn ihrer Worte verstanden hatte. Er blickte auf die Frau, die im ruhigen Licht einer Öllampe auf dem Polsterlager saß. Er, der König über das ganze jüdische Land, hatte ihr gegenüber Platz genommen, ohne ein Wort zu sagen, ohne sich vorzustellen.

»Begreife, o König«, fuhr Bilqis fort, »daß ich eine lange Reise auf mich genommen habe, um dir begegnen zu können. Seit ich mein Reich verlassen habe, ist die Sonne einhundertundzwölfmal aus der Erde aufgestiegen, über mich hinweggezogen und wieder in die Erde eingedrungen. Schutz ging von der Sonne aus, denn sie ist das Zeichen meines Gottes il-Umquh. Einhundertundzwölf Tage trug mich mein Kamel, seit sich die Karawane am Berg Amud versammelte, der braun aus dem Sand aufragt als Merkmal für alle Reisenden, die unterwegs sind in der Wüste. Ich folgte der Straße, auf der Weihrauchharz befördert wird, das auch in deiner Stadt, o König, als wertvolles Gut gilt. Weihrauchharz wird mit Gold aufgewogen und ist oft sogar wertvoller noch als Gold. Du hast Belohnung ausgesetzt für jeden, der dir soviel Harz bringt, daß kein Mangel mehr besteht. Die Männer, die du ausschickst, sind mutig und suchen neue Wege, doch sie bleiben erfolglos. Von einigen ihrer Taten bin ich unterrichtet – und von ihren Niederlagen auch.«

Bilqis warf dem Mann, der ihr gegenübersaß, einen raschen Blick zu, doch seine Miene blieb ausdruckslos. »Ich weiß«, fuhr sie fort, »du hast Schiffe in großer Zahl von deinem Hafen Ezjon Gever aus über das Meer geschickt zum Land Ophir, in dem auch Weihrauchbäume wachsen sollen wie in meinem Königreich Saba. Doch auf dem Land Ophir, o König, liegt ein Fluch. Das haben deine Seeleute nicht bedacht. Nur einen Monat im Jahr können sich Schiffe ungefährdet der Küste von Ophir nähern. Doch welcher Monat das ist, vermag nur mein Prophet Harith zu sagen. Ich habe erfahren, o König, daß deine Schiffe erst nach fünfhundert Tagen zurückkehrten, ohne auch nur die geringste Menge Weihrauchharz geladen zu haben. Und nicht alle fanden den Weg zum schützenden

Hafen Ezjon Gever zurück, denn wild und heimtückisch ist das Meer zwischen dem Land Ophir und Saba, zwischen der Landspitze Kamaran und dem Inselgewirr von Dahlak. Deine Seeleute glaubten, daß sie sicher seien, wenn sie in der Nähe der Küste des Sonnenaufgangs segelten. Dort aber lauern Piraten. Sie haben deine Schiffe überfallen und ausgeraubt. Deine Männer wurden ins Meer geworfen. Ich habe vernommen, daß in Ezjon Gever viele Witwen weinen.«

Eine Falte, die sich um den Mund des Königs Salomo bildete, deutete Bilqis als Zeichen des Unmuts. Rasch wechselte sie den Gegenstand ihrer Rede: »Ich sah, o Herrscher, dem alles berichtet wird, daß deine Leute sich bei meiner offenbar überraschenden Ankunft über einige Tiere aus meiner Karawane gewundert haben. Sie hatten offenbar noch nie Kamele gesehen. Diese Kamele haben lange Beine, die in der Wüste weit ausgreifen. Sie durchqueren das sandige Land zwischen dem Berg Amud und den Hügeln von Kadesch Barnea in Windeseile. Meine Handelsleute glauben, daß mit den Kamelen eine neue Zeit anbricht für die Karawanen auf der Weihrauchstraße. Sie versprechen sich ungeahnte Geschäfte mit reicherem Gewinn denn je zuvor, und dies nicht nur für sich, sondern für jeden, der sich mit meinen Handelsleuten zusammenschließt.«

Bilqis blickte auf die Öllampe, deren Flamme auf einmal unruhig flackerte. Ein Luftzug war zu spüren. Irgendwo war einer der Vorhänge geöffnet worden, die den Raum abschlossen. Es war wohl jemand eingetreten, den nun das Dunkel verbarg.

Bilqis wunderte sich, wie sie, die Herrin eines reichen Landes, behandelt wurde. Sie fühlte sich schutzlos, und der Mann, der ihr gegenübersaß, war ein Fremder – auch wenn sie zu wissen glaubte, wer er war. Der schwache Schein der Öllampe im sonst dunklen Raum vermochte die langsam aufkeimende Furcht nicht zu vertreiben. Die Königin wartete einen Augenblick, dann sprach sie weiter:

»Bisher, o König, haben Esel das Weihrauchharz durch die Wüste getragen. Wer mit Eseln durch die heißen Landstriche zog, wanderte von einer Oase zur anderen, von einem Wasserloch zum nächsten, denn die Esel bekamen rasch Durst. Langsam nur kamen die Karawanen voran. Es verging Zeit, bis alle Tiere an den Wasserstellen getränkt waren. Überdies waren die Eselkarawanen nicht überall willkommen, und die Bewohner der Oasen waren wachsam. Sie verjagten die Esel samt ihren Treibern. Häufig erschlugen sie die Kaufleute und alle Begleiter und behielten die kostbare Ware für sich. Vor allem aber war es für die Eselkarawanen unmöglich, auf geradem Weg zum Ziel zu ziehen. Ihre Straße führte kreuz und quer, denn die Lage der Wasserstellen bestimmte die Richtung. Mit dem Kamel, das seinen Wasservorrat im Leibe bei sich trägt, sind die Umwege zu vermeiden. Die Weihrauchstraße wird endlich zum geraden Weg.«

Seltsam empfand Bilqis während ihrer Worte, daß nur sie redete und Salomo beharrlich schwieg. Er hatte sie bisher nicht einmal begrüßt. Ganz unköniglich, in einen schlichten blauen Seidenmantel gehüllt, hatte er den Raum betreten und sich zu ihr gesetzt. Etwas unruhig klang die Stimme der Königin, als sie fortfuhr:

»Auch gegen die Überfälle durch Räuberbanden waren die wenigen Männer der Eselkarawanen hilflos. Jetzt aber haben die Räuber das Nachsehen. Viele beladene Kamele, eng umgeben von entschlossenen und bewaffneten Kämpfern, werden in raschem Zug gemeinsam durch die gefährlichen Gebiete geführt. Glaube mir, o König, die Weihrauchstraße ist sicherer geworden, und das hat Auswirkungen auf den Handel. Die Zahl der Karawanen nimmt zu – und die Zahl der Märkte auch. Wer jetzt handelt, der gewinnt. Es ist die Zeit der raschen Entscheidung. Dies will ich dir sagen, o Salomo, damit du Nutzen daraus ziehen kannst für dein Land und für dich.«

Aus innerer Unruhe hatte Bilqis, ohne es gleich zu bemerken, schärfer und eindringlicher gesprochen. Nun versuchte sie, sich wieder zu beherrschen, doch Unsicherheit beschlich sie, ob der König ihren Worten überhaupt folgte. Auch ließ das Gefühl sie nicht mehr los, daß sich noch irgend jemand im Raum befinde. Manchmal meinte sie, Atemgeräusche zu vernehmen. Unbehaglich war ihr bei dem Gedanken, daß sie von ihren Bewaffneten getrennt war. Sie war nicht furchtsam, aber der Gedanke, ausgeliefert zu sein, mißfiel ihr. Als sie weitersprach, zwang sie sich zur Ruhe:

»Einhundertundzwölf Tage habe ich gebraucht, o König, um von meiner Stadt Marib bis zu deiner Perle der Baukunst Jerusalem zu gelangen. Ich bin nicht nur langsam gezogen mit meiner Karawane, ich machte auch einen Umweg. Zuerst wollte ich mit eigenen Augen sehen, wo und wie der Weihrauch wächst in meinem Reich. Es ist ein Geheimnis, das wir bewahren, doch zum Zeichen meiner Wertschätzung werde ich es dir offenbaren. Dir werden die Augen aufgehen, und dein Verstand wird erstaunt sein über das, was ich dir zu erzählen weiß von den Rätseln des Landes Saba, dessen Herrscherin ich bin. Das Mysterium des Ophirwindes ist eines der Geheimnisse.«

Eben noch hatte die Königin gezweifelt, doch jetzt wußte sie, daß Salomo ihr nicht zuhörte. Sein Blick glitt über ihre Gewänder und verharrte dort, wo sie ihren Rock in Falten um Beine und Füße geschlungen hatte. Bilqis fror, seit Stunden schon. Sie beide, der König von Israel und die Königin von Saba, blickten in die Flamme der Öllampe und schwiegen, während Bilqis' Gedanken zu den Geschehnissen dieses Tages schweiften.

Bis ihre Karawane das Ziel endlich erreichte, hatte sie Leiden erlebt, die ihr ungewohnt waren. Erst zu Beginn der Abenddämmerung war sie vor dem Tor von Jerusalem angekommen. Während des letzten Teils der Reise hatte ihr Kamel sie vom Hafen Gaza durch das Land Juda über Gat und Geser nach Jerusalem getragen. Bittere Kälte herrschte in dem bergigen Land, und Bilqis litt unter dem schneidenden Wind, der in ihrer Heimat so unbekannt war wie feuchte Kälte. Überfrorene Wasserpfützen hatte sie noch nie gesehen. Auf Frost war sie nicht gefaßt gewesen. Sie war froh, als sie Jerusalem erreicht hatte, und beim Ritt durch das Stadttor hatte sie nur den einen Wunsch, zu einem wärmenden Feuer gebracht zu werden.

Doch sie war lange unbeachtet geblieben. Aufsehen hatten allein ihre Kamele erregt, die im Dämmerlicht für die Stadtwachen und die herbeiströmenden Menschen bedrohlich aussahen. Laute Schreie, von den Tieren ausgestoßen und zurückgeworfen von Stadtmauer und Hauswänden, waren weithin in den Gassen von Jerusalem zu hören.

Diese Schreie hatten Benyamin Ben Eliezer, dem Salomo die Sicherheit Jerusalems anvertraut hatte, zum Platz hinter dem Stadttor im Westen gelockt. Dem Vertrauten des Königs waren Kamele keineswegs fremd, denn er hatte im Auftrag Salomos mit dem Volk der Midianiter verhandelt. Die Leute von Midian ritten schon seit langem auf Kamelen, und auch Benyamin Ben Eliezer selbst hatte schon auf dem Rücken eines Kamels gesessen. Der Anblick einer Frau mußte daher seine Sinne eher gefangennehmen als der Anblick der Kamele. Und so entdeckte er Bilqis, die – umringt von ihren Dienerinnen – neben ihrem Kamel stand und fror.

Nur kurze Zeit später befand sich die Königin in einem Raum, der zu den Gemächern des Königs Salomo gehörte, doch er schien nicht geheizt zu sein. Und nur wenige Augenblicke verstrichen, bis der Mächtige der Stadt Jerusalem die Kammer betrat und sich zu Bilqis setzte. Salomos Wunsch, diese Frau möge nach Jerusalem kommen, war in Erfüllung gegangen.

Seit einem Jahr – seit ein Auerhahn dem Herrscher von der Schönheit dieser Königin erzählt hatte – sehnte sich der

König nach Bilqis. Man muß wissen, daß Salomo die Gabe besaß, mit den Tieren sprechen zu können. Diese Sprachkenntnis war ihm angeboren, vererbt von seinem Vater David. Er verbarg sie allerdings vor seinen Höflingen, und nur Menachem, ein Priester von Ansehen am Hofe, wußte davon.

Besonders gern unterhielt sich Salomo mit den Vögeln. Den Dienern konnte allerdings nicht verborgen bleiben, daß diese Tiere durch die Fenster in Salomos Räume flogen, so daß häufig Vogeldreck weggeputzt werden mußte. Salomo liebte die Vögel. Nicht nur, daß sie ihm durch Gesang die Zeit vertrieben und auch ihr buntes Gefieder ihm gefiel – sie wußten vor allem von fremden Ländern zu berichten. Durch die Vögel erfuhr Salomo, was weit entfernt von Jerusalem geschah.

Eines Tages packte ihn wieder die Neugierde. Er berief alle Vögel zu sich, die in seinem Lande lebten. Er wünschte, daß sie ihm die seltsamsten Erlebnisse mitteilten, die ihnen jemals zugestoßen waren. Doch Salomos Vergnügen verwandelte sich bald in Zorn: Alle hatten seinen Befehl befolgt, nur einer war nicht im Palast des Königs erschienen – der Auerhahn. Ohne Entschuldigung war er ferngeblieben. Dahinter konnte nur böser, rebellischer Wille stecken. Der König war wütend, daß einer der Vögel es wagte, ihm zu trotzen. Salomo beschloß, den Auerhahn zu bestrafen. Er ordnete an, der Übeltäter müsse gesucht und nach Jerusalem gebracht werden. Doch niemand fand den Auerhahn.

Eine Woche verstrich und eine zweite, da flog der Auerhahn durch ein offenes Fenster in Salomos Palast. Sobald der König von der Ankunft des Vogels erfahren hatte, befahl er, den Ungehorsamen vor ihn zu bringen. Der Auerhahn setzte sich vor Salomo auf den Boden und begann zu erzählen.

»Ich war aufgebrochen von deiner Stadt Jerusalem, o König, um Länder aufzusuchen, deren Bewohner noch nichts von dir gehört haben. Meine Absicht war es, deinen Ruhm zu verbreiten. Weit flog ich und erreichte schließlich die Weihrauchstadt, von deren Wundern mir erzählt worden war. Tief im Süden liegt sie und heißt Marib, sie ist die Hauptstadt des Landes Saba, das derart reich ist, daß ganze Gegenden aus purem Gold bestehen. Silber liegt in Marib auf der Straße wie in Jerusalem der Mist. Marib ist eine Stadt der Wunder. Die Häuser dort, o Herr, sind mehrere Stockwerke hoch. Die Menschen steigen über Treppen und Stufen in die Zimmer und Kammern, die sich oben befinden. In den Höfen stehen Rosenstöcke, denen berauschende Düfte entströmen. Die Bäume in Saba waren die ersten, die Gott einst erschuf. Sie leben vom Wasser, das direkt aus dem Paradies nach Marib fließt. Zweimal im Jahr geschieht dies, gewaltige Fluten bilden dann einen See. Ich hatte erfahren, daß die wunderschöne Herrscherin des Königreiches Saba, wenn die Fluten aufgehört haben zu strömen, nackt in das Wasser steigt, um den ganzen See zu durchschwimmen. Ihr Gott hat ihr befohlen zu baden. Am Ufer stehen die Untertanen, doch sie sehen ihre Königin nicht, weil ihre Rücken dem See zugewandt sind. Da sie ihre Herrscherin lieben, bricht keiner das Gebot, in die Sandwüste hinauszusehen und nicht auf das Wasser.

Gerade an dem Tag«, so fuhr der Auerhahn fort, »an dem du, o König, alle Vögel in deinen Palast befohlen hattest, war wieder der Zeitpunkt für das Bad der Königin von Saba gekommen. Ich wollte den Anblick der schönen Frau nicht versäumen, denn ich wollte dir, o Herr, darüber berichten. Nirgends auf der Welt geschieht Ähnliches. Als ich über den See flog, sah ich viele Menschen, Männer und Frauen, die regungslos standen und ins Land blickten. Im Wasser schwamm der helle Körper einer Frau. Ruhig waren ihre

Bewegungen. Da das Wasser trüb war, vermischt mit Erde und Sand, konnte ich nur wenig erkennen, doch ich glaube, daß die Frau wunderschön ist. Auch als sie aus dem Wasser stieg, sah ich nur den oberen Teil ihres Leibes, denn Dienerinnen standen mit Tüchern bereit und hüllten den Körper der Königin ein. Als dies geschehen war, machte ich mich auf den langen Heimweg.«

Wütend war der König Salomo, als er diese Worte gehört hatte. Er rief: »Dies war also der Grund, warum du dich meinem Befehl widersetzt hast? Du wolltest mir von einer Frau erzählen, die in einem weit entfernten Land badet! Ich aber will, daß du das Leben verlierst.«

Da begriff der Auerhahn, daß er in Gefahr war, getötet zu werden. Die Verzweiflung bestimmte seine Worte: »Du, o Herrscher über mein Leben, kennst den Wert der Schönheit einer Frau. Du weißt, zu welchen Taten ein Mann veranlaßt wird, wenn er die Schönheit der Frau genießen will. Du bist ein Dichter und besingst die Frauen. Aus deinem Munde stammen die Verse: ›Köstlicher als Wein ist dein Leib, deine Liebe. Sind wir im Schlafgemach beisammen, ist unsere Freude laut zu hören. Mit duftenden Salben reiben wir uns ein. Schon der Gedanke an dich weckt Verlangen!‹«

Da war Salomo erstaunt, daß der Auerhahn Kenntnis von den Liebesliedern hatte, die er selbst – kaum waren sie niedergeschrieben – in ein Geheimfach eingeschlossen hatte. Der König aber hütete sich, den Vogel zu fragen, wie er diese Kenntnis erlangt habe. Seine Verwunderung wuchs, als er den Auerhahn diese Verse sprechen hörte:

»Verschieden Duftgehölz ließ Gott erwachsen,
Damit des Weibes Leib den Mann errege
Und seine Sinne ganz gefangennehme.
Nicht Sünde ist es, wenn wir lieben.«

Salomo hatte genug gehört. Er hatte es nie gemocht, wenn ein Fremder seine Verse sprach, und aus dem Munde des Auerhahns fand er sie sogar abscheulich. Er sagte: »Dir soll die Strafe, die du verdient hast, erlassen sein, wenn es dir gelingt, die Königin von Saba zu veranlassen, nach Jerusalem zu reisen. Ich will diese Schönheit sehen und besitzen – und vielleicht besingen!«

»O Herr und Gebieter, dies wird mir kaum gelingen können«, wagte der Auerhahn zu entgegnen. »Vergiß nicht, daß nur du allein von allen Menschen die Gabe besitzt, die Sprache der Vögel zu verstehen. Die Königin wird aus meinen Lauten keinen Sinn entnehmen. Sie wird wie jeder gewöhnliche Mensch glauben, ich singe Vogellieder für sie!«

König Salomo, gepriesen für seine Weisheit, überlegte nur kurze Zeit und sprach dann diese Worte: »Mein Schreiber wird dir ein Papyrusblatt übergeben, das du im Schnabel durch die Luft tragen kannst. Diesen Inhalt soll das Schreiben an die Königin von Saba haben: ›Das Land des Königs Salomo liegt im Herzen der Schöpfung, im Herzen der Welt. Die Stadt Jerusalem liegt im Herzen des Landes. Im Herzen von Jerusalem liegt der Tempel. Als der Tempel noch nicht gebaut war, glich die Welt einem Sessel, der nur zwei Beine hatte und sich nicht aufrecht halten konnte. Seit aber der Tempel aufgerichtet ist, besitzt die Welt Halt und steht fest. Der Tempel ist der Kern der Schöpfung. Sein Fundament ist eine gewaltige Felsplatte. Diesen riesigen Stein hat Gott in der Hand gehalten bei der Erschaffung der Welt. Der Fels ist das erste, was Gott erschaffen hat.‹« Salomo fügte diesen Worten noch hinzu: »Da die Königin von Saba bestimmt neugierig ist, wird sie die Reise nach Jerusalem antreten. Sie wird mich für überheblich halten, doch sie wird mit eigenen Augen Jerusalem sehen wollen, das Zentrum der Schöpfung.« Nach diesen Worten verließ der König den Raum.

Wie Salomo es befohlen hatte, flog der Auerhahn erneut nach Süden. Er war keineswegs sicher, daß der weise Salomo die richtigen Worte gefunden hatte, um die schöne Herrin zu bewegen, ihr Land und ihre treuen Untertanen zu verlassen, um Jerusalem zu sehen. Da der Auerhahn viel von der Welt gesehen hatte, wußte er, daß Salomos Hauptstadt keineswegs schöner war als andere Städte. Doch es mußte gelingen, Bilqis zu dieser Reise zu veranlassen – und zwar rasch.

Deshalb beeilte sich der Vogel. Selten ruhte er aus, und so brauchte er nur sieben Tage und sieben Nächte, um den Palast der Königin Bilqis in Marib zu erreichen. Als er entdeckt hatte, wo sich ihre Kammer befand, setzte er sich auf den Sims des Fensters. Deutlich war das Papyrusblatt mit den Worten des Königs Salomo in seinem Schnabel zu erkennen.

Der Auerhahn sah die Königin, doch Bilqis bemerkte ihn nicht. Sie saß vor einem metallenen Spiegel und war eben dabei, ihren Oberkörper mit einem duftenden Öl einzureiben. Ein wollenes Tuch verbarg Bauch und Beine. Es machte ihr offenbar Vergnügen, die Balsamflüssigkeit langsam auf ihre Brüste tropfen zu lassen. Bilqis war allein in der Kammer. Da sie es nicht mochte, von anderen Frauen angefaßt zu werden, lehnte sie bei der Pflege ihres Körpers die Hilfe ihrer Dienerinnen ab.

Bilqis ließ sich Zeit. Sie atmete den Duft des Öls ein und genoß die Geschmeidigkeit ihrer Haut. Die Luft war noch kühl an diesem Vormittag. Nur einige Sonnenstrahlen, die durch das Fenster drangen, berührten den Oberkörper der Königin. Doch Bilqis machte den Eindruck, als wolle sie ihre Leibespflege noch nicht so rasch beenden.

Der ungeduldige Auerhahn hüpfte auf dem Fenstersims hin und her. Endlich stand die Königin, neugierig geworden, auf und begab sich zum Fenster. Sie wollte den Auerhahn packen, doch der bekam Angst und flatterte hinaus in den Garten. Zuvor aber ließ er das Papyrusblatt des Königs Salomo auf den Sims fallen. Bilqis las, was da geschrieben stand.

Sobald sie sich angekleidet hatte, rief sie nach Yafa Yafis, ihrem wichtigsten Ratgeber. Kaum war der noch junge Mann eingetreten, fragte sie: »Sprich, o Yafa Yafis, wer ist König Salomo, der vorgibt, Herr über das Herz der Schöpfung zu sein?«

Da begann Yafa Yafis von Jerusalem und seinem Königshaus zu erzählen:

DES YAFA YAFIS ERZÄHLUNG VOM LANDE ISRAEL

»Wisse, o Königin, daß vor einem halben Menschenalter in jener Stadt Jerusalem David regierte, der einst Bauer war in Bethlehem und mit seines Gottes Hilfe zum König der Juden aufstieg. David wählte sich Jerusalem zur Hauptstadt. Sie wurde groß und mächtig. Eines Tages aber brach die Pest aus. Die Bewohner gaben David die Schuld. Sie sagten: ›Er hat eine Volkszählung durchführen lassen – gegen den Willen Gottes, der verboten hat, die Menschen zu zählen.‹ Von nun an herrschte Unfrieden in Jerusalem, auch als die Pestzeit vorüber war. Die Menschen hatten keine Freude mehr am Leben. Sie erhofften sich Davids Tod und beteten zu ihrem Gott, daß er ihnen einen anderen König gebe, und die Gebete drangen an Gottes Ohr. Damit Davids Schuld getilgt werde«, fuhr Yafa Yafis fort, »beschloß Gott, den Todesengel in das Haus Davids zu schicken. Diesem Engel war es nicht gestattet, die Seele des Königs mit sich zu führen, solange sie sich mit Gottes Weisheit beschäftigte. Tage- und nächtelang studierte David Bücher, die von Gott berichteten und von seiner Güte. Wollte der Todesengel auf ihn zutreten, so prallte er zurück, denn Gottes Gebot raubte ihm die Kraft. Da ersann der Bote des Todes eine List: Er schlich sich in den Palastgarten und sorgte dafür, daß die Blätter der Bäume auffällig rauschten, als ob ein Sturm über Jerusalem hinfege.

David wurde neugierig. Ohne die Worte der göttlichen

Weisheit in seinem Buch aus den Augen zu lassen – er las einfach weiter –, trat der König hinaus in den Garten. Da brach unter seinem rechten Fuß eine Steinplatte entzwei. David empfand einen stechenden Schmerz. Für einige Augenblicke vergaß er Gott und dessen Weisheit und dachte nur noch daran, daß ein Knochen seines Fußes gebrochen sein könnte. Der Todesengel nutzte die Gelegenheit: Er packte Davids Seele und nahm sie mit sich. So wurde der Fluch, der über der Stadt gelegen hatte, gelöst. Die Bewohner atmeten auf. Freude herrschte wieder in den Straßen. Ein neuer König konnte die Macht übernehmen. Auf ihn setzten die Menschen alle Hoffnung. So wurde Davids Sohn Salomo König über Jerusalem. Allerdings mußte zuerst ein Mord geschehen, eine furchtbare Bluttat.«

Bilqis hatte der Erzählung des Yafa Yafis aufmerksam zugehört. Jetzt aber fragte sie: »Wenn eine furchtbare Bluttat geschehen ist in Jerusalem, ist es dann nicht klug, der Stadt fernzubleiben zum eigenen Heil?«

Da sprach Yafa Yafis: »Ich glaube, o Königin, die Stadt lebt nicht im Unfrieden mit dem Gott des jüdischen Volkes. Dieser Gott hat Gefallen an Jerusalem. Salomo hat sich mit seinem Gott versöhnt, indem er für ihn einen Tempel gebaut hat, ein Haus, in dem dieser Gott für immer wohnen kann. Doch höre, was zuvor geschehen ist. Als David gestorben war, hatte Salomo keineswegs das Recht, König zu werden. Ein älterer Bruder – Adonia – beanspruchte die Herrschaft. Ihn ließ Salomo töten. Im Heiligtum des Gottes der Juden ereignete sich der Mord. Das ist das Schreckliche an diesem Ereignis: Als Adonia starb, klammerte er sich an der Bundeslade fest. Sie ist das Heiligste, was die Juden besitzen. In der Bundeslade werden die steinernen Tafeln aufbewahrt, auf denen Gottes Gesetze geschrieben stehen. Die Lade ist das Zeichen des Bundes der Juden mit Gott.«

»Wie konnte es geschehen, o Yafa Yafis, daß die Priester kein Urteil sprachen über Salomo, den Frevler?«

Der Ratgeber der Königin antwortete: »Sie haben ihn verurteilt, doch ihr Gott hat den Schuldspruch aufgehoben. Die Priester weigerten sich, Salomo in die Liste der guten Könige aufzunehmen, denen im Paradies ein Ehrenplatz in der Nähe ihres Gottes zugeteilt wird. Vom Paradies aus hatte David – dem sie den Ehrenplatz zugesprochen hatten – offenbar zu erkennen gegeben, daß Gott dem Salomo verziehen habe. Die Priester verbaten sich Davids Einmischung, doch der gab nicht nach. David wandte sich direkt an seinen Gott, und der versprach, den Gegnern Salomos seinen Willen aufzuzwingen. Und er handelte tatsächlich. Als die Priester hartnäckig bei ihrem Urteil blieben, heißt es, sei Feuer vom Himmel gefallen, das die Sessel der Priester umzüngelte. Wie Schlangen zischten die Flammen, fuhren auf die Beine der Männer zu und verbrannten deren Mantelsäume. Doch die Priester wollten sich nicht zwingen lassen. Sie benahmen sich, als ob sie das Gotteszeichen nicht bemerkten. Erst in der höchsten Not, als das Feuer sie zu verzehren drohte, waren sie bereit, Salomo in die Liste der guten Könige aufzunehmen. Doch insgeheim hielten sie den König weiterhin für einen Sünder – und daran hat sich bis heute nichts geändert. Die Priester sagen: ›Von drei Sünden ist Salomo befallen. Er hat zu viele Frauen, zu viele Pferde, und er behält zuviel vom Gold und Silber für sich selbst.‹«

»Wie viele Frauen hat Salomo wohl? Hast du dazu eine Meinung, o Yafa Yafis?«

Ohne lange zu überlegen, antwortete der Ratgeber auf diese Frage der Bilqis: »Es heißt, der König habe siebenhundert Frauen. Andere glauben, diese Zahl sei zu niedrig.«

Die Königin Bilqis schwieg. Nach einiger Zeit sagte Yafa Yafis: »Dreihundert Nebenfrauen sollen überdies im Palast des Salomo wohnen. Es wird erzählt, sie hätten mehr als die rechtmäßigen Frauen sein Herz betört. Diese dreihundert Nebenfrauen kommen aus dreihundert fremden Ländern.

Salomo ist stolz darauf, daß er aus jedem Land der ganzen Welt eine Frau besitzt. Er ist wohl der einzige Mann, der sich rühmen kann, die Vorzüge der Frauen aller Himmelsrichtungen genossen zu haben. Es wird wohl auch ein Mädchen aus Saba darunter sein.«

Bilqis erwiderte: »Der Palast des Salomo muß riesig sein, wenn er Platz bieten soll für tausend Frauen.«

Bedächtig entgegnete Yafa Yafis: »Man sagt in Jerusalem, der Tempel stehe im Schatten des Palastes. Das heißt, der Palast ist viel größer als der Tempel. Und man sagt auch, nicht der Bau des Tempels habe die Staatskasse erschöpft, sondern der Bau des Palastes. Um Schulden zu begleichen, hat Salomo dem König Hiram von Tyros gegen Gold und Silber zwanzig kleinere Städte in Galiläa abgetreten.«

Während dieses Gesprächs war der Auerhahn längst wieder aus dem Garten auf den Sims am Fenster der Königin Bilqis zurückgekehrt. Er hörte die Worte, die gesprochen wurden. Der Auerhahn vernahm auch, daß Bilqis sagte, sie habe die Geschichten über König Salomo gerne angehört, und es habe sie einen Augenblick lang gereizt, den gewaltigen Palast des Königs der Juden zu besuchen, doch sei die Reise wohl zu beschwerlich. Überdies habe sie keine Lust, dort dem Mädchen aus Saba zu begegnen.

Yafa Yafis aber gab zu bedenken, daß es ganz im Sinne des Landes Saba sei, Beziehungen zum Herrn über Jerusalem aufzunehmen. Es sei an der Zeit, über den Rand der eigenen Hauptstadt hinauszusehen. Die Welt verändere sich. Man müsse sich auf die Veränderung einstellen. Der Weihrauchhandel sei dabei, sich neue Wege und neue Märkte zu suchen. Die Kaufleute in Gaza hätten nicht genügend Gold, um die wachsenden Mengen Weihrauch abnehmen zu können. Der Handelsplatz Gaza müsse durch die Stadt Jerusalem ersetzt werden, in der die Händler über Gold verfügten, auch wenn die Staatskasse leer sei. Salomo besitze doch Vorstellungskraft. Die Idee, an einer neuen Entwicklung teilzunehmen, werde seine Gedanken beflügeln.

Der Auerhahn auf dem Fenstersims, der nicht reden konnte wie die Menschen, aber durchaus die Gabe besaß, die Worte der Menschen zu verstehen, wurde traurig, denn er begriff, daß die Königin von Saba trotz aller Überredungskünste des Yafa Yafis nicht nach Jerusalem reisen wollte. Der Auerhahn war vor allem deshalb von Bilqis' Weigerung betroffen, weil er fürchten mußte, durch Salomo bestraft zu werden, wenn er ohne die Königin nach Jerusalem zurückkam. Ihm war bewußt, daß er nicht mit Gnade rechnen konnte. So verließ der Vogel traurig die Stadt Marib und flog zurück nach Jerusalem.

Er beeilte sich keineswegs, und so hatte er Zeit, um nachzudenken. Am siebten Tag seines Fluges kam ihm der Gedanke, daß es nur einen Ausweg für ihn gab: Er mußte die Königin Bilqis zwingen, Marib zu verlassen, um den König Salomo aufzusuchen. Und auf einmal wußte der Auerhahn, was zu tun war. Da bewegte er seine Flügel rascher und stieg hoch zum Himmel hinauf. Die Winde trieben ihn nach Norden. Bald schon sah er Jerusalem vor sich liegen.

Wenige Tage später geschah Seltsames: Vögel in großer Zahl sammelten sich in der Luft über Jerusalem. Auch aus Mispa und Gibeon kamen sie, Vögel jeder Art: große und kleine, schwarze und bunte, wilde und zahme, angriffslustige und sanfte. Sie hatten offenbar Frieden miteinander geschlossen, denn keiner fiel über den anderen her. Jeder schwebte geduldig über der Stadt auf und ab, bis schließlich Tausende beisammen waren. Dann – es war um die Mittagsstunde – wandten sich alle Vögel dem Süden zu. Bald verschwanden sie in Richtung des Grabes der Rahel am Horizont. Über Hebron und Ezjon Gever nahm die Menge der Vögel noch zu.

Auf dem langen Weg nach Süden erregten die dunklen Vogelwolken am Himmel Erstaunen. Nie war Ähnliches beobachtet worden. Die Verwunderung steigerte sich, als sich die Vögel bei Sonnenuntergang nicht auf den Boden niederließen, um zu schlafen. Sie flogen auch in der Nacht weiter, und gespenstisch war der Anblick, wenn die helle Scheibe des Mondes zwischen den Vogelwolken aufblitzte. In Städten, Dörfern und Oasen sprachen die Menschen beunruhigt davon, daß dieser Vogelzug ein Zeichen des baldigen Endes der Welt sei: Die Götter riefen die Vögel, die keine Schuld trügen an der Gewalt des Bösen auf Erden, zu sich. Das Gute scheide sich offenbar vom Bösen. Wer zurückbleibe, sei verdammt. Noch nie waren die Götter so sehr angefleht worden wie in jenen Tagen und Nächten.

Schrecken breitete sich auch in Marib aus, als die vielen tausend Vögel über der Stadt erschienen. Die Sonne war nicht mehr zu sehen. Fahles Licht, das die Bewohner nie zuvor erlebt hatten, wirkte bedrückend, und die Vogelwolke schien den Menschen die Atemluft zu rauben. Dann aber, als sich die Vogelleiber dem Boden näherten, erzeugte deren Flügelschlag erst einen Luftzug, dann einen starken Wind. Erschreckend war das Rauschen, das von den Vogelschwingen ausging.

Nach kurzer Zeit aber wurde es wieder still und hell über Marib. Doch die Bewohner atmeten nicht auf. Sie sahen, wie alle Vögel auf den Palast der Bilqis niederglitten. Bald waren Mauern, Dächer, Balkone und Fensterhöhlen bedeckt mit Vögeln, die sich am Mauerwerk festklammerten. Zunächst drang keiner der Vögel in den Palast ein.

Als es dunkel wurde in ihren Räumen, weil die Vogelleiber dem Licht den Weg versperrten, befahl die Königin von Saba ihren Ratgeber Yafa Yafis zu sich. Doch es dauerte, bis er in der Finsternis die Kammer der Herrin betrat. Ohne darauf zu warten, daß er angesprochen wurde, sagte Yafa Yafis: »Ich habe mich mit Harith beraten. Er kennt die Zukunft und weiß um den Ratschluß des Gottes il-Umquh. Harith ist sicher, das Ereignis der Ankunft der Vögel bedeutet, daß dich il-Umquh zu etwas veranlassen will, das du zuvor abgelehnt hast.«

Yafa Yafis schwieg erwartungsvoll, doch Bilqis erwiderte nichts. Reglos stand sie im dunklen Raum. Zu hören war nur das Geräusch von Federn, die sich aneinander rieben.

Während die Herrscherin und der Ratgeber schwiegen, begannen die mutigen, angriffslustigen Räuber unter den Vögeln in den Raum hineinzuflattern. Als sie spürten, daß niemand sie verjagen wollte, umschwebten sie die Gestalt der Bilqis mit wildem Flügelschlag. Immer enger wurden die Flugkreise, und bald schon rissen die gefährlich scharfen Schnäbel am dünnen Kleid der Königin. Keiner der Schnabelhiebe verletzte die Haut der Frau. Als die Kleidung vom Oberkörper abfiel, war kein Tropfen Blut zu sehen. Die Königin stand völlig still vor Verblüffung und Schreck und rührte sich auch dann nicht, als die Raubvögel auf sie einflogen, um ihr den Gürtel zu zerzupfen. Sie stand schließlich nackt im Raum.

In Verzweiflung rief Yafa Yafis: »O Herrin, sage laut, ehe dich die Vögel zerreißen, daß du bereit bist, nach Jerusalem zu reiten! Dein Gott hat die Vögel geschickt, damit sie dich veranlassen, deine Meinung zu ändern. Il-Umquh will, daß du Salomo aufsuchst. Rufe laut, daß du bereit bis, den Weg auf dich zu nehmen!«

Da löste sich die Erstarrung der Königin, und sie schrie: »Man rüste die Karawane nach Jerusalem!« Sofort ließen die Vögel von ihr ab und flogen aus dem Raum, und draußen erhoben sich wieder die Vogelwolken in die Luft und waren bald schon verschwunden. Die Sonne über Marib strahlte sengend wie zuvor.

Yafa Yafis verschwieg seiner Königin, daß sich der Prophet Harith nicht mit Gott il-Umquh beraten hatte, sondern mit seinem eigenen Verstand. Er hatte festgestellt, daß die wenigsten der Vögel in der Gegend von Marib zu Hause waren. Sie stammten aus dem Norden. Von weit her mußten sie geflogen sein, mit dem einzigen Ziel, Bilqis unter Druck zu setzen. Kurzes Nachdenken hatte Harith auf die Idee gebracht, die Vögel seien gekommen, um die Königin nach Jerusalem zu holen. Er hatte recht behalten.

Als Bilqis wieder angekleidet und allein war in ihrem Raum, da bemerkte sie den Auerhahn, der auf dem Fenstersims saß. Die Haltung von Kopf und Gefieder schien auszudrücken, daß er etwas erwarte. Die Königin glaubte seinen Wunsch zu erraten und rief einen Schreiber herbei, dem sie befahl, diese Worte auf ein Papyrusblatt zu schreiben:

»Wenn der Tempel der Kern der Schöpfung ist, dann muß der Palast des Königs die edelste Perle der Schöpfung sein. Ich bin bereit, meine Sinne von dieser Perle erfreuen zu lassen.«

Der Auerhahn wartete, bis das Papyrusblatt mit Tusche beschrieben war, dann nahm er es in den Schnabel und flog davon in Richtung Norden. Er hatte es eilig, den König von der Wendung zum Guten zu benachrichtigen. Der Auerhahn wußte, daß er keine Strafe mehr zu erwarten hatte.

Dies war die Geschichte, wie die Königin von Saba sich endlich doch noch entschlossen hatte, den König Salomo in Jerusalem aufzusuchen. Jetzt saß sie ihm gegenüber und versuchte zu erklären – und er schwieg. Zweifel waren in ihren Gedanken gewachsen, ob es ihr jemals möglich sein würde, sich diesem verschlossenen Mann verständlich zu machen. Sie wünschte sich plötzlich, nicht mehr mit ihm allein sein zu müssen, und erinnerte sich daran, daß jemand den Raum betreten hatte und sich hinter den Vorhängen verborgen hielt. Bilqis wollte den Eindringling rufen – wer auch immer es sein mochte. Jeder war ihr lieber als der Schweiger, der ihr gegenübersaß. Sie fror noch immer, und sie war nahe daran, sich zu erheben. Doch allein Salomo stand es an, das Beisammensein zu beenden.

Auf einmal veränderte sich ihr Eindruck von Salomo. Sie

hatte das Gefühl, er leide jetzt selbst unter seinem Schweigen, als sei es ihm aufgezwungen worden. Sie fand seinen Gesichtsausdruck edel. Mit den Augen versuchte er, ihr etwas zu sagen.

Der Zauber, der vom König ausging, hatte sie erfaßt. Bilqis war versucht, seine rechte Hand ergreifen, doch sie unterließ diese Geste – aus Achtung. Und plötzlich dachte sie anders über seine Sprachlosigkeit. Sie empfand sein Schweigen als Beweis der Achtung vor ihrer Person. Bilqis überlegte, wie lange es wohl dauern würde, bis sie diesem Zauber erliegen und ihm zu erkennen geben würde, daß sie ihm gehören wolle. Doch rasch löschte sie diesen Gedanken aus. Um sich selbst abzulenken, sprach sie:

»O König, ich erkenne, es ist Brauch in deinem Palast, daß der Gast den Gastgeber unterhält. Verzeih, daß ich erst jetzt diese Sitte erfasse, die mir bisher fremd war. Meine Pflicht wird es sein, dir die Zeit zu vertreiben. Vielleicht kann ich dich besser kennenlernen, wenn wir Rätsel lösen! Ich erfahre dann, wie du denkst. Auf jeden Fall wirst du, o Salomo, mit mir reden müssen.«

Bilqis blickte Salomo an und glaubte, in seinem Gesicht Zustimmung zu erkennen. Da begann die Königin ihr Rätsel zu sprechen: »Es ist gelb oder grün und durchsichtig wie Wasser. Es ist schwer und wird schließlich ganz leicht. Seine Kraft der Reinigung wirkt erst, wenn es sich durch die Macht des Feuers in der Luft auflöst. Als ich durch die Wüste reiste, haben mir die Männer nachts an den Lagerfeuern erzählt, daß es Wunder bewirke: Es habe die Macht, zwischen Toten und Lebenden zu scheiden. Wem, o König, ist diese Macht verliehen?«

Als das Rätsel gesprochen war, schwieg Bilqis und wartete auf die Antwort des Königs. Der aber hielt den Mund verschlossen. Plötzlich war aus dem Dunkel eine Stimme zu vernehmen, die sagte: »Denn es steht geschrieben, daß sich Mose an den Hohepriester Aaron wandte und zu ihm sprach:

›Nimm die Pfanne und entzünde darauf ein Feuer, das zur heißen Glut wird. Lege Weihrauch darauf in großer Menge. Warte, bis der duftende Schleier wolkig in die Luft aufsteigt, und trage darauf die Pfanne hinaus unters Volk. Wisse, der Zorn Jehovas ist ausgebrochen. Jehova straft durch die Seuche.‹ Und Aaron trat hinaus und stand mit der Pfanne zwischen den Toten und den Lebenden. Der Rauch wehte hinüber zu denen, die lebten, und Jehova gebot dem Sterben Einhalt.«

In den schwachen Schein der Öllampe trat nun ein Mann von kräftiger Gestalt. Er war um weniges älter als König Salomo. Noch im Gehen sprach er: »Mein Herr, der mächtige und weise König, wird mir nicht zürnen, wenn ich an seiner Stelle rede. Salomo hat mich dazu eingesetzt, in Treue sein Haus zu verwalten. Wisse, o Königin aus dem fernen Lande, daß Salomo durch ein Gelübde gebunden ist. Er darf zu dir nicht reden. Ich weiß, sein Herz ist traurig darüber. Erfahre, daß ich den Namen Adiya trage.«

Bilqis antwortete: »Du, Adiya, hast das Rätsel gelöst: Die Lösung lautet wirklich ›Weihrauch‹. Erstaunt bin ich, daß du nahezu vollkommen meine Sprache sprichst.«

Adiya entgegnete: »Ich beherrsche den Dialekt des Landes Saba, weil ähnlich auch in meiner Heimat gesprochen wird. Ich stamme aus jenem Land, wo die Ströme Euphrat und Tigris zusammenfließen. Ich bin nach Jerusalem gekommen, weil meine Seele hier zu Hause ist – dort, wo der Tempel Gottes steht.«

Dann wandte sich Adiya an Salomo und sprach: »Gestatte, o Herr, daß sich die Königin zurückzieht. Es ist spät in der Nacht. Sie wird dir morgen wieder zu Rede und Antwort begegnen.«

Der König nickte, jedoch deutete kein Anzeichen darauf hin, daß er den Raum verlassen wollte. Die höfischen Regeln verlangten aber, daß der Herrscher zuerst aufbrach. Adiya setzte sich jedoch darüber hinweg – es wurde ihm offenbar nicht übelgenommen. Er griff nach der Hand der Königin und führte sie durch sich öffnende Vorhänge hinaus.

Sie gingen durch lange Gänge, die nur von wenigen Öllampen spärlich erleuchtet waren. Nirgends war eine Treppe zu sehen. Bilqis begriff, daß der Palast des Königs Salomo nur aus einem Stockwerk bestand. Sie wunderte sich darüber, denn ihr eigener Palast in Marib war an einer Stelle sogar drei Stockwerke hoch.

Schließlich schob Adiya einen Vorhang beiseite und ließ Bilqis in einen großen Raum eintreten, dessen Wände reich mit bunten Gesteinsplatten verziert waren. Mitten im Raum brannten hölzerne Scheiter. Wärme strahlte der Königin entgegen. Sie sah ihre Dienerinnen und fühlte sich geborgen. Bald lag sie, in wollene Decken gehüllt, auf einem weichen Lager. Ihre letzten Gedanken vor dem Einschlafen galten der seltsamen Erscheinung des Königs Salomo. Welches sonderbare Gelübde zwang ihn zu schweigen?

Am Morgen darauf waren die Kamele und Maultiere, die zur Karawane der Königin von Saba gehörten, in den Hof jenes Teils des Palastes geführt worden, den Bilqis nun mit Dienerinnen, Karawanenführern und Maultiertreibern bewohnte. Vierzig Maultiere waren mit Gold von überaus feiner Güte beladen. Die Barren, groß wie Ziegelsteine, waren das Geschenk, das Bilqis dem König Salomo übergeben wollte.

Nach dem Erwachen hatte sie die Räume im Palast durchwandert, die ihr zur Verfügung standen, und sie fragte sich nach der Besichtigung, ob Salomo ihr Geschenk überhaupt schätzen werde. Er erhielt, was er offenbar selbst schon in reichem Maß besaß. Bilqis hatte den Reichtum der Ausstattung bewundert. Gold war im Überfluß verwendet worden. Vielleicht benötigte der Herr über Jerusalem ihr Gold überhaupt nicht.

Adiya, den sie in jenem Hof traf, in dem die Maultiere entladen wurden, zerstreute ihre Bedenken: »Wisse, o Königin, das Schatzhaus des Salomo ist leer. Deine Gaben kommen zur rechten Zeit.«

Am Abend erwartete Bilqis wieder den Mann zu treffen, von dem sie annehmen sollte, es handle sich um Salomo. Doch niemand kam, um sie aus ihrem Gemach abzuholen. Als sie bei Einbruch der Dunkelheit aus dem Fenster blickte, war sie überrascht: Weiße Flocken fielen vom Himmel, und der Hof war mit Schnee bedeckt. Eigentümlich sahen die Kamele aus, als ob ihnen weiße Pelze gewachsen wären. Unruhig stapften sie im Schnee. Bilqis zog den Vorhang zu, der das Fenster verschloß. Es war noch kälter geworden in Jerusalem, das ihr die Hauptstadt eines äußerst unwirtlichen Landes zu sein schien.

Wieder fragte sich Bilqis, ob es wohl klug gewesen war, die Reise anzutreten. Sie vergaß dabei, daß ihr keine andere Wahl geblieben war: Die Vögel und Yafa Yafis hatten sie dazu gezwungen. Aber noch ein anderer Gedanke beunruhigte sie: Bilqis überlegte sich, was wohl in ihrem Lande geschehen würde, wenn es ihr nicht gelang, rechtzeitig zur Wasserflut aus den Bergen zurück in Marib zu sein, um den aufgestauten See zu durchschwimmen und so ihren Gott il-Umquh zu besänftigen. Daß sie nackt in das Wasser stieg, war eine Geste des Dankes für die Gabe, die il-Umquh den Menschen von Saba spendete. Il-Umquh war nicht irgendein Gott, der im Verborgenen wirkte. Il-Umquh war die mächtig brennende Sonne, die jeden Tag am hellen Himmel ihren Glanz erstrahlen ließ. Für jeden war zu erkennen, daß sich il-Umquh besonders zum See hingezogen fühlte, denn aus dem Wasser leuchtete das Ebenbild der Sonne fast ebenso strahlend wie am Himmel. Tauchte Bilqis in das Wasser ein, wenn die Sonne senkrecht über dem See stand, vermählte sie sich mit il-Umquh. Der Gott wartete darauf – zweimal im Jahr. Vollzog sie das Ritual nicht, drohte ihrem Land Trockenheit. Die Königin faßte den Entschluß, Jerusalem bald wieder zu verlassen.

In dem Augenblick, als dieser Gedanke reifte, betrat

Benyamin Ben Eliezer den Raum, der Mann, der verantwortlich war für die Sicherheit der Stadt Jerusalem. Benyamin Ben Eliezer sprach: »Du sollst, o Königin, erfahren, es ist bei uns Sitte, daß unser Herr Gäste erst nach drei Tagen empfangen darf. Dich aber wollte Salomo unbedingt sofort sehen. Da er den Brauch nicht brechen wollte, hat er sich freiwillig die Bedingung auferlegt, mit dir nicht zu reden. Du sollst von mir erfahren, daß der Herrscher, der die Sprache der Tiere versteht, auch den Dialekt deines Landes Saba beherrscht. Du wirst den König morgen sehen.« Nach diesen Worten trat Benyamin Ben Eliezer wieder aus dem Zimmer.

So überraschend der Schnee gefallen war, so schnell war er wieder verschwunden. Wärmere Lüfte, die vom Meer herauf wehten, hatten die weiße Schicht zum Schmelzen gebracht.

Bilqis bat Benyamin Ben Eliezer am anderen Morgen, ihr die Stadt Jerusalem zu zeigen. Der für die Sicherheit Verantwortliche aber sprach: »Meine Gebieterin! Gerne würde ich gehorchen, doch wenn der Schnee schmilzt, ist es nicht zu empfehlen, über die Straßen und Wege zu gehen. Du bist gut beraten, heute im Palast zu bleiben!«

Bilqis empfand, daß Benyamin Ben Eliezer eine Frage stellen wollte, jedoch nicht den Mut dazu hatte. Aber sie half ihm nicht über die Verlegenheit hinweg. Neugierig blickte sie ihr Gegenüber an. Schließlich faßte er allen Mut zusammen und begann zu sprechen:

»Meine Aufgabe ist es, in dieser Stadt wachsam zu sein und die Herrschenden zu schützen. Mir ist zu Ohren gekommen, o Herrin über das Land Saba, daß du mit eigener Hand einem Fürsten den Kopf abgeschlagen hast. Diese Bluttat erschreckt uns. Ich wäre glücklich, wenn du die Gnade haben würdest, mir den Vorfall zu erläutern. Es ist mir bewußt, o Königin, daß ich eigentlich kein Recht habe, dich darum zu bitten.«

Die Königin nickte zum Zeichen, daß sie seine Bitte erfüllen wollte, und begann zu erzählen.

Die Erzählung der Königin Bilqis vom räuberischen Fürsten Nizar

»Da ist nichts, o Benyamin Ben Eliezer, das ich zu verbergen hätte. Glaube mir, wenn ich sage, daß im Lande Saba die Herrscher friedlich sind. Sie freuen sich, daß zweimal im Jahr die Flut aus den Tälern der Berge den See füllt, den findige Köpfe gebaut haben. Das Wasser macht es möglich, daß Pflanzen wachsen. Die Bewohner meines Königinnenreichs leben von Ackerbau und Handel.

Nur einer, der Fürst eines entlegenen Landstrichs – sein Name war Nizar – führte ein lasterhaftes Leben: Er überfiel Eselkarawanen, die auf der Weihrauchstraße unterwegs waren. Er raubte Kaufleute aus, erpreßte sich Abgaben von Bauern. Vor allem aber war keine schöne Frau in jenem Landstrich davor sicher, in die Burg des Fürsten Nizar verschleppt und dort geschändet zu werden. Wenn die Frauen den Fängen des Fürsten entkamen, erzählten sie von Mißhandlungen. Weinende Väter bedrängten mich, ich möge der Bosheit des Fürsten ein Ende bereiten. Ich schickte Bewaffnete in sein Land, doch sie vermochten ihn nicht zu fangen. Ich befahl zauberkundigen und zugleich sinnlichen Frauen, ihn in ihren Bann zu schlagen, doch sie versagten. Ich sandte Männer, die ihm gut zureden sollten, doch er erschlug sie. Priester des Gottes il-Umquh suchten ihn auf, doch er ließ die würdigen Männer ausziehen und auspeitschen.

In meiner Verzweiflung fiel mir ein, wie ich den Fürsten Nizar besiegen könnte: Ich schickte ihm eine Nachricht durch einen mutigen Boten, aus der Nizar entnehmen konnte, daß ich bereit war, ihn zu heiraten.

Bald schon kam die Antwort aus der Burg des Fürsten. Er ließ mich wissen, daß er selbst schon daran gedacht habe, sich mit mir in aller Form zu vereinigen, doch die Furcht vor Zurückweisung habe ihn daran gehindert. Nun aber, da der

Antrag von mir selbst komme, werde er mit Freuden alle Vorbereitungen zur Hochzeit treffen.

Mein Berater Yafa Yafis und der von mir bestellte Prophet Harith waren überaus betroffen. Sie sagten mir unverblümt, daß sie meinen Entschluß nicht billigen könnten und es abscheulich fänden, wenn ich das Lager mit dem bösartigen Fürsten teilen wollte. Nizar werde bestimmt nicht davor zurückschrecken, auch mich zu mißhandeln.

Ich aber sprach zu den beiden: ›Ich weiß, daß ich ihn im Schlafgemach zähmen kann. Nur mir wird dies gelingen. Er wird danach alle Bösartigkeit abgestreift haben.‹

Yafa Yafis und Harith waren nicht überzeugt, doch sie konnten nichts gegen meinen Entschluß ausrichten. So kam es, daß ich, begleitet von vielen Dienerinnen, meinem Berater und meinem Propheten, in die Burg des Nizar einzog. Der Fürst empfing mich mit großer Herzlichkeit. Sein Hofstaat ehrte mich überaus. Bei Tisch wurden die feinsten Speisen aufgetragen. Als die Feierlichkeiten vorüber waren, begaben wir Brautleute uns in die Schlafkammer.

Während Nizar mich langsam entkleidete, tranken wir beide einige Becher Wein. Dann gestatte ich ihm, die eheliche Vereinigung zu vollziehen. Sobald Nizar vor Lust nahezu besinnungslos war, stieß ich ihm einen Dolch, den ich mir in Reichweite neben dem Lager bereitgelegt hatte, durch seinen Rücken ins Herz. Es mag sein, daß der Stoß sein Ziel nicht richtig traf. Nizar bäumte sich auf, schrie und hörte nicht auf, um sich zu schlagen. Um seinem Leben ein Ende zu bereiten, schnitt ich ihm mit dem Dolch, dessen Klinge ebenso scharf wie spitz war, den Kopf ab.«

Voller Verblüffung blickte Benyamin Ben Eliezer die Königin an. Diese Kaltblütigkeit hatte er ihr nicht zugetraut. Bilqis hielt ihre Erzählung offenbar für beendet, doch Benyamin Ben Eliezer war noch neugierig. Er fragte: »Wie, o Königin, ist es dir gelungen, aus der Burg des Nizar zu entkommen?«

Bilqis antwortete: »Als die Höflinge des Fürsten am Morgen das Schlafgemach betraten, in dem ich friedlich schlief, da prallten sie zurück beim Anblick des nackten Leibes und des abgetrennten Kopfes. Leib und Kopf hatte ich neben das Bett gelegt. Sie fielen aber keineswegs über mich her. Sobald sie begriffen hatten, was geschehen war, zeigten sie deutlich ihre Freude. Auch sie hatten gelitten unter Nizars Bösartigkeit. Nun konnten sie sich befreit fühlen. Sie dankten mir in aller Form für meine Tat. Ich aber sagte, es sei meine Pflicht gewesen, so zu handeln, um das Land von einer Schande zu befreien.«

Bilqis schwieg einen Augenblick, dann sprach sie leise und mit ruhiger Stimme: »Ich war mir nur nicht sicher, ob il-Umquh mir die Vermählung mit Nizar übelnehmen würde. Doch als die Zeit des rituellen Bades im See wieder gekommen war, da strahlte das Ebenbild des Gottes so hell wie immer. Mit großer Zärtlichkeit nahmen mich die Fluten auf.«

Als er diese Worte vernommen hatte, verbeugte sich Benyamin Ben Eliezer vor Bilqis. Sie hinderte ihn durch eine Geste ihrer Hände, sich vor ihr niederzuwerfen. Er sprach: »Wahrhaftig, du hast, o Königin, bei dieser Tat nichts zu beschönigen und nichts zu verbergen. Du hast gehandelt, wie es von einer Herrscherin erwartet wird, die für ihre Untertanen sorgt, damit sie in Frieden leben können. Und dein Gott hat dein Handeln gerechtfertigt.«

Bilqis erwiderte: »Du ehrst mich, o Vater aller dem König ergebenen Menschen von Jerusalem. Als du vorhin bei mir eingetreten bist, hatte ich eben den Entschluß gefaßt, diese Stadt so rasch wie möglich wieder zu verlassen. Schwere Sorge bedrückt mich, o Benyamin Ben Eliezer, nur du wirst mir helfen können. Wisse, daß ich leichtfertig gehandelt habe, als ich so lange Zeit unterwegs war von Marib zur Stadt des Salomo. Ich fragte mich vorhin, was geschehen werde, wenn ich zum Zeitpunkt der zweiten Flut dieses Jahres nicht zurück bin. Il-Umquh wird seinen Zorn an meinem Volk auslassen. Unmut wird den Schein der Gottheit fahl verfärben. Wendet il-Umquh sein Gesicht von uns ab, ist das Königinnenreich Saba verloren. Die nächste Flut wird ausbleiben. Die Schuldlosen werden leiden; die Armen werden verhungern; die Mütter werden mich verfluchen; die Väter werden mich suchen, um mich zu töten. Ich zähle die Tage, die mir bis zur Rückkehr bleiben. In sechzig Tagen wird das Wasser die Täler herunterstürzen, wird der See von Marib sich in wildem Wirbel füllen, wird mein Volk erwarten, daß ich das stürmische Wasser beruhige. Selbst wenn ich jetzt sofort aufbrechen würde, wäre es mir unmöglich, rechtzeitig am Ufer des Sees zu sein. Gib mir einen Rat, o Benyamin Ben Eliezer.«

Der Angesprochene dachte einen Augenblick nach und sprach dann: »›Halte ein, o Flut der Täler von Saba, verharre am Himmel, o Gottheit, laß ab vom Wechsel des Tags zur Nacht! Schenke Zeit unserer Königin, die begierig darauf ist, dir zu dienen! Laß uns nicht vergeblich bitten. Gedenke unser, die wir flehend die Hände zu dir erheben.‹ So würden unsere Priester rufen, versammelt, um Gottes Güte zu wecken. Spricht niemand der Sabäer, die sich in deinem Palast aufhalten, mit deinem Gott? Und du auch nicht? Ist keiner da, der die Hände zum Himmel reckt und schreit: ›Laß die Tage zu Wochen werden und die Wochen zu Monden! Dehne aus die Zeit und leite Bilqis auf dem Weg aus der Stadt des Salomo, daß sie die Vermählung vollziehen kann mit dir im Wasser, das du dem Volke der Sabäer schenkst‹?«

Als diese Worte gesprochen waren, schwiegen beide – Bilqis und Benyamin Ben Eliezer. Das Schweigen brach schließlich der Vertraute des Königs: »Ich begreife, o Bilqis, daß deinem Volk die wahren Propheten fehlen. Trotzdem, vergiß die Sorgen! Wende dich an Salomo. Er verfügt über Kräfte, die keinem anderen Mann verliehen sind. Zu seinen treuesten Dienern zählen die Dschinnen, die Luftgeister, die in Windeseile von einem Ort zum anderen fliegen können. Die

Geschicktesten unter ihnen sind sogar schnell wie Gedanken. Doch Salomo wendet sich nur selten an sie, wenn er dienstfertige Geister braucht. Die Geschwinden haben nämlich einen Nachteil: Sie können keine Last mit sich tragen, und so ist es ziemlich sinnlos, daß sie in Gedankenschnelle irgendwo hinfliegen, um dann genauso rasch wieder zurückzukehren. Dennoch: Vertraue auf Salomo. Er wird einen Ausweg finden.«

Benyamin Ben Eliezer hatte die letzten Sätze langsam und bedächtig gesprochen. Er schien nachzudenken. Nach einer Weile sprach er: »Salomo, der Weise, ist bestimmt fähig, dir zu helfen. Ich bin jedoch nicht so ganz sicher, ob er dir wirklich helfen wird. Ich glaube, Salomo will dich hierbehalten.«

Da fragte Bilqis: »Warum sollte er mich in Jerusalem behalten wollen? Wie ich hörte, kann er über tausend Frauen verfügen. Auf mich ist der König nicht angewiesen!«

Benyamin Ben Eliezer erwiderte: »Ich habe da einen Verdacht. Er ist eher ein unbestimmtes Gefühl. Heute abend werde ich mehr wissen. Wenn Salomo dir heute abend sein Haus zeigt, das nur aus edelsten Zedernstämmen des Libanon besteht, dann bin ich sicher, daß er dir, o Tochter des Landes Saba, einen besonderen Rang unter seinen Frauen verleihen will. Das Zedernhaus ist dem Salomo besonders wertvoll. Alles dort hat er sich selbst ausgedacht: die Säle und Kammern, die Decken und Böden, die Wände und Türen. Nur Fenster hat das Zedernhaus nicht. Wer dem König übel will, der sagt, dieses Haus sei sein wahrer Tempel. Im Zedernhaus, so sagen Böswillige, bete Salomo an, was ihm wirklich heilig sei. Andere wiederum glauben zu wissen, das Zedernhaus sei für eine ganz bestimmte Frau vorbereitet. Die Frau, der das Tor aufgeschlossen wird, verschwinde für immer dahinter und werde nie mehr gesehen. Was wird mit dir geschehen, o Bilqis, wenn Salomo dir das Tor aufschließt? Einmal erst ist des Nachts ein Geräusch gehört worden, als ob eine Tür schwer ins Schloß falle. Es muß eine gewichtige

Tür gewesen sein – eine Tür aus dicken Zedernbalken. Mehr ist in jener Nacht nicht wahrgenommen worden. Ich selbst habe jenes Geräusch gehört. Es war mir, als ob meine Seele getroffen worden sei. Mich quält jener dumpfe Schlag in jeder Nacht.«

Benyamin Ben Eliezer war während dieser Worte unruhig auf und ab gegangen in dem Raum, den Bilqis im Palast des Königs Salomo bewohnte. Früh brach in diesen winterlichen Tagen die Dämmerung über Jerusalem herein. Benyamin Ben Eliezer vergaß, nach Lichtern zu rufen. Seine Gedanken hielten ihn gefangen, ließen ihn vergessen, daß er sich in Gegenwart einer Königin befand. Er blieb plötzlich stehen und brach dann langsam in die Knie. Seine Stimme zitterte, als er weitersprach. Fast geflüstert waren seine Worte:

»Er gilt als Weiser, doch in seinem Kopf findet sich in Wahrheit keine Spur von Güte. Seine Weisheit ist Klugheit, ist Wissen um eigene Stärke und um Schwächen der anderen. Er kennt kein Mitleid. Schrecken und Tod der Menschen sind ihm gleichgültig. Tausend Frauen, so sagt man, haben diesen Palast betreten, um den König Salomo zu beglücken. Antworte mir, o Bilqis, ist das ein Palast, der Platz für tausend Frauen bietet?« Benyamin Ben Eliezers Stimme war nun nicht mehr leise. Er brüllte seine Fragen. »Wo sind sie, die man hierhergebracht hat? Warum fragt niemand danach? Warum straft Gott diesen König nicht? Warum ist Gott bei ihm so nachsichtig?«

Da schlug die Königin von Saba dem noch immer Knienden mit der Hand ins Gesicht. In scharfem Ton sprach sie: »Du, Benyamin Ben Eliezer, bist der Diener deines Königs und Herrschers. Dir gebührt es nicht, solche Fragen zu stellen!«

Der Geschlagene erhob sich und wandte sich den Vorhängen zu, die den Eingang verhüllten. Ehe er die Tücher beiseite schob, sagte er: »Diesen Schlag habe ich wohl verdient als Diener des Königs – nicht aber als Mann, der die Königin von

Saba vor Bösem bewahren will. Deshalb sage ich mit Nachdruck: Sei wachsam, o Königin, in dieser Nacht. Bedenke meine Worte: Tausend sind gekommen. Für tausend gibt es keine Kammern, keine Bäder, keine Pfühle und Kissen in diesem Palast. Für tausend gibt es aber auch keine Gräber in den Kellern oder in den Gärten. Ich frage mich manchmal: Wird für Tausende gekocht? Und ich beantworte meine eigene Frage gegen bessere Einsicht oft mit ja. Du wirst keine Küche finden, die dafür groß genug wäre. Doch ich muß mich selbst belügen, um nicht den Verstand zu verlieren.«

Kaum war Benyamin Ben Eliezer gegangen, wurden die Öllampen im Raum der Bilqis entzündet. Ein Feuer brannte, und dennoch empfand die Königin wiederum Kälte. Sie ließ sich einen Mantel bringen aus gestreiftem Stoff, der zur Hälfte aus Baumwolle und zur Hälfte aus Leinen bestand. Eine Schrift war über den Rücken gewoben, die besagte: »Der Mantel umfaßt deinen Leib, wie il-Umquh, dein Gott, dich umhüllt!«

Als sie die Wärme des Mantels spürte, sagte Bilqis zur Dienerin, die Itamra hieß: »Seltsam ist, daß die Küche des Königs Salomo uns bisher keine Speisen geschickt hat. Wir leben von dem, was wir aus Saba mitgebracht haben. Kennst du einen Grund, warum uns Salomo unversorgt läßt?«

Zum Zeichen, daß sie keine Antwort wußte, warf Itamra energisch den Kopf zurück – und dies gleich mehrmals. Sie hörte damit erst auf, als mit rauschendem Geräusch Vorhänge zur Seite gezogen wurden. Und dann hörte Bilqis zum erstenmal die Stimme des Königs Salomo:

»Verzeih, erhabene Herrin über Saba, daß ich mit dir nicht geredet habe während der Nächte zuvor. Nimm meine Entschuldigung an. Du weißt bereits, daß ich schweigen mußte. Erst heute abend ist mir das Recht gegeben, dich anzusprechen.«

Bilqis wunderte sich, daß Salomo nicht Platz nahm neben

ihr auf den Polstern. Sie forderte ihn auf, sich zu setzen, doch er beachtete ihre Worte und Gesten nicht. Wenig später beschlich sie ein unangenehmes Gefühl, als sie bemerkte, daß der König auf den Mantelstoff starrte, der ihre Beine verhüllte. Es war ihr, als ob Salomo etwas ergründen wollte, das mit ihren Beinen zusammenhing. Bilqis, die Königin, war es nicht gewöhnt, derart eindringlich angeblickt zu werden. Um die wachsende Verwirrung abzustreifen, erhob sie sich mit energischem Ruck. Sie achtete jedoch darauf, daß der Mantel sie bis zum Boden umschloß. Kaum stand die Königin von Saba neben Salomo, griff der nach ihrer rechten Hand und zog Bilqis aus dem Raum.

Sie wehrte sich nicht. Es erstaunte sie selbst, daß sie so willig mit ihm ging. Für einen Augenblick dachte sie an die Warnung des Benyamin Ben Eliezer, doch dann siegte die Neugierde: Sie wollte sehen, was Salomo ihr zu zeigen hatte.

Der Weg führte durch einen kurzen Gang, dann traten sie beide ins Freie. Als die Tür hinter ihnen zufiel, befanden sie sich im Dunkel. Bilqis sah nichts mehr, doch Salomo mußte bemerkt haben, daß jemand wartete. Er fragte: »Menachem, ist alles vorbereitet?«

Bilqis verstand die Sprache nicht, in der die Frage gestellt war. So begriff sie auch die Antwort nicht, die lautete: »Ja, Herr – doch du darfst nicht erwarten, daß ich damit einverstanden bin!« Blilqis spürte nur eine heftige Bewegung der Hand des Königs, der sich offenbar ärgerte. Salomo ließ Bilqis los, um mit beiden Fäusten gegen das Tor zu schlagen, durch das sie das Haus verlassen hatten. Von innen wurde geöffnet. Salomo und Bilqis traten zurück in den matt erleuchteten Gang.

Als sie wieder im Raum der Bilqis angekommen waren, fragte die Königin nach dem Sinn der Worte, die sie eben vernommen hatte. Doch Salomo, der sich diesmal niedersetzte, antwortete nur: »Es war Menachem, ein Priester.« Dann schwieg er.

Nach einer Weile sagte Salomo: »Der Priester Menachem und ich reden in der Sprache miteinander, die einst Mose gebraucht hat, als er mit unseren Vorfahren durch die Wüste zog. Nur wenige beherrschen diese Sprache noch. Menachem und ich pflegen die Fähigkeit zu sprechen wie der gewaltige Prophet. Der Vorteil ist, daß kaum jemand uns verstehen kann.«

Bilqis war neugierig geworden. Mutig fragte sie den König: »O Herr über Jerusalem, dieser Priester Menachem hat dich zornig gemacht? Welche Herrschaft hat er über dich, den Herrn der Stadt, der doch auch über das Leben eines Priesters bestimmen kann? Deine Kraft ist größer, denn du befiehlst den Geistern, und sie folgen dir! Dein Gott hat dir diese Kraft zugesprochen – welche Kraft hat er diesem Priester Menachem gegeben?«

Traurig war die Antwort des Königs: »Jedermann in meinem Land, o Bilqis, kennt mein Geheimnis – und es gilt dennoch als Geheimnis. Daß mich mein Vater David gelehrt hat, mit den Tieren zu reden und die Geister zu beherrschen, bleibt meinem Volk verborgen, und doch wissen es alle. Dies ist aber nur ein Teil des Geheimnisses. Wesentliches ist auch dir noch verborgen.« Mehr sagen wollte Salomo nicht. Nach einiger Zeit erhob sich der König und verließ die Herrin von Saba.

In dieser Nacht zog Bilqis den Mantel aus gestreiftem Stoff, der zur Hälfte aus Leinen und zur Hälfte aus Baumwolle bestand, nicht aus. Sie sorgte dafür, daß ihre Beine und Füße verhüllt blieben, denn sie hatte die Empfindung, daß sie aus dem Dunkel beobachtet wurde. Ehe Bilqis einschlief, beschloß sie, am nächsten Tag, verkleidet mit Rock und Hemd ihrer Dienerin Itamra, die Stadt Jerusalem aufzusuchen. Vielleicht, so dachte sie, würde sie jemanden finden, der ihr vom Geheimnis des Salomo erzähle – das doch offenbar jeder kannte.

Am nächsten Morgen waren die Straßen und Dächer Jerusalems wieder mit Schnee bedeckt. Bilqis, die von ihrem Raum aus nur auf den Hof blicken konnte, in dem ihre Kamele und Maultiere lagerten, begriff, daß es unmöglich für sie war, die Straßen der Stadt zu betreten. Sie war eingeschlossen im Palast des Salomo. Sie hatte Angst vor der Kälte, die durch die Vorhänge in den Raum drang. Sie wollte fort, zurück in ihr warmes Land Saba.

Bilqis ärgerte sich, daß sie nichts von dem erreicht hatte, was sie eigentlich beabsichtigt hatte. Sie hatte Salomo in das Weihrauchgeschäft einbeziehen wollen, und nun wurde sie hineingerissen in Geheimnisse, die ihr bedrohlich wurden. Sie war nicht mehr die Herrin, die bestimmte. Sie wurde geführt, geschoben und im Dunkeln gelassen, wie es einem Mann gefiel. Diesen Mann aber begriff sie nicht.

Da erinnerte sich Bilqis auf einmal an die Worte des Benyamin Ben Eliezer: »Tausend Frauen, so sagt man, haben diesen Palast betreten, um Salomo zu beglücken. Ist dies der Palast, der Platz bietet für tausend Frauen?«

Bilqis erinnerte sich nicht, im Haus des Salomo Frauenlachen oder auch nur Frauenstimmen gehört zu haben. Sie beschloß, das Geheimnis der tausend Frauen zu lüften. Irgendwo im Palast mußten diese Frauen sich waschen und baden, um gepflegt zu sein für den König, dem sie mit ihren Körpern zu dienen hatten. Das Gefühl der Kälte im Palast gab Bilqis die Lust ein, sich selbst sofort in ein Becken mit warmem Wasser zu legen. Im Bad bestand sicher die Möglichkeit, mit anderen Frauen zu reden, sich nach ihrem Schicksal zu erkundigen. Im Bad konnte sie wohl feststellen, wie viele Frauen Salomo wirklich besaß. In einem plötzlichen Entschluß schickte sie Itamra los, um zu erfragen, wo die Königin von Saba ein Bad nehmen könne. Sie brauche jedoch keinen Baderaum für sich. Sie sei durchaus bereit, mit anderen Frauen zu baden.

Sie glaubte schon, Itamra bringe gute Nachricht, da betrat

nicht die Dienerin, sondern Benyamin Ben Eliezer den Raum. Er verbeugte sich und sprach: »O Königin, dein Wunsch, Jerusalem und seine Schönheiten zu besichtigen, kann heute nicht in Erfüllung gehen. Alle Bewohner dieser Stadt bleiben zu Hause und warten, bis der Schnee geschmolzen ist.«

Bilqis war erstaunt, daß der Mann, der für die Sicherheit der Mächtigen in der Stadt zuständig war, ihren Wunsch kannte. Doch ihr blieb keine Zeit, sich zu wundern, denn die Erzählung des Benyamin Ben Eliezer zog sie in ihren Bann.

Benyamin Ben Eliezers erste Erzählung vom Hause David

»Gestern, o Herrin, habe ich dich erzürnt durch meine Worte, aus denen du Mangel an Achtung vor dem König abgelesen hast. Du irrst. Ich achte Salomo, auch wenn er mich in Verzweiflung stürzt. Er ist kein Monarch wie andere. Er ist größer als jeder, der sonst irgendwo ein Land regiert. Doch er hat Lasten der Vergangenheit zu tragen, die seine Seele verändern. Er leidet und läßt andere leiden. Begreife, o Königin, Salomo büßt für eine Leidenschaft. Er büßt nicht für seine eigene Übertretung eines Verbotes, eines Gottesgesetzes. Er büßt für seinen Vater. Er büßt für David.

Erfahre, o Herrin über Saba«, fuhr Benyamin Ben Eliezer fort, »David kam aus dem Nichts. Sein Vater Isai besaß einige Schafe, doch niemand kannte ihn. Keiner nahm ihn und seine Familie ernst. Wer hätte gedacht, daß Isais Sohn über das Volk gesetzt werden würde? Doch Gott wollte es so. Es war Krieg zwischen uns und den Philistern. Durch Zufall nur geriet David, der mit seiner Herde unterwegs war, in die Kämpfe hinein. Manches wird davon berichtet, wie es geschah, daß er plötzlich mit dem Philister Goliath kämpfen sollte, den alle fürchteten, weil er riesengroß war. Die Berichte, die wir haben, stimmen darin überein, daß der Knabe David den Riesen besiegte – durch eine Schleuder und fünf Steine. Einer dieser Steine traf Goliath an die Stirn. Wer zu denken vermag, bezweifelt, daß der Kampf wirklich so verlaufen ist.«

Bilqis nutzte es aus, daß Benyamin Ben Eliezer für einen Augenblick seine Erzählung unterbrach, um durch eine Geste anzudeuten, daß er sich setzen sollte. »Du glaubst«, fragte sie, »David habe nicht allein, sondern mit Hilfe der Geister gesiegt?«

Benyamin Ben Eliezer setzte sich und antwortete dann: »O Bilqis, für mich gibt es da gar keinen Zweifel. Stell dir vor, ein Knabe siegt gegen einen erfahrenen Krieger – mit einer Schleuder und fünf Steinen! Wer war er denn, dieser David? Dem König Saul gefiel er, weil er es verstand, gefühlvolle Melodien auf der Harfe zu schlagen. Saul war damals schon alt und trauerte seiner Jugend nach. David sang Liebeslieder, und auf seltsame Weise gelang es ihm, mit Melodien und Worten in die Seele von Michal, der Tochter des Königs, einzudringen. Geister müssen dem Harfenschläger geholfen haben, denn die Sinne der Michal verwirrten sich, und sie begann David zu lieben. Doch was geschieht gleichzeitig? Jonathan, der Sohn des Königs, verliebt sich ebenfalls in David. Soviel wir wissen, fanden die beiden zueinander. Sicher ist, daß Saul wütend wurde. Er schrie Jonathan an: ›Du, Jonathan, hast den Sohn des Isai erkoren und brachtest Schande über deine Mutter!‹ Als Jonathan dann durch Gottes Ratschluß verstorben war, sang David diese Verse:

›Wunderbar war deine Liebe.
Viel schöner als die Liebe einer Frau.
Ganz unermeßlich groß ist meine Trauer.
Bis an mein Lebensende werd' ich voll Sehnsucht sein.‹

Die Geschichte wird jetzt erst richtig aufregend, o Bilqis!« fuhr Benyamin Ben Eliezer voller Eifer fort. »Nach dem Erlebnis mit Jonathan schleicht sich David aus dem Haus des Königs Saul. Du wirst es nicht glauben, er wird Kriegsmann bei den Philistern, bei den Gegnern des eigenen Volkes. Dabei hat doch er den Philister Goliath umgebracht. David kämpft sogar auf seiten der Philister gegen Saul. Man sagt dem jungen Mann nach, er habe Zehntausende umgebracht. Wundersam ist, daß ausgerechnet dieser David König des jüdischen Volkes wird. Man wählt gerade den, der dem eigenen Volk unermeßlichen Schaden zugefügt hat! Dies können nur Geister bewirkt haben, die über Kräfte zur Verwirrung der Gemüter verfügen.«

Eindringlich hatte Benyamin Ben Eliezer gesprochen. Er glaubte, die Königin von Saba mit seiner Erzählung erschüttert zu haben. Sie aber fragte ganz ruhig: »Was, o Herr, der du die Geheimnisse dieses Landes so gut kennst, hat dies alles mit Salomo zu tun? Warum büßt Salomo für David?«

Benyamin Ben Eliezer blickte auf, sichtbar erstaunt über diese Frage. Seine Antwort war: »Seltsames fügt sich zu Seltsamem, Untat zu Untat und Schuld zu Schuld. David, dem Geister dienstbar waren, wurde auch von Geistern gelenkt. Sie beeinflußten seinen Willen. Als er Krieg führte gegen die Stadt Rabba, die drüben liegt über dem Fluß, der am Grunde der Erde strömt, da wollte er nicht selbst der Feldherr sein. Er, der Kriegsheld! Joab führte den Feldzug, damit David zu Hause in Jerusalem bleiben konnte.

An einem warmen Abend geht der König, von Unruhe getrieben, auf dem Dach seines Palastes auf und ab. Es ist ihm langweilig, und er beauftragt dienstbare Geister, ihm auf launige Weise die Zeit zu vertreiben. Die Geister kennen des Königs Vorliebe für schöne Frauen, und so zaubern sie ihm das Bild einer nackten Frau vor, die auf dem tiefer gelegenen Dach des Nachbarhauses in einen hölzernen Zuber steigt, der mit Wasser gefüllt ist. Ohne Scheu wusch sich diese Frau und zeigte alle ihre Reize. Keine wirkliche Frau von Jerusalem, glaube mir, o Bilqis, hätte so gehandelt. Es war ein Geisterspuk! Selbst als die Nacht längst die Häuser ringsum verhüllte, waren das Wasser und die Frau durch einen Schein wechselnder Farben erleuchtet. David konnte sich von diesem Anblick nicht losreißen, und die Geister sorgten dafür, daß Davids Sinne lang gereizt blieben.«

Von dieser Wende der Geschichte war auch Bilqis beeindruckt. Sie forderte Benyamin Ben Eliezer ungeduldig auf, weiterzuerzählen. Der Mann, der hinter die Geheimnisse sah, sprach weiter:

»Noch in der Nacht erkundigte sich David, wer die schöne Frau sei, die im Nachbarhaus wohne. Du mußt wissen, o Königin eines fremden Landes, daß der Palast des Königs David nur wenig erhabener war als die Häuser im oberen Teil des alten Jerusalem. Es war alles viel enger gebaut als heute. David kannte die Bewohner der Häuser ringsum, und er wußte auch, daß im Nachbarhaus ein Fremder wohnte, ein Mann aus dem Volk der Hethiter, der sich verpflichtet hatte, Dienst zu tun in Davids Heer. Sein Name war Uria. Er hatte eine Frau, das war bekannt, doch eine derartige Schönheit, wie sie David erschienen war, hatte nie jemand bemerkt. Offenbar war die wirkliche Frau des Uria eher unscheinbar. David bestand darauf, daß man in der nächsten Nacht die Frau zu ihm bringe, die er gesehen hatte.«

»Dieser Befehl war sicher nicht leicht zu erfüllen!« warf Bilqis ein.

Benyamin Ben Eliezer sagte darauf: »Du hast recht, o Königin! Doch die Geister vollbrachten ein Wunder. Auf dem Lager des Königs befand sich in der nächsten Nacht die Frau, deren Anblick David berückt hatte. Und auch während der folgenden Nächte war David voll Lust und Glück. Nach und nach aber erlosch die Begierde des Königs, und die Geister, die diesen Wandel bemerkten, hörten mit ihrem Spuk auf, und David war zufrieden. Doch da geschah es, daß er Besuch bekam von der wahren Frau des Uria. Sie bat darum, den König allein sprechen zu dürfen. David wies alle, die bei ihm waren, aus dem Raum und forderte die Frau auf, zu sagen, was sie bedrücke. Was die Frau zu berichten hatte, war wenig: ›Ich bin schwanger von dir, o König David!‹

Er aber sagte: ›Ich habe dich nicht berührt, ja, ich habe dich noch nie gesehen!‹

Da entrüstete sich die Frau des Uria: »Ich bin Bathseba, der du jede Nacht beigewohnt hast in deinem Haus, während sich mein Mann Uria drüben über dem Fluß im Krieg, den du gewollt hast, befindet.' In diesem Augenblick verwandelte sich die Frau wieder in die Schönheit, die David beim Bade erblickt hatte. Und er freute sich nun, daß Bathseba schwanger war. Sie blieb bei ihm im Palast.«

Bilqis fand Gefallen an dem, was sie hörte. Sie sprach: »Was du erzählst, ist eine Geschichte von der Erfüllung der Liebe, o Benyamin Ben Eliezer!«

Dieser entgegnete: »Bisher schon, doch warte ab! David wußte, daß er unrecht gehandelt hatte an seinem treuen Kriegsmann Uria. Er ließ ihn eilends von Rabba herreiten, damit Uria sich mit Bathseba vereinige. David überredete die Frau, daß es klug sei, wenigstens für eine Nacht in das Haus ihres Mannes zurückzukehren. Nur widerwillig folgte Bathseba dem Wunsch des Königs. Sie wollte sich nicht mehr dem Uria hingeben. Doch sie gehorchte. Als sie ihr eigenes Schlafgemach betrat, war sie wieder die unauffällige Frau des Hethiters Uria.«

»Was du jetzt erzählst, ist eine Geschichte von der Feigheit der Männer, o Benyamin Ben Eliezer.«

Nach dieser Bemerkung der Bilqis sprach der Mann, dem nichts verborgen blieb in Jerusalem und im ganzen Land: »Es ist vielleicht doch eher eine Geschichte von der Treue der Männer zu ihren Pflichten. Du mußt bedenken, o Bilqis, daß Uria, der Hethiter, Kämpfer war in Davids Diensten. Während eines Krieges, so glaubte er, müsse er seine gesamte

Kraft dem König widmen. Es geschah, daß Uria aus Pflichteifer in der Wachstube beim Tor übernachtete. Das Lager seiner Frau mied er. So mißlang der Plan des Königs David, dem Hethiter Uria Grund zum Glauben zu geben, er sei der Vater des Kindes, das Bathseba in sich trug. Uria erfuhr nicht, daß seine Frau schwanger war, denn er bekam sie gar nicht zu Gesicht.

Nun aber blieb David nur noch ein Ausweg: Uria mußte sterben. Er gab dem Krieger, der darauf drängte, wieder nach Rabba zu reiten, um am Kampf teilzunehmen, einen Brief an den Befehlshaber Joab mit. Darin las der Vorgesetzte des Uria, daß er den Hethiter während der Schlacht der größten Gefahr aussetzen müsse. Joab habe unbedingt dafür zu sorgen, daß Uria sein Leben verliere. Der Wunsch des Königs wurde erfüllt.«

Bilqis meinte nun: »Dem König hat sein Gott in dieser Angelegenheit geholfen! Ist er auf der Seite dessen, der Unrecht tut?«

Benyamin Ben Eliezer überlegte einen Augenblick und erwiderte dann: »Dich täuscht der äußere Schein, o Bilqis. Gott zürnte dem König! Vor allem deshalb, weil David die Frau des Toten jetzt vor aller Augen zu sich in den Palast holte. Er konnte ihr nicht widerstehen, denn sie war schön wie zuvor. Die Geister, die dem König dienten, hatten dafür gesorgt. Der Zorn Gottes wurde offenbar, o Bilqis, als das Kind der Bathseba geboren wurde. Es war ein Sohn, der Simei genannt wurde. Er starb am siebten Tag nach der Geburt.«

Bilqis dachte wiederum nach und meinte dann: »Wäre dieser Simei am Leben geblieben, wäre er der Herrscher über Jerusalem.«

Benyamin Ben Eliezer nickte und sprach: »Du hast recht, o Königin. Seltsame Vorgänge sind aus jener Zeit zu berichten. Als das Kind Simei noch lebte, da fastete David und betete nahezu ohne Unterlaß. Als Simei tot war, erhob sich

David vom Erdboden, auf dem er gekauert hatte, reinigte sich und setzte sich an einen festlich gedeckten Tisch. Bilqis, begreife! David feierte den Tod seines Kindes durch Mahlzeiten und Gelage! Bathseba aber wurde von ihm auf dem Lager getröstet. Die Geister gaben ihm die Kraft dazu. David und Bathseba trennten sich drei Tage und drei Nächte lang nicht. Als der lange Beischlaf zu Ende war, da erschien Nathan, der Prophet, in Davids Schlafgemach und verkündete, der Sohn, den die beiden nun gezeugt hätten, trage den Namen ›Jedidja‹. Das bedeutet, dieser Sohn sei von Gott ganz besonders geliebt. Auf diese Weise hat David gesühnt.«

Worauf Bilqis erwiderte: »Mit Hilfe der Geister!«

Benyamin Ben Eliezer war eben dabei, sich zu erheben, um den Raum zu verlassen, da erwachte Bilqis aus dem Bann der Erzählung. Sie griff ihrem Gegenüber an die Schulter, drückte ihn auf die Polster zurück und sprach: »Ich glaube, o Benyamin Ben Eliezer, das Kind, das nach dem Tod des Simei gezeugt wurde, ist Salomo.« Der Angesprochene nickte erstaunt. Bilqis sprach weiter: »Der Prophet Nathan aber wollte, daß er Jedidja genannt wird. Warum folgte David nicht dem Wunsch des Propheten?«

Ben Benyamin Ben Eliezer antwortete: »Es wäre ein schöner Name gewesen – ›der von Gott ganz besonders Geliebte‹. Doch Nathan, so wurde mir berichtet, hat nicht darauf bestanden, daß Bathsebas Sohn diesen Namen trage. Nathan hat später zugegeben, daß ihm Gott nicht befohlen hatte, das Kind Jedidja zu nennen. Nathan verfolgte nämlich seine eigenen Absichten. Der eben gezeugte Sohn von David und Bathseba sollte König über das jüdische Volk werden, und der Prophet Nathan wollte durch ihn zum heimlichen Herrscher werden. ›Der von Gott besonders Geliebte‹ war von Nathan ausersehen, zum Kriegshelden des jüdischen Volkes zu werden. David aber durchschaute den Plan. O Bilqis, David war ein Herrscher von großer Klugheit. Er sah damals voraus, daß die Zeit der Eroberungen abgeschlossen und daß es sinnlos war, drüben über dem großen Fluß zu kämpfen. Einen Kriegshelden heranzuziehen war nicht Davids Absicht. Deshalb gab er dem Sohn den Namen Salomo – das Wort ›Frieden‹ klingt darin an. Das Kind der Bathseba sollte sich dem Frieden widmen.«

Die Geschichte, die Benyamin Ben Eliezer erzählt hatte, hinterließ im Kopf der Königin Verwirrung und Unsicherheit. Ein Gedanke aber drängte sich mit Hartnäckigkeit immer wieder nach vorn: Benyamin Ben Eliezer hatte gesagt, Salomo büße für seinen Vater David. Voll Mitgefühl und Sorge war diese Bemerkung von Benyamin Ben Eliezer ausgesprochen worden. Bilqis brauchte nicht nach dem Grund zu fragen. Sie hatte begriffen, daß der Mann, der für die Sicherheit in Jerusalem zuständig war, seinem Herrn, dem König, treu ergeben war und mit ihm alle Seelenschmerzen teilte. Salomo litt darunter, daß sein Vater den ersten Mann seiner Mutter bei Rabba in den Tod geschickt hatte. Salomo glaubte, diese Schuld von David geerbt zu haben. Während Bilqis diesen Gedanken nachhing, hatte Benyamin Ben Eliezer den Raum verlassen.

Die Königin besann sich darauf, daß sie ihre Dienerin Itamra losgeschickt hatte, um in Erfahrung zu bringen, wo im Palast des Salomo die Möglichkeit bestand, ein Bad zu nehmen. Ihre Absicht war es, in der Badekammer andere Frauen zu treffen, mit ihnen zu reden und so vielleicht das Geheimnis der tausend Frauen des Salomo zu lüften.

Kaum war Benyamin Ben Eliezer gegangen, betrat Itamra das Gemach der Bilqis. Solange der Besucher anwesend war, hatte sie nicht zu stören gewagt. Nun aber konnte Itamra ihrer Herrin sagen, daß offenbar im gesamten Palast kein Baderaum zu finden sei. Sie habe alle Gebäude durchsucht, sei durch alle Gänge gegangen, habe Türen geöffnet, durch Fensterhöhlen geblickt, Vorhänge an Eingängen beiseite geschoben. Schließlich aber, so erzählte Itamra, habe sie doch

Wasser plätschern gehört und viele Stimmen, die durcheinander redeten. Es habe sie stutzig gemacht, daß da nur Männerstimmen zu vernehmen waren. Mutig habe sie die Tür geöffnet, die hineingeführt habe in den Raum, aus dem das Wasserplätschern und die Männerstimmen zu hören waren. Da seien Dutzende von Männern zu sehen gewesen – im Wasserbecken, am Beckenrand und auf Bänken, aber keine einzige Frau. Unter dem Geschimpfe der Männer sei sie wieder hinausgerannt.

Mit den Frauen am Hofe zu reden – so erzählte Itamra ihrer Herrin – sei ihr nicht möglich. Ihre Sprache sei den Frauen wohl unbekannt. Durch Zeichen habe sie ihre Frage deutlich zu machen versucht. Sie sei jedoch nicht verstanden worden. Auf ihre Fragen sei sie wiederum fragend angeblickt worden.

Bilqis erinnerte sich auf einmal an den Mann von kräftiger Gestalt, der das Weihrauchrätsel hatte lösen können und der ihr gesagt hatte, er sei von Salomo eingesetzt worden, in Treue dessen Haus zu verwalten. Adiya war sein Name. Diesen Mann bat Bilqis zu sich.

Nur kurze Zeit später trat er ein, verbeugte sich und sprach: »Ich weiß, o Herrin, daß du deine Dienerin durch den Palast geschickt hast, damit sie eine Möglichkeit für ein warmes Bad finde. Wisse, o mächtigste Frau des Landes Saba, daß Nathan, der Prophet des Königs David, den Frauen der Stadt Jerusalem verboten hat, an Orten zu baden, wo sie gesehen werden können. Du kannst dir denken, Königin, daß dieses Verbot mit Bathseba zu tun hat und mit der Versuchung, der König David durch die Schönheit der Bathseba ausgesetzt war. Ähnliches sollte sich nie mehr wiederholen können. Zuerst war nur daran gedacht, daß nicht mehr auf den Dächern der Häuser gebadet werden dürfe – doch der Priester Menachem hat die Vorschrift verschärft. In unserer Zeit waschen sich die Frauen in dunklen Kavernen unter dem Palast. Es ist so, als ob sie Verbotenes tun würden. Dies ist das

Ergebnis der Schuld, die sich Bathseba und David aufgeladen haben. Die Priester sorgen dafür, daß dieses Schuldgefühl auch im Volk nicht erlischt. Die Strafe ewiger Verdammnis fällt auf die Frau, die es wagt, ihren Körper zu zeigen.«

Bilqis unterbrach den Verwalter des Königs Salomo: »Sage mir, o Adiya, wie kann es geschehen, daß tausend Frauen unter diesen Bedingungen ihre Körper pflegen?«

Schroff sprach Adiya in die Worte der Königin hinein: »Wer sagt etwas von tausend Frauen? Wer wagt es, darüber zu reden?« Bilqis antwortete nicht auf diese Frage. Erst als das Schweigen unerträglich wurde, sagte Adiya mit leiser Stimme: »Zügle deine Zunge in Gegenwart des Königs. Rede nie von tausend Frauen, wenn Salomo deine Worte hören kann!«

Da wurde die Königin von Saba wütend: »Gleichgültig sind mir die tausend Frauen. Ich bin es gewohnt zu baden. Die Frauen von Saba pflegen sich. Es ist nicht unsere Art, den Körper öffentlich zu zeigen, doch wir sind auch nicht von übertriebener Scheu!«

Dieser Zornausbruch veranlaßte Adiya, sich zu entschuldigen: »Verzeih, o Königin, und verstehe! Man kann in Jerusalem über fast alles reden, nur nicht über die Frauen des Königs Salomo.« Mit verhaltener Stimme fügte er hinzu: »Und über die wundersamen Gärten auch nicht. Die Frauen und die Gärten umgibt der Schleier eines Geheimnisses.« Als ob er ablenken wolle von dem, was bisher gesprochen worden war, sagte Adiya nun mit festerer Stimme: »Was deinen Wunsch angeht zu baden, o Herrscherin über das Reich Saba, so will ich mit dem König reden. Salomo ist klug, und er verfügt über unzählige dienstbare Geister. Er wird wissen, was zu tun ist, damit du baden kannst.« Nach einigem Zögern setzte er leise hinzu: »Solltest du allerdings etwas zu verbergen haben, das Salomo nicht sehen dürfte, so sei auf deiner Hut!«

Lange dachte Bilqis über diese Worte nach.

Es war gerade die Zeit, als die Abenddämmerung an jenem trüben Tag Jerusalem umhüllte – es schneite wieder –, da befahl König Salomo den Auerhahn zu sich. Der Vogel hatte Schwierigkeiten, zum Herrscher zu gelangen, da die Fenster und Türöffnungen mit schweren Vorhängen verhüllt waren, die das Tier nur mit Mühe zur Seite schieben konnte.

Sobald Salomo den Auerhahn erblickte, sagte er: »Du hast es fertiggebracht, die Königin von Saba zu ihrer Reise nach Jerusalem zu veranlassen. Du hast die Herrin gesehen, als sie nach dem Bade im heiligen See aus dem Wasser stieg. Sage mir aufrichtig: Welche Gestalt hatten ihre Beine und Füße?«

Rasch wußte der Auerhahn zu antworten: »Was ich dir schon berichtet habe, bleibt die Wahrheit: Als die Frau schwamm, o König, war das Wasser trüb, vermischt mit Erde und Sand. Und als sie aus dem Wasser stieg, sah ich nur den oberen Teil ihres Leibes, denn da standen Dienerinnen schon am Wasser bereit mit Tüchern. Sie hüllten den Körper der Königin ein, ehe sie auf festem Boden stand.«

»Ich bin überzeugt«, sagte Salomo, »daß Bilqis die Beine eines Ziegenbocks hat. Der Verdacht, daß etwas mit ihren Beinen nicht stimmt, ist in mir deshalb erwacht, weil sie immer, wenn wir uns begegnen, die Beine und Füße streng in Tücher und in ihre Gewänder eingewickelt hat. Bilqis will Beine und Füße vor mir verstecken. So benimmt sich nur jemand, der wirklich Häßliches zu verbergen hat.«

Da wagte es der Auerhahn, dem Herrscher ins Wort zu fallen: »O Salomo, der du Herr bist über das ganze Volk und zugleich Meister der klugen Gedanken! Erlaube mir die Frage: Ist es nicht denkbar, daß die Königin von Saba ganz einfach kalte Füße hatte und fror?«

Salomo hatte offenbar dem Vogel gar nicht zugehört. Er sprach weiter: »Es muß doch eine Möglichkeit geben festzustellen, ob Bilqis wirklich die Beine eines Ziegenbocks hat. Ich glaube, einen Weg gefunden zu haben. Du wirst mir dabei behilflich sein.«

Am Abend zu später Stunde saß die Königin allein in ihrem Raum am Feuer. Sie fühlte sich wohlig und warm, und ihre Sinne waren schläfrig. Lange hatte sie sich damit beschäftigt, dem Fallen der nassen, großen Schneeflocken zuzusehen, von denen manche aussahen wie Fetzen weißen Wollstoffes. Durch das Fenster hatte sie immer eine Flocke, die noch hoch schwebte, mit dem Auge erfaßt und ihren Weg nach unten verfolgt.

Der Blick hinaus in den schneebedeckten Palasthof hatte ihre Gedanken beruhigt. War sie vorher aufgeregt gewesen, weil sie geglaubt hatte, der König werde sie besuchen, so war es ihr nun gleichgültig, ob er mit ihr reden wollte oder nicht. Halb in Träumen versunken, nahm sie eigentümliche Veränderungen wahr, die sie jedoch in keiner Weise bestürzten. Das lodernde Feuer sank langsam in sich zusammen. Im schwachen roten Licht der Glut sah Bilqis, wie sich die schweren Wandteppiche und Vorhänge verwandelten: Sie verloren ihre Farben und wurden grau wie Stein. Bilqis hatte auf einmal den Eindruck, in einer abgeschlossenen, aber doch recht geräumigen Kammer zu sitzen, deren Wände aus Sandsteinquadern gebildet waren.

Die Königin fühlte sich keinesweg beengt. Diese Kammer kam ihr vertraut vor. Sie wußte, daß sie sich unzählige Male darin wohl gefühlt hatte. Sie war nicht erstaunt, im Boden unmittelbar vor sich ein Badebecken zu entdecken, in dem sich völlig klares Wasser befand. Bilqis glaubte, den besonderen Duft des Wassers zu riechen, das nach dem Glauben des Volkes unmittelbar aus dem Paradies nach Schaban und von dort zu ihrer Hauptstadt Marib floß. Dem Königinnenreich Saba war dieses Wasser, so besagte die Legende, von seinem Gott il-Umquh geschenkt worden, damals schon, als der Sonnengott eben die Welt, die Dinge, alle Wesen und die Menschen geschaffen hatte. Durch das Wasser wollte er das Paradies mit dem Reich Saba verbinden. Das Paradieswasser schenkt denen, die darin baden, Gesundheit. An diese

Legende dachte Bilqis, als ihr der Duft des Wassers von Marib in die Nase stieg.

Aus Öffnungen in den Quadern quoll das Wasser in kleinen Fontänen, die sich in glitzernde Perlen auflösten. Hatte eben noch nahezu Dunkelheit in der Kammer geherrscht, so flammten nun nach und nach Fackeln an den Wänden auf. Bilqis wunderte sich nicht, daß niemand zu erkennen war, der die Fackeln anzündete. Sie erlebte ein Wunder und empfand es als Selbstverständlichkeit.

Itamra betrat die Kammer. Die Dienerin benahm sich wie zu Hause in Marib. Sie trug nur ein Tuch, das um ihre Hüften geschlungen war. Energisch hantierte sie mit Gefäßen aus Alabaster, die mit Essenzen und Duftstoffen angefüllt waren. Sie stellte Keramikschalen bereit, die Salben enthielten, und farbige Gläser mit dem Öl der Lavendelpflanze und der Rose. Itamra legte weiche, gewärmte Tücher auf ein Tischlein. Sie wischte mit einem Tuch den Spiegel aus gehämmertem und poliertem Metall blank. Kein Wort sprach die Dienerin dabei. Sie legte das Lendentuch ab und stieg die Stufen des Wasserbeckens hinab.

Itamra prüfte, ob das Bad heiß oder kalt sei. Schließlich tauchte sie bis zum Hals unter. Fröstelnd ging sie die Stufen wieder hinauf. Das Wasser war offenbar kalt. Wie von selbst quoll nun Dampf aus den Öffnungen der Quader hervor. Die Fontänen bestanden jetzt aus heißem Wasser. Dampf erfüllte bald darauf die ganze Kammer.

»Das Wasser hat die Wärme, die du so sehr liebst, o Herrin! Lege deine Kleider ab, und ich geleite dich hinein. Zum erstenmal, seit du in Jerusalem bist, wird dir richtig warm werden.«

Die Königin hatte hingenommen, was um sie herum vorging, ohne sich Mühe zu geben, den Vorgang zu begreifen. Sie hörte die Worte der Dienerin, doch sie regte sich nicht. Eingemummt in ihre Gewänder, saß sie zusammengekauert auf den Polstern. Daß sich kleine Schweißtropfen auf ihrer Stirn bildeten, störte sie nicht. Die Worte des Adiya klangen in ihren Gedanken noch nach. Salomos Verwalter hatte von den Geheimnissen der Frauen und der Gärten gesprochen. Bilqis versuchte zu ergründen, welche Gemeinsamkeit beide verband. Sie liebte es, Rätsel zu lösen – und noch lieber gab sie Rätsel auf, damit andere sie lösten. Auf die Frage nach der Gemeinsamkeit von Frauen und Gärten aber fand sie keine befriedigende Antwort.

Inzwischen hatte Itamra Essenzen in das heiße Wasser geträufelt. Düfte stiegen mit den Dampfschwaden auf. Die Wolken sammelten sich unter der Decke. Bilqis blickte hinüber zu Itamra. Die Dienerin saß auf den Stufen des Wasserbeckens und goß mit den Händen Wasser über ihren Leib. Itamra war sich bewußt, daß ihre Herrin es liebte zu beobachten, wie Wasser die Brüste, den Bauch und die Beine einer schönen Frau umspielte. Itamra kannte die Grenzen, die sie einzuhalten hatte: Die Königin haßte es, von einer anderen Frau berührt zu werden – doch die Schönheit einer anderen Frau zu sehen und ihre Reize selbst zu berühren, verschaffte ihr Vergnügen und manchmal sogar Lust. Daß sie selbst umarmt wurde, duldete Bilqis nicht.

Beim Spiel der Berührungen im Bade mußte Itamra regungslos verharren. Manchmal kam es Bilqis in den Sinn, ihrer Dienerin die Arme auf den Rücken zu fesseln, so daß sie hilflos den Händen der Königin ausgeliefert war.

Zuerst war es das Gefühl gewesen, sie müsse ihren eigenen Leib dem Gott il-Umquh vorbehalten und dürfe sich nicht lustvoll berühren lassen. Doch im Lauf der Wochen und Monate, die sie mit Itamra im Palast von Marib verbrachte, hatte Bilqis gespürt, daß sie immer mehr Freude daran empfand, die andere Frau zu beherrschen, sie unter ihren Willen zu zwingen. Itamra sollte von Lust gepackt werden, wenn Bilqis, die Königin, Gefallen daran fand.

Bilqis wollte eben der Verlockung nachgeben und die Gewänder abstreifen, die sie daran hinderten, das Spiel der

Sinne im Wasser zu beginnen, da fiel etwas, das aussah wie ein Stein, platschend neben Itamra ins Wasser. Itamra erschrak, erhob sich von den Stufen und wollte zum Beckenrand hinaufsteigen. Bilqis richtete sich auf, um besser betrachten zu können, was von der Decke heruntergestürzt war. Der vermeintliche Stein ging nicht unter. Zwar bedeckte ihn das Wasser völlig, doch er schwamm unter der Oberfläche. Er bewegte sich heftig, es sah aus wie Flügelschlagen. Da erkannte Bilqis, daß es ein Vogel war – der Auerhahn, der ihr in Marib, in ihrem eigenen Palast, aufgefallen war. Er hatte ihr das Papyrusblatt des Königs Salomo gebracht.

Daß der Auerhahn in das Badebecken gefallen war, mußte eine ganz bestimmte Bedeutung haben. Eilig sagte Bilqis zu Itamra: »Rette den Vogel! Er ertrinkt!« Sofort griff die Dienerin nach dem Auerhahn, zog ihn aus dem Wasser, schüttelte die Tropfen aus seinem Gefieder und legte ihn an den Beckenrand.

Unmerklich veränderte sich die Badekammer von neuem. Die Umrisse verschwammen. Die strenge Form der Quader löste sich auf. Die Falten der Gewebe von Wandteppichen und Vorhängen wurden sichtbar. Das Wasser verschwand, und der Boden des Beckens hob sich. Die Badekammer verwandelte sich zurück in das Gemach der Königin von Saba im Palast des Königs Salomo.

Bilqis nahm wahr, was geschah, doch sie wunderte sich wiederum nicht. Ihre Gefühle und Empfindungen wurden auf seltsame Art gelenkt. Sie spürte, daß sie von der Wirklichkeit entfernt war, doch sie gab sich keine Mühe, den Schleier, der sie von der Wirklichkeit trennte, zu zerreißen. So geschah es, daß die Königin an jenem Winterabend in Jerusalem ein Wunder als Selbstverständlichkeit empfand. Sie war nur darüber erstaunt, daß Itamra nackt vor ihr stand. Bilqis erinnerte sich nicht daran, dem Mädchen befohlen zu haben, sich auszuziehen. Da fiel ihr das seltsame Erlebnis mit dem Auerhahn ein. Doch als sich Bilqis ihm zuwandte, war er verschwunden.

Er saß auf der Lehne eines Sessels im Saal, in dem Salomo zu regieren pflegte. Er blickte hinauf zum Herrscher, dessen Thron auf einer mit Teppichen verkleideten Erhöhung stand. Daß der König ärgerlich war, konnte man ihm ansehen. Doch seine Stimme klang eher enttäuscht als zornig. Er sagte: »Du bist also ohnmächtig geworden und ins Wasser gefallen? Das soll ich dir glauben?«

Der Auerhahn antwortete: »O Salomo, der du wahrhaft Wunder zu vollbringen vermagst durch die Geister, die dir dienen! Ich sah, wie die Dschinnen, für Bilqis und deren Dienerin unsichtbar, den Raum veränderten, ohne daß sie Hände haben, die zupacken könnten. Wie das geschehen kann, das weißt allein du, o Salomo. Die beiden Frauen nahmen nur das Ergebnis des Wirkens der Unsichtbaren wahr. Ich aber beobachtete die Arbeit der Geister, die flink wie Gedanken Vorhänge und Wandteppiche verschwinden ließen, die Quader auftürmten und ein Becken schufen, in das Wasser floß. Ohne das geringste Geräusch ging alles vor sich. Bilqis und die Dienerin erlebten wie betäubt, was da geschah. Ich aber klammerte mich über dem Wasserbecken an einen Balken, der das Gewölbe trägt. Ich glaubte schon, der Augenblick sei gekommen, da die Königin von Saba ihre Gewänder fallen ließe, doch dann stiegen Dämpfe aus dem heißen Wasser auf, die schwere Düfte hinauf zur Decke trugen. Ich spürte, wie mich die Düfte betäubten. Mir schwanden die Sinne. Meine Krallen verkrampften sich, meine Augen versagten, ich verlor den Halt. Was dann geschah, weiß ich nicht mehr. Ich nehme an, daß ich ins Wasser fiel und von der Königin gerettet wurde. Als ich zu mir kam, lag ich auf dem Rand des Wasserbeckens. So schnell ich nur konnte, machte ich mich davon.«

Da sprach Salomo: »Zu gut eingefädelt war der Plan, und die Dschinnen haben ein Wunder vollbracht, das selbst ihre Kräfte fast überstiegen hätte. Ich aber hätte wissen müssen, daß dein Gefieder den heißen Dämpfen nicht standhalten kann und daß Düfte deine Sinne verwirren. Dich, o Auerhahn, trifft keine Schuld, daß ich immer noch nicht weiß, wie die Beine und Füße der Königin von Saba beschaffen sind. Ich werde einen anderen Plan erfinden müssen.«

König Salomo nahm sich vor, später an an diesem Abend Bilqis noch einmal zu besuchen.

Es dauerte lange, bis Bilqis und Itamra sich aus der Traumwelt lösten, in die sie sich hatten so vollkommen hineinziehen lassen. Ohne sich zu wehren, waren Sinne und Verstand von der Verwandlung der Wirklichkeit überwältigt worden. Die Königin und die Dienerin hatten das Wunder angenommen. Auch als es abgeklungen war, sprachen Bilqis und Itamra nicht darüber. Die Königin von Saba machte nur diese Bemerkung: »Ich habe noch immer nicht gebadet.«

Als Salomo wenig später den Raum betrat, fühlte sich Bilqis veranlaßt, ihm zu danken: »Du hast, o König, mir die Möglichkeit geboten, ein Bad zu nehmen, wie ich dies gewünscht habe. Du hast dafür gesorgt, daß das Bad hätte stattfinden können, ohne Anstoß zu erregen bei den Priestern deines Volkes. Durch deinen Willen, o König, ist für kurze Zeit etwas entstanden, das aussah wie die Badekammer meines Palastes in Marib. Wie die Verwandlung geschah, kann ich nicht enträtseln. Mir ist nur bewußt, daß deine gedankenschnellen Dschinnen das Werk vollbracht haben, Geister also, die sich meinen Augen entziehen. Ich habe auch gelernt, o Salomo, der du die Geister beherrschst, daß gerade die gedankenschnellen Dschinnen keine Lasten tragen können. Es war demnach nicht ihre Sache, die Steinquader von Marib nach Jerusalem zu schleppen. Was geschah also, was hat meine Sinne betört?«

Salomo erwiderte: »Kluges hast du gesagt, o Herrin des reichen Landes im Süden. Die Schärfe deiner Gedanken aber wurde mir durch deine Bemerkung deutlich, daß die Dschinnen nicht in Wahrheit deine Badekammer von Marib nach Jerusalem versetzen konnten. Doch die Geister haben, neben anderen Kräften, auch die Macht der Verwirrung der menschlichen Wahrnehmung. Sie vermögen es, die Vorstellung des Menschen von der Welt zu beeinflussen – unter der einen Voraussetzung, daß der Mensch dazu bereit ist. O Bilqis, glaubst du immer, daß das, was du wahrnimmst, in Wirklichkeit so beschaffen ist, wie deine Sinne dich glauben machen? Geben dir deine Augen oder deine Ohren die Wirklichkeit wieder? Wenn deine Hände einen Gegenstand oder ein lebendiges Wesen ertasten, teilen sie dir die Wahrheit mit oder folgen sie deiner Empfindung, die sich längst schon ein Bild geformt hat, das deinen Gedanken gefällt?«

Als Salomo bemerkte, daß Bilqis nicht bereit war, dieser Kette von Ideen zu folgen, sagte er: »Ich weiß, daß ich dich durch das, was ich jetzt ausspreche, beleidigen könnte. Verzeih mir, wenn ich es dennoch wage. Mir ist durch dienstbare Geister zugetragen worden, daß du dich zu bestimmten Stunden im Bade an deiner Dienerin Itamra erfreust. Deine Hände vermitteln dir dann den Eindruck ihrer Reize. Deine Augen aber schließt du dabei. Kannst du sicher sein, daß dich deine Hände nicht betrügen, wenn du nicht siehst, was deine Hände erfühlen?«

Bilqis hielt den Atem an, doch dann fauchte sie diese Worte: »Fluch über den, der das Geheimnis zwischen zwei Frauen verraten hat!« Zornig war die Königin geworden. Ihre Gedanken aber wurden durch die Wut nicht getrübt. Bilqis suchte nach dem Schuldigen: »Jener Vogel hat geredet. Dieser Auerhahn, den du zuvor schon zu mir nach Marib geschickt hattest, damit er mich zu dieser unseligen Reise veranlasse. Er fiel von der Decke herunter ins Wasser. Ich habe ihm das Leben gerettet!«

Auf einmal aber erinnerte sich Bilqis, daß gar nichts geschehen war zwischen ihr und Itamra. Sie selbst war nicht im Wasser gewesen, hatte die Dienerin nicht berührt. Sie hatte nicht einmal ihr Kleid ausgezogen. Der Vogel konnte nichts von dem gesehen haben, worauf Salomo anspielte.

Mitten in ihre Gedanken hinein sagte der König: »Dein Verdacht ist falsch, o Bilqis. Der Auerhahn sprach nichts. Eine Ohnmacht hatte seine Sinne verdunkelt. Glaube mir, ich folgte einer Eingebung, als ich über die Beziehung zwischen dir und deiner Dienerin sprach. Ich redete Worte, für die ich keine rechte Erklärung weiß. Verzeih mir, wenn ich dir ein Eingeständnis entlockte, das dir peinlich ist. Das Wissen um deine Beziehung zu Itamra steht mir nicht zu.«

Bilqis nahm die Entschuldigung an. Der Gedanke, daß zwei Frauen, die ohne Mann leben, Vergnügen aneinander fanden, war nicht abwegig. Offenbar aber hatte sie noch immer einen Ausdruck der Wut im Gesicht, denn Salomo fühlte sich veranlaßt, in überaus freundlichem Ton diese Worte zu sagen:

»Um dich zu versöhnen, mache auch ich dir ein Geständnis: Ich habe den Auerhahn wirklich in deine Badekammer geschickt. Er sollte mir, nach eigenem Augenschein, berichten, wie deine Füße und Beine beschaffen sind!«

Verblüfft blickte Bilqis Salomo an. Sie war zu keiner Entgegnung fähig. Der König aber sprach weiter: »Du verbirgst Beine und Füße so auffällig vor mir. Immer wenn ich dich sehe, ist der untere Teil deines Körpers eingepackt in Röcke, Tücher und weite Gewänder. Der Gedanke wurde mächtig in mir, deine Füße und Beine könnten mißgestaltet sein. Der Gedanke wurde sogar übermächtig. Er läßt mir keine Ruhe und plagt mich am Tag und in den Träumen. Er bewirkt, daß ich jede Klugheit vergesse. Er zwingt mich zu der Frage: O Königin von Saba, hast du die Beine und Füße eines Ziegenbocks?«

Bilqis blickte ihn nachdenklich an. Schließlich erwiderte sie: »Aus deinen Worten kann ich ablesen, daß du mich liebst, o Herrscher über viele Menschen – sonst könnte dir die Beschaffenheit des unteren Teils meines Leibes gleichgültig sein.« Nach Augenblicken des Schweigens fügte sie hinzu: »Du hast mir viel berichtet heute abend vom Unterschied zwischen Wahrnehmung und Wahrheit. Wenn ich dir Beine und Füße nun zeigte und du würdest mit deinen Augen sehen, daß sie die Beine und Füße einer normalen Frau sind, würden dir die Augen dann die Wahrheit zeigen oder die Wahrnehmung, die dir angenehm ist?«

Salomo gab keine Antwort. Er erhob sich von den Polstern. Ohne Gruß verließ er den Raum. Bilqis dachte noch lange darüber nach, daß das Abenteuer der Reise nach Jerusalem ihre Vorstellung von der Welt schon jetzt verändert hatte.

Benyamin Ben Eliezer war der erste, der am Morgen den Raum der Königin betrat. Der Verantwortliche für die Sicherheit der Stadt war nie prächtig gekleidet gewesen. Heute aber war seine Erscheinung eher ärmlich: Er trug einen grob gewobenen Mantel in grauem Farbton. Seine Schuhe bestanden aus Bast. Ehe Bilqis ihre Verwunderung ausdrücken konnte, sagte Benyamin Ben Eliezer:

»Du hast sicher schon bemerkt, o Königin, daß der Schnee über Nacht geschmolzen ist. Wir können durch die Stadt gehen. Ich habe deiner Dienerin Kleidung gegeben, die dafür geeignet ist. Es wird gut sein, wenn wir nicht auffallen. Wenn du als Königin von Saba erscheinst, werden Männer, Frauen und vor allem die Kinder zusammenlaufen, dich umlagern und bestaunen. Vielleicht belästigen sie dich. Es ist vorgekommen, daß Fremde bedroht wurden. Ich aber darf nach Möglichkeit auch nicht erkannt werden in der Stadt. Wer für die Sicherheit zu sorgen hat, der ist nicht beliebt, auf den werden, vor allem in den ärmeren Stadtvierteln, Steine geworfen. Daß dir nichts geschieht, ist mir wichtiger als alles andere. Lege vor allem ein Tuch um deinen Kopf. Die Pracht deiner Haare könnte dich verraten. Bisher hast du keine unserer Frauen gesehen. Sie tragen ihre Haare eher kurz.«

Auch Bilqis hatte Schuhe aus Bast an den Füßen, als sie neben Benyamin Ben Eliezer durch die Tür auf die Terrasse trat, die den Palast in Richtung der Mittagssonne abschloß. Die Stadt lag unter ihnen an einem Abhang, der sich weit in ein Tal hinunterzog. Bilqis fiel auf, daß in dieser Stadt Jerusalem nur der Palast des Königs aus gleichmäßig behauenen Quadern bestand. Die Stadt selbst erschien ihr als eine Ansammlung kunstlos gebildeter Häuser, erbaut aus unbearbeiteten Steinen und Lehm. Nirgends war auf Schönheit geachtet worden. Bilqis war enttäuscht – ihre Stadt Marib war ohne Zweifel schöner.

Benyamin Ben Eliezer aber zeigte, daß er stolz war auf Jerusalem. Er glaubte, die Stadt sei der Mittelpunkt der Welt, und er war entschlossen, auch Bilqis davon zu überzeugen:

»Wisse, o Herrin über ein fernes Land, daß Gott selbst sich diese Stadt zum Wohnort ausgesucht hat. Der Hügel Moria, auf dem wir stehen, ist der Gottesberg und damit der Kernpunkt der Welt. Von hier aus strömt Gottes Segen zu den Geschöpfen. Hier ist Zuflucht und Schutz. Wir fürchten uns deshalb nicht, selbst wenn die Erde zittert und aufreißt, Bäche zu rasenden Strömen werden, der Himmel krachende Blitze schleudert und Berge hinab in die Meere stürzen. Gott hat diese Stadt Jerusalem geheiligt als den Platz, an dem er sich aufhält, von dem aus er die Welt beherrscht. Jerusalem bleibt, auch wenn Menschen und Völker zu Staub zerfallen, wenn Königreiche vernichtet werden, wenn die Erde in Flammen aufgeht, die alles verzehren! Am Tag nach der Nacht, in der die Welt untergeht, wird Jerusalem in seinem prächtigsten Glanz erstrahlen.«

Benyamin Ben Eliezer stand noch auf der Terrasse und redete, als Bilqis die Stufen hinunterschritt zur obersten Reihe der Häuser. Da er laut redete, konnte sie ihn auch in einiger Entfernung gut verstehen. Ihr Begleiter eilte ihr schließlich nach. Gemeinsam betraten sie das Gewirr der Gassen und begegneten den Bewohnern. Unbeobachtet blieben sie, während sie an niederen Wohnhäusern, an Ständen zum Verkauf von Gemüse, Obst und Fleisch, von Mehl und Gewürzen, von Werkzeugen und Waffen vorübergingen. Bilqis warf einen Blick auf die Läden, in denen Gewänder aus Wolle und Seide oder aus Fellen angeboten wurden. Die Königin wunderte sich, daß kein Schmuck verkauft wurde. Noch mehr erstaunte es sie, daß die Bewohner von Jerusalem offenbar keinen Weihrauch kaufen konnten. Er wurde nirgends angeboten.

Glitschig vom Schmelzwasser des Schnees war der Boden der Gassen gewesen, als Bilqis und Benyamin Ben Eliezer ihren Gang angetreten hatten. In mancher schattigen Gasse waren noch Schneereste zu sehen. Doch die Sonne, die senkrecht vom Himmel schien, sorgte dafür, daß die Wege trocken wurden – und bald schon war die Luft zwischen den Häusern von Staub erfüllt. Bilqis fühlte einen Hustenreiz, und das Gekreische der Menschen auf dem Markt störte sie. Sie wollte die Gassen hinter sich lassen.

Sie fand einen Platz, der Ausblick bot auf ein Tal. Hier war ein frischer, reiner Wind zu spüren. Über dem Tal herrschte vor allem Stille. Doch auf einmal hörte Bilqis einzelne Laute mit großer Deutlichkeit: Da klang der Ruf eines Esels, der Aufschrei eines Kindes, da fiel irgendwo auf der anderen Seite des Tals ein Metallstück auf einen Stein, dann war der stolze Schrei eines Hahns zu vernehmen.

Benyamin Ben Eliezer, der das Erstaunen der Königin bemerkte, versuchte die seltsame Wahrnehmung zu erklären: »Du blickst hinaus, o Königin, über das Kidrontal. Es ist von Gott vor anderen Tälern ausgezeichnet worden durch die Gabe, den hörenden Menschen zu erstaunen. Wer heraustritt aus dem lauten Markt, der empfindet zuerst Stille, und dann spürt er, daß die Schöpfung Gottes aus einzelnen Äußerungen des Lebens besteht, die, jede für sich genommen, wertvoll und einmalig sind. Im Getöse der Stadt gehen sie unter. Um uns über die Einmaligkeit jeder Lebensäußerung zu belehren, hat Gott das Kidrontal geschaffen.«

Bilqis und Benyamin Ben Eliezer hatten sich auf einem Steinblock niedergelassen. Der für die Sicherheit der Stadt Verantwortliche hörte, zusammen mit Bilqis, auf die einzelnen Laute, die heraufdrangen. Nach einer Weile sagte er: »Das Kidrontal hat entscheidende Ereignisse erlebt. Eine Generation ist verstrichen, seit Joab, der Feldhauptmann Davids, dort unten den verborgenen unterirdischen Zugang suchte und fand, der unter der Mauer hindurch direkt in die Stadt führte. So hat sich David seine Königsstadt erobert, die er dann zur Stadt Gottes machte.«

Nach diesen Worten schwieg Benyamin Ben Eliezer, um der Stille und den vereinzelten Lauten zuzuhören. Als Bilqis eben aufstehen wollte, sprach ihr Begleiter weiter:

Benyamin Ben Eliezers zweite Erzählung vom Hause David

»Als Salomo ein junger Mann war, hat er oft diesen Platz über dem Kidrontal aufgesucht. Hier vernahm er Stimmen, die ihm Zuversicht gaben. Wisse, unsicher war sein Schicksal! Gefährdet war sein Leben! Salomo war der zehnte Sohn des Königs David. Bathseba war ja nicht die erste Frau Davids gewesen. Als zehnter Sohn durfte er nicht hoffen, Herrscher über das jüdische Volk zu werden. Doch die Stimmen, die Salomos Ohr hier hörten, verhießen ihm, daß er König werden solle. Und die Geschehnisse bestätigten auf grausige Weise, daß die Stimmen recht hatten.

Ich muß dir zunächst vom ältesten Sohn Davids berichten. Sein Name war Amnon. Er rechnete fest damit, bei Davids Tod König zu werden. Die Gewißheit machte ihn hochmütig – und unvorsichtig. Amnon war hoffärtig und herrschsüchtig. Er glaubte, ihm gehöre einfach alles – auch der Leib seiner Schwester Thamar. Seitdem er einmal, zufällig, die Brüste dieser einzigen Tochter des David gesehen hatte, verzehrte er sich vor Gier nach ihr. Man sagte damals, er sei mager geworden vor lauter Leidenschaft nach seiner Schwester. Eines Tages konnte er sich nicht mehr beherrschen, und er vergewaltigte Thamar, die bis dahin Jungfrau geblieben war. Erstaunlich ist, daß sie nicht laut schreiend zu ihrem Vater lief, um Klage gegen den Bruder zu erheben.

Im Hause David wurde der Vorfall verschwiegen. Absalom, der zweite Sohn Davids, nahm Thamar bei sich auf – und schwieg zunächst auch. Er wartete auf eine günstige Gelegenheit. Während eines Gelages, als die männlichen Mitglieder der Sippe Davids aßen, tranken, sangen und tanzten, erhob Absalom plötzlich die Stimme und klagte Amnon an, er habe die eigene Schwester entjungfert. In der allgemeinen Empörung geschah es, daß Amnon erschlagen wurde. Von wem? Das war nie zu klären. Er fand den Tod dort unten im Tal.«

Da sprach Bilqis: »Rätselhaft und nicht zu erklären ist manches, was in dieser Stadt geschah. Die Dschinnen, so sagte mir Salomo, können die Sinne der Menschen verwirren. Sage mir, o Benyamin Ben Eliezer, waren es die Geister, die Salomo geholfen haben, an die Macht zu kommen?«

Benyamin Ben Eliezer antwortete bedächtig: »Sicher weiß ich es nicht, doch ich glaube daran. Die Geister haben Verstand, Gemüt und Sinne derer verwirrt, die vor Salomo Anspruch auf die Königswürde hatten. Die Geister trieben alle ins Unglück.«

Dann wies Benyamin Ben Eliezer mit der rechten Hand hinunter ins Kidrontal und sagte: »Siehst du dort drüben die Säule? Sie ist Zeugnis für das Böse, das nach Amnons Tod geschah. Kaum war dieser Sohn Davids begraben, wurde Absalom hochfahrend und herrschsüchtig. Nun benahm er sich, als ob er schon der Herrscher in Israel wäre. Er fuhr im Wagen durch die engen Gassen, durch die du vorhin gegangen bist. Wer nicht rasch in ein Haus flüchten konnte, wurde überfahren. Er nahm Männer in seine Dienste, die als

Räuber und Banditen bekannt waren – sie bildeten seine Leibwache. Ihr gehörten mehr Männer an als der Wache des Königs David. Absalom sah zu, wie sie Unschuldige erschlugen und Frauen vergewaltigten. Es machte ihm sogar Freude. David wußte von der Gewalttätigkeit dieses Sohnes, er schritt aber nicht ein, denn er liebte Absalom über alles. Der vergaß schließlich vor Hochmut alle Achtung, die er dem König schuldig war. Er fand Freunde, die glaubten, von ihm belohnt zu werden, wenn sie schlecht sprachen über David und wenn sie laut verkündeten, es sei an der Zeit, daß David sterbe. Schließlich geschah das Ungeheuerliche: Die Verblendeten riefen Absalom in Hebron zum König aus. David floh durch das Kidrontal zum tiefen Fluß und weiter ins Bergland dort drüben. Absalom hatte gesiegt – und das Volk von Jerusalem hatte nichts dagegen.«

Inzwischen war der Schatten der Häuser auf den Platz über dem Kidrontal gefallen. Die Tage waren noch kurz, und die Dämmerung brachte rasche Abkühlung. Bilqis schlug vor, zum Palast zurückzukehren. Da sie die Bastschuhe nicht ertrug, wollte sie barfuß gehen. Kaum waren die Schuhe abgestreift, erschrak sie. Fast flehend war ihre Stimme, als sie bat: »Sage dem König nicht, daß du meine Füße gesehen hast. Er glaubt, ich habe Füße und Beine eines Ziegenbocks. In diesem Glauben will ich ihn noch lassen!«

Auf der Terrasse vor dem Palast angekommen, standen die beiden im Licht der Abendsonne. Benyamin Ben Eliezer wollte unbedingt noch erzählen, welchen Verlauf der Aufstand des Absalom genommen hatte. Er sprach: »Als Absalom einzog in den Palast Davids, der etwas kleiner war als der Bau, den du jetzt siehst, da verwirrten die Geister, die Salomo dienten, Verstand, Gemüt und Sinne des neuen Herrschers. Er ließ aus den Gemächern seines Vaters die zehn schönsten Frauen holen. Sie wurden auf das Dach des Palastes gebracht. Überliefert ist, was dann geschah: Er nahm sie vor den Augen von ganz Israel!«

»Ich nehme an, der König Absalom hatte damit sein Ansehen im Volk verspielt.«

Auf diese Bemerkung der Bilqis antwortete Benyamin Ben Eliezer: »Das ist wahr, o Königin. Zwar ist es Recht und Gesetz, daß der neue Herrscher die Frauen des früheren besitzen darf – doch nicht vor den Augen von ganz Israel! David, der jenseits des tiefen Flusses in der Fremde lebte, erhielt Zuspruch aus seinem Volk und Zulauf von Bewaffneten. Schließlich fand eine Schlacht statt in einem Landstrich mit Buschwerk und Gehölz. Die Kämpfer des Absalom kamen mit dem Gelände nicht zurecht. Sie verzettelten sich, wurden aufgerieben und vernichtet. Absalom floh kopflos auf seinem Pferd und blieb mit seinen langen Haaren im Geäst eines Baumes hängen. Er konnte sich nicht mehr befreien und wurde vom Feldhauptmann Joab umgebracht. Salomo hatte einen Rivalen weniger.«

Um im Palast barfuß, wie sie war, nicht gesehen zu werden, eilte Bilqis durch kaum benutzte Gänge zum Gemach, das ihr zugewiesen war. Sie war zwar neugierig zu erfahren, wie Salomo auf seinem Weg zur Macht weiter vorangeschritten war, doch jetzt verzichtete sie auf die Fortsetzung des Berichts. Zu ängstlich war sie, mit bloßen Füßen gesehen zu werden.

Als sie aber allein war in ihrem Raum, der lieblos ausgestattet war, ärgerte sich die Königin von Saba, daß sie nun nicht erfahren hatte, wie Salomo schließlich den Kampf um die Macht gewonnen hatte. Unzufrieden war sie an jenem Abend. Das süße Gebäck, aus der Heimat mitgebracht, das Itamra ihr vorsetzte, verschmähte sie. Noch immer war die Königin nicht eingeladen worden, an der Tafel des Königs zu speisen. Überhaupt war ihr dieser ganze Hofstaat des Salomo zuwider. Sie hatte dem Herrscher durchaus zu erkennen gegeben, daß sie ihm freundlich gesinnt war, doch er behandelte sie nun wie einen unbedeutenden Gast, von dem nichts zu erwarten war. Ihre Unzufriedenheit verwandelte sich in Ärger und schließlich in Wut. Bilqis war überzeugt, genügend Anlaß zu besitzen, um auf Salomo zornig zu sein.

Schon oft hatte sie die gleichen Gedanken gehabt – und sie wiederholten sich auch jetzt. Sie drehten sich um den Sinn dieser Reise und um den Widersinn ihres Aufenthalts in Jerusalem. Bilqis konnte ihrem Kopf nicht befehlen, endlich aufzuhören, ihr zu erklären, warum sie nach Jerusalem gereist war. Die Gedanken führten ihr eigenes Leben und schilderten ihr die Wahrheit:

Die Königin hatte die weite und beschwerliche Reise nach Jerusalem unternommen, um den König zu überzeugen, daß es klug sei, rasch für den Anschluß seiner Stadt an den Weihrauchhandel zu sorgen. Sie hatte geglaubt, Salomo werde entschlossen seine Ratgeber und Höflinge beauftragen, das künftige Zusammenwirken zwischen den Kaufleuten von Marib und Jerusalem vertraglich zu vereinbaren. Jerusalem sollte sobald wie möglich den Handelsplatz Gaza ersetzen, dessen Handelsherren nicht genug Gold besaßen, um das Geschäft unter veränderten Bedingungen auszuweiten. Die Karawanen waren schneller geworden, die Wege sicherer – eine neue Zeit der Handelsbeziehungen war angebrochen, eine Zeit für Herrscher, die rasche Entschlüsse trafen. Salomo mußte doch begreifen, daß sich ihm durch den Besuch aus dem fernen Saba riesige Möglichkeiten boten, die Bedeutung von Jerusalem zu steigern. Um Abnehmer für die Ware Weihrauch brauchte er sich wahrhaftig nicht zu sorgen.

Bilqis' Zorn wuchs noch, als sie daran dachte, daß sie vom ersten Augenblick ihres Aufenthalts an ihre Absicht offengelegt hatte, dem Herrn von Jerusalem besonderen Anteil am Weihrauchgeschäft einzuräumen. Was aber war geschehen? Sie hatte ihre Zeit vertan. Statt vom Handel zu reden, erzählte man ihr grausige und grausame Geschichten, die sie gar nichts angingen. Sie glaubte plötzlich, sie werde hineingezogen in alten Streit und uralte Fehden. Sie fürchtete, daß man sie verwickeln wollte in Auseinandersetzungen um Macht und Einfluß in Jerusalem. Die Königin von Saba nahm sich vor, auf der Hut zu sein.

Müdigkeit dämpfte ihren Zorn. Der Weg zu Fuß am Nachmittag war anstrengend gewesen – besonders der Aufstieg von der Stadt zur Terrasse des Palastes. Um sich von ihrer Unzufriedenheit abzulenken, war Bilqis bisher im Gemach auf und ab gegangen, nun aber spürte sie Schmerzen in den Gelenken der Beine. Sie legte sich auf die Polster und deckte sich zu. Die Veränderungen der Farben des verglimmenden Feuers und der Glut faszinierten sie. Ihr Gemüt und ihre Beine erholten sich.

Wie von selbst beschäftigte sich ihre Phantasie mit Vorstellungen, die ihr Lust bereiteten. Oft schon hatte Bilqis durch das Spiel mit sinnlichen Bildern Befriedigung und Schlaf gefunden.

Bilqis malte sich aus, sie sei im vertrauten und lichten Badehaus in einem Garten außerhalb von Marib. Alles, was sie in der Vorstellung sah, gefiel ihr. Die Wände bestanden aus gebrannten Tonkacheln in goldenen, blauen, weißen und grünen Farben. Eine Wand aber wurde durch eine große Metallplatte gebildet, die so blank poliert war, daß sie als Spiegel diente. Diesen Spiegel liebte Bilqis ganz besonders, weil er ihre eigene Schönheit wiedergab. Manchmal kam Bilqis ins Bad, nicht um das Wasser zu genießen, sondern um ihren Körper zu betrachten.

Die Phantasie der Bilqis hatte die Eintönigkeit des Raums im Palast des Salomo überwunden. Die Bilder ihrer Sinne und ihrer Sinnlichkeit wurden deutlicher, verfestigten sich zur Wirklichkeit des Traums. Bilqis empfand, daß sie vor der hell spiegelnden Metallplatte stand. Sie sah ihren nackten Körper. Sie betrachtete ihre Füße und Beine – und sie lächelte darüber, daß Salomo glaubte, sie habe Beine und Füße eines Ziegenbocks. Bilqis blickte auf ihren Schoß, strich mit der Hand darüber und freute sich über das Gefühl, einen weichen

Pelz zu berühren. Als sich ihr Blick eben den Brüsten zuwandte, überzog sich die Metallplatte mit unzähligen Wassertröpfchen. Die Wärme des Raumes hatte sich mit einem kühlen Luftzug vermischt, Dampf war zu Tropfen geworden, da Itamra die Vorhänge zur Seite geschoben hatte und in die Badekammer eingetreten war.

Die Freude der Königin am Spiegel war verdorben. Unmut keimte in ihr auf, als sie sich Itamra zuwandte, deren ängstlicher Blick verriet, daß sie wußte, was mit ihr geschehen würde. Ohne auf die Aufforderung zu warten, zog sie ihr langes Hemd aus, trat nackt vor ihre Herrin und verschränkte die Hände im Nacken. Bilqis betrachtete den Körper der anderen Frau, wie sie vorher den eigenen angeblickt hatte. Die Haut der Itamra war dunkler, und ihr Schoß war stärker behaart. Fast bis zum Nabel reichten die Haare. Schmal war die Mitte des Körpers. Die Brüste waren groß und doch fest. Was Bilqis sah, gefiel ihr. Es war ihr auch recht, daß Itamra etwas kleiner war als sie selbst.

Die Königin wies mit der Hand auf das Wasser, und die Dienerin – mit dem Willen ihrer Herrin vertraut – stieg in das Becken und legte sich, mit dem Gesicht nach oben, in den flachen Teil. Noch immer hielt sie die Hände im Nacken verschränkt.

Bilqis genoß den Anblick der jungen Frau, die sich ihr willig auslieferte. Gesicht und Brüste ragten aus dem Wasser. Der Körper war von zarten Wellen umspült. Itamra hatte die Augen geschlossen und wartete auf die Hände, die ihr Lust und Qual bereiten wollten.

Behutsam strich Bilqis über die Brustspitzen ihrer Sklavin. Mit der Handfläche berührte sie die linke Knospe und dann die rechte; kreisend waren ihre Bewegungen. Ein Schauer, angedeutet nur, zitterte durch Itamras Körper. Die Brustspitzen erhoben und drängten sich in die Handflächen der Bilqis. Der Schoß der Dienerin schob sich aus dem Wasser und forderte sein Recht auf Zärtlichkeit. Langsam glitt die Hand der

Bilqis über den Bauch. Die Spannung sollte sich weder steigern noch lösen. Sie fuhr mit den Fingerspitzen der Innenseite der Schenkel entlang bis zu den Kniekehlen. Itamras Leib wand sich. Nirgends blieb die Hand der Königin lange genug, um der Dienerin Befriedigung zu verschaffen.

Den Höhepunkt der Wonne gönnte die Herrin ihrem Opfer nicht. Sie gab zu erkennen, daß sich Itamra auf den Bauch legen solle. Die Dienerin gehorchte. Die neue Lage war ihr unangenehm, denn sie hielt noch immer die Hände im Nacken verschränkt. Itamra brauchte Kraft, um den Kopf über Wasser halten zu können.

Da wurde auf einmal dieses Traumbild verdrängt durch ein anderes. Bilqis sah sich selbst nackt auf dem Bauch im Wasser liegen – an derselben flachen Stelle im Wasserbecken ihres lichten Badehauses. Neben ihr kniete, ebenfalls unbekleidet, der Prophet Harith, der die Aufgabe hatte, dem jungen Mädchen, das vor kurzem zur Frau geworden und gleich darauf zu Königin geweiht worden war, das Schwimmen beizubringen. Drei Tage später sollte Bilqis zum erstenmal die aufgestauten Fluten durchschwimmen, um sich im See mit Gott il-Umquh zu vereinen.

Der Prophet Harith hatte die Aufgabe, ihr die Schwimmbewegungen beizubringen, sehr ernst genommen. Er hatte ihr zuerst vorgemacht, wie Arme und Beine sich zu verhalten hatten. Sie hatte die Zeit im Bad damals lustig gefunden und anregend zugleich, denn der Prophet war jung und zeigte seine Kraft. Doch Harith war zugleich zurückhaltend. Er hatte Bilqis nicht mehr als unbedingt notwendig berührt. Der Prophet respektierte, daß sie als Königin dem Sonnengott vorbehalten war. Als sie damals die Halle des großen Beckens verließ, begegnete ihr eine Dienerin, die ängstlich ein Tuch vor Brüste und Schoß hielt. Sie gönnte es dem Propheten, daß er sich durch dieses Mädchen Erleichterung verschaffte. Dieser Vorgang wiederholte sich am nächsten und am übernächsten Tag.

Das Traumbild der Erinnerung verwischte sich. Die Traumgegenwart, die sie sich selbst in ihrer Phantasie schuf, wurde wieder deutlich: Itamra lag im flachen Wasser, die Hände im Nacken verschränkt. Doch die Bilder, die Bilqis jetzt im Halbschlaf wahrnahm, besaßen keine Kraft mehr. Sie hatte sinnliche Freude gefunden und überließ sich nun dem traumlosen Schlaf.

Itamra, die im selben Raum wie die Königin geschlafen hatte, sprach am Morgen: »O Bilqis, Lustvolles muß dir zugestoßen sein in der ersten Hälfte der Schlafenszeit. Ich bemerkte deine Unruhe. Dann aber überfiel auch mich ein Traum – und ich glaube, der meine entsprach genau dem deinen. Doch wie sollte dies geschehen sein? Du mußt mir recht geben, wenn ich sage, daß in diesem Palast Eigentümliches mit uns geschieht. Unsere Sinne werden beherrscht, und wir können uns nicht wehren. Es ist nicht meine Sache, o Herrin, dir einen Rat zu geben. Doch könntest du nicht versuchen, dir die Geister zu Verbündeten zu machen, die jetzt dem König Salomo so bereitwillig gehorchen?«

Itamra hatte Angst weiterzureden, denn das, was sie sagen wollte, durfte zu Hause in Marib nicht ausgesprochen werden. Plötzlich aber spürte sie Mut und sprach: »Und wenn ich an deine Abstammung denke, an deine Mutter, dann weiß ich genau, daß die Geister dir gehorchen werden.«

Als die Dienerin merkte, daß ihr die Königin aufmerksam zuhörte, redete sie mit kräftiger Stimme weiter: »Deine Mutter war Dschinnin, und dazu von hoher Abstammung unter den Geistern. Sie war eine adelige, geachtete Dschinnin im Lande Saba und besaß ein höheres Ansehen als dein Vater. Du mußt den Geistern deutlich machen, wer du bist!«

Bilqis schwieg, von Itamras Worten beeindruckt. Was Itamra sagte, war die Wahrheit: Ihre Mutter war Dschinnin, gehörte zur Welt der Geister. Mehr wußte sie allerdings nicht darüber. Unbegreiflich war ihr, wie die Dschinnen einzuteilen waren in weibliche und männliche Erscheinungen, wie sie sich körperlich vereinen und schließlich eine Frau gebären konnten, die aus Fleisch und Blut war – sie selbst, die Königin von Saba, war wirklich die Tochter einer Dschinnin.

Sie mußte den Schleier lüften, der zu Hause, in Marib, über die Abstammung der Königin gebreitet worden war. Diese Wahrheit aber konnte sie allein in ihrer Hauptstadt erfahren. Sie mußte rasch zurückkehren. Itamra hatte sie auf den Gedanken gebracht, mit Hilfe der Dschinnen von Saba den weiten Weg rasch zu überbrücken. Denn sie mußte rechtzeitig zum heiligen Fest der Vereinigung mit ihrem Gott wieder in Marib eintreffen. Die Zeit war verflossen für eine Reise auf gewöhnlichem Wege. Den König Salomo um Hilfe bitten wollte Bilqis nicht mehr. Sie mußte selbst Gewalt über die eigenen Dschinnen bekommen. Nur – wie dies geschehen sollte, wußte Bilqis noch nicht.

Die Sonne war höher gestiegen im Osten der Stadt Jerusalem, da betrat wieder Benyamin Ben Eliezer den Raum. Er sagte: »O Königin, ich fühle mich verpflichtet, dir das Ende der Geschichte zu berichten, von der du seit gestern weißt. Sei im übrigen unbesorgt, was deine Füße und Beine angeht. Daß du gestaltet bist wie andere Frauen auch – sogar noch schöner als jede andere – bleibt mein Geheimnis. Es ist gut für einen Mann, dessen Aufgabe es ist, alles zu wissen, was im jüdischen Lande vorgeht, wenn er wenigstens in einer Sache besser unterrichtet ist als sein Herr!«

Wenige Zeit später schritten die Königin von Saba und Benyamin Ben Eliezer, wieder in einfacher Kleidung, durch die Stadt Davids, vorbei an Gewürzläden, am Fleischaushang, an den Gewölben der Weber und Schneider, vorbei am Feuer der Schmiedeessen, an Werkstätten, wo kunstfertige Männer Schmuck für die Frauen der Höflinge herstellten. Diesmal stiegen Bilqis und Benyamin Ben Eliezer hinunter in das Viertel der weniger Wohlhabenden, in dem Gerber und

Fellhändler arbeiteten und lebten, Handwerker, die Bastschuhe anfertigten, und Weber von Leichentüchern.

Noch weiter unten standen die Hütten, die vom Palast hoch oben auf dem Berg Moria nicht zu sehen waren. Die Menschen der oberen Stadt mieden diese stinkende Gegend, deren Bewohner sich zu verstecken hatten vor den Mächtigen und Wohlhabenden. Die Arbeit der Ausgestoßenen geschah nachts. Die Menschen, die am Fuße des Abhangs lebten, hatten den Dreck der Stadt wegzuräumen, tote Tiere zu beseitigen, die Leichen der Armen zu verscharren.

Bilqis und Benyamin Ben Eliezer wurden, trotz ihrer einfachen Kleidung, mit scheelen Blicken bedacht. Je näher sie zum Teich Siloah kamen, desto mehr Feindseligkeit schlug ihnen entgegen. In Lumpen waren die Menschen gekleidet. Die Kinder saßen nackt im Schmutz der Straße. Unerträglich war der Gestank. Nichts vergleichbar Furchterregendes hatte sie je in ihrer Hauptstadt Marib gesehen.

Unmittelbar vor dem Teich stiegen sie die Stufen hinab, die man damals »Treppe zur Davidstadt« nannte. Dann befanden sich die Königin und ihr Begleiter am Grund des Kidrontals. Sie folgten dem Verlauf des kleinen Flusses und standen bald vor einer Quelle, die mitten in einer von Felsen umgürteten Ebene lag.

Voller Sorge blickte Bilqis hinauf zum Palast, der von der Quelle aus wieder sichtbar war. Sie fürchtete den Rückweg, der ihre Kräfte wohl überfordern würde. Benyamin Ben Eliezer wußte, was ihr Blick nach oben bedeutete. Er wollte Bilqis keine Zeit zum Nachdenken lassen und begann deshalb rasch zu erzählen.

Des Benyamin Ben Eliezer dritte Erzählung vom Hause David

»Gleich wirst du begreifen, o Herrin des Landes weit im Süden, warum wir tief in das Kidrontal herabgestiegen sind. Das Kidrontal und das Hinnomtal stoßen hier zusammen. Du siehst, hier ist ein Platz, an dem sich viele Menschen versammeln können. Und dies geschah eines Tages, als König David schon sehr alt und dem Tode nahe war.

Diese Quelle, die Rogelquelle heißt, hatte der Bruder des Salomo – Adonia war sein Name – als Ort der Proklamation seines Anspruchs auf die Herrschaft über Jerusalem und das ganze Land ausersehen. Adonia besaß viele Anhänger, besonders aus dem Stamme Juda, dessen Gebiet genau an diesem Punkt beginnt und sich gegen Mittag erstreckt. Wisse, o Bilqis, diejenigen, die sich um Adonia scharten, waren alle unzufrieden mit David, der noch immer König war, obgleich seine Lebenszeit längst abgelaufen war. Viele Höflinge waren aus dem Palast gekommen, um denen den Rücken zu stärken, die einen Wechsel der Macht erreichen wollten. Da sah man auch den Feldherrn Joab, der David bisher treu gedient hatte, und den Priester Ebjatar. Beide traten für Adonia und gegen Salomo ein.«

Bilqis trank einen Schluck vom Wasser der Rogelquelle. Sie fand, daß es süß schmeckte. Die Luft im Tal aber war dumpf und schwül. Sie konnte nachempfinden, daß hier unten Unheil ausgebrütet wurde. Die Königin setzte sich auf einen Stein und hörte zu, was Benyamin Ben Eliezer zu erzählen hatte:

»Adonia gab an jenem Tag reichlich Gold aus für Essen und Trinken. Schafe, Rinder und Mastkälber wurden geschlachtet. Ein Fest fand an der Rogelquelle statt. Die Leute in der Stadt hörten und sahen, was da geschah. Sie strömten herbei und aßen und tranken mit. An jenem Tag gab es keinen Unterschied zwischen den Bewohnern der oberen und der unteren

Stadt. Höflinge und die dreckigen Gestalten, die Tierleichen zu beseitigen hatten, saßen nebeneinander. Die Armen glaubten, ein Wunder werde nun geschehen. Gott setze sie – wenn Adonia erst König sei – für immer neben die Reichen und Mächtigen. Adonia werde sie hinaufführen zum Palast und ihnen Wohnrecht geben ganz oben in seiner Nähe.«

Da unterbrach Bilqis die Erzählung des Benyamin Ben Eliezer: »Verzeih, aber ich glaube zu wissen, was sich dann ereignete. Zu Hause, in Marib, ist mir darüber berichtet worden: Salomo wurde zum Brudermörder. Das Schauerliche an diesem Geschehen ist, daß jener Adonia im Heiligtum der Juden starb, als er eben die Bundeslade umklammerte, das Heiligste eures Glaubens!«

Da antwortete Benyamin Ben Eliezer in strengem Ton: »Dies, o Königin, ist üble Nachrede, die unserem König Salomo schaden soll. Vernehme, was wirklich geschehen ist. Wie die Armen und die Wohlhabenden von Jerusalem hörten und sahen, was vorging an der Rogelquelle, so hörte und sah auch der Prophet Nathan die Rebellion gegen den König David, der noch lebte. Er stand auf der Seite des Salomo, und er hatte Angst um seinen Schützling: War der Rebell Adonia erfolgreich, dann würde Salomo den Abend dieses Festtages nicht mehr erleben. Der Prophet aber wußte, daß David seiner Frau Bathseba feierlich versprochen hatte, ihr gemeinsamer Sohn Salomo würde König werden.

Nathan ging zu Bathseba und stachelte sie auf, David an dieses Versprechen zu erinnern – und ihn zu fragen, wie es geschehen könne, daß sich Adonia von einem betrunkenen Haufen von Verbrechern im Kidrontal zum König ausrufen lasse. Der Zeitpunkt, den König an alte Versprechen zu erinnern, war allerdings schlecht gewählt, denn David war auf seinem Lager mit Abischag aus Sunem beschäftigt, die ihm von seinen Höflingen zugeführt worden war. Die Überlieferung beschreibt diesen Vorgang so:

›Man suchte für König David ein Mädchen, das noch

unberührt war. Es sollte ihm in allem dienstbar sein. Vor allem hatte sie an seiner Brust zu schlafen, damit das Herz des Königs warm werde.‹

Als Bathseba in Davids Gemach eintrat, war Abischag aus Sunem gerade damit beschäftigt, das Herz des alten Mannes zu erwärmen – offenbar mit Erfolg. Jungfrau war sie danach nicht mehr. Bathseba sah über das hinweg, was auf dem Lager des Königs vorging, der ihr Mann war. Sie fragte ihn ohne Umschweife, ob er davon wisse, daß Adonia nun König sei – und ob eine Krönung im Lande angeordnet werden dürfe ohne Zustimmung des Herrschers? David wollte sich offenbar von Bathseba nicht unter Druck setzen lassen. Er zögerte mit einer deutlichen Antwort. Vor der Tür aber hatte Nathan, der Prophet, gelauscht. Überliefert ist, er habe diese Worte zu David gesprochen:

›Mein König, du mußt, ohne irgend jemandem etwas davon zu sagen, verfügt haben, daß Adonia nach dir als Herrscher Macht ausüben soll. Ohne deine Erlaubnis hätte das nicht geschehen können, was sich an der Rogelquelle ereignete. Adonia stieg heute hinab ins Kidrontal und schlachtete Tiere in großer Menge. Da essen und trinken sie nun vor ihm und rufen ohne Unterlaß: Lang lebe König Adonia!‹«

Bilqis trank wieder einen Schluck vom süßen Wasser der Rogelquelle, und Benyamin Ben Eliezer, der jetzt lange gesprochen hatte, folgte ihrem Beispiel. Während er trank, sagte die Königin: »Ich nehme an, o Mann, der alles weiß, was in Jerusalem geschieht, daß die Dschinnen wieder ihr Geisterspiel getrieben haben. Diesmal haben sie vielen Leuten die Sinne verwirrt. Die Dschinnen und nicht die Höflinge haben wohl dem König David die Abischag aus Sunem ans erkaltende Herz gelegt. Und sie hatte wohl zu David günstig über Adonia gesprochen. Er war offensichtlich zunächst nicht gewillt gewesen, gegenüber Bathseba die Krönung des Adonia zu verurteilen. Der Prophet Nathan aber wußte, wie er den König für seine Ziele gewinnen konnte.«

Benyamin Ben Eliezer gab der Königin recht. Er sprach: »Nach diesen Worten durfte David nicht länger zögern, wenn er nicht alles Ansehen verlieren wollte. Er schob das Mädchen Abischag aus Sunem zur Seite und befahl, man möge seinen Sohn Salomo sofort auf das königliche Maultier setzen, ihn zur Gihonquelle ins Kidrontal hinunterführen und dort zum König salben.«

Bilqis sprach in die Worte des Benyamin Ben Eliezer hinein: »Da saßen sich nun in diesem Tal an zwei Quellen, der Rogelquelle und der Gihonquelle, zwei Könige gegenüber. Sie konnten einander sehen.«

Benyamin Ben Eliezer erwiderte: »So war es. Entscheidend aber war nun, wer rascher oben im Palast ankommen würde – Adonia oder Salomo? Es war Salomo, der nach nur kurzer Salbung an der Gihonquelle seine Ankunft im Palast durch Posaunengeschmetter feiern ließ. Adonia aber sah, daß er verloren hatte. Er suchte Schutz im Heiligtum und warf sich über die Bundeslade. Nun aber, o Königin, die du zu Hause Worte der üblen Nachrede vernommen hast, wisse, daß Salomo seinem Bruder damals das Leben schenkte. Erst etwas später, als Adonia das Mädchen Abischag aus Sunem zu sich ins Bett holen wollte, ließ Salomo, der Abischag für sich haben wollte, Adonia erstechen, und kurze Zeit danach auch noch einen anderen Bruder. Er brauchte fortan nicht mehr zu befürchten, daß jemand aus der eigenen Familie ihm die Macht streitig machen könnte. Du wirst zugeben, o Königin, daß ein derartiger Aufstieg zur Macht ungewöhnlich ist.«

»Du wolltest mir beweisen, o Herr, der du Bescheid weißt über alles, was vorgeht im Lande, daß es Geister waren, die Salomo emporgeführt haben aus dem niederen Rang des zehnten Sohnes, der ohne Aussicht auf das Erbe war. Ich gebe zu, daß auch ich nun fast daran glaube: Dschinnen, die Salomo helfen wollten, haben Verstand, Gemüt und Sinne derer verwirrt, die vor ihm Anspruch auf die Macht besaßen. Alle machten sie Fehler auf Fehler.«

Benyamin Ben Eliezer war eben dabei, sich wieder der Stadt zuzuwenden. »Du hast, o Bilqis«, sagte er, »vom Mord an der Bundeslade gesprochen. Er ist tatsächlich geschehen, doch nicht Adonia war das Opfer, sondern Joab, der bewährte Feldherr. Du hast eben von Verwirrung des Verstands gesprochen. Joab mußte den Verstand völlig verloren haben, als er sich, ohne David zu fragen, auf die Seite von Adonia schlug. Überliefert ist der Wortlaut des Befehls, der das Todesurteil für Joab bedeutete: ›Stoßt Joab nieder und begrabt ihn. So trifft mich und meine Familie nicht das von Joab unschuldig vergossene Blut!‹ So, o Königin aus dem Süden, vernichtete Salomo einen Mann, der Davids Familie immer treu gedient hatte.«

Bilqis stellte noch die Frage: »Was geschah damals mit dem Mädchen Abischag aus Sunem wirklich?«

»Es war und ist bei uns Sitte, o Königin, daß der neue Herrscher die Frauen seines Vorgängers in Besitz nimmt – nur die eigene Mutter nicht. Salomo hielt sich daran, er achtete Bathseba. Als David dann wirklich tot war, holte sich Salomo als erste die Abischag aus Sunem aufs Lager. Sie war damals sofort schwanger. Ich, o Bilqis, bin der Sohn der beiden!«

Verblüfft blickte Bilqis auf Benyamin Ben Eliezer. Er hatte also königliches Blut in sich, gehörte zur Familie Davids. Jetzt verstand sie auch etwas besser, warum ihn sein Gefühl so sehr an Salomo band, warum sein Gemüt bedrückt war, wenn er glaubte, der König handle nicht richtig.

Schweigend gingen Bilqis und Benyamin Ben Eliezer bis an die Stufen der ›Treppe zur Davidstadt‹. Dort blieb der Mann, von dem man in Jerusalem annahm, daß er alles wisse, stehen. Er sagte: »Ich selbst glaube nicht daran, Salomos Sohn zu sein.«

Verwundert und fragend sah Bilqis ihn an. Benyamin Ben Eliezer genoß offenbar ihre Spannung. Erst nach langen Augenblicken sprach er weiter: »Abischag aus Sunem war schon schwanger, als sie Salomo zu sich nahm. Als sicher gilt, daß sie von David zur Frau gemacht worden ist. Von Vollmond zu Vollmond waren sie beieinander. Er starb in der Nacht, in der die Mondscheibe voll am Himmel stand – und er starb in den Armen der Abischag. Die Körper der beiden waren vereint. Ich glaube fest daran, daß ich von König David gezeugt wurde, im letzten Augenblick seines Lebens.«

Auf dem steilen Weg zurück zum Palast war der Kopf der Bilqis voller Gedanken. Diesmal spürte sie die Müdigkeit ihrer Füße nicht.

Ehe sie sich, im Palast angekommen, ihrem Gemach zuwandte, sagte Bilqis zu ihrem Begleiter: »Ich habe heute viel erfahren, o Benyamin Ben Eliezer. Gleichgültig, ob du Salomos oder Davids Sohn bist, deine Abstammung erhöht dich über andere. Ich werde dich mehr achten als je zuvor. Deshalb habe ich Scheu, mich an dich zu wenden. Doch du bist nahezu der einzige, den ich in Jerusalem wirklich kenne. Verzeih deshalb meine Bitte. Ich weiß nicht mehr, seit wie vielen Tagen ich sehnlichst darauf warte, ein Bad nehmen zu können. Zweimal, so ist es mir, war ich nahe daran. Einmal schien mir auf wunderbare Weise meine Badekammer aus Marib hierher gefolgt zu sein. Das zweite Mal träumte ich wohl nur vom Vergnügen im Wasser. Wer gibt mir wirklich die Gelegenheit, über meinen Leib Wasser gießen zu dürfen?«

Benyamin Ben Eliezer blieb einen Augenblick stehen und sagte dann: »Ich glaube, ich kann dir helfen.«

Beim Weg durch die Davidstadt hinauf zum Palast hatte Bilqis empfunden, daß die Kälte des Winters wohl überwunden war. Auch in ihrem Gemach, das durch Vorhänge und Teppiche abgeschlossen war, fühlte sie angenehme Wärme.

Am späten Nachmittag störte Itamra die Gedanken der Königin. Daß sie Neuigkeiten wußte, war ihr anzusehen, und sie redete auch sofort auf Bilqis ein: »Du weißt, o Königin, durch mich, daß es für die Männer wohl ein Bad gibt in diesem Palast – und offenbar sogar ein ganz wunderbares Bad. Den Männern ist jedes Vergnügen erlaubt, das uns verboten ist. Die Männer des Hofes treffen sich dort am Nachmittag, also zu dieser Stunde. Doch mir ist versprochen worden, daß die Männer eine Überraschung erleben werden, die wir ausnützen können. Warten wir ab und halten uns bereit!«

Als sich die Sonne langsam dem letzten Viertel des Himmelsbogens zusenkte, glaubte Bilqis zu spüren, wie sich die Wärme des Gemachs verwandelte in Schwüle und immer unerträglicher wurde. Nach und nach verdunkelte sich der Raum. Es war noch nicht die Stunde, da die Fackeln entzündet wurden. Bilqis blickte durch die Fensteröffnung in Richtung der Sonne und sah, daß Wolkenfetzen über den Himmel jagten. Bald war die gesamte Kuppel des Firmaments mit Tausenden von schwarzen Gebilden bedeckt, die wie wilde Reiter aussahen. Da brach aus dem Schwarz ein Blitz hervor, der über den ganzen Himmel zuckte. Ein furchtbarer Donnerschlag folgte ihm.

Ein Luftzug strich durch den Raum, erst sacht, dann immer stärker. Sturmwirbel peitschten die Wandteppiche hoch. Bilqis wollte die Vorhänge vor die Fensteröffnungen ziehen, doch die Stoffe wurden ihr aus der Hand gerissen. Sie fühlte sich von den Wirbeln gedreht und schließlich gepackt, durch die Tür gedrückt und hinaus auf den langen Gang getrieben. Die Luft war von aufgewirbeltem Staub erfüllt. Trübe und dunkel war das Licht. Bilqis erkannte Itamra, die ebenfalls vom Sturm den Gang entlanggejagt wurde. Der Dienerin hatte die Gewalt der Luft offenbar die Kleider vom Leib gerissen. Auch Bilqis spürte ein Zerren und Ziehen, als ob kräftige Fäuste ihr das Hemd über den Kopf streifen wollten. Als sie schließlich nackt war, berührten ihre Füße den Boden nicht mehr. Sie flog mit den Beinen voraus wie auf Wogen dahin. Keine Ahnung hatte Bilqis, wo sie sich befand. Plötzlich packte ein Wirbel ihren Körper und drehte ihn so, daß ihr Kopf den Vorhang einer Tür durchstieß. Mit großem Schwung tauchte sie in Wasser ein. Sie hatte den Eindruck, es dauere lange, bis sie wieder atmen konnte. Im geringen Licht, das die Wasseroberfläche erhellte, erkannte Bilqis, daß ihre Dienerin neben ihr schwamm. Itamra sagte:

»Ich weiß, o Herrin, was geschehen ist! Ein furchtbares Gewitter ist ausgebrochen. Bei Gewitter baden die Männer nicht. Sie sind alle geflohen. Uns aber hat der Sturm direkt in dieses Wasserbecken getragen.«

Bilqis sah hinauf zur Decke und erkannte, daß der Raum zum Himmel hin völlig offen war. Die Wolken, die wie schwarze Reiter aussahen, drängten sich und suchten den Weg von Horizont zu Horizont. Blitze rissen das dunkle Gewirre und Geschiebe immer wieder auf. Da sah Bilqis, daß sich Itamra nicht um das Geschehen kümmerte, das sich über ihr abspielte: Itamra hatte einen Schwamm entdeckt und wusch sich damit. Bilqis kümmerte sich nun auch um ihren Leib. Dann schwamm sie in dem geräumigen Becken auf und ab.

Als sie eben an Itamra vorbeiglitt, hörte sie diese sagen: »Lange hält die Zauberkraft des jüngsten Davidsohnes wohl nicht mehr vor. Die Dschinnen folgen ihm nicht ewig. Es erfordert eine gewaltige Anstrengung, ein solches Höllengewitter donnern und blitzen zu lassen. Benyamin Ben Eliezer ist noch lange nicht Meister der Dschinnen!«

Die Königin war erstaunt zu vernehmen, daß Itamra Bescheid wußte über die Abstammung des Benyamin Ben Eliezer. Doch es blieb ihr keine Zeit zu rätseln, wie dies hatte geschehen können. Es war, als ob die Faust eines Riesen ins Wasser schlage und nach Bilqis griffe. Zusammen mit einem Schwall Wasser wurde sie durch das offene Dach getragen. Kaskaden von Wasserperlen fielen auf den Palast unter ihr nieder. Rasend schnell war der Flug. Wie ihr Körper wirbelten ihre Sinne. Sie war die Gefangene des Sturms. Sie glaubte, ihre Kamele auf dem Hof zu erkennen, dann teilten sich Vorhänge. Unsanft war der Sturz auf das Polster. Doch da war wunderbarerweise schon Itamra, die ein Handtuch bereit hielt, damit ihre Herrin sich abtrocknen konnte.

Kein Lüftchen wehte mehr im Gemach. Verstummt war das Getöse von Blitzen und Donnern. Verschwunden waren die dunklen Wolken. Am klaren Himmel senkte sich die Sonne vollends dem Horizont entgegen. Bilqis überlegte, welches Gewand sie für den Abend wählen sollte. Nach der Hitze des Tages schien die Luft kühl zu sein. Sie zog ein dichteres Gewebe an.

Itamra hatte eben den Raum verlassen, da trat Yafa Yafis ein, der Ratgeber der Königin. Ihm folgte der Prophet Harith. Mit mächtiger Stimme sprach der Mann, der den Willen des Gottes il-Umquh zu deuten wußte: »Verwirrend, o Königin, sind die Ereignisse. In Marib würde ich keinen Augenblick zögern zu erklären, was uns il-Umquh sagen will. Doch mit den Kräften, die in Jerusalem den Menschen Schrecken einjagen, kenne ich mich nicht aus. Ich kann nicht sagen, ob das gewaltige Gewitter ein Zeichen war, das der Gott Salomos gesetzt hat, um seinen Zorn zu zeigen. Und da berichtet Yafa Yafis Seltsames, das ich kaum glauben kann.«

Yafa Yafis fiel dem Propheten ins Wort: »Zu der Stunde, o Herrin, da hier ein Gewitter gewesen sein soll, ging ich auf einem Pfad in halber Höhe des Hügels, hinter dem die Sonne morgens aufgeht. Jerusalem lag im Abendlicht vor mir. Von einem Gewitter, von Blitzen und Donner habe ich nichts bemerkt. Über der Stadt war auch keine Wolke zu sehen.«

Da sprach wieder der Prophet: »Einer Täuschung war ich nicht verfallen. Überall auf den Höfen sind noch Pfützen zu sehen. Wasser ist in Mengen vom Himmel gestürzt. Und da wird im Palast über die nackten Männer geredet, die aus dem Bad geflüchtet sind, ohne ihre Blöße zu bedecken. Der Priester Menachem soll wütend darüber sein. Ich habe mir sagen lassen, er werde morgen schon auch den Männern das Baden verbieten!«

Bilqis schwieg. Am Nachmittag noch hatte sie Benyamin Ben Eliezer hochgeachtet – nun verehrte sie ihn. Sie gestand sich selbst ein, daß er ihr gefiel, daß sie ihm sinnlich zugetan war. Da keimte der Gedanke in ihr auf, daß es ihr, der Königin von Saba, die dem Sonnengott il-Umquh gegeben war, vielleicht nicht erlaubt sein könnte, Freude außerhalb dieser Bindung zu finden. Sie wollte diese Frage demnächst mit ihrem Propheten besprechen.

Die Fackeln in den Gängen und Sälen des Palastes waren halb herabgebrannt, da führte Itamra den für die Sicherheit in Jerusalem zuständigen Benyamin Ben Eliezer zu Bilqis. Die Dienerin sprach: »Wir sollten uns bei ihm bedanken, o Herrin! Er hat auf wunderbare Weise für uns gesorgt. Benyamin Ben Eliezer hat alle seine Kräfte zusammengenommen, damit Gewitter und Sturm zu toben anfingen. Bedenke, o Königin, daß er diese Fertigkeit noch nicht lange ausübt.«

Während dieser Worte empfand Bilqis, daß eine Bindung bestand zwischen ihrer Dienerin und dem Mann. Deutlich war die Zuneigung zu spüren. Die Augen der Itamra strahlten, und er blickte zärtlich auf die Frau neben sich. Es mußte in beiden ein tiefes Gefühl aufgebrochen sein. Schmerzlich waren ihre eigenen Gefühle, hatte sie doch selbst mit dem Gedanken gespielt, sich irgendwann diesem Mann hinzugeben.

Der Königin fiel ein, daß sie ihn unlängst ins Gesicht geschlagen hatte, weil er den Verdacht geäußert hatte, die tausend Frauen des Salomo umgebe ein Geheimnis – vielleicht sei sogar ein unheimliches Verbrechen an ihnen geschehen. Sie hatte Benyamin Ben Eliezer zurechtgewiesen, er sei nur ein Diener seines Königs und es gebühre ihm nicht, an der Rechtmäßigkeit des königlichen Handelns zu zweifeln. Inzwischen wußte sie mehr über diesen Mann, und sie erkannte in ihm den Sohn des Königs David, der sich nur deshalb in die Reihe der Höflinge stellen mußte, weil seine Mutter Abischag aus Sunem zwar schönen Leibs und sinnlich war, jedoch nicht den großen Familien des Landes angehörte. Bilqis suchte nach Worten, um dem Mann zu sagen, daß sie verstehe, wie er empfand. Sie wollte ihm mitteilen, daß auch sie seine Zurücksetzung als ungerecht ansehe. Doch sie schwieg, und ein Stich fuhr ihr durchs Herz, als sie sah, daß sich Itamra und Benyamin Ben Eliezer unverwandt anblickten.

Nur noch eine der Fackeln an der Wand gab flackerndes Licht. Bilqis hörte, wie Itamra zu Benyamin Ben Eliezer sagte: »Ich bin stolz auf dich!«

Der Mann löste sich aus seiner Erstarrung und entgegnete: »Das macht mich froh, o Itamra, doch es wird mir nichts nützen. Ich war wohl etwas zu kühn. Salomo weiß, daß ich der Sohn der Abischag aus Sunem bin – und er glaubt bisher, ich sei sein Sohn. Er hat immer gut für mich gesorgt. Ich fürchte, daß er ahnt, wessen Sohn ich wirklich bin. Wenn seine Ahnung zur Gewißheit wird, gerate ich in Gefahr, denn dann wird er mich vernichten wollen. Er hat alle töten lassen, die mit David blutsverwandt sind. Seine Gewißheit wird verstärkt, wenn er die Wahrheit über die heutigen Ereignisse erfährt. Ich glaube, Salomo verdächtigt mich bereits, schuldig zu sein am Schrecken dieses Nachmittags. Er wird mich umbringen lassen, sobald er sicher ist, daß ich dabei bin zu lernen, wie die Dschinnen zu beherrschen sind.

Was geschehen ist«, fuhr er mit eindringlicher Stimme fort, »beunruhigt den König. Dies ist an seinem Verhalten abzulesen: Er ändert den vorgesehenen Ablauf des Tages. Eigentlich wollte er sich in dieser Nacht damit vergnügen, eigene Dichtung im Wechselspiel mit der Handlung zu erleben. Doch er hat die Ruhe dazu nicht. Er kann seine Gedanken nicht zügeln. Er lebt in der Angst, die Gewalt über die Dschinnen an jemand anderes zu verlieren. An mich? Oder an dich, o Königin? Seit du in diesem Palast lebst, hat sich vieles verändert. Zuvor schien alles geordnet zu sein. Jetzt aber weiß niemand mehr, woran er ist. Hätte ich nicht Halt gefunden an Itamra, ich würde mich ins eigene Schwert stürzen!«

Als Itamra und Benyamin Ben Eliezer das Gemach verließen, hörte die Königin noch ihre Dienerin sagen: »Du mußt wissen, daß Bilqis etwas ganz Besonderes ist – nämlich die Tochter einer Dschinnenfürstin!«

Bilqis ärgerte sich über diese Bemerkung. Itamra sollte für ihre Kühnheit bestraft werden. Sie beschloß, die Dienerin und Benyamin Ben Eliezer jetzt nicht ihrer Zweisamkeit zu überlassen. Bilqis war überzeugt, die beiden seien im Dunkel der Nacht irgendwo beisammen.

Die Königin nahm sich vor, Itamra zu zwingen, ihre Sinne von diesem Mann zu lösen. Der Traum sollte für die Dienerin wichtiger werden als die Wirklichkeit. Der Traum war die Brücke zwischen ihr und Bilqis. Die Königin schloß die Augen und begann sich Itamra vorzustellen – allein und nicht in den Armen eines Mannes. Gedanken und Sinne der Königin waren auf die Vorstellung ausgerichtet, Itamra streife sich die leichten Gewebe ab, die den Leib verhüllten. Bilqis nahm sich vor, den Körper der Sklavin zu beherrschen, doch so sehr sie auch ihre Vorstellungskraft zwang, den nackten Körper dieser anderen Frau vorzuführen, es gelang ihr nicht. Was in der Nacht zuvor möglich gewesen war, sollte ihr in dieser Nacht nicht gelingen. Kaum war das Bild nahezu greifbar geworden, zerrann es wieder.

Mit starkem Willen wollte Bilqis durchhalten bis zum Augenblick der Erfüllung. Die Anstrengung trieb Schweißperlen auf ihre Stirn, und schließlich empfand sie Feuchtigkeit am ganzen Körper. Hastig riß sie sich das Nachtgewand vom Leib und kämpfte weiter um Lust und Befriedigung. Bilqis wollte sich die Niederlage nicht eingestehen.

Sie bemerkte erst allmählich, daß nicht sie die Herrscherin war in diesem Zweikampf zwischen Königin und Dienerin. Da bestimmte ein Wille, der stärker war als der ihre. Es konnte sich nur um den Willen eines Mannes handeln – eines

Mannes, der ihre Sinne und die gesamte Kraft ihres Seins beherrschte. Sie begriff zu ihrem Entsetzen, daß dieser männliche Wille sie bereits gezwungen hatte, ihr Nachtgewand abzustreifen. Sie war dabei, sich nackt dem Fremden auszuliefern. Bilqis begriff schließlich auch, daß es zwei Willen waren, die sie mit Gewalt unterwerfen wollten: Itamra und Benyamin Ben Eliezer hatten sich zusammengetan, um die Königin zu ihrer Sklavin zu machen.

Es war wie der Sog eines Wasserstroms. Sie verlor jeglichen Halt, wurde fortgerissen. Sie wehrte sich. Es durfte nicht geschehen, daß sie in die Umarmung des Paares hineingezogen wurde. Sie war Bilqis, die Königin, die unberührt bleiben mußte für il-Umquh, den Sonnengott. Der Gedanke an den Gott erfüllte sie plötzlich. Bilqis vergaß den Zweikampf mit Itamra. Sie stellte sich den See von Marib vor und den Augenblick der Vereinigung mit dem Sonnengott auf dem Wasserspiegel. Da fiel auf einmal der Druck von ihr ab, und Bilqis empfand den schreckenerregenden Sog nicht mehr. Das Angstgefühl schwand. Jetzt, da die rätselhafte Gefahr vorüber war, dachte sie nicht mehr über die Bilder nach, die eben noch so bedrohlich gewesen waren.

Bilqis zog ihr Nachtgewand wieder an und kauerte sich auf den Polstern nieder. Sie war eben dabei einzuschlafen, da spürte sie, wie sich jemand neben ihr niederwarf. Sie wurde von Armen und Beinen umschlungen. Ein nackter Frauenkörper umklammerte ihren Leib. Die Fremde wurde von heftigen Krämpfen geschüttelt. Sie schluchzte, sie weinte und schrie unverständliche Worte. An der Färbung der Stimme glaubte Bilqis ihre Dienerin zu erkennen, doch dann überschlug sich diese Stimme, wurde schrill. Die Königin wand sich aus der Umklammerung und richtete sich auf. Sehen konnte sie nichts. Sie fühlte, daß das Hemd über ihren Brüsten feuchte Flecken hatte, die klebrig zu sein schienen.

Jetzt wachten ihre Sinne auf. Bilqis begriff, daß Ungeheuerliches geschehen sein mußte in der Gegenwart von Itamra.

Sie packte die Weinende an den Schultern und schüttelte sie. Da hörte Itamra auf zu schreien und schluchzte nur noch. Als sie ruhiger geworden war, sagte die Dienerin: »Er ist tot. Auf einmal war überall Blut. Er ist erdolcht worden in meinen Armen.«

Die Königin überließ der Dienerin ihr Lager und setzte sich daneben auf den Boden. Sie dachte an den Toten und daran, daß er am Anfang dieser Nacht gesagt hatte: »Salomo wird mich umbringen lassen, sobald er sicher ist, daß ich dabei bin zu lernen, wie die Dschinnen zu beherrschen sind!«

War Salomo im Verlauf der Nacht überzeugt worden, daß Benyamin Ben Eliezer bald schon der bessere Meister der Geister sein könnte? Hatte der König seine Alleinherrschaft im Reich der Dschinnen sichern wollen? Hatte er den letzten Sohn Davids beseitigen wollen? Keinen Augenblick zweifelte Bilqis daran, daß Salomo die Ermordung befohlen hatte.

Auf einmal aber kam es ihr vor, als ob die Eifersucht des Königs auf einen anderen Geisterbezwinger oder auf einen Sohn der Abischag von Sunem ein gar zu schwacher Grund für den Entschluß sei, Benyamin Ben Eliezer töten zu lassen. Ihre Gedanken sträubten sich dagegen, Salomo ein derart unkönigliches Verhalten vorzuwerfen. Und plötzlich wußte sie, was geschehen war. Der König hatte sie, die Königin von Saba, durch den Mord errettet, da sie im nächtlichen Zweikampf der Träume bereits besiegt gewesen war. Sie begriff: Nicht Itamras Wille hatte sie bezwungen, sondern die Geisterbeschwörung des Benyamin Ben Eliezer. Er hatte sie besitzen wollen und war im letzten Augenblick daran gehindert worden. Der König hatte der Königin geholfen! Dieser Gedanke gefiel ihr. Bald darauf schlief Bilqis neben ihrer Dienerin, die bereits Ruhe gefunden hatte, ein.

Im Halbschlaf des Morgens beschäftigten sich die Gedanken der Königin mit Geschichten, Rätseln und seltsamen Hinweisen, die Benyamin Ben Eliezer im Verlauf der Tage geäußert hatte. Immer wieder fiel ihr der eigenartige Hinweis ein: »Die Frauen und die Gärten umgibt der Schleier eines Geheimnisses.« Auf einmal war sie sich nicht mehr ganz sicher: Wer hatte diese Worte gesagt? War es Benyamin Ben Eliezer gewesen oder ein anderer Mann? Viele Männer hatte sie in Jerusalem nicht kennengelernt. Da war ihr noch der Verwalter Adiya begegnet. Bilqis war mehr und mehr davon überzeugt, Adiya sei es gewesen – er habe von den Gärten gesprochen und er habe auch gesagt: »Man kann in Jerusalem über fast alles reden, nur nicht über die Frauen des Königs Salomo.«

Itamra sprach kein Wort mehr von jenem Mann, der in ihren Armen ermordet worden war. Der Königin fiel nur auf, daß die Dienerin darauf drängte, Bilqis möge rasch den Aufbruch zur Heimreise nach Marib befehlen. Sie wollte wohl dem Ort des schrecklichen Ereignisses entfliehen.

Bilqis aber entgegnete: »Es ist für mich sinnlos, jetzt zu reisen. Wir erreichen die Stadt ja doch nicht, ehe die Flut das Tal in den See verwandelt. Mein Volk wird mir nicht verzeihen. Es wird durch den Zorn des Gottes il-Umquh zugrunde gehen! Rettung kann nur durch ein Ereignis kommen, von dem wir noch nichts ahnen. Ich glaube daran, daß Gott il-Umquh selbst die Möglichkeit schaffen wird, sich mit mir zu vereinen. Wenn er mich besitzen will, wird er mir das Lager bereiten.«

Itamra entgegnete: »Wir haben hier in Jerusalem gelernt, o Königin, daß Seltsames, Undenkbares und Wunderbares möglich ist. Ich glaube, daß du rechtzeitig in Marib sein wirst, wenn du dir das ganz fest vornimmst.«

Ehe Bilqis bereit war, einen Entschluß zu fassen, wollte sie jetzt sofort – und nicht erst in Marib – die Wahrheit über ihre eigene Herkunft in Erfahrung bringen. Sie brauchte Gewißheit, ob das Gerede stimmte, daß ihre Mutter eine Fürstin unter den Dschinnen gewesen sei. Bilqis wußte, daß nur einer die Geheimnisse der Vergangenheit im Lande Saba kannte. Dieser eine war Harith, ihr Prophet. Ihn bat sie für den nächsten Abend zu sich.

Harith war bereit zu erzählen. Bilqis hatte ihn aufgefordert, sich niederzusetzen, doch seine Antwort war stolz gewesen: »Propheten setzen sich nicht!« So blieb Harith stehen und begann zu reden. Was sie erfuhr, erstaunte die Königin:

Des Propheten Harith erste Erzählung vom Reich der Dschinnen

»Dein Vater, der vor dir König war in Saba, hieß Hadad. Er galt als starker Herrscher, doch oft vergaß er zu regieren, dann verließ er seinen Palast und ritt aus zur Jagd. Weil er ein schneller Reiter war, ließ er sein Gefolge oft weit hinter sich. Verfolgte er ein Tier, konnte es geschehen, daß er in der Leidenschaft der Jagd bis zu den Grenzen des Königreiches Saba gelangte. So war es auch eines Tages, als der König einen Löwen verfolgte, der hinter einem Wolf herhetzte, der wiederum eine Gazelle als Beute haben wollte. Nacheinander erlegte Hadad erst den Löwen, dann den Wolf – nur die Gazelle entwischte ihm immer wieder.

Der König durchritt Schluchten, ließ sein Pferd über Felsen springen. Er überquerte reißende Flüsse und erklomm Berge. Dorniges Buschwerk zerriß ihm die Kleider. Die Sonne versengte sein Gesicht. Er litt unter Hunger und vor allem unter Durst. Es wurde Abend, und immer noch ritt der König hinter der Gazelle her, die nicht müde wurde. Als die Sonne am Rande der Erde in das Dunkel hinabtauchte, befand sich der König in einer riesigen Wüstenebene. Er stieg vom Pferd. Halb benommen suchte er Halt. Hadad lehnte sich gegen eine Dattelpalme – die er zuvor gar nicht gesehen hatte. Ehe er sich darüber verwundern konnte, bemerkte er überall ringsum Dattelpalmen und andere fruchttragende Bäume. Da wuchsen Orangen, Äpfel, Zitronen, Mandeln und Granatäpfel. Die Früchte hingen da, bereit zur Ernte. Auf dem Boden zwischen den Bäumen aber lagen pralle Melonen. Mit seinem Schwert schlug Hadad eine Öffnung in eine der Melonen, hob die schwere Frucht hoch über seinen Kopf und ließ sich den Saft in den Mund fließen.

Er wollte gerade darüber nachdenken, daß er nie in seinem Reiche Saba und in den Ländern jenseits der Grenzen einen derartigen Garten gesehen hatte, als helle Lichter seine Aufmerksamkeit erregten. Es war zuvor sehr rasch dunkel geworden, jetzt aber herrschte strahlender Glanz zwischen den Dattelpalmen und Obstbäumen. Die Helligkeit kam aus Häusern, die aus dem feinsten Silber geformt zu sein schienen. Groß waren diese Häuser und breit gelagert. Manche sahen trutzig aus wie Türme, andere besaßen eine zarte Gestalt. Alle Gebäude waren kunstfertig verziert mit Mustern, die Blüten und Ranken nachempfunden waren – auch diese Verzierungen bestanden aus sehr hellem Silber. Und silbrig war auch der Staub auf Straßen und Gassen. Überall waren Brunnen zu erkennen, Bäche und Teiche. Der König konnte nicht glauben, was er sah. Er fragte sich, warum ihm keiner seiner Untertanen von dieser Stadt berichtet hatte, lag sie doch gar nicht weit von Marib entfernt.«

Auf dem Bauch liegend hatte Bilqis der Erzählung des Propheten Harith zugehört. Jetzt empfand sie Mitleid mit dem Mann, der da aufrecht vor ihr stand. Sie forderte ihn nochmals auf, sich zu setzen, doch Harith überging ihre Einladung und sprach weiter:

»Die Zeit der Überraschungen war noch nicht zu Ende für Hadad. Ein Mann, größer als der König von Saba, stand plötzlich da. Er war von nirgends gekommen, war nicht dem Boden entwachsen, nicht aus der Luft dahergeschwebt und nicht von einer Dattelpalme heruntergestiegen. Er war einfach da und hieß den König von Saba willkommen. Er sagte:

›Wer bist du, Fremder, der du nicht beschaffen bist wie die Bewohner dieser Stadt? Dir haftet die Schwere an, die das menschliche Dasein belastet. Leicht wie Luft zu sein ist unser Vorzug. So erfahre aus meinem Mund: Dies ist die Stadt der Dschinnen und Geister, der Wesen, die aus Luft Gestalt annehmen können und die wieder zu Luft werden. Ich bin der Herrscher dieser Stadt. Nagab ist mein Name. Ich warte hier auf meine Tochter.‹

Kaum waren diese Worte gesprochen, da stand ein junges Mädchen neben Nagab. Auch sie hatte Hadad nicht kommen und nicht gehen gesehen. Nagab bemerkte den erstaunten Blick des Königs von Saba und sprach: ›Du mußt blind sein, daß du sie nicht erkennst. Du bist den ganzen Tag lang hinter ihr hergeritten. Erst rannte sie dem Löwen davon, dann dem Wolf und schließlich dir. Eingeholt hat sie keiner. Sie hat ihre Freude daran, euch menschlichen Wesen vorzugaukeln, sie sei eine Gazelle! Sie hat dich über Berg und Tal gehetzt!‹

Da sah Hadad, daß das Mädchen schön war, und in ihm entflammte sich Liebe. Ohne zu überlegen, sprach der König von Saba: ›O König dieser Stadt aus strahlendem Silber. O Vater dieser Tochter, die noch schöner ist als deine Stadt! Ich will der Mann deiner Tochter sein. Gib sie mir zur Frau!‹

Der Mann, der sich Nagab nannte, fragte: ›Wer bist du, der du meine Tochter zur Frau forderst? Bist du aus edlem Hause wie ich?‹

Darauf stellte sich König Hadad dem König Nagab vor. Die Könige verneigten sich voreinander. Dann wiederholte Hadad seine Bitte, Nagab möge ihm seine Tochter zur Frau geben. Da erhielt Hadad diese Antwort:

»›Weißt du, was du sprichst und was du begehrst? Meine Tochter ist eine Dschinnin aus uraltem Geschlecht. Du aber bist ein Mensch. Du wirst altern, und dich kann der Tod ereilen. Meine Tochter aber bleibt ewig jung und begehrenswert. Doch sie wird dir nie gewähren können, was du von deiner Frau forderst. Du darfst sie begehren, ja sogar Lust nach ihr empfinden – die Befriedigung dieser Lust aber ist dir nie vergönnt. Meine Tochter, o König von Marib, kann dir keinen Erben gebären. Willst du, daß dein Haus ausstirbt?‹«

Bilqis hatte sich inzwischen aufgesetzt. Die Geschichte, die der Prophet erzählte, war packend – schon allein deshalb, weil sie ihr eigenes Leben betraf. Sie hatte begriffen, daß ihr Harith eben von der ersten Begegnung zwischen ihrem Vater und ihrer Mutter berichtet hatte. Erneut forderte sie den Propheten – diesmal durch eine Handbewegung – auf, sich zu setzen. Wie in Gedanken verloren folgte Harith der Aufforderung. Für keinen Augenblick hatte er seinen Wortfluß unterbrochen:

»Hadad wollte einfach nicht glauben, was ihm König Nagab sagte. Wie sollte es geschehen, daß ihm dieses schöne Mädchen nicht gewähren könnte, was er, als ihr Mann, fordern durfte? Wie sollte es möglich sein, daß ihm durch sie nie Befriedigung seiner Lust vergönnt sein würde? Nur die Bemerkung, er sei sterblich, das Mädchen aber dürfe ewig Jugend und Schönheit genießen, hatte König Hadad erschreckt. Für einen Augenblick sah er sich als alten Mann auf dem Lager eines jungen Mädchens, dem er nichts zu bieten hatte. Die Angst davor beflügelte seine Vernunft. Er begriff, daß sein Wunsch, die Tochter des Dschinnenkönigs Nagab zu besitzen, verwegen war. Er schaute das Mädchen noch einmal an und stellte fest, daß ihre Gesichtszüge nicht lieblich waren. Hart und kalt war ihr Blick.

Hadad war schon bereit, auf sie zu verzichten, da flatterte ihr Kleid, das aus Goldfäden gewirkt zu sein schien, auf den Boden nieder und löste sich in ein Nichts auf. Das Mädchen aber stand völlig still. Sie sah aus wie eine der Statuen aus Alabaster, die sich im Palast von Marib befanden. Die Ähnlichkeit war erstaunlich. Schon lange hatte sich Hadad danach gesehnt, eine lebende Frau derselben Gestalt zu besitzen. Jetzt stand sie vor ihm. Ihr Anblick weckte Gefühle. Vernünftige Gedanken verflogen. Als sie begann, sich langsam umzuwenden, ohne auch nur ein wenig Beine und Füße zu bewegen, da steigerten sich die Liebe und das Verlangen nach Erfüllung der Lust im Herzen und im Gemüt des Königs machtvoll. Doch lange durfte Hadad das Mädchen nicht betrachten. Es war, als ob goldrote Flammen an ihr emporzüngelten. Als sie den Hals erreichten, war die Tochter des Dschinnenkönigs wieder bekleidet.«

Bilqis unterbrach die Erzählung des Propheten durch die Frage: »Habe ich recht, wenn ich meine, der Dschinnenkönig habe das Kleid nur deshalb weggezaubert, weil er unbedingt wollte, daß mein Vater ganz in den Bann der Tochter geriet? Ihr Leib sollte dem König von Saba für immer ins Gedächtnis gebrannt sein.«

Harith antwortete: »Du magst recht haben, o Herrin! Dein Vater kam ihm wohl gelegen. Als König der Dschinnenstadt beherrschte Nagab die Geister, doch die Menschen blieben seiner Macht entzogen. Er durfte ihnen weder Gutes noch Böses zufügen. Vermählte er aber seine Tochter mit einem Menschen, dann war damit zu rechnen, daß das Kind der beiden die Fähigkeit besitzen würde, Macht über Dschinnen und über Menschen zu haben.« Da stutzte der Prophet. Erst nach einer Weile sprach er weiter: »Du, o Königin, bist das Kind des Königs Hadad und der Dschinnentochter Beja. Du mußt über die Kraft verfügen, Menschen *und* Geister unter deine Macht zu zwingen!«

Bilqis aber dachte darüber nach, daß sie eben zum erstenmal den Namen ihrer Mutter vernommen hatte: Beja.

Plötzlich wurde sie durch einen Gedanken aus ihren Träumen gerissen. Diese Frage drängte sich der Königin auf: »Du, o Prophet, der Vergangenes offenbart, hast gesagt, König Nagab habe davor gewarnt, daß seine Tochter weder Lust erfüllen noch ein Kind gebären könne. Wie ist es dann möglich, daß ich die Tochter der Dschinnenfürstin bin?«

Der Prophet antwortete: »Deine eigene Lebensgeschichte wirst du später in meiner Erzählung erfahren. Doch höre weiter und wisse, o Bilqis, daß der Dschinnenfürst mit deinem Vater vereinbarte, in einem Monat werde die Hochzeit gefeiert, in der silberstrahlenden Stadt. Der Bräutigam möge sich zur rechten Zeit an derselben Stelle einfinden. Kaum waren diese Worte gesprochen, da sah Hadad nichts mehr von den beiden Geistern. Und gleich darauf war auch die Stadt verschwunden. Erloschen waren die glanzvollen Lichter. Der Herrscher über Saba stand im Dunkeln. Seine Augen, vom hellen Schein der Stadt verwöhnt, hatten Mühe, im Licht von Mond und Sternen den Weg zu finden. Er bemerkte jedoch, daß sein Pferd erstaunlich sicher ging. Auf einmal war vor ihm eine Gazelle, die er nicht erreichen konnte – auch nicht bei scharfem Ritt. Die Gazelle überholte einen Wolf und schließlich einen Löwen. Sobald sie beide hinter sich gebracht hatte, verschwand sie. Hadad, der ebenfalls am Wolf und an dem Löwen vorübergeritten war, erkannte, daß er auf dem richtigen Pfad war. Erstaunt war Hadad, daß sein Pferd schon vor Mitternacht am Tor der Stadt Marib anhielt.«

Bilqis wollte nun wissen, ob ihr Vater sein Geheimnis für sich behalten habe vor Höflingen, Priestern und Beratern.

Der Prophet gab Auskunft: »Er überlegte sich den ganzen Morgen, ob das, was er gesehen hatte, Wirklichkeit war – wenn auch die Wirklichkeit der Geisterwelt. Hatten ihm vielleicht Hitze und Durst mitgespielt? Was würden die Bewohner des Königreiches sagen, wenn er in einem Monat hinauszöge in die öde Gegend, mit Kamelen, Pferden, Bogenschützen, Streitern zu Fuß, Beamten und Beratern, in der Hoffnung, die Stadt erstrahle wieder, und er würde sie dann nicht mehr finden? Die Begleiter würden an seinem Verstand zweifeln.

Schnell verbannte er diese Gedanken aus seinem Kopf. Hadad entschloß sich, seinem Hofstaat mitzuteilen, daß er die seltsamste und begehrenswerteste Frau der Welt zu heiraten gedenke. In einem Monat habe jeder bereit zu sein zum Ritt über Berg und Tal, durch Flüsse und Wüstenstriche, über

Steinöden und durch Wälder mit dornigem Gestrüpp. Mühsam sei der Weg in eine Stadt, deren Pracht und Glanz schnell jede Mühsal vergessen lasse.

Unruhe plagte die Bewohner von Marib während der nächsten Wochen. Und schon vor dem vereinbarten Tag versammelten sich die Männer, die zum Königshof gehörten, aber auch viele andere vor dem Palast. Tausende waren neugierig und wollten mitreiten in die Stadt, deren Schönheit Marib übertreffen sollte. Da gab es viel Raterei über das Ziel des Ritts, und allenthalben brach sogar Streit aus. Mancher glaubte, genau Bescheid zu wissen, wer die Braut sei.

Groß war dann der Jubel«, fuhr der Prophet in seiner Erzählung fort, »als Hadad hoch zu Pferd erschien und den Befehl zum Aufbruch gab. Der König ritt voran und war bald ungeduldig und schließlich ungehalten über die Trägheit der Menge, die ihm folgte. Da geschah es, daß Hadad einen Löwen sah, der einen Wolf verfolgte. Das Jagdfieber packte ihn. Er trieb sein Pferd an und hetzte hinter dem Löwen her. Der König erlegte zuerst den Löwen und dann den Wolf – und er jagte schließlich eine Gazelle, die der Wolf sich zuvor als Beute ausgesucht hatte.

Hadad durchritt Schluchten, ließ sein Pferd über Felsen springen. Er durchquerte reißende Flüsse und erklomm Berge. Dorniges Buschwerk zerriß ihm die Kleider. Die Sonne versengte sein Gesicht. Er litt unter Hunger und vor allem unter Durst. Es wurde Abend, und immer noch ritt der König hinter der Gazelle her, die nicht müde wurde. Als die Sonne am Rande der Erde in das Dunkel hinabtauchte, befand sich der König in einer riesigen Wüstenebene. Da wurde ihm bewußt, daß sich alles wiederholt hatte, was vor einem Monat geschehen war. Und Hadad erlebte noch einmal, daß er vom Pferd stieg und sich an die Dattelpalme lehnte, die er zuvor gar nicht gesehen hatte, und wieder bemerkte er die vielen anderen Dattelpalmen und die zahlreichen fruchttragenden Bäume.«

Bilqis erkundigte sich, was mit dem riesigen Hofstaat geschehen sei, der Marib verlassen hatte. Der Prophet gab zur Antwort:

»O Königin, Rühmliches ist darüber nicht zu vermelden. Sobald die Tausende ihren König nicht mehr vor Augen hatten, verloren sie den Mut und wurden ratlos. Einige blieben stehen, andere irrten umher, manche berieten, was zu tun sei. Schließlich machten sich alle auf den Weg zurück nach Marib. Das Volk dort trauerte um seinen verschwundenen Herrscher. Hadad aber hatte seine Untertanen längst vergessen. Er wartete darauf, daß sich zwischen den Dattelpalmen der Glanz der Lichter wieder entfaltete. Und es geschah tatsächlich. Da leuchteten die Häuser aus Silber. Weit offen standen Türen und Tore. Weihrauchduft durchzog die Straßen. Aus einer Wolke trat plötzlich Nagab heraus und forderte den König von Saba auf, die Stadt zu betreten. Noch ehe Hadad einen Schritt machte, sah er, daß Flammen seine zerrissenen Kleider verzehrten. Obgleich die Feuerzungen an seinem Körper hochzuckten, empfand er keinen Schmerz und keine Hitze. Er hatte auch das Gefühl, nackt zu sein, nur einen Augenblick lang, dann streiften sich ihm, wie von selbst, prächtige Kleider über.

Freude erfüllte Hadad, als er die Stadt betrat. Er atmete den Duft des Weihrauchs ein und spürte schon nach wenigen Schritten, daß er die Wirklichkeit der Geisterstadt nur noch undeutlich wahrnahm. Über nichts verwunderte er sich mehr. Es war ihm gleichgültig, daß er durch Straßen ging, die völlig leer waren – auch Nagab war verschwunden. Es beunruhigte ihn nicht, daß er, wenn er an sich hinuntersah, auf einmal weder Kleider noch Leib bemerkte.

Hadad ging auf ein großes Tor zu, von dem er annahm, es sei der Eingang zum Palast des Dschinnenkönigs. Das Haus bestand aus purem Licht. Der Schmerz, den die grelle Helligkeit in den Augen erzeugte, wurde nur gemildert durch die Wirkung des betäubenden Weihrauchduftes. Der König hatte den Eindruck, Stadt und Palast seien mit Leben erfüllt, doch er sah und hörte auch weiterhin niemanden. Er stieg Treppen hoch, ging durch geöffnete Türen. Er sah Tische, auf denen Getränke und Speisen standen, und er war überzeugt, daß aus den Schüsseln gegessen und aus den Gefäßen getrunken wurde. Alles erschien ihm selbstverständlich, nur einen Anblick empfand er als Gipfel des Wundersamen: Mitten durch den Palast stürzte ein Fluß herunter. Er endete in einem gewaltigen Wasserfall. Mächtig schäumte das Wasser beim Aufprall auf die Oberfläche eines Sees – doch da war kein Getöse zu hören.

Von einem Zwang getrieben, tauchte Hadad in den See. Er spürte das Wasser nicht und empfand keine Frische auf der Haut. Sein Körper war nicht mehr vorhanden. Da wurde ihm bewußt, was geschehen war: Er, der König von Saba, war zum Dschinn geworden. Dies hatte sich ereignen können, weil er sich vollkommen den Eindrücken und Erlebnissen ausgeliefert hatte. Er selbst hatte sich der Geisterwelt hingegeben.«

Während dieser Erzählung war Bilqis mehr und mehr ins Staunen geraten über das Wissen des Propheten. Sie fragte: »Du warst nicht dabei, o Harith, und kennst doch jede Einzelheit und weißt um jeden Gedanken?«

Harith entgegnete: »O Königin, ein Prophet muß zwei Fähigkeiten besitzen. Daß er in die Zukunft blicken muß, ist fast schon eine Selbstverständlichkeit. Weit wichtiger ist, daß er erkennen kann, was war. Denn nur aus der Vergangenheit ist die Zukunft zu erklären. Ein Prophet ist einer, der in die Vergangenheit sieht und darin das Verborgene entdeckt, das sich auf die Zukunft auswirkt. Ich besitze die Gabe aufzuzeigen, was im Gestern begraben liegt, um im Morgen zu wirken. Durch diese Gabe kann ich dir enthüllen, wie dein Leben entstand – und damit die Voraussetzung für deine Gegenwart und deine Zukunft. Die Erfahrung der Vergangenheit, o Bilqis, wird dich verändern, das Wissen um bereits Geschehenes beeinflussen.

Erfahre also, daß König Hadad schon so sehr das Wesen der Dschinnen angenommen hatte, daß er nicht erstaunt war, als ihn der Wasserfall in die Höhe trug, mitten hinein in einen großen Saal. An seiner Stirnseite saß der Dschinnenkönig Nagab auf einem Sessel – gerade so, als ob er Hadad erwartet hätte. Nagab stand auf und sprach:

›Du hast eingehalten, was du zugesagt hast. Auf den Tag genau nach einem Monat hast du Einlaß begehrt in meine Stadt. Erfahre von mir, daß dir in menschlicher Gestalt der Eintritt verwehrt gewesen wäre. Keiner, der sterblich ist, darf die Stadt betreten. Zauberkraft hat dich verwandelt. Sei unbesorgt, für immer mußt du nicht Geist sein. Du bist auch keineswegs ein vollwertiges Mitglied unserer Dschinnengemeinschaft. Unsterblich bist du nur für eine ganz beschränkte Zeit, dann kann dich wieder der Tod ereilen, wenn er will. Du hast die Unsterblichkeit nur geborgt. Dschinn bist du für die Zeremonie der Hochzeit, um deiner Frau gleichwertig zu sein. Ich nehme doch an, daß du gekommen bist, um meine Tochter zu heiraten?‹«

Der Prophet Harith unterbrach seine Erzählung. Plötzlich war es ihm unangenehm, daß er neben Bilqis saß. Er stand wieder auf, um eine würdevolle Pose einzunehmen – schließlich war er dabei auszuführen, wozu nur ein Prophet fähig war: die Wahrheit über Vergangenes zu schildern. Nun setzte er stehend seinen Bericht fort:

»Nagab entschuldigte sich dafür, daß die Zauberkraft in der Eile der Zeit nicht ausgereicht habe, um ihm – dem jetzt für eine Frist Unsterblichen – die Fähigkeit zu geben, die im Saal anwesenden Würdenträger des Dschinnenstaates zu sehen. Man sei mit Mühe damit fertig geworden, ihm die Unsterblichkeit zu verleihen. Auf jeden Fall verlange es die Höflichkeit, daß dem Gast die Würdenträger vorgestellt würden. Diese Zeremonie begann damit, daß der Herr der Stadt jemanden zu sich winkte, den Hadad nicht erblicken konnte. Nagab sprach:

›Dies ist der wichtigste Würdenträger der Stadt – Jathil, der Zauberspruchersinder. Er sorgt für den Fortschritt bei uns in der Stadt. Wir arbeiten ja nicht. Wir sind nicht fähig, mit den Händen zu bauen, zu fertigen, zu vollbringen. Wir können gar nicht arbeiten, weil sich unser Wesen nicht durch Kraft auszeichnet. Alles, was geschieht, wird durch die Macht des Zaubers ausgelöst. Soll sich etwas ereignen, ist jeweils ein Zauberspruch notwendig. Was und wie etwas geschieht, wird durch die Wortwahl des Zauberspruchs bestimmt. Daraus ist zu ersehen, wie wichtig der Zauberspruchersinder in unserer Stadt ist. Wenn ich ehrlich sein soll, muß ich gestehen, daß Jathil mächtiger ist als ich, der König. Er hat zwar, so will es die Ordnung, meinen Geboten zu gehorchen – doch wenn er nicht will, kann ich ihn nicht zwingen. Zaubersprüche zu erfinden, ist eine Kunst, die man nicht erlernen kann. Sie ist angeboren. In der ganzen Geschichte unserer Stadt der Dschinnen gibt es überhaupt nur einen Geist, der vollkommen ist in der Formulierung der Zaubersprüche – Jathil, der vor dir steht. Er war es übrigens, der den Zauberspruch erfunden hat, der dir für eine bestimmte Frist Unsterblichkeit verleiht.‹

Nagab schob den Mann, der Jathil genannt wurde, auf die Seite und holte einen anderen Würdenträger zu sich, den er mit diesen Worten vorstellte: ›Dies ist Jesmach, der Zauberspruchanwender. Getrennt sind bei uns die Aufgaben des Erfindens und der Anwendung von Zaubersprüchen. So verhindern wir Mißbrauch der Macht. Jesmach war es, der den Zauberspruch, der dir für den Augenblick Unsterblichkeit verleiht, richtig und wirkungsvoll ausgesprochen hat. Macht er einen Fehler, kann Schaden entstehen, der nur schwer zu beheben ist – durch einen neuen Zauberspruch, der dann wieder richtig ausgesprochen werden muß. Deshalb scheint mir der Zauberspruchanwender so wichtig zu sein wie der Zauberspruchersinder. Eine etwas geringere Bedeutung unter den Würdenträgern besitzt der Zauberspruchararchivar. In seinem Gedächtnis werden sämtliche Zaubersprüche bewahrt, die im Verlauf der Zeit erfunden und angewendet worden sind. Er wird von anderen Würdenträgern, die sich mit Sachverhalten der Vergangenheit befassen, um Rat gefragt. Nie ist es vorgekommen, daß ein Zauberspruch in Vergessenheit geriet. Und das darf auch nicht geschehen, weil ein Zauberspruch nur so lange wirkt, wie er vom Zaubersprucharchivar im Gedächtnis bewahrt wird. Würde der Zauberspruch tatsächlich vergessen werden, dann wäre er sofort unwirksam, und der frühere Zustand eines Sachverhalts würde sich ganz von selbst einstellen. Um es an deinem Beispiel, o König Hadad, zu zeigen: Vergißt der Zaubersprucharchivar den Zauberspruch, der dir Unsterblichkeit gibt, dann bist du augenblicklich wieder sterblich.‹

Bei dieser Art der Erklärung verlor König Hadad die Durchsicht – und er wollte eigentlich nichts mehr erfahren über die Würdenträger der Dschinnenstadt, doch Nagab war beharrlich. Er zeigte auf einen anderen Höfling, den Hadad auch nicht sah, und sagte:

›Dies ist der Zauberspruchvernichter. Er ist nicht ganz so wichtig, doch es kann vorkommen, daß man ihn braucht. Hat der Zauberspruchfinder einen Zauberspruch erfunden, den der Zauberspruchanwender nicht anwenden will, dann muß dieser Zauberspruch vernichtet werden.‹«

Bilqis verbarg nicht, daß sie die Beschreibung der Eigentümlichkeit des Hofstaats der Dschinnen auch nicht länger hören wollte. Sie stand vom Polsterlager auf und ging unruhig hin und her. Schließlich fragte sie: »Sage mir, o Prophet, wie kam es, daß der König der Dschinnen als einziger sichtbar war für den König von Saba? Für Hadad besaßen die Zauberspruchwürdenträger keine Gestalt!«

Harith gab zur Antwort: »Daß der Geisterkönig zu sehen war, hat ein Zauberspruch bewirkt – auf Wunsch von Nagab. Er hatte wohl gewußt, daß er als unsichtbarer Dschinn niemals das Vertrauen des Königs von Saba hätte gewinnen können. Deshalb hatte er befohlen, daß er und seine Tochter Beja durch Zaubersprüche menschliche Gestalt erhalten sollten. Diese Verzauberung hatte allerdings eine Folge, die Gefahren barg für beide: Vater und Tochter waren für die Zeit der Wirkung des Zaubers nicht unsterblich!«

Da warf Bilqis ein: »Ich glaube zu verstehen, warum Nagab so handelte. Schwer zu durchschauen ist das Geschehen, und es scheint voller Rätsel zu sein, und doch ergibt es einen Sinn. Nur als Sterbliche konnte Beja von einem Sterblichen ein Kind empfangen. Sie brauchte einen Leib, damit sie den Samen empfangen konnte. Die Dschinnen beherrschen unsere Art der Vereinigung und der Besamung nicht.«

Harith fiel der Königin ins Wort: »Du, Bilqis, hast den Zusammenhang verstanden. Du erleichterst mir damit die Erzählung. Ich brauche wahrhaftig nicht alles zu schildern. Wichtig ist allein, daß der König der Dschinnen das Ziel verfolgte, ein Kind müsse gezeugt werden zwischen seiner Tochter und dem Menschen Hadad. Dieses Kind, so glaubte Nagab, werde dann Macht besitzen über die Dschinnen und über die Menschen zugleich. Alles war vorbereitet draußen vor der Stadt. Wo die Geister nichts zu sagen hatten, stand ein Palast, in dem das Lager aufgeschlagen war, auf dem bereits die schöne Beja wartete. Hadad erhielt durch die Kraft eines Zauberspruchs die menschliche Gestalt zurück und konnte sich mit Beja vereinigen. Sie genossen einander viele Nächte und Tage lang. Die Freude der beiden war übergroß. Es blieb nicht aus, daß Beja schwanger wurde.«

Der Prophet schwieg, und Bilqis dachte nach. Das Kind von Beja und Hadad war sie selbst. Doch da blieb manches Rätsel um ihre Kindheit. Ihre Mutter Beja hatte sie nie gesehen, und auch von ihrem Vater hatte sie kein Bild vor Augen. Soweit sie sich erinnerte, war von Eltern nie die Rede gewesen. Sie war immer allein gewesen, unnahbar für die meisten der Untertanen. Sie war die Königin von Saba. Schon als Kind hatte sie nur den einen um sich gehabt, der ihr alles beigebracht hatte: den Propheten Harith.

Es hatte wohl ihre Gedanken erraten, denn er sagte: »Einige der Rätsel kann ich dir lösen, o Bilqis. Deine Mutter Beja blieb so lange sterblich, bis du geboren warst. Dann war ihr noch eine Frist gesetzt, um dich als Kleinkind zu ernähren. Danach mußte sie zurückkehren in die Stadt der Dschinnen.«

Bilqis wollte wissen, warum ihre Mutter hatte zurückkehren müssen. Der Prophet überlegte lange und sagte dann: »Du sollst erfahren, daß der langerprobte Brauch, Veränderung in der Stadt und in der Dschinnengesellschaft durch Zaubersprüche zu bewirken, damals ein Verhängnis ausgelöst hat. Der Zauberspruchérfinder und der Zauberspruchanwender waren plötzlich von dem Wunsch besessen, selbst die Macht auszuüben. Sie besaßen ein wirkungsvolles Mittel, um ihre Absicht zu verwirklichen: Trotz seines Bittens und Flehens verweigerten sie dem König Nagab die Rückkehr in die Unsterblichkeit. Durch ihren Zauberspruch blieb er sterblich – und durfte damit nicht länger König der Dschinnen sein.

Die Geister forderten ihn auf, ihre Stadt zu verlassen. Als er sich hartnäckig weigerte, der Ausweisung zu folgen, erhielt er keine Nahrung mehr. Die Diener – die als Dschinnen nur zum Vergnügen essen, nicht aber, um sich zu ernähren – sorgten nicht mehr für Fleisch, Gemüse und Brot. Als Sterblicher aber mußte er essen und trinken. Ein Getränk konnte er sich selbst besorgen: Nagab trank aus dem Wasserfall. Küche und Speisekammer aber fand er im Palast nicht. So ist König Nagab in seinem Palast aus leuchtendem Silber elendig verhungert. Dein Großvater, o Bilqis, ist qualvoll gestorben.«

»Und was geschah mit Mutter und Vater?«

»Jathil, der Zauberspruchérfinder, und Jesmach, der Zauberspruchanwender, ließen deine Mutter wieder unsterblich werden. Sie konnte nun auf Dauer nicht mehr außerhalb der Stadt leben, so mußte sie zurückkehren – ohne ihr Kind. Dein sterblicher Vater verlor den Palast, den ihm die Dschinnen außerhalb ihrer Stadt zugewiesen hatten. Er verließ jene Gegend. Du bliebst beim Vater, der dich nach Marib brachte, in meine Obhut. Ich zog dich auf. König Hadad kümmerte sich nicht um dich, und er regierte auch nicht mehr. Meine Aufgabe war es, den Untertanen zu erklären, was geschehen war, seit sie ihren Herrscher in der Wildnis verloren hatten. Dem Königreich Saba hatte ein Jahr lang die starke Hand gefehlt – und auch nach der Rückkehr des Königs wies den Untertanen niemand den Weg. Mir blieb nichts anderes übrig, als zu erklären, dein Vater habe in der Wildnis die Beziehung zur Wirklichkeit verloren. Zum Glück war Saba nicht von äußeren Feinden bedroht. Sie hätten damals leichtes Spiel mit uns gehabt.

Schlimm war jedoch, daß die Anbetung unseres Gottes il-Umquh völlig in Vergessenheit geriet. Noch war sein Zorn offenbar milde – dies war an den Ernten abzulesen und auch daran, daß alle unsere Weihrauchkarawanen wohlbehalten ihre Ziele erreichten. Doch lange durfte der Zustand nicht andauern. Daß dein Vater zurück wollte ins Reich der Geister, kam meinen Absichten entgegen. Mit dir, o Bilqis, sollte eine neue Zeit für Saba beginnen.«

Bilqis wollte wissen, ob niemand Fragen nach ihrer Herkunft, nach ihrer Mutter gestellt habe. Der Prophet Harith antwortete, daß es nicht leicht für ihn gewesen sei, die Erlebnisse des Königs mit den Dschinnen zu verschweigen: »Ich konnte nur sagen, Hadad habe in weiter Ferne geheiratet und ein Kind gezeugt. Die Leute ahnten wohl etwas, aber das Gerede verstummte im Laufe der Zeit. Das Geheimnisvolle um deine Herkunft hatte seinen eigenen Reiz.«

Bilqis hatte aufmerksam zugehört. Das Dunkel um ihre ersten Lebensjahre hatte sich gelichtet. Nun war ihr noch wichtig zu erfahren, welches Schicksal ihrem Vater bestimmt gewesen war. Der Prophet konnte auch hierüber Auskunft geben:

»Mir gegenüber, o Königin, machte König Hadad kein

Geheimnis daraus, daß es ihn zurückzog in die Stadt der Geister. Ich bemerkte auch, daß er sich ernsthaft bemühte, den Weg wiederzufinden, den er schon zweimal geritten war. Nach einem vergeblichen Versuch sagte er zu mir, er glaube nicht, daß er die Dschinnenstadt aus eigener Kraft finden werde. Wenn ihm nicht aus der Stadt selbst geholfen werde, sei ihm der Tod in der Wildnis sicher. Doch eines Tages geschah es, daß der König einen Löwen verfolgte, der hinter einem Wolf herhetzte, der wiederum eine Gazelle zur Beute haben wollte. Nacheinander erlegte der König erst den Löwen und dann den Wolf – nur die Gazelle entwischte ihm immer wieder. Der König durchritt Schluchten und ließ sein Pferd über Felsen springen. Er überquerte reißende Flüsse und erklomm Berge. Dorniges Buschwerk zerriß ihm die Kleider. Die Sonne versengte sein Gesicht. Er litt unter Hunger und vor allem unter Durst. Es wurde Abend, und noch immer ritt der König hinter der Gazelle her, die nicht müde wurde.

Als die Sonne am Rand der Erde in das Dunkel hinabtauchte, befand sich der König in einer riesigen Wüstenebene. Er stieg vom Pferd. Halb benommen suchte er Halt. Hadad lehnte sich gegen eine Dattelpalme, die er zuvor gar nicht gesehen hatte. Da wurde ihm bewußt, daß sich alles wiederholt hatte, was ihm schon zweimal zugestoßen war. Zum drittenmal stand er unter Dattelpalmen und anderen fruchttragenden Bäumen.

Er wartete darauf, daß sich erneut der Glanz der Lichter entfaltete. Und es geschah. Die Häuser aus Silber leuchteten. Weit offen standen Türen und Tore. Weihrauchduft durchzog die Straßen. Doch diesmal trat ihm niemand entgegen, um ihn zum Eintritt in die Stadt aufzufordern. Hadad kannte den Weg zum Palast. Aber noch ehe er einen Schritt gemacht hatte, sah er, daß Flammen seine zerrissenen Kleider verzehrten. Wieder erzeugten die Feuerzungen keinen Schmerz und keine Hitze. Als Hadad durch das große Tor in den

Palast kam, bewegte er sich auf einen Spiegel zu, der ihm dort früher nie aufgefallen war. Als er sich ganz nahe am Spiegel befand, fiel ihm auf, daß er kein Spiegelbild von sich selbst sah. Hadad entsetzte sich darüber nicht, denn ihm wurde bewußt, daß er nun vollkommenen zum Dschinn geworden war, gleichgestellt mit Beja, der Frau, die er verehrte.«

Laut sprach Bilqis vor sich hin: »Eine Rückkehr zu den Sterblichen war für den König nun unmöglich geworden.« Für Bilqis war der Gang der Ereignisse abgeschlossen – sie wußte nun Bescheid. Von dem Tag an, als feststand, daß das Königreich Saba keinen König mehr hatte, war sie die Königin. Ein ganz junges Mädchen noch, doch wurde Würde von ihr verlangt. Der Prophet Harith hatte sie zur Herrscherin gemacht. Dem Volke hatte er verkündet, das Reich sei eigentlich immer von einer Frau regiert worden. Der König Hadad sei die Ausnahme gewesen – kein Wunder sei es, daß er im Wahnsinn enden mußte. Die Idee der Unsterblichkeit habe seine Sinne verwirrt. Bei der Jagd nach der Unsterblichkeit habe der König Hadad in der Wildnis sein Leben verloren. Er sei umgekommen in der Überzeugung, unsterblich zu sein. Mit Hadads Tod kehre Saba zur angestammten Herrschaftsform zurück. Damit werde vor allem ein Wunsch des Gottes il-Umquh erfüllt, der sich das Recht nehme, die Königin als seine Braut zu betrachten.

Bilqis verstand, daß der Prophet Harith alle die Sitten und Bräuche geschaffen hatte, die il-Umquh, sie und das Volk miteinander verbanden. Ihm war es eingefallen, ein Fest für alle zu feiern, und auch noch zweimal im Jahr. Der Prophet war auf den Gedanken gekommen, daß sie nackt in der Flut schwimmen mußte, um sich mit dem Sonnengott il-Umquh zu vermählen, der auf dem Wasserspiegel deutlich sichtbar war. Harith hatte dem Volk gesagt, diese Vereinigung, der niemand zusehen dürfe, bewirke, daß Glück und Wohlstand dem Volk von Saba beschieden seien.

Von diesem Augenblick an, als sie begriffen hatte, was vom

Propheten Harith vollbracht worden war, bewunderte Bilqis diesen Mann. Den Gedanken, daß der Prophet den Sonnengott il-Umquh bei dieser Gelegenheit vielleicht gar erfunden hatte, verdrängte sie sofort.

Neugierde zwang Bilqis, doch noch eine Frage zu stellen. Sie wollte wissen, ob sich ihr Vater und ihre Mutter in der Stadt der Dschinnen gefunden hätten. Der Prophet konnte die Neugierde der Königin befriedigen:

»Kaum war dein Vater im Palast angekommen, trug ihn der Wasserfall hinauf in die oberen Gemächer. Diesmal sah er – als richtiger Dschinn – die Höflinge, die ihn mit Bücklingen begrüßten, ihn durch Gänge führten, ihm die Türen öffneten. Seltsam war für ihn nur, daß er seinen eigenen Leib nicht sah. Doch Zeit, sich mit dieser Frage zu beschäftigen, blieb ihm nicht, denn zwei energisch wirkende Geister traten auf ihn zu, die sich als Jathil, der Zauberspruchertinder, und Jesmach, der Zauberspruchanwender, vorstellten. Sie betonten, daß sie gemeinsam die Rückkehr des Hadad ermöglicht hätten – aus Mitleid, wegen seines Kummers. Jathil und Jesmach machten dem Rückkehrer vor allem deutlich, daß sie seit dem bedauerlichen Tode des Königs Nagab die Stadt beherrschten. Hadad dürfe zwar den Titel König tragen, doch der Herrscher sei er keineswegs. Die Rückkehr sei ihm nur deshalb erlaubt worden, damit er sich seiner Frau Beja widmen könne. Ohnehin werde alles, was geschehen solle, durch Zaubersprüche ausgelöst. Für Entscheidungen eines Königs bleibe da kein Raum.«

Bilqis meinte: »Ich glaube nicht, daß Hadad und Beja glücklich wurden. Geister ohne Körper können sich nicht berühren, können nicht zärtlich zueinander sein.«

Der Prophet nickte und sprach: »Du sagst Wahres, o Bilqis. Hadad lernte ziemlich schnell, daß eine Eigentümlichkeit die Welt der Geister von der Menschenwelt unterscheidet: Die Dschinnen können den Leib anderer Dschinnen zwar sehen, doch wenn sie ihn berühren wollen, greifen sie in Luft.

Die Dschinnen sehen eine Scheinwelt, die in Wahrheit aus dem Nichts besteht. An sich selbst erkennen sie die Wirklichkeit – daß sie keinen Leib besitzen. Wenn dein Vater an sich hinunterblickte, sah er nichts. Den Leib der Beja aber konnte er sehen. Er spürte auch noch den Reiz, der von diesem Leib ausging. Doch was im Schlafgemach dann geschah, war jedesmal eine bittere Enttäuschung. Beiden war in Erinnerung geblieben, daß sie sich einst hatten berühren und glücklich machen können. Selbst als Dschinnen hatten sie nicht vergessen, wie beseligend es einst gewesen war, miteinander zu verschmelzen.

Doch Hadad und Beja fanden mit ihrem Unglück bei niemandem in der Stadt der Dschinnen Verständnis, denn keiner der Geister hatte jemals ähnliche Erfahrungen gemacht. Nie war es sonst jemandem erlaubt gewesen, die Grenze zwischen Dschinnen und Menschen zu überschreiten. Darauf wurde König Hadad auch vom Zauberspruchererfinder und vom Zauberspruchanwender hingewiesen. Hadads Bitte an den Zauberspruchererfinder, er möge ihm einen Leib geben und dafür die Unsterblichkeit wieder nehmen, wurde schroff abgelehnt.«

Bilqis erhob sich und zeigte damit an, daß sie den Bericht des Propheten für beendet hielt. Harith begriff, daß genug geredet war, und entfernte sich. Als der Vorhang der Tür hinter dem Propheten fiel, sagte Bilqis zu sich selbst: »Ich glaube, Vater und Mutter warten auf mich. Sie erhoffen sich Erlösung von mir.« Da fiel ihr ein, wo sie sich befand: im Palast des Königs Salomo in Jerusalem – weit entfernt von ihrer Hauptstadt und noch weiter entfernt von Vater und Mutter in der Dschinnenstadt. Sie mußte sich für einen der drei Orte entscheiden.

Lange dachte die Königin von Saba nach. Ihr wurde deutlich, daß sie in Marib gebraucht wurde. Jetzt, da sie ihre Herkunft kannte, begriff sie, daß sie auch die Aufgabe hatte, die

Kluft zwischen den Welten der Dschinnen und der Menschen im Königreich Saba zu überwinden – so wie Salomo im Lande um Jerusalem Herr war über Geister und Menschen. Durch ihre Mutter fühlte sie sich mit den Dschinnen von Saba verbunden und durch ihren Vater mit den Menschen. Es war Zeit, daß sie ihre Aufgabe wahrnahm. Das Gefühl, daß sie heimreisen müsse, ließ sie nicht mehr los.

Bilqis war bereit, den Befehl zum Aufbruch zu geben. Sie wollte eben Itamra rufen, da hörte sie die Stimme von Adiya, dem Verwalter des königlichen Eigentums, der die Dienerin fragte, ob er eintreten dürfe. Itamra steckte den Kopf durch den Vorhang und erfuhr von ihrer Herrin, daß sie bereit war, Adiya zu empfangen.

Sein Auftrag war, die Königin von Saba für denselben Abend zu Salomo einzuladen. Vorbereitet sei ein Ereignis, das in Jerusalem selten, in Marib aber wohl niemals stattfinde. Der König habe eine völlig neue Form des Ausdrucks menschlicher Gefühle erfunden, die nach der Meinung des Herrschers noch in den fernsten Zeiten Gültigkeit besitzen werde.

Bilqis, immer begierig auf Neues, versprach, sich zur genannten Stunde bei König Salomo einzufinden.

Salomos »Hohes Lied« als Schauspiel

Was der Königin von Saba zuerst auffiel, waren die Spiele des Lichts. Nur ein Teil des Saales, in den sie geführt worden war, lag im Schein der Öllampen, die in einer Reihe auf dem Boden standen. Dicht gewobene Teppiche, bis in Kniehöhe aufgespannt, schirmten das Licht nach einer Seite völlig ab. Auf der anderen Seite der Lampenreihe befand sich ein ebenfalls kniehoher Streifen dünner Seide, die gefärbt war. Alle Farben des Regenbogens waren auf der Seide zu sehen, allerdings nicht in bestimmter Ordnung. Die Farben gaben dem Licht der Öllampen Tönungen zwischen Gelb und sattem Blau. Bewegten Dienerinnen den Seidenstreifen hin und her, entstand in der beleuchteten Hälfte des Saals jenes Spiel der Farben, das Bilqis beeindruckte.

Sie saß neben König Salomo auf einem Sessel, der ebenso hoch war wie der des Herrschers von Jerusalem. Salomo selbst hatte sie zu ihrem Platz geleitet. Dabei war kein Wort gesprochen worden. In die Stille hinein waren auf einmal diese Verse zu hören:

»Meine Haut ist dunkler als eure,
O Töchter Jerusalems.
Doch schön bin ich wie ihr.
Achtet mich nicht geringer,
Weil meine Haut braun ist
wie das Fell der Zelte von Mukeiras,
Wie die Zeltdecken von Huraidah.«

Langsam waren diese Worte erklungen, gesprochen von einer jungen Frau, die Schritt für Schritt in das farbige Licht trat. Sie war vom Hals bis zu den Füßen in ein seidiges Gewebe gekleidet, das – während die Frau durch den beleuchteten Raum ging – nach und nach alle Farbtöne zwischen Gelb und sattem Blau annahm und wieder verlor. Völlig bedeckt waren Beine und Füße der Frau. Bilqis, die im Dunkeln saß und in das Licht blickte, glaubte in der Erscheinung sich selbst zu erkennen. In der Tat war ihre Haut ein wenig dunkler als die der Töchter Jerusalems.

Nun sprach eine helle Männerstimme:

»Du gleichst den Stuten am Prachtgespann des Pharao.
Kommt herbei, ihr Töchter Jerusalems,
Und seht die Schönste unter dem Himmel.
Wie der Turm Davids ist ihr Hals.

Ihre Brüste sind wie Früchte, die prall sind
Und doch noch auf die Reife warten.
Ihr Schoß gleicht der weißen Wasserrose,
Die verschlossen ist und darauf wartet,
Vom Strahl des Lichts geöffnet zu werden.
Blicke mich nicht an,
Denn es sind deine Augen,
Die mich verwirren.
Sie sind dunkel wie die zwei Teiche von Hesbon
Am Tor von Beit-Rabim.
Deine Gestalt gleicht der Palme.
Dein Leib ist eine Frucht aus Saba.
Das Geheimnis deines Schoßes
Gleicht der aufgeschnittenen Pflaume,
Der es nie an Saft mangelt.«

Der Mann, der diese Worte in singendem Tonfall sprach, war nun auch ins farbige Licht getreten. Er war jung, fast ein Knabe noch. War die Frau, auf die er zuging, völlig von Gewebe umhüllt, so war der junge Mann nahezu nackt. Nur seine Männlichkeit war von einem Tuch straff umhüllt. Beide, Mann und Frau, standen sich jetzt im Wechsel der farbigen Lichter gegenüber. Frauenstimmen, mehrere zugleich, sangen eine bedrängende und fragende Melodie um die Worte:

»Was zeichnet ihn aus, deinen Geliebten?
Was unterscheidet ihn von denen, die wir lieben?
Ist er stärker, edler, begehrenswerter?
Übertrifft die Kraft seiner Lenden
Die Stärke unserer Männer?
Vermag er die Frauen mehr in Taumel zu versetzen?
Stachelt er die Gier nach Erfüllung an?
Übertrifft er die Männer, denen wir gehören?«

Sanft ist die Stimme der jungen Frau. Zart ist die Melodie. Sehnsuchtsvoll sind die Worte:

»Mein Geliebter gleicht dem jungen Hirsch,
Für den Berge kein Hindernis sind.
Seine Schenkel sind hart wie Marmorsäulen.
Sein ganzer Körper ist Lust,
Eine Elfenbeingestalt, geschmückt mit Edelsteinen.
Dies ist der Mann, den ich liebe,
O Töchter Jerusalems.«

Der Mann nahm die Melodie auf, die von der Frau eben gesungen wurde:

»Ein Garten bist du, deren Haut dunkel ist,
Ein Garten mit verschlossenem Tor.
Ein Garten mit versiegeltem Brunnen,
In dessen Tiefe Wasser aus dem Libanon rauscht,
Das noch nicht hervorsprudelt,
Um den Durstigen zu befriedigen.
Ein Garten bist du, in dem Zuckerrohr und Zimt wachsen,
Narde und Safran,
Weihrauch und Myrrhe.«

Die Frau setzte die Töne des Mannes fort:

»Komm, Geliebter, in deinen Garten.
Pflücke die Frucht, die dir gefällt.
Reif ist sie für dich.
Der warme Wind aus Süden
Schüttelt duftende Blüten aus den Bäumen.«

In den Gesang der Frau mischte sich die Stimme des Mannes:

»Ich betrete meinen Garten,
O Geliebte meines Lebens.
Ich pflücke Balsam und Myrrhe.
Ich breche die Wabe und schlürfe den Honig.
Ich trinke den Wein,
Den die Traube mir spendet.
Brause, o Nordwind, mein Blut mir zu kühlen!
Brause und bringe die Wolke,
Den kühlen Regen,
Der die Wallung mir dämpft.«

Unerfüllte Sehnsucht nach dem Geliebten war zu spüren in den Worten der Frau, die sie jetzt allein sang:

»Nachts auf dem Lager habe ich mich nach dir gesehnt.
Ich suchte dich, doch ich fand dich nicht.
Ich wollte packen, was die Lust mir stillt,
Und griff ins Leere.
Da stand ich auf vom Lager
Und durchstreifte die Stadt.
Die Wächter fragte ich,
Die Beschützer der Schlafenden:
›Habt ihr ihn gesehen, den Mann, den ich liebe?‹
Sie wußten mir keine Antwort zu geben.
Sie gingen vorüber
Und ließen mich steh'n.«

Beide Gestalten, die im Licht standen, leuchteten in hellem Rot. Bilqis, die im Dunkel saß, war gepackt von Worten, Tönen, Farben und von der Schönheit des Paares, das sein Verlangen nicht verbarg. Die Königin von Saba begriff, daß Salomo dieses Lied der Liebe selbst gedichtet hatte – und daß er sie eingeladen hatte, um durch die Dichtung sein eigenes Verlangen auszudrücken. Sie blickte nach links und sah das Gesicht des Königs von der Seite. Bilqis glaubte, einen leichten Widerschein der Farbe Rot zu bemerken, die von den Gestalten vor ihr zurückstrahlte. Salomo schien von seinen eigenen Dichterworten bewegt zu sein. Ganz leise sangen jetzt wieder mehrere Frauenstimmen zugleich:

»Wer ist es, der heraufsteigt
Aus der Ebene von Gaza?
Wer hat Gaza aufgegeben für Jerusalem?
Wer schreitet aus auf dem Weg?
Umgeben ist er von Wolken des Weihrauchs.
Duft von Gewürzen breitet sich weithin aus.
Nicht allein ist der Held,
Der heraufsteigt von Gaza.
Sechzig Männer begleiten ihn.
Auch sie sind Helden aus Israel.«

Nach und nach waren die Frauenstimmen lauter geworden und heftiger. Das Bild im Spiel der Farben und Lichter hatte sich gewandelt: Ein Abstand war entstanden zwischen dem Mann und der Frau. Männerstimmen waren jetzt zu vernehmen:

»Die Helden aus Israel,
Mit Schwertern bewaffnet,
Erfahren im Kampfe ist jeder.
Kommt herbei, ihr Töchter Jerusalems, und schaut.
Salomo steigt herauf von Gaza,
Zum Schrecken seiner Feinde,
Zur Freude seiner Geliebten!
Eine Sänfte hat er sich schnitzen lassen,
Aus dem Zedernholz des Libanon.
Doch er meidet diese Sänfte.
Mit eigener Kraft steigt er herauf
Aus der Ebene von Gaza.
Er bricht ein in den Garten,

Der bisher verschlossen war.
Er durchstößt das Siegel mit seinem Schwert.«

Blau war nun die Farbe auf den Gestalten. Sie traten wieder aufeinander zu. Der junge Mann löste an der Schulter der Frau eine Spange. Langsam glitt das Gewebe aus Seide vom Oberkörper. Die Farbe wechselte von Blau nach Grün. Die Frau sang mit zärtlicher Stimme:

»Mein ist der Geliebte.
Heraufgestiegen ist er zu mir
Aus der Ebene von Gaza,
Begleitet von den Helden aus Israel.
Erfahren im Kampf ist jeder.
Erfahren in der Liebe aber ist Salomo.
Er benetzt meinen Schoß, der glatt ist
Wie die Haut des Liebesapfels.«

Nun kniete der Mann vor der Frau. Er streifte ihr das Gewand aus Seide bis zu den Oberschenkeln herab. Mit den Händen deutete die Frau an, daß sie sich Wein über Brüste und Bauch goß. Langsam näherte sich der Mund des Mannes ihrem Schoß. Es war, als ob er den Wein von ihrem glatten Schoß saugte. Lange blieb der Mund unbewegt auf dem Schoß. Die Farbe des Lichts wechselte zu Rot. Die Helligkeit wurde geringer. Der Mund des Mannes glitt zum Bauchnabel hinauf und schließlich zu den Brüsten. Dann stand der Mann auf und sprach:

»Ich bin heraufgestiegen aus der Ebene von Gaza,
Das Siegel zu brechen deines Schoßes.
Dunkler ist deine Haut
Als die der Töchter Jerusalems.
Doch schöner ist meine Geliebte.
Nicht mehr zu sehnen brauchst du dich

Auf dem nächtlichen Lager.
Du suchtest und du fandest mich.
Schön bist du und lieblich
Wie Jerusalem im Frühling,
Wenn der Regen vergangen ist
Und der Winter geflüchtet,
Wenn es Zeit ist zum Beschneiden der Reben,
Wenn am Feigenbaum die erste Frucht ansetzt,
Wenn das Gurren der Tauben zu hören ist.
Zart bist du und aufregend.
Dunkler ist deine Haut.
Ihr Anblick läßt mich schaudern vor Lust.«

Bilqis bemerkte erst nicht, daß die Frau sich bewegte und zu Boden glitt. Dunkler waren Farben und Lichter geworden. Erloschen waren einige der Öllampen. Von der Liebe sang nun die Frau:

»Mein Kopf liegt auf deinem rechten Arm.
Mit der linken Hand umfaßt du meine Brüste
und streichelst meinen Schoß.
Leg dich auf mein Herz
Wie ein Siegel der ewigen Liebe.
Stark wie der Tod ist die Liebe.
Hart ist die Leidenschaft
Wie Gestein der Urzeit.
Gluten lodern in uns
der unstillbaren Lust.
Nicht zu löschen ist die Gier nach Erfüllung.
Wasserströme schwemmen unsere Begierde nicht
hinweg.«

Dunkel war es geworden um die beiden Liebenden. Stille umgab sie nach den letzten Worten. Sie dauerte lange. Dann waren, noch einmal, die Frauenstimmen zu hören:

»Ihr Töchter Jerusalems, laßt euch beschwören!
Weckt nicht auf die Liebenden,
Deren Körper sich gefunden.
Laßt ihnen die Liebe,
bis sie selbst geweckt sein wollen.«

Viele Atemzüge lang blieb der Saal dunkel, dann traten vier Männer mit Fackeln ein. Verschwunden waren die zwei Liebenden, die Lampen, die bunt gefärbten Tücher, die aufgespannten Teppiche. Sobald die Fackeln an die Wände gesteckt waren, verschwanden die Männer nahezu lautlos hinter den Vorhängen der Türen. Bilqis und Salomo waren allein. Leise sprach der König:

»Ich bin heraufgestiegen aus der Ebene von Gaza,
Umgeben von Wolken des Weihrauchs.
Ich bin heraufgestiegen aus der Ebene von Gaza,
Um das Siegel zu brechen deines Schoßes.«

Da antwortete ihm Bilqis: »Du, o Salomo, bist der Meister des Wortes. Darin bist du mir überlegen. Verse zu formen beherrsche ich nicht. Doch laß dir sagen, o König Salomo: Ich bin nicht heraufgestiegen aus der Ebene von Gaza, um mir das Siegel meines Schoßes brechen zu lassen. Anderes zu erreichen war meine Absicht – und sie läßt sich nicht in Versen ausdrücken, sondern nur in schlichten Worten. Um den Weihrauchhandel zu beleben, um mit dir ein Geschäft abzuschließen, bin ich nach Jerusalem gekommen. Was Liebe und Lust angeht, so wisse, o König, daß ich mich dir nicht hingeben darf. Unberührt muß ich bleiben für meinen Gott il-Umquh, der meinem Volk Schutz gibt und Wohlstand verleiht. Zweimal im Jahr – das verlangt il-Umquh von mir – muß ich mich im See der Flut mit ihm verbinden. Ihm gehört mein Leib. Ihm habe ich treu zu sein, und ich bin es gerne. Du hast dir heute abend umsonst Mühe gegeben. Deine Verse finde ich anrührend und mit Gefühl erdacht. Doch durch Dichtung lasse ich mich nicht verführen. Ich habe wohl bemerkt, daß du in der Frau mich hast darstellen wollen: ›Meine Haut ist dunkler als eure, o Töchter Jerusalems.‹ Du hast mein Abbild entblößen lassen. Du hast dir diese dunklere Haut angeschaut. Doch die Beine und Füße der Frau im Spiel blieben bedeckt, weil du nicht sicher bist, wie sie beschaffen sind. Habe ich wohlgeformte Beine, oder sind sie häßlich wie die eines Bockes? Das zu erfahren reizt dich noch mehr, als mich zu besitzen. Es ist ein Geheimnis geblieben im Spiel der Gestalten, Farben und Lichter. Es wird auch noch ein Geheimnis sein, wenn ich Jerusalem verlasse.«

Als Bilqis aus dem Saal schritt, achtete sie ganz besonders darauf, daß ihre Füße unter dem Rocksaum verborgen blieben. Auf dem Weg zu ihrem Gemach kam ihr der Gedanke, daß sie Salomo wohl etwas zu schroff behandelt hatte. Ohne Zweifel hatte er seine eigenen Absichten gehabt, aber er hatte ihr eine Freude machen wollen mit dem Spiel seiner Dichtung.

Neuartig war, was sie gesehen und gehört hatte. Die Verse klangen noch lange in Bilqis nach. Sie schlief unruhig. Einmal träumte sie, ihr Leib werde von Salomo gestreichelt.

Das »eherne Meer« – Geschenk eines Toten

Als Itamra am Morgen den Vorhang der Tür zu Bilqis' Raum beiseite schob, hatte sie ein Lächeln um den Mund, das anzeigte, daß ihr etwas gelungen war, was sie schon lange beabsichtigt hatte. Bilqis brauchte nicht lange zu warten, bis sie erfuhr, was die Dienerin derart glücklich machte:

Sechs Männer schleppten ein gewaltiges Becken aus Eisen in den Raum. Es hatte einen so gewaltigen Umfang, daß ein Teil des Türrahmens samt Gemäuer weggeschlagen werden mußte. Auf beiden Seiten der Tür wurde schließlich Platz geschaffen. Bilqis erschrak über die Zerstörung, doch Itamra meinte, es seien ohnehin Maurer im Haus, die den Schaden rasch wieder beheben könnten.

Das Becken aus Eisen war schwer. Nie hätte es getragen werden können, auch wenn sich ein Dutzend Männer daran versucht hätten. Deshalb hatten die Eisengießer das Becken auf einem Gestell mit Rädern befestigt. So konnte es, wenn auch mit Mühe, von sechs Männern gezogen und gerollt werden.

Das eiserne Becken war vollkommen rund. Sein Durchmesser betrug zehn Ellen und die Höhe fünf Ellen. Während das Innere des Beckens völlig glatt war, hatten die Gießer das Äußere reich verziert. Da waren in zwei Reihen Blütengewinde zu sehen, vielblättrig in feinen Einzelheiten gearbeitet. Diese Gewinde waren in einem Guß entstanden. Die Verbindung zwischen Becken und Rädergestell war mit besonderer Kunstfertigkeit ausgeführt: Das Becken ruhte auf den Rücken von zwölf Rindern, die in einem Rund angeordnet waren. Sie stießen alle mit den Hinterteilen zusammen, Köpfe und Hörner zeigten im Kreis nach außen. Die Rinder waren ein vollkommenes Abbild wirklicher Tiere. Bilqis bestaunte das Becken aus Eisen. In Marib hatte sie nie etwas Derartiges gesehen.

Von allen Seiten betrachtete die Königin jede Einzelheit der sorgfältig ausgeführten Gußarbeit. Sie sah darin zunächst ein Kunstwerk. Schließlich fragte sie ihre Dienerin: »Ist dies ein Geschenk des Königs? Vielleicht eine Abschiedsgabe, weil er weiß, daß ich beabsichtige, bald aufzubrechen?

Itamra antwortete: »Nein, o Herrin! Von Salomo kommt dieses Geschenk nicht. Ich nehme sogar an, daß er wütend wird, wenn er davon erfährt. Dies ist ein Geschenk des Benyamin Ben Eliezer. Er wollte es dir heute selbst übergeben. Er hatte sich sehr darauf gefreut.«

Ohne eine weitere Erklärung abzugeben, klatschte Itamra

in die Hände, und bald darauf traten junge Mädchen in einer Reihe hintereinander ein. Der Königin waren die Gesichter bekannt: Es waren Sklavinnen aus ihrem Hofstaat. Bilqis hatte sie auf die Reise mitgenommen, weil sie geglaubt hatte, sie werde in Jerusalem mit großem Gefolge prunken. Nie hatte sie gedacht, daß sich dazu keine Gelegenheit bieten würde. Jetzt aber hatte Itamra eine Beschäftigung für die Sklavinnen gefunden. Jede von ihnen schleppte einen Krug, der mit Wasser gefüllt war. Die Kleidung der Mädchen war der schweren Arbeit angepaßt: Sie trugen nur Tücher, die um Brüste und Hüften geschlungen waren. Die Mädchen schütteten das Wasser in das Becken aus Eisen, dann verließen sie den Raum, um bald darauf mit vollen Krügen zurückzukehren.

Bilqis begriff nun den Zweck des Beckens. Das Geschenk des Benyamin Ben Eliezer sollte ihr ein Bad ermöglichen, wann immer sie Lust dazu hatte – und ganz ohne die Hilfe der Geister. Sie freute sich darüber.

Genau hundert Krüge waren in das Becken geschüttet worden, da war es vier Ellen hoch gefüllt. Itamra gab den Mädchen, die noch Wasser hereintrugen, ein Zeichen, und sie gingen mit gefüllten Krügen wieder hinaus. Bilqis und Itamra waren nun allein. Ohne ein Wort zu sagen, begannen beide ihre Kleider abzulegen. Als sie nackt waren, kniete Itamra auf allen vieren vor dem Becken nieder. Bilqis verstand, daß die Dienerin nun die Fußbank war, über die sie ohne Anstrengung zum Beckenrand und ins Wasser gelangen konnte. Itamra aber, der keine Fußbank zur Verfügung stand, brauchte dazu Muskelkraft in Armen und Beinen. Sie fiel schließlich über den Beckenrand und tauchte unter.

Das Wasser war angenehm warm und entspannend. Keine der beiden Frauen gab sich Mühe, den Körper zu waschen. Sie vergnügten sich, und keine berührte dabei die andere. Bilqis unterließ es diesmal, der Dienerin zu zeigen, wer die Herrin war. Diese Zurückhaltung hatte einen Grund: Itamra hatte den Mann verloren, dem sie zugetan war. Sie zeigte zwar nicht, daß sie litt, doch Bilqis spürte den Schmerz der Dienerin, und sie wollte ihr die Ruhe lassen, den Verlust zu vergessen.

Doch plötzlich drehte sich Bilqis zu Itamra und sagte: »Der Mann, mit dem du zusammen warst, der dich geliebt hat, macht dieses Geschenk. Es ist überaus wertvoll. Vor allem aber ist es einzigartig. Wie ist er auf diesen Gedanken gekommen?«

Itamra antwortete: »O Herrin, glaube nicht, Benyamin Ben Eliezer habe mir zuliebe dieses Geschenk gemacht. Auf diesen Gedanken wäre er nie gekommen. Bald nachdem wir miteinander vertraut geworden waren, sagte Benyamin Ben Eliezer, daß er die Absicht habe, deinen Wunsch nach einer Bademöglichkeit zu erfüllen. Er wolle dir helfen – und, vielleicht so ganz nebenbei, mir auch. Er begann zu grübeln, doch eine Lösung fand er lange nicht. Vor einigen Tagen aber kam er vor Freude strahlend zu mir. Er umarmte mich und begann sofort zu erzählen, daß er in Salomos Tempel gewesen sei. Dies waren seine Worte:

›Gleich beim Eingang in einer Ecke steht ein gewaltiges Wasserbecken. Die Leute nennen es ›ehernes Meer‹. Bisher hatte ich ihm nie besondere Beachtung geschenkt, denn es hat eigentlich keinen Zweck. Die Priester benutzen es nicht und die Gläubigen auch nicht. Es ist nicht einmal Wasser darin. Ich habe Leute gefragt, die es wissen müssen, wozu Salomo das Becken habe gießen lassen. Sie meinten alle, aus einer Laune heraus habe er angeordnet, daß ein Wasserbehältnis von eindrucksvoller Größe für den Tempel entstehen solle. Die Idee, daß ein ›ehernes Meer‹ den Tempel schmücke, hat ihm sicher zunächst gefallen. Die Ausführung war ihm dann wohl nicht prächtig genug. So wurde das ›eherne Meer‹ in einer Ecke beim Eingang abgestellt.‹«

Itamra berichtete ihrer Herrin, Benyamin Ben Eliezer sei begeistert gewesen von den Blumengewinden der Außenseite und von den zwölf Rindern, die das Becken zu tragen hatten. Gleich am nächsten Morgen habe er die Gießerei gesucht, die das Becken angefertigt hatte. Er sprach mit den Meistern und den Arbeitern. Manche, die einst am ›ehernen Meer‹ mitgearbeitet hatten, lebten noch und erinnerten sich. Sie waren bereit, Benyamin Ben Eliezer zu helfen. Tatsächlich fanden sie im Gerümpel noch die Gußformen, und so konnte ein zweites ›ehernes Meer‹ entstehen.

Zum Abschluß ihrer Erzählung sagte die Dienerin: »In einem aber unterscheiden sich die beiden ›ehernen Meere‹. Bei deinem stoßen die Hinterteile der Rinder nicht ganz eng zusammen. Da ist ein Zwischenraum, der Platz bietet für ein Feuer, das dein Badewasser warmhält.«

Vielleicht war das Feuer bei diesem ersten Badeversuch zu schwach gewesen, auf jeden Fall empfand Bilqis auf einmal, daß das Wasser kühl geworden war. Itamra wußte, was sie zu tun hatte. Mühsam kletterte sie über den Beckenrand, dann kniete sie auf den Boden, um ihrer Herrin als Fußbank zu dienen.

Während sich die beiden Frauen wieder anzogen, meinte Itamra: »Ich sagte vorhin, o Bilqis, es seien Maurer im Haus, die den Schaden am Eingang zu deinem Raum beheben können. Hörst du nicht auch die Geräusche von Hämmern und Klopfen? Eigentlich braucht hier nichts mehr gebaut zu werden, das Gebäude ist vollkommen. Ich habe gefragt, was da geschieht, doch niemand wußte eine Antwort. Ein Geheimnis sei es und ganz allein Sache des Salomo. Das ist absonderlich, das sagen auch seine Dienerinnen. Salomo läßt etwas verändern in diesem Palast. Ich kann mir denken, daß er dir eine Falle stellen will. Es drängt ihn stark, endlich zu erfahren, wie deine Beine und Füße aussehen. Ich habe da eine Ahnung. Irgendwie möchte er erreichen, daß du den Rock bis zu den Knien hochziehst. Salomo bereitet eine Überraschung vor. Sei auf der Hut an diesem Abend.«

Am Nachmittag besuchte Adiya die Königin von Saba. Er

sah das Becken aus Eisen – und wunderte sich nicht, denn Itamra hatte ihn klugerweise ins Vertrauen gezogen. Adiya sagte: »Ich habe auch unserem Herrn darüber berichtet. Salomo bemerkte dazu nur: ›Hätte man mich gefragt, dann hätte ich der Königin von Saba das echte ›eherne Meer‹ geschenkt. Im Tempel achtet es ohnehin niemand.‹«

Adiya war gekommen, um die Einladung zum abendlichen Mahl in den Räumen des Königs Salomo zu überbringen. Bislang war Bilquis noch nie an den Tisch des Königs gebeten worden – sehr zu ihrem Ärger. Sie nahm die Einladung gerne an.

Die Geschichte von Salomos Falle und seinem Geschenk

Die Sonne war längst untergegangen, da wurde Bilqis abgeholt. Adiya hatte die Ehre zugewiesen bekommen, die Königin von Saba zum König Salomo zu geleiten. Fackelträger schritten voran. Während des Weges durch die Gänge dachte Bilqis über die Worte nach, die ihr Itamra kurz zuvor zugeflüstert hatte: »Die Falle besteht darin, daß du glauben sollst, der Boden im Saal sei mit Wasser bedeckt!« Mehr zu sagen hatte Itamra keine Gelegenheit. Doch Bilqis hatte genug erfahren.

Sie war in Gedanken und deshalb völlig überrascht, als sich plötzlich mit einem Ruck unmittelbar vor ihr eine Tür auftat. Dennoch schritt sie weiter und trat von der Stirnseite her in einen langgezogenen Saal. Ihr gegenüber, gut hundert ihrer Schritte entfernt, stand der König. Er trug einen weißen Mantel, dessen Saum mit hellem Pelz besetzt war. Salomo war von Fackeln beleuchtet, ebenso die Königin. Der Raum zwischen ihnen war in ziemlich dunkles bläuliches Licht getaucht. Bilqis, die eigentlich auf Salomo blickte, bemerkte trotzdem, daß der Boden eigentümlich glänzte. Sie glaubte sogar, kleine Wellen zu erkennen. Eine Treppenstufe unter ihr befand sich wohl Wasser. Sie griff schon nach ihrem Rock, um ihn hochzuziehen, da fiel ihr die Warnung der Itamra ein. Sie ließ den Stoff los, der auf dem Boden streifte und ihre Füße bedeckte, und schritt weiter.

Sie war überzeugt, daß ihre Füße nun naß werden würden, doch nichts dergleichen geschah. Im Gehen schaute sie sich den Boden näher an und nahm wahr, daß er aus Kristall bestand, das Färbungen und Spiegelungen wie Wasser besaß. Bilqis hatte den Eindruck, über einen See zu gehen. Sie fühlte sich unsicher, glaubte zu schwanken. Doch dann faßte sie Gedanken und Kraft zusammen. Sie wußte, was geschehen war: Salomos Handwerker hatten tagsüber die Kristallplatten eingesetzt und dabei jenes Hämmern und Klopfen erzeugt, das Itamra gehört hatte.

Mit festem Schritt ging Bilqis auf Salomo zu, der sich vor ihr verneigte und zu Tisch bat. Mit keinem Wort ging er darauf ein, daß es ihm nicht gelungen war, die Königin von Saba in die Falle zu locken.

Üppig war die Tafel gedeckt. Das Mahl begann mit Rinderbrühe, dann folgten gebratenes Wild, gesottener Fisch, gekochtes Gemüse, am Spieß gegartes Wild, Fladenbrot vom Ofen, gebackenes Geflügel, schaumiges Sorbet. Aufgetragen wurden die Speisen von einem Mädchen, deren Haut noch etwas dunkler war als die der Königin und wie Seide glänzte. Ihr einziges Kleidungsstück bestand aus einer dünnen Goldkette, die eng um die Hüften gespannt und zwischen ihren Beinen und den Lippen ihres behaarten Schoßes straff durchgezogen war.

Bilqis konnte den Blick von dem Mädchen nicht abwenden. Ihre Augen verfolgten jede Bewegung. Das Mädchen ging, bückte sich, richtete sich auf, drehte sich um. Sie bewegte sich ohne jede Scheu. Bilqis empfand, daß die goldene Kette den Reiz des samtbraunen Körpers steigerte. Das

Mädchen war offenbar noch jung. Die kleinen Brüste zeigten an, daß sie noch nicht lange wirklich Frau war. Immer wieder wurde der Blick der Königin vom Schoß des Mädchens angezogen, dessen Lippen durch die Kette getrennt waren. Bilqis fragte sich, ob die Kette dem Mädchen nicht bei jeder Bewegung Schmerzen bereitete.

Salomo hatte längst bemerkt, daß Bilqis dem Reiz der jungen Frau verfallen war. Er sagte: »Da ich dir, o Herrin des Landes im Süden, das Wasserbecken aus Erz nicht schenken durfte, nimm dieses Mädchen als Geschenk von mir an. Sie ist Jungfrau. Ich habe sie nicht genossen. Ihr Anblick aber hat mir immer gefallen. Im Bad wird das Mädchen dir viel Freude machen. Du kannst diese Frau zu allem erziehen. Makeda ist ihr Name. Der König von Äthiopien hat sie mir geschickt.«

Bilqis machte sich Gedanken, warum ihr gerade dieses Mädchen, das Makeda hieß, so gefiel. Als Makeda sich vor ihr wie unbeabsichtigt bückte, um Brot aufzuheben, das zu Boden gefallen war, sah sie wieder die goldene Kette, die zwischen den Hinterbacken verschwand. Die Kette war die Besonderheit, die den Blick anzog und die Lustgefühle anstachelte. Bilqis bedankte sich bei Salomo für dieses Geschenk.

Zum Zeichen, daß sie nun die Herrin der Makeda sei, griff sie, ohne auf den König zu achten, am Bauch des Mädchens nach der Kette und zog sie noch schärfer an. Um den schneidenden Schmerz zwischen ihren Beinen zu lindern, stellte sich Makeda auf die Zehenspitzen. Doch kein Ton der Klage war zu hören. Bilqis ließ die Kette los und erhielt dafür einen dankbaren Blick der Sklavin. Langsam sank Makeda auf die Knie nieder. Bilqis bemerkte, daß dem König der Griff zur Kette der Makeda gefallen hatte.

Für einen Augenblick hatte Bilqis den Verdacht, Salomo gebe ihr dieses Mädchen nur deshalb, damit sie ihm berichte, was in den Räumen der Gäste aus Saba vor sich gehe.

Doch der König nahm ihr diese Sorge: »Du sollst wissen, o Bilqis, daß Makeda nicht sprechen kann. Dafür hat schon der König von Äthiopien gesorgt. Der weise Herrscher ist der Meinung, daß eine Frau nicht durch ihre Reden dem Mann gefallen solle. Der Mund, so meint er, bringe dem Mann auf andere Weise Vergnügen. Die Weisen, die sich um Gesundheit und Krankheit kümmern in Äthiopien, haben Makeda zum Verstummen gebracht. Die Zunge aber ist ihr bei diesem kleinen Eingriff allerdings erhalten geblieben. Makeda kann dir, o Königin, damit dienen.«

Dann sprach Salomo weiter: »Wenn du, o Königin von Saba, nur deinen Blick, nicht aber deine Gedanken an dieses Mädchen verschwendest, das da in Demut vor dir kniet, bitte ich dich, mit mir über die Angst zu reden, die dir den Aufenthalt in Jerusalem vergällt. Du bist in Sorge, nicht rechtzeitig nach Marib zu kommen zur Vermählung mit deinem Gott, den du il-Umquh nennst. Du glaubst, er füge deinem Volk Schaden zu, wenn du dich nicht am Tag der Flut mit ihm vereinigst. Dein Gewissen plagt dich. Du denkst, du würdest ein Verbrechen begehen, wenn du nicht den See durchschwimmst. Du glaubst ernsthaft daran, o Königin? Hast du schon einmal darüber nachgedacht, wie dieses Fest des Schwimmens entstanden ist? Mir ist berichtet worden, dieser Brauch sei von jenem Mann Harith erfunden worden, der sich dein Prophet nennt und mit dir nach Jerusalem gekommen ist. Sage mir, wie lebte dein Volk zuvor, als sich noch niemand mit diesem Gott im Wasser vermählte? Hat es nicht auch früher Wohlstand genossen und Glück empfunden? Laß die Vereinigung einmal ausfallen, und du wirst erkennen, daß sich gar nichts verändert, daß Wohlstand und Glück blühen – und daß die nächste Flut nicht ausbleibt.«

Als Bilqis antworte, war Unmut in ihrer Stimme zu vernehmen: »Unverstand spricht aus deinen Worten, o König Salomo. Laß dir sagen, daß il-Umquh Geduld gezeigt hat und unermeßliche Güte. Er hat die Sabäer nicht bestraft, als das Volk sich nicht zu ihm bekannte. Er hat gewartet, bis mein Volk den rechten Weg gefunden hatte – mit Hilfe des Propheten Harith. Dieser Wissende hat uns die Augen geöffnet. Er zeigte uns, wer Gott ist. Il-Umquh ist Tag für Tag am Himmel zu sehen, in immer gleichem Glanz. Er nimmt nicht ab, und er nimmt nicht zu. Da im Königinnenreich Saba Wolken unbekannt sind, verhüllt er sich auch nicht. Er zeigt sich uns als wärmende Kraft, die Gutes spendet. Wie aber ist dein Gott beschaffen, o Salomo? Mir ist berichtet worden, dein Gott sei für niemanden sichtbar und befinde sich in einem hölzernen Kasten im Tempel.« Voll Hohn war die Stimme der Königin von Saba, als sie sagte, Salomos Gott werde in der Rumpelkammer aufbewahrt.

Nun war Salomo verärgert. Mit lauter Stimme antwortete er: »Unwahr ist, daß Gott sich niemand zeigt, auch nicht denen, die wahrhaft an ihn glauben. Zweimal ist Gott mir erschienen, das erste Mal auf den Hügeln von Gibeon. Da war ich noch sehr jung und gerade erst König geworden. Gott gab mir einen Wunsch frei, und ich bat ihn um Weisheit. Gottes Antwort war: ›Dieser Wunsch gefällt mir, denn du hast nicht um Reichtum für dich oder um ein langes Leben gebeten, sondern um ein weises und verständiges Herz, das dir helfen soll, dein Volk zu regieren!‹«

Etwas ruhiger geworden, sprach Salomo weiter: »Ein zweites Mal erschien mir Gott an jenem Tag, als der Tempel aufgerichtet war. Gott sprach: ›In diesem Haus will ich für immer meinen Namen wohnen lassen. Meine Augen und mein Herz werden ständig hiersein!‹ Unerschütterlich ist mein Glaube, daß Gott im Tempel wohnt. Dafür ist dieses Haus gebaut worden.«

Bilqis unterbrach den König mit diesem Einwurf: »Dein Gott, o weiser König, hat allerdings zu dir etwas anderes gesagt. Er war vorsichtiger in der Wahl der Worte als du. Gott sagte: ›In diesem Haus will ich für immer meinen Namen wohnen lassen.‹ Also wohnt sein Name dort und nicht er selbst.«

Verblüfft blickte Salomo die Königin von Saba an. Es dauerte lange, bis er sprach: »Du hast recht, o Bilqis! Dies waren in der Tat die Worte, die der Herr zu mir gesprochen hat. Durch dich begreife ich erst die Weisheit Gottes, denn auch dies hat er zu mir gesprochen: ›Der Tempel wird zu einem Trümmerhaufen. Jeder, der daran vorübergeht, wird entsetzt sein und wird höhnisch ausspucken. Der Tempel wird zum Gespött werden.‹ So scharf war damals Gottes Aussage über die Zukunft. Diese Worte habe ich bisher nicht bedacht. Doch jetzt wird mir ihr Sinn deutlich. Nie wäre es möglich, daß der Tempel zum Trümmerhaufen würde und zum Gespött für jeden, der daran vorübergeht, wenn Gott selbst darin wohnen würde. Sein Name aber ist nicht er selbst. Der Name kann und will nicht die Zerstörung des Tempels verhindern – und sie wird kommen, denn es bleibt nicht ewig die Zeit des Friedens. Sie dauert nur an, solange ich lebe. Auch diese Wahrheit stammt von Gott. Erlischt mein Leben, werden die Jahre vorüber sein, in denen kein Feind – von außen oder innen – den Frieden stört. Ich bin der Halt für das Volk, und dennoch mißachten mich viele. Sie werden spät begreifen, was sie an mir hatten.«

Als Salomo schwieg, sagte Bilqis: »Unser Gott il-Umquh spricht nicht zu uns. Er äußert sich allein durch den Propheten Harith, der uns verkündet, il-Umquh leite die Geschicke der Menschen und aller Wesen. Ich glaube daran, weil ich diesen Gott sehe, weil ich seine Wärme spüre, wenn ich mich zweimal im Jahr mit seinem Glanz vermähle.«

Salomo erwiderte: »Du hast mich zwar verblüfft, o Bilqis, mit der Bemerkung, nur der Name Gottes wohne im Tempel, doch ist mein Glaube nicht erschüttert. Sage mir, wie kann die Sonne Gott sein, wenn sie doch erschaffen worden ist wie die Erde, auf der wir leben? Die Sonne scheint, doch der Schein ist ihr gegeben worden – von Gott. Du betest die Sonne an, doch was machst du, wenn sie sich verfinstert? Du betest die Sonne an, doch wer beschützt dich in der Nacht? Schwärze und Finsternis herrschen, wenn die Sonne verschwunden ist.

Wo ist il-Umquh, daß er dich rette? Das Böse auf Erden geschieht meist zur Nachtzeit, wenn il-Umquh sich versteckt. So ist er höchstens ein Gott des Tages. Du hast deinen Gott nur für die Hälfte deiner Lebenszeit. Suche dir einen, der immer für dich da ist.«

Da erhob sich Bilqis, zog die Sklavin Makeda an der Kette aus der knienden Stellung hoch und ging mit ihr über den Kristallboden, der im Fackelschein wie Wasser aussah, zum Ausgang. Die Königin sprach kein weiteres Wort und drehte sich auch nicht mehr zu Salomo um.

Die Nacht verbrachte Bilqis mit ihrer neuen Sklavin. Sie ließ sich auch von Makeda nicht berühren, jedoch betrachtete und betastete sie den Körper des jungen Mädchens. Sie löste die goldene Kette und prüfte, ob sie Spuren auf der Haut hinterlassen hatte. Makeda schien erleichtert zu sein, daß sie den schneidenen Schmerz zwischen ihren Beinen nicht mehr ertragen mußte.

Es erwies sich, daß Makeda, die aus Äthiopien stammte, die Sprache der Königin von Saba verstand. Doch sie brachte tatsächlich keinen Ton über die Lippen. Bilqis untersuchte die Zunge – eine Ursache der Stummheit konnte sie nicht finden.

Bilqis schlief nur wenig in dieser Nacht. Lange strich sie mit den Händen über die Haut des Mädchens, die im Schein der Öllampen noch seidiger wirkte als im hellen Licht der Fackeln.

Als Itamra am Morgen Makeda nackt neben der verhüllten Bilqis liegen sah, war sie betrübt. Sie allein hatte bisher die Aufmerksamkeit der Herrin auf sich gezogen. Doch Bilqis wußte, wie die Eifersucht der Dienerin zu heilen war. Sie sagte: »Nimm Makeda in deine Kammer mit und gib ihr zwölf scharfe Hiebe. Für den Anfang kann dies nicht schaden. Sie muß an ihrem Leibe erfahren, daß sie Dienerin ist. Dann laß sie schlafen, solange sie will.«

Am übernächsten Tag, während des Bades im ehernen Becken, sah Bilqis die Striemen auf dem Hintern von Makeda. Itamra hatte kräftig zugeschlagen. Sie war an diesem Morgen ausgeschlossen vom Vergnügen im Wasser. Bilqis wollte sich allein mit Makeda abgeben. Sie hatte der neuen Sklavin schon beigebracht, vor dem ehernen Becken zu knien, um ihrer Herrin den Schritt ins Wasser zu erleichtern. Nun lag die stumme Makeda auf dem Bauch. Sie hob ihre Hinterbacken aus dem Wasser. Offenbar war sie stolz auf die Spuren der Peitschung. Da fiel der Königin ein, daß sie nicht geprüft hatte, ob Makeda noch Jungfrau war. Sie schob ihr die Beine weit auseinander. Die Sklavin wehrte sich nicht dagegen. Bilqis stellte fest, daß Salomo das Geschenk des Königs von Äthiopien tatsächlich nicht berührt hatte. Darüber wunderte sie sich.

Sobald beide das Wasser verlassen und sich abgetrocknet hatten, legte sich die Königin von Saba ein seidenes Gewebe um den Leib. Makeda aber blieb nackt. Sie streifte sich mit der rechten Hand in einer Linie über Bauch und Rücken und fuhr mit dem Finger über die Spalte ihres Schoßes. Bilqis begriff schließlich, daß die Sklavin darauf bestand, wieder ihre Kette angelegt zu bekommen. Bilqis erfüllte ihr den Wunsch. Sie schlang ihr den feingearbeiteten Goldschmuck um den Leib, verhakte ihn eng und zog das freie Ende zwischen den Beinen der Sklavin durch, an deren Gesicht abzulesen war, daß die dünne Kette einschnitt. Bilqis aber ahnte, daß ihre Sklavin diesen Schmerz bereits liebte – sie verlängerte ihn deshalb ein wenig.

Die Königin lernte schnell, daß Makeda es verstand, mit den Händen zu sprechen. Als auch die Sklavin ihren Leib durch ein Tuch verdeckt hatte, ließ sie die Königin wissen, es sei an der Zeit, daß sie wieder einmal ihr Gemach verlasse, um Luft zu schöpfen. Da es ein warmer Tag war, gefiel dieser Vorschlag der Herrin, und sie ließ sich von Makeda führen.

Sie gingen über den Hof, auf dem die Kamele aus Saba

standen. Bilqis grüßte die Diener, um die sie sich seit Tagen nicht gekümmert hatte. Königin und Sklavin gingen auf ein Tor in der Stadtmauer zu, bogen jedoch kurz davor nach links ab und betraten ein Grundstück, das als Garten angelegt war. Er bestand aus einem einzigen riesigen Beet. Im Licht der Sonne sprossen Hunderte von Blattspitzen, die noch klein und nicht lange zuvor aus der Erde gewachsen waren. Sie alle gehörten zur selben Pflanzenart.

Makeda wies auf die Blattspitzen. Heftig waren ihre Handbewegungen. Durch Gesten wollte sie zeigen – soviel begriff Bilqis –, daß ein Zusammenhang bestand zwischen der Königin und diesen Pflanzen. Bilqis glaubte auch, daß Makeda ihr mitteilen wolle, ihr drohe irgendeine Gefahr, die von diesem Garten ausgehe. Makeda wollte sie warnen, soviel stand fest, und es lag ihr offenbar viel daran, daß Bilqis die Warnung ernst nahm. Doch die Königin verstand nicht, was wirklich gemeint war.

Da beugte sich das Mädchen nieder und zeichnete mit der Hand die Umrisse einer Frau in den Sand des Weges und daneben die Andeutung einer Pflanze, die wie eine Tulpe aussah. Plötzlich aber hatte das Mädchen einen offenbar besseren Einfall: Sie zeichnete erst eine Frau in den Sand – daraufhin verwischte sie diese Umrisse und ließ am selben Platz eine Tulpe entstehen. Doch so sehr sich die Sklavin auch Mühe gab, die Königin von Saba konnte den Zusammenhang nicht verstehen. Bilqis sah ratlos auf die Tulpe und auf Makeda. Auf dem Weg zurück in den Palast merkte sie, daß Makeda weinte.

Am Nachmittag sprach Bilqis mit Harith, ihrem Propheten. Sie schilderte ihm, was am Morgen vorgefallen war. Sie beschrieb jede Einzelheit, weil sie hoffte, daß er einen Ansatzpunkt finden würde zur Erklärung dessen, was Makeda beabsichtigt hatte. Zu ihrer Enttäuschung schüttelte der Prophet den Kopf. Er versprach aber, sich Gedanken zu machen über den Zusammenhang zwischen Frauen und

Tulpen. Das Verhalten der Makeda verlange, daß er die Warnung im Sinn behalte.

In der folgenden Nacht erlebte Bilqis eine Erscheinung, von der sie zunächst nicht wußte, ob sie Traum war oder Wirklichkeit. Sie war eben mit Makeda beschäftigt, deren Körper sie mit einer Feder kitzelte, als die Öllampen von selbst erloschen. Trotz der Dunkelheit bemerkte Bilqis, daß sich zwei Gestalten in ihrer Nähe bewegten. Rätselhaft war ihr, wie sie in ihren Raum gekommen waren. In verständlichen Worten stellten sich die beiden vor: Sie waren der Zauberspruchfinder und der Zauberspruchanwender aus der Stadt der Dschinnen.

Der Zauberspruchfinder sagte: »Wir wissen, o Bilqis, daß du von uns gehört hast. Und wir wissen auch, daß du uns sehen kannst, obgleich wir Dschinnen sind. Du besitzt diese Fähigkeit, Dschinnen zu sehen, seit deiner Geburt. Du bist bisher nur noch keinem von uns begegnet. Wisse, daß du zu uns gehörst durch deine Mutter Beja. Sie hat uns geschickt, weil dein Vater im Sterben liegt. Er will dich noch einmal sehen. Ein Zauberspruch wird es ermöglichen.«

Sofort begriff Bilqis, daß sich ihr nun die Möglichkeit zur raschen Rückkehr nach Marib bot. In wenigen Tagen sollte sie sich mit Gott il-Umquh vermählen, und mit Hilfe der beiden Dschinnen konnte sie ihre Verpflichtung erfüllen. Dieser Gedanke machte sie glücklich.

Da fiel ihr Blick auf Makeda, die weder hörte noch sah, was im Raum vorging. Bilqis dachte an die Mitteilung, die das Mädchen ihr hatte zukommen lassen wollen. Für einen Augenblick vergaß sie die Möglichkeit der raschen Reise nach Marib. Sie spürte den Drang, in Erfahrung zu bringen, welches Geheimnis die Sklavin ihr hatte anvertrauen wollen. Ihre Gäste konnten ihr helfen. Der Zauberspruchfinder und der Zauberspruchanwender waren als einzige in der Lage, dem Mädchen die Sprache wiederzugeben. Bilqis sagte zu den beiden Dschinnen: »Morgen zur Nacht will ich euch in die Stadt der Geister folgen. Heute aber erfindet einen Zauberspruch, der diesem Mächen die Fähigkeit gibt, wieder zu sprechen!«

Da war nichts mehr zu hören in der Dunkelheit. Bilqis wußte nicht, ob die beiden Dschinnen noch anwesend waren. Sie regte sich nicht, und auch Makeda lag völlig still.

Lange dauerte das Schweigen. Der erste Schimmer des Tages machte sich in der Fensteröffnung bemerkbar, da hörte Bilqis eine Stimme, die sie nie zuvor vernommen hatte. Makeda konnte sprechen! Deutlich sagte sie: »O Herrin Bilqis, wisse, daß Salomo die Frauen, die er ganz besonders liebt, in Tulpen verwandelt, die in jedem Jahr neu erblühen. Sie wachsen dort in jenem Garten, den ich dir gezeigt habe. Da Salomo wußte, daß ich nicht sprechen, ihn nicht verraten kann, ließ er mich einmal Zeuge sein bei der Verwandlung einer Frau. Jetzt, da ich dir gehöre, habe ich Angst, daß auch dir das Schicksal der überaus geliebten Frauen zustößt. Deshalb wollte ich dich warnen. Ich kenne Salomo gut. Ich weiß, daß er durchsetzt, was er wirklich will. Du wirst sein nächstes Opfer sein. Die letzte Frau, die er verzaubert hat, war die Tochter des Pharao von Ägypten.«

Mitten in die Worte der Makeda hinein vernahm Bilqis die Stimme des Zauberspruchfinders: »Wir hören, was sie sagt, und wir verstehen es auch. Frage sie, o Bilqis, wie der Zauberspruch des Salomo lautet.«

Bilqis gab die Frage an Makeda weiter und erhielt diese Antwort: »Ich kenne den Spruch. Er ist ungefährlich, wenn ich ihn ausspreche. Er wirkt nur, wenn ihn jemand sagt, der dem Reich der Dschinnen angehört oder Macht besitzt über sie. Dem König Salomo gehorchen Dschinnen. Dies sind die Worte, die ich gehört habe:

›Werde du zur Tulipan
Und ziehe dich viel schöner an
Als Salomonis Frauen.‹

Die Frau muß nackt sein, wenn er den Zauberspruch ausspricht. Kleider stören offenbar bei der Verzauberung. Augenblicklich verwandelt sich ihr Leib in Blüte, Stengel und Blätter.«

Ohne daß der Zauberspruchèrfinder sie hierzu aufgefordert hätte, fragte Bilqis: »Und welcher Spruch löst den Zauberbann wieder?«

Makeda wußte die Antwort:

»›Vergiß den Schmuck der Tulipan.
Dann nimm Gestalt des Menschen an,
Um Salomo zu erfreuen!‹«

Der Zauberspruchèrfinder sagte: »Dies sind zwei treffliche Sprüche, die es wert sind, daß sie der Zauberspruchàrchivar für alle Zeiten bewahrt. Du aber, o Bilqis, hüte dich davor, die Worte auszusprechen, denn du bist mit den Dschinnen verwandt. Es könnte sein, daß du den Zauber bewirkst, wenn dieses Mädchen nackt neben dir liegt – so wie jetzt. Wir verabschieden uns nun. Sei in der kommenden Nacht bereit, uns in die Geisterstadt zu folgen.«

Der Himmel war merklich heller geworden, als die beiden Gestalten verschwanden. Bilqis drehte sich zu Makeda um, die noch immer neben ihr lag, bereit, sich auch weiterhin mit der Feder kitzeln zu lassen. Fragend blickte sie die Königin an.

Mit Freude in der Stimme sagte Bilqis: »Wir haben erreicht, daß du sprechen kannst. Es muß ein Wunder für dich sein.« Verblüffung war im Gesicht der Sklavin zu erkennen. Bilqis meinte: »Rede doch mit mir, wie du zuvor mit mir geredet hast.« An der Hilflosigkeit des Mädchens bemerkte sie, daß Makeda nicht mehr sprechen konnte. Der Zauber war erloschen.

Plötzlich kam ihr der Gedanke, daß sie selbst, als Verwandte der Dschinnen, die Fähigkeit besaß, der Sklavin die Stimme erneut wiederzugeben. Sie brauchte nur den richtigen Zauberspruch zu sprechen. Dann jedoch wurde ihr klar, daß sie den Spruch nicht kannte. Traurig schlief sie ein.

Erst am Nachmittag erwachte Bilqis. Es war ihr bewußt, daß sie keinen Einfluß besaß auf das, was in der kommenden Nacht geschehen würde. Sie war in der Hand des Zauberspruchcrfinders und des Zauberspruchanwenders und hatte ergeben abzuwarten. Unruhig blieb sie auf den Polstern liegen. Sie aß nicht und trank nicht. Wollten Itamra und Makeda nach ihr schauen, wurden sie aus dem Raum gewiesen. Die Königin empfing niemanden an diesem Tag.

Es wurde dunkel, und langsam schritt die Nacht voran. Nichts geschah. Hin und wieder schlummerte Bilqis ein, um bald darauf wieder zu erwachen. Erst das Morgengrauen brachte der Königin festen Schlaf.

Am späten Vormittag ließ sich König Salomo ankündigen. Adiya war der Überbringer der Botschaft. Er sagte zu Bilqis, der König gebe rechtzeitig sein Kommen bekannt, um Bilqis nicht beim Vergnügen des Bades zu überraschen und zu stören. Salomo habe die Absicht, sich über die Neuordnung des Weihrauchhandels zu unterhalten. Um gewappnet zu sein, beschloß die Königin von Saba, zu diesem Gespräch Yafa Yafis, ihren Berater, beizuziehen. Doch als Salomo dann ohne Begleitung den Raum betrat, entschied Bilqis, daß Yafa Yafis vorläufig draußen zu warten hatte.

Bilqis hatte zuvor schon Weihrauchharz entzünden lassen. Fein duftende Schwaden durchzogen den Raum. Salomo betrachtete zunächst das ›eherne Meer‹ und bestaunte die sorgfältig gegossenen Einzelheiten der Verzierungen. Er meinte, dieses Becken sei noch schöner geraten als das ›eherne Meer‹, das nutzlos im Tempel stehe. Bilqis entgegnete, sie sei froh, daß niemand im Palast verärgert sei über die Verwendung des Beckens als Badegelegenheit. Sie befolge das

Gebot ja nicht, daß Frauen sich nur im Verborgenen waschen dürften. Das ›eherne Meer‹ stehe in einem Gemach mit meist offenen Fenstern. Wer sich Mühe gebe, könne hereinschauen.

Salomo aber sprach: »Noch ist Vorsicht geboten, denn der Priester Menachem weiß nichts davon. Bedenke, o Königin, daß er es war, der den Frauen von Jerusalem das Bad im hellen Tageslicht verboten hat. Obgleich du, als Herrin des Landes der Sabäer, nicht seiner Rechtsprechung unterstehst, könnte dich sein Zorn treffen. Du bist ihm schon einmal begegnet in jener Nacht beim Zedernbaumhaus. Erinnere dich, daß Menachem auch Herrscher zurechtweisen kann.«

Als sich Salomo niedergesetzt hatte, stand Bilqis noch immer neben dem Polster. Der König blickte verwundert an ihr hoch. Er sah ihr an, daß sie einen für sie wichtigen Entschluß gefaßt hatte. In diesem Augenblick hatte sie sich entschieden, den König nicht länger rätseln zu lassen, ob ihre Beine und Füße wie die eines Ziegenbocks geformt waren. Zu Salomos Überraschung hob sie langsam ihr Gewand bis zu den Knien an. Dann verharrte sie ruhig. So konnte sich Salomo überzeugen, daß die Beine der Königin von Saba überaus schön waren.

Bilqis aber dachte an die Warnung, die Makeda ausgesprochen hatte. Jetzt hatte sie selbst den König herausgefordert. Wenn er sie verzaubern wollte, hätte er nun die beste Gelegenheit. Doch Bilqis fühlte sich auf einmal völlig sicher – hatte Makeda doch gesagt, die Frau müsse nackt sein, wenn der Zauberspruch gesprochen werde. Den Gefallen, sich auszukleiden, wollte sie Salomo nicht tun.

Die Königin, nun völlig beruhigt, gab Salomo lange die Gelegenheit, ihre Beine zu betrachten, bis sie langsam ihr Gewand wieder sinken ließ.

Salomo sprach nichts über diese Geste der Bilqis. Doch zu ihrem Erstaunen erwähnte er ihren Gang zum Blumenbeet: »Makeda hat dich zu meinem Garten geführt. Ich liebe es nicht, wenn fremde Augen die Blüten betrachten. Makeda hat

Glück, das sie für den Augenblick rettet, denn noch blühen die Tulpen nicht. Zu früh ist es dafür im Jahr. Die Zeit der Blüte bricht jetzt erst an. Mir ist auch berichtet worden, Makeda habe die Umrisse einer Frau und einer Tulpe in den Sand gezeichnet. Meine Späher waren überzeugt, du habest nicht begriffen, was sie dir mitteilen wollte. Der Garten ist mein Geheimnis. Vielleicht werde ich es dir lüften – eines Tages. Makeda aber weiß, daß sie ein Verbrechen begangen hat. Sie wird dafür sterben, wenn du Jerusalem verläßt. Sie wird im ›ehernen Meer‹ ertränkt. Doch nun reden wir über das, was dir am Herzen liegt – den Weihrauchhandel. Erzähle mir von deiner Reise durch das Land des Weihrauchs.«

Bilqis begann ihren Bericht mit dem Lob ihres Gottes: »Il-Umquh hat mein Land gesegnet, daß auf seinem Boden Weihrauchharz und Myrrhe geerntet werden können, und er hat verhindert, daß beides an anderen Orten wachsen kann. Nur wir verfügen also über diese Ware. Mein Berater Yafa Yafis hat mir gesagt, vor vielen Jahrhunderten habe die ägyptische Königin Hatschepsut Schiffe losgeschickt, um im Lande Saba Pflanzen von Weihrauch und Myrrhe stehlen zu lassen. Hatschepsut wollte, daß die Pflanzen am großen Fluß Ägyptens wachsen. Il-Umquh aber hat die Pflanzen sterben lassen und die Königin Hatschepsut auch.

Ganz im Süden des Reiches Saba stehen die Büsche, die unseren Reichtum bedeuten. Das Weihrauchharz wird an einem Busch gewonnen, der keinen Stamm besitzt und doch zehn Ellen hoch wird. Die Myrrhe aber wird an einem richtigen Baum geerntet. Damit die Harze entstehen, werden zur heißen Jahreszeit Schnitte an jenem Busch und an jenem Baum so in die Rinde gezogen, daß das Holz freiliegt. Busch und Baum sind nun derart verwundet, daß sie ein Harz ausscheiden, um die Wunde zu schließen. Über Wochen hin fließt dieses Harz ganz langsam und bildet Harzknollen, die abgeschnitten werden, wenn die heiße Jahreszeit zu Ende ist. Zwei Arten von Harz werden geerntet: Weihrauch und Myrrhe. Weit weniger wert ist das Myrrhenharz, das braun und rot gefärbt ist. Wenn es auf der Holzkohlenpfanne verbrannt wird, ist der Geruch herb und bitter, während Weihrauch betörend riechen kann – wie du selbst, o König, in diesem Raum feststellen kannst. Doch die Myrrhe enthält Säfte, die Krankheiten heilen können und Entzündungen lindern. Darin liegt der Wert dieses Harzes. Es wird zermahlen, mit dünnen Ölen vermischt und dann lange gelagert. Eine dünnflüssige Salbe entsteht, die Wunder bewirkt.«

Bilqis ließ Salomo Zeit, den Duft bewußt einzuatmen, dann erst sprach sie weiter: »Heilig sind Anbau und Ernte des Weihrauchharzes. Sie stehen unter dem Schutz des Gottes il-Umquh. Er selbst hat die Familien auserwählt, deren Männer den Bäumen und Büschen Wunden zufügen dürfen. Von diesen Familien wird Besonderes verlangt – sie gelten als heilig. Die Männer, denen das Vorrecht gegeben ist, die Rinden aufzuschneiden, dürfen während der gesamten heißen Jahreszeit ihre Frauen nicht berühren. Ihnen ist es auch nicht erlaubt, durch sich selbst Befriedigung zu finden. Bleiben sie nicht enthaltsam, wird il-Umquh wütend und vernichtet die Ernte. Den Männern ist es auch verboten, an Hochzeiten und Begräbnissen teilzunehmen. Vorgeschrieben ist ihnen, sich täglich mehrmals vor il-Umquh zu verbeugen, vor der strahlenden Sonnenscheibe niederzuknien. Die bevorzugten Familien werden von den anderen Bewohnern des Landes mit Essen, Trinken und Kleidung versorgt. Den von il-Umquh Auserlesenen darf keine andere Arbeit abverlangt werden.

Erst wenn das Weihrauchharz am Strauch fast durchsichtig ist, dürfen sich die Männer wieder mit den Frauen zusammentun. Dann ist die Zeit der kühlen Monate angebrochen. Die Harze werden geerntet und in Lagerhütten aufbewahrt. Die Weihrauchbrocken werden mit Ehrfurcht behandelt, gerade so, als ob sie selbst heilig wären. Mein Prophet Harith ist verantwortlich für die Männer, die das Harz zu bewachen haben. Harith setzt auch die Preise fest, die von den Kaufleuten der Karawanen zu bezahlen sind – wobei Myrrhe immer billiger als Weihrauch ist.«

Da fragte Salomo: »O Königin des Weihrauchlandes, ich begreife, daß das Harz der Myrrhe weniger geschätzt ist, doch die Arbeiter des Harith verwenden Mühe darauf, das Myrrhenharz zu ernten. Es bringt also ebenfalls Gold ein?«

Bilqis antwortete: »Es gibt Tempel in Ägypten, o König, die weniger wohlhabend sind als andere. Sie verbrennen zur Götteranbetung das billigere Myrrhenharz. Doch mehr und mehr setzt sich eine andere Art der Verwendung durch. Sie ist von klugen Ägyptern erdacht worden. Ich sagte schon, daß Myrrhenharz Säfte enthält, die Krankheiten heilen können, besonders Krankheiten der Haut und vor allem schmerzende Stellen im Mund und im Rachen. Entzündungen, selbst wenn sie hartnäckig sind, werden gelindert oder sogar völlig geheilt. Die Kundigen der Heilkunst in Ägypten sind bereit, Gold zu geben für das Myrrhenharz.«

Salomo hörte zu. Was Bilqis zu sagen hatte, war neu für ihn. Die Königin erkannte, daß sie jetzt die Möglichkeit hatte, ihn für das Weihrauchgeschäft zu interessieren, und so begann sie, seine Sinne als Mann anzusprechen.

»Höre, o Salomo, der du die Frauen kennst und ihre Sorge um den eigenen Körper. Die Ägypterinnen, die auf Mittel zur Pflege ihrer Schönheit bedacht sind, haben erkannt, daß bei sparsamer Vermischung des Myrrhenharzpulvers mit sanftem Öl eine Salbe entsteht, die der Haut Jugendfrische verleiht. Wenn eine Frau sie täglich auf ihre Brüste streicht, bleiben sie straff und hart. Ist der Hintern der Frau fest und doch der Hand des Mannes gefügig, wird sich das nicht ändern, wenn das Myrrhenöl angewendet wird. Leidet die Frau darunter, daß der Mann zu oft in sie eindringt, genügen wenige Tropfen des Öls, um sie wieder geschmeidig zu machen. Ich habe, o König, einige Tonkrügchen dieses Öls mitgebracht.

Ich könnte deinen Frauen zeigen, wie es zu verwenden ist. Vorausgehen muß allerdings ein warmes Bad. Schicke einige deiner Frauen zu mir – du wirst nach der Pflege deine Freude an ihnen haben.«

Da erhob sich König Salomo, bedankte sich und kündigte an, daß er zwei Frauen schicken werde, damit die Königin durch ihre Salben und Öle deren Jugendlichkeit bewahre. Zur Enttäuschung der Herrin des Landes von Weihrauch und Myrrhe sprach er kein Wort darüber, wie er sich künftig am Handel mit diesen wertvollen Gütern beteiligen wolle.

In dieser Nacht saß Bilqis mit verhülltem Körper auf ihrem Polster. Vor ihr lag Makeda auf dem Rücken. Ihre Arme waren fest an den nackten Leib gebunden. Lange betrachtete Bilqis die dunkle, seidige Haut der Dienerin. Sie hatte dazu Öllampen neben die Polster gestellt. Ängstlich wartete Makeda auf das, was Bilqis sich vorgenommen hatte. Sie kannte deren Absicht schon von einer vorangegangenen Nacht. Diesmal aber war sie besonders sorgfältig vorbereitet worden. Nicht nur ihre Arme waren gebunden, auch ihre Füße. Ihre Fußknöchel waren an Stäbe gebunden, so daß ihre Beine so weit wie möglich gespreizt waren.

Mit Vergnügen sah Bilqis, daß immer wieder ein leichtes Zittern über Oberschenkel und Bauch der Sklavin lief. Die Brüste hoben und senkten sich; Makeda atmete schnell und unruhig. Als die Spannung für das Mädchen unerträglich geworden war, begann die Königin mit dem Spiel, das ihr erst für dieses Mädchen nach und nach eingefallen war. Mit einer ganz feinen Feder strich sie zart über Makedas Leib. Sie begann am Hals, berührte die Brüste in kreisender Bewegung, die sich langsam den Brustspitzen näherte. Daß Makeda Lust und Qual zugleich empfand, war ihr anzusehen. Mit ihren Händen wollte sie sich gegen die Feder wehren, doch der Strick hielt die Arme fest. Die Feder verließ die Brüste und glitt zum Bauchnabel. Die Spitze der

Feder kitzelte die Falte der Vertiefung durch besonders sanfte Berührung. Die Qual des Mädchens wurde noch dadurch gesteigert, daß sie nicht schreien konnte. Jetzt folgte die Feder der goldenen Kette bis zum Schoß. Sie glitt über die Spalte, deren Lippen durch die Kette getrennt waren. Makeda versuchte die Schenkel zu schließen, doch die Fesselung verhinderte fast jede Bewegung der Beine.

Auf einmal erstarrte die Hand der Königin. Deutlich hatte Bilqis ihre Sklavin sprechen gehört. Sie blickte in Makedas Gesicht und sah, daß sich die Lippen tatsächlich bewegten. Dies waren die Worte, die Bilqis vernahm: »O Herrin, warum hast du Freude daran, mich zu quälen. Meine Liebe gehört dir. Ich sehne mich nach deiner Umarmung, nach der Wärme deines Leibes und nicht nach der Berührung durch die gefühllose und kalte Feder.«

Kaum waren diese Worte gesprochen, erstarben die Flämmchen der Öllampen. Der Raum lag auf einmal völlig im Dunkel. Bilqis wußte sofort, wer dem Mädchen die Fähigkeit zu sprechen gegeben hatte. Das konnten nur die beiden Dschinnen aus der Geisterstadt gewesen sein – der Zaubersprucherfinder und der Zauberspruchanwender. Die Königin erkannte jedoch im Dunkel die beiden Gestalten nicht. Dann aber hörte sie eine Stimme, die sprach:

»O Bilqis, Herrscherin über die Menschen von Saba, wir waren einem Irrtum verfallen, als wir glaubten, unsere Zaubermacht werde dich in unsere Stadt versetzen. Unser Spruch war ohne Kraft. Wir hatten nicht bedacht, daß du mit den Dschinnen verwandt bist, daß für dich andere Gesetze gelten. Du selbst bist im Besitz der Gabe, mit der Geschwindigkeit der Gedanken den Ort zu wechseln. Wenn du den Zauberspruch kennst, fällt dir die Reise leicht.«

Bilqis konnte jetzt, wenn auch undeutlich, die beiden Gestalten sehen. Sie wollte schon fragen, wie der Zauberspruch laute, der sie in die Heimat zurückbringe, da fiel ihr ein, daß Makeda im ›ehernen Meer‹ ertränkt werden würde, sowie sie – die Königin – sich aus Jerusalem entfernte. Die Drohung des Salomo war ernst zu nehmen. Sie durfte das Mädchen, das eben von ihrer Liebe gesprochen hatte, nicht dem Schicksal überlassen. Sie sprach: »Es erstaunt mich, daß Geister irren können. Erlaubt mir, daß ich bedächtig bin. Ich kann Jerusalem nicht verlassen. Makeda wäre verloren. Ich bin ihr einziger Schutz. Selbst wenn mein Vater im Sterben liegt ...«

Bilqis sprach nicht weiter. In ihrem Kopf war der Gedanke aufgeblitzt, daß ihr Vater ein Dschinn und damit unsterblich war. Sie wunderte sich, daß ihr dieser Gedanke nicht schon vor zwei Nächten gekommen war. Ohne gegenüber ihren Besuchern ihr Erstaunen zu verbergen, fügte sie hinzu: »Ihr selbst habt doch seinen Wunsch, wieder sterblich zu werden, schroff abgelehnt!«

Für eine ganze Weile war Stille im dunklen Raum. Dann zuckten die Flämmchen der Öllampen wieder auf. Nach und nach wurde es heller. Offenbar waren die Dschinnen wieder verschwunden. Bilqis war überzeugt, soeben einer Verschwörung der Dschinnen entkommen zu sein.

Zu gerne hätte sie gewußt, ob Makeda nun für immer die Fähigkeit besaß zu reden. Doch eine seltsame Scheu hielt sie davon ab, das Mädchen anzusprechen. Die Hoffnung blühte in ihr auf, der Zauberspruchanwender habe vergessen, Makeda wieder stumm zu machen.

Nachdenklich löste die Königin die Fesseln ihrer Sklavin. Makeda war anzumerken, daß sie nur den einen Wunsch hatte, die Beine zu schließen und die von der Feder gereizten Teile ihres Körpers zu bedecken. Sie legte sich auf den Bauch. Da sah Bilqis, daß die Striemen der Hiebe von Itamra noch immer deutlich zu erkennen waren. Behutsam strich sie mit der Hand darüber. Makeda deutete diese Geste als Zeichen der Zuneigung. Dankbar und liebevoll blickte sie die Königin an.

Noch immer in Gedanken, löschte die Königin die Öllampen und streifte, da die Nacht warm war, den verhüllenden Stoff vom Körper. Sie legte sich aufs Polster, und bald schon begannen sich ihre Gedanken in Träume aufzulösen. Noch ehe sie völlig eingeschlafen war, fühlte sie, wie eine ihrer Brüste von einer Hand umfaßt und die Knospe der anderen mit Zähnen leicht gebissen wurde. Sofort empfand Bilqis, daß das, was mit ihr geschah, Wirklichkeit war und nicht der Traum, den sie sich erwünscht hatte.

Sie war es gewohnt, selbst zu entscheiden, wann sie Lust empfinden wollte. Niemand durfte der Königin von Saba seinen Willen aufzwingen. Wer sich nicht daran hielt, wurde bestraft. Hellwach und zornig war Bilqis nun. Sie stieß den Kopf, der sich über sie gebeugt hatte, mit der Hand weg. War der Biß auch zärtlich gemeint gewesen, so hielten die Zähne doch die Brustwarze fest. Bilqis schrie vor Schmerz auf. Sie tastete nach dem Körper neben ihr, erwischte die Kette und zog sie straff an. Mit einem Ruck schnitt sich die Kette in die Spalte des Schoßes ein. Makedas Körper bäumte sich auf, doch sie schrie nicht. Sie blieb stumm. Es dauerte einige Atemzüge lang, bis Bilqis begriff, daß Makeda keinen Laut mehr von sich geben konnte. Da hatte sie Mitleid mit dem Mädchen. Sie küßte ihr den Mund und die Brustwarzen.

Es war noch nicht ganz Tag geworden, da betrat Itamra den Raum, um den Berater Yafa Yafis anzumelden. Er hatte Wichtiges zu berichten, doch er kam nicht zu Wort. Bilqis erzählte ihm von den geheimnisvollen Vorgängen um die zwei Besucher aus der Stadt der Geister. Yafa Yafis mußte geduldig der Herrin zuhören.

Sobald sie schwieg, erwiderte er: »Vielleicht, o Königin, bestünde die Möglichkeit für dich, dein Königinnenreich in Eile zu erreichen, ohne daß Salomo davon erfährt – und vor allem, ohne daß er es verhindern kann. Er hat in der Nacht Jerusalem verlassen.«

Bilqis erfuhr von Yafa Yafis, der Prophet Ehija habe den

Beamten Jerobeam, der für das Bauwesen im Hofstaat zuständig war, dazu verleitet, gegen den Herrscher zu rebellieren. Ehija habe dem Beamten gesagt, es sei Gottes Wille, daß Salomo abgesetzt werde. Nur ein Teil des jüdischen Landes dürfe ihm bleiben. Die Königswürde aber habe Gott dem Jerobeam übertragen. Der sei einfältig genug gewesen, dem Propheten Ehija zu glauben, daß er selbst jetzt der Mächtige sei. Dabei seien die Absichten des Propheten doch leicht zu durchschauen gewesen, denn Jerobeam habe Ehija versprechen müssen, ihm in allem zu folgen und seinen Anordnungen immer zu gehorchen. Die Rebellion sei jedoch gescheitert, noch ehe sie wirklich begonnen habe, denn keiner der Stämme des jüdischen Volkes habe sich für Jerobeam oder gar für den Propheten Ehija entschieden. Sie wollten Salomo treu bleiben. Der König jage nun hinter dem gescheiterten Rebellen her, der sich auf der Flucht in Richtung Ägypten befinde.

Bilqis sah ein, daß der Zeitpunkt günstig war, um die Heimat aufzusuchen, doch sie mußte auch erkennen, daß es sinnlos war, den Gedanken weiterzuverfolgen, da sie den Zauberspruch nicht kannte, der sie nach Marib hätte bringen können. Sie war darauf angewiesen, auf ihren Kamelen in ihr Königinnenreich zu reiten – und würde sie Tag und Nacht unterwegs sein, käme sie dennoch zu spät zur Vermählung mit il-Umquh.

Überdies sprach noch ein Gedanke gegen die geheime Abreise: Der König war nach Ägypten geeilt. Die Gefahr bestand, daß er bei seiner Rückkehr ihre Karawane abfing. Salomo hätte ihr vorwerfen können, sie habe unköniglich gehandelt. Sie durfte sich nicht unüberlegt in etwas hineintreiben lassen, das sie später bereuen würde. Ihrem Berater sagte Bilqis, sie sei entschlossen zu bleiben, bis Salomo sich wieder in Jerusalem befinde.

Die Geschichte vom Meer, das die Fische meiden

Als Yafa Yafis gegangen war, packte Unruhe die Königin. Auch wenn sie sich entschieden hatte, die Rückkehr des Königs abzuwarten, beschäftigte sie doch immer mehr der Zwang, so rasch wie nur möglich die Heimat aufzusuchen. Itamra, der die Unruhe der Königin mißfiel, bestand darauf, daß die Herrin ein warmes Bad im ›ehernen Meer‹ nehme. Bilqis ließ es sich diesmal gefallen, von der Dienerin ausgekleidet zu werden. Beide Frauen lagen schließlich reglos im Wasser. Bilqis hatte keine Lust, sinnliche Spiele zu beginnen. Sie dachte über ihre Schwierigkeit nach. Sie schloß die Augen, und bald schon spürte sie, wie sich ihr Körper entspannte.

Auf einmal sah sie, bei geschlossenen Augen, ihren Vater Hadad vor sich stehen, als stattliche Erscheinung, angetan mit einem Mantel, in dessen Stoff Goldfäden eingewoben waren. Ihre Sinne nahmen die Erscheinung als Wirklichkeit wahr.

Bilqis war sich sofort bewußt, daß sie und Itamra nackt waren vor einem Mann. Sie drehte sich um und lag nun auf dem Bauch im Wasser. König Hadad aber sagte: »Warum schämst du dich? Du bist meine Tochter, und diese andere Frau ist eine Sklavin, der Scham ohnehin nicht gestattet ist. Vergiß einfach, daß du nackt bist, und laß uns die Zeit nutzen für ein vernünftiges Gespräch. Du sollst wissen, daß du einer Gefahr entronnen bist. Die beiden Dschinnen, die sich mit Zaubersprüchen befassen, wollten dich in die Geisterstadt holen, um dich überwachen zu können. Sie trauen dir nicht und glauben, daß du für sie eine Gefahr darstellst. Sie wissen nicht, wozu du fähig bist – weil du es selbst noch nicht weißt. Du hast deine Kraft und deine Macht noch nicht erprobt. Der Zauberspruchefinder und der Zauberspruchanwender sind gescheitert, weil dein Verstand sich nicht einfangen ließ. Ich habe die beiden durchschaut, sie vermögen in Wahrheit nicht mehr zu erreichen als andere Dschinnen auch. Es geht nicht darum, sich in Wirklichkeit an einen anderen Ort zu versetzen. Was ist Wirklichkeit? Es kommt allein darauf an, daß ich glaube, die Versetzung an einen anderen Ort sei möglich, und daß du dasselbe glaubst. Ich wollte unbedingt zu dir, und du hast sehr stark an Marib gedacht. So haben unsere Sinne uns zusammengeführt.«

Bilqis begriff kaum etwas von dem, was sie hörte. Sie wollte auch nichts begreifen. Sie war überwältigt von der Nähe ihres Vaters. Die Augen hatte sie fest geschlossen – und trotzdem sah sie, wie König Hadad, jetzt nackt wie sie selbst, zu ihr in das ›eherne Meer‹ stieg und sich neben sie setzte. Scheu war ihm nicht anzumerken. Er sprach einfach weiter:

»Der Grund, warum ich bei dir sein will – und zwar unter allen Umständen – ist meine Angst um dein Königinnenreich Saba. Noch immer bin ich verbunden mit diesem Land, auch wenn ich in der Dschinnenstadt lebe. Erfahre, o Bilqis, daß in den Bergen der erste Regen gefallen ist. Das Wasser fließt zu Tal. Es wird bald zur Flut werden und den See füllen. Du mußt dich im Wasser mit dem Spiegelbild des Gottes il-Umquh vermählen. Selbst wenn du sofort auf dem schnellsten Kamel losreitest, wirst du nicht in Marib sein, wenn il-Umquh nach dir verlangt. Warum vermählst du dich nicht hier mit ihm? Hier scheint dieselbe Sonnenscheibe wie in Marib. Laß einen See suchen, in dem il-Umquh sich spiegelt und in den du eintauchen kannst. Ich sorge dafür, daß den Untertanen des Königinnenreiches Saba gesagt wird, du seist zurückgekehrt. Sie werden sich am richtigen Tag zum See der Flut begeben und sich mit dem Rücken zum Wasser aufstellen. Sie sehen nichts und hören nichts, doch sie werden glauben, daß du den See durchschwimmst. Dabei vereinigst du dich mit il-Umquh weit entfernt von Marib. Das wichtigste ist doch, daß du dich ihm überhaupt hingibst. Dann kann er nicht im Zorn auf dein Land herunterblicken.«

Wie er gekommen war, so verschwand König Hadad wieder. Bilqis öffnete die Augen und sah Itamra, die von der Erscheinung des Fürsten der Dschinnen offenbar nichts gemerkt hatte. Die Herrin befahl der Dienerin, vor dem »ehernen Meer« als Fußbank niederzuknien.

Den ganzen Tag lang dachte Bilqis darüber nach, was ihr Vater gesagt hatte. Den Gedanken, einfach in einen anderen See zu tauchen, fand sie ausgezeichnet.

Am anderen Tag sprach Bilqis mit Adiya, dem Verwalter des Königs Salomo. Sie fragte nach Bemerkenswertem und Merkwürdigem im Lande um Jerusalem. Sie wollte auch wissen, wie dieses Land beschaffen sei, ob Berge, Flüsse und große Gewässer zu finden seien – und sie erfuhr, daß im Tal des Flusses, drei Reitstunden entfernt, ein gewaltiger See zu finden war. Gegen Sonnenaufgang sei er gelegen. Das Besondere an ihm sei, so meinte Adiya, daß er sehr viel tiefer als die Stadt Jerusalem und wahrscheinlich sogar unter dem Spiegel des großen Meeres liege, das sich gegen Sonnenuntergang erstrecke.

Adiya fügte hinzu: »Da du, o Herrin, nach Bemerkenswertem und Merkwürdigem fragst, wisse, daß in diesem großen See, der durchaus Meer genannt werden kann, kein einziger Fisch lebt. Nicht einmal das kleinste Fischlein ist darin zu finden. Warum das so ist, kann ich dir nicht sagen.«

Bilqis gab zu erkennen, daß es ihr Freude machen würde, diesen absonderlichen See zu sehen. Adiya meinte darauf, für ein derartiges Vorhaben sei die Erlaubnis des Königs Salomo einzuholen. Wenn ihr etwas zustoße, werde er, Adiya, vom König verantwortlich gemacht. Die Königin von Saba aber entgegnete würdevoll, gerade jetzt, da der König nicht in Jerusalem anwesend sei, leide sie unter Langeweile. Ein Ritt zu dem See, der unter dem Meerespiegel liege und den die Fische meiden, könne dem Zeitvertreib dienen. Adiya nickte zögernd und verabschiedete sich mit der Bemerkung, er werde darüber nachdenken.

Entscheidend war für Bilqis, wie der Prophet Harith die Absicht beurteilte, sich in einem See in der Fremde mit il-Umquh zu vereinigen. Er war erst überrascht, dann runzelte er die Stirn und schwieg. Die Königin überlegte sich bereits, daß ohne die Zustimmung des Propheten das Vorhaben nicht auszuführen war, und wollte den Gedanken daran aufgeben, da sprach Harith: »Es wird, o Königin, nicht so einfach sein, hier in Jerusalem festzustellen, an welchem Tag die Flut den See von Marib gefüllt hat.« Der Zeitpunkt für die Vereinigung sei schließlich vorgeschrieben.

Bilqis mußte zugeben, daß der Einwand des Propheten vernünftig war. Wählte sie den falschen Tag, dann konnte die Vermählung gar nicht stattfinden, weil il-Umquh nicht dazu bereit war.

Je mehr sie jedoch darüber nachdachte, desto deutlicher wurde ihr, daß es eigentlich gleichgültig war, an welchem Tag sie in den See tauchte. Wichtig war doch allein, ob il-Umquh sie empfing und umarmte, und diese Bereitschaft zeigte ihr die Spiegelung im Wasser an. Die Vermählung brauchte nicht unbedingt an jenem Tag zu geschehen, an dem sich die Untertanen am See versammelten.

Als sie erneut mit dem Propheten sprach, erfuhr Bilqis, daß er durch langes Nachdenken zu der Meinung gekommen war, das Wagnis, in einen anderen See zu tauchen, müsse eingegangen werden. Es sei immerhin besser, die Königin von Saba vereinige sich in einem fremden See mit il-Umquh, als die Vermählung zu versäumen.

Am anderen Morgen fand sich Adiya wieder bei Bilqis ein. Er fragte nach der wirklichen Absicht der Königin: Wolle sie den See nur sehen, oder wolle sie darin baden? Auch das letztere sei möglich. Selbst der erhabene König lege sich manchmal in das Wasser des Sees, denn es habe die Kraft zu heilen. Da Salomo nicht über seine Krankheiten rede, wisse niemand, welches Leiden er durch das Bad behandle. Adiya fügte hinzu, Salomo begebe sich ohne Gefolge an den See.

Nur ein ganz junger Mann begleite ihn, um ihn zu bedienen. Bilqis glaubte, nun sei der Zeitpunkt gekommen, um ihre wahre Absicht offenzulegen. Sie sprach: »Ich will ganz ehrlich sein: Ich diene durch das Eintauchen in das Wasser meinem gnädigen Gott il-Umquh. Zweimal im Jahr muß dies geschehen, damit er gnädig bleibt. Wenn ich seinem Gebot nicht folge, beschützt er das Land Saba nicht mehr. Il-Umquh ist sichtbar gegenwärtig. Wenn ich mich ihm nicht hingebe, mahnen mich seine Strahlen brennend. Mein Gott ist die Sonne!«

Adiya war entsetzt: »Die Sonne ist für uns kein Gott – sie ist von Gott geschaffen. Was du treibst, nennen wir Götzendienst. Es ist ein Verbrechen am wahren Gott. Ich darf dir dabei nicht helfen!« Als er sah, daß Bilqis nachdenklich und auch traurig wurde, sagte er mit sanfter Stimme: »Ich vergesse, o Königin, was du gesagt hast. Es ist aus meinem Gedächtnis gestrichen. Ich weiß nur, daß du baden willst. Hier entsteht die zweite Schwierigkeit, und sie ist rein praktischer Art. Der Priester Menachem hat ja den Frauen, wo immer sie gesehen werden können, das Bad verboten. Deshalb empfehle ich dir, dich in Männerkleidern zum See zu begeben und ein Hemd anzubehalten, das deinen Leib bedeckt. Dies machen bei uns auch die Männer so. Ich gebe dir den Badediener des Salomo mit. Und noch eines ist wichtig: Reite nicht auf einem deiner Kamele! Benutze ein Maultier!«

In der Frühe des nächsten Tages ritten ein ganz junger Mann und ein etwas älterer auf Maultieren aus der Stadt Jerusalem hinaus. Es war noch dunkel, als sie an der Gihonquelle und später an der Rogelquelle vorbeikamen. Sie folgten der Biegung des Kidrontals und durchquerten völlig unbewohnte Gegenden. Bei Sonnenaufgang erreichten die beiden die Ausläufer der Hügel vor dem gewaltigen See.

Bilqis stellte für sich fest, daß das Wasser weit gewaltiger war als der See der Flut von Marib. Vor ihr lag ein wahrhaftiges Meer. Die Königin war glücklich. Diese mächtige und hell glänzende Wasserfläche von eindrucksvoller Weite mußte Gott il-Umquh gefallen. Nie hatte es bisher für Bilqis und den Sonnengott ein derart wunderbares Lager für die Vereinigung gegeben.

Am See angekommen, zog der junge Mann seinen Umhang aus und stand im Hemd da. Er wartete darauf, daß Bilqis seinem Beispiel folgte – denn er nahm selbstverständlich an, er begleite einen Mann. Adiya hatte sich gehütet zu sagen, eine Frau wolle im großen See baden.

Bilqis blieb auf ihrem Maultier sitzen. Die Spiegelung der Sonne im Wasser gefiel ihr noch nicht so recht. Der helle Schein war ihr nicht strahlend genug. Sie ritt weiter, am Ufer entlang. Glücklich war sie und entschlossen, auch ihrem Gott Glück zu bereiten. Heute sollte die Vereinigung mit dem Gott von vollkommener Schönheit sein. Inzwischen stieg die Sonne höher und erhob sich über die Berge der gegenüberliegenden Küste. Sie war nun befreit vom Dunst des frühen Morgens und strahlte in vollem Glanz. Bilqis fand, daß il-Umquh heute göttlicher wirke als je zuvor. Jetzt war auch die Spiegelung auf der Wasserfläche zur Zufriedenheit der Königin von Saba.

Bilqis befahl dem jungen Mann, der ihr nachgeritten war, vom Maultier abzusteigen und sich landeinwärts mit dem Gesicht zu den Hügeln von Juda und mit dem Rücken zum Wasser aufzustellen. Unter keinen Umständen – geschehe, was wolle – dürfe er sich umdrehen.

Rasch hatte Bilqis ihre Kleider abgestreift. Sie hob die Hände zur Sonnenscheibe hoch und ging mit langsamen Schritten dem Wasser entgegen. Sie paßte ihre Bewegungen der Würde des Ereignisses an – war sie doch dabei, sich mit Gott il-Umquh, dem Herrscher und Lenker des Schicksals, zu vermählen. Die Pracht seines Glanzes lag vor ihr auf dem Wasser, bereit, ihren nackten Leib aufzunehmen und zu umfangen.

Bilqis bebte leicht, als ihre Füße das Wasser berührten. Das Ufer war seicht. Viele Schritte mußte sie gehen, bis sie die kleinen Wellen an ihrem Schoß spürte, als erste Steichelungen durch ihren Gott. Nun ging sie, wie sie das von Marib gewohnt war, in die Hocke, um mit den Armen die ersten Schwimmbewegungen zu beginnen. Als sich ihre Füße vom Boden lösten, spürte Bilqis, wie eine seltsame Kraft ihre Beine und ihren Unterleib an die Wasseroberfläche hob. Mit Erstaunen bemerkte die Königin, daß sie ohne Anstrengung schwamm – sogar ohne jede Bewegung. Weit ragten Kopf, Rücken, Hintern und Beine aus dem Wasser.

Die seltsame Kraft, die sie aus dem Wasser drängte, wollte verhindern, daß sie auf dem Bauch lag. Bilqis wehrte sich, doch die Kraft war stärker und drehte sie gegen ihren Willen um. Jetzt waren Kopf, Schultern, Brüste und Beine über der Wasseroberfläche. Bilqis hatte das Gefühl, die Gewalt des Wassers sei stärker als sie. Da durchfuhr sie der Schreck, sie werde vom Wasser abgestoßen. Sie sah den Abglanz der Sonne rings um sich, doch die Vereinigung mit il-Umquh gelang ihr nicht. Seine Arme öffneten sich nicht. Immer wieder versuchte sie einzutauchen. Sie wollte die Umarmung, die Vereinigung erzwingen. Was ihr immer gelungen war – unter der Spiegelung der Sonne zu schwimmen, bedeckt von ihrem Licht –, war jetzt unmöglich.

Durch ihre heftigen Bewegungen trieb Bilqis weiter hinaus ins tiefe Wasser. Sie glaubte zu spüren, daß die Kraft, die sie von il-Umquh trennen wollte, immer stärker wurde. Die Königin geriet in Angst. Der Gedanke fraß sich in ihrem Kopf fest, ihr Gott werfe sie vom gemeinsamen Lager und verstoße sie, um sie zu bestrafen. Sie mußte etwas getan haben, das er – der immer gnädige und verständnisvolle Herrscher über ihr Schicksal – nicht verzeihen konnte. Welche Untat hatte seinen Zorn erregt? Ihr Entsetzen steigerte sich, als sie daran dachte, daß ihre Verstoßung Folgen für das Land Saba haben würde: Ernten würden vernichtet werden.

Die Menschen müßten Hunger leiden. War il-Umquh durch Opferung ihres Lebens zufriedenzustellen? Sie wollte sühnen, sterben. Was lag näher, als sich zu ertränken? Doch der Gott lehnte auch dieses Opfer ab: Bilqis konnte ihren Kopf nicht unter Wasser halten.

Sie versuchte Wasser zu schlucken, um daran zu ersticken. Doch Abscheu packte sie. Das Wasser war bitter, scharf. Es griff ihr Inneres an. Ihr Schlund brannte. Bilqis glaubte, ein starkes und schnellwirkendes Gift getrunken zu haben. Jeden Augenblick mußte die Ohnmacht eintreten. Sie wollte so rasch wie möglich diesen abscheulichen See verlassen.

Neue Schmerzen quälten sie. Jetzt brannten ihre Augen. Bilqis schrie um Hilfe und wußte zugleich, daß sich ihr Begleiter nicht rühren würde – sie hatte es ihm verboten.

Ihre Kraft war erschöpft, als sie das Ufer erreichte. Sie sank in den Sand. Noch immer würgte, schluckte und spie sie. Bilqis fühlte sich erst besser, als sie den letzten Rest des Salzwassers erbrochen hatte. Jetzt aber begann ihre Haut zu beißen. Trotz der Tränen in ihren Augen sah sie, daß sich auf ihrer Haut salzige Flecken bildeten. Bilqis verstand nicht, was mit ihr vorging. Sie versuchte, zu dem jungen Mann hinüberzublicken, und erkannte nur undeutlich, daß er noch immer unbeweglich stand. Sie schleppte sich – nackt, wie sie war – zu ihm und brach vor ihm in die Knie.

Da begriff er, daß Bilqis in Not war, und er wußte zu helfen. Am Sattel seines Maultieres waren zwei beachtliche Tonkrüge befestigt. Er band sie ab und stellte sie in den Sand. Dann zog er sich das Hemd aus, tränkte es mit dem Wasser aus dem einen Tonkrug und begann, mit entschlossenen Bewegungen die Salzkruste vom Körper der Frau zu reiben. Mit fester Hand bearbeitete er den gesamten Leib. Bilqis empfand sofort Linderung: Die Haut brannte weniger.

Jetzt kümmerte sich der junge Mann um den höllischen Brand der Augen. Er goß der Königin Wasser in die Hände und veranlaßte sie, sich die Augen auszuwaschen. Sie waren schon so gereizt, daß der Schmerz nur langsam nachließ. Schließlich reichte er Bilqis noch den vollen Wasserkrug. Mit großem Genuß trank sie ihn leer. Ehe der junge Mann sein jetzt nasses Hemd anzog, bemerkte Bilqis, daß er wohl doch nicht mehr ganz so jung war.

Wieder als Mann verkleidet, ritt Bilqis zurück nach Jerusalem. Der junge Mann blieb hinter ihr etwas zurück. Steil stieg der Weg an. Dem Maultier war die Mühe des Kletterns auf halben Weg zuviel. Es blieb stehen und ließ sich von Bilqis nicht zum Weiterritt bewegen. Der junge Mann aber kannte die Laute, die das Tier veranlaßten, seine Last doch noch bis zur Stadt zu tragen. Langsam setzte es Fuß vor Fuß.

Der Königin blieb viel Zeit, um nachzudenken. Immer wieder hatte sie das Bild des jungen Mannes vor Augen, der – wie selbstverständlich – sein Hemd ausgezogen hatte, um ihr zu helfen. Sie war ihm dankbar. Bilqis lächelte, als sie sich an seine erregte Männlichkeit erinnerte. Sein Leib hatte ihr überaus gut gefallen. Mit diesen Gedanken wurde sie abgelenkt von dem, was sie im salzigen Meer erlebt hatte. Sie nahm sich vor, über das Unbegreifliche mit ihrem Propheten zu reden.

Harith wartete schon im Hof, in dem die Kamele der königlichen Karawane seit der Ankunft unbeschäftigt herumstanden. Er war in Sorge, Bilqis könne einem Anschlag der Dschinnen des Königs Salomo zum Opfer gefallen sein. Sie hatte ihm gesagt, daß sie eine gewisse Angst habe, ihr werde etwas zustoßen. Itamra war sehr verstört gewesen, als sie ihre Herrin am Morgen nicht auf dem Polsterlager angetroffen hatte. Es hatte sie schon erstaunt, daß Bilqis ohne Makeda die Nacht verbracht hatte. Dieses Verhalten war ungewöhnlich gewesen. Für den Propheten war es schließlich fast schon Gewißheit, daß er seine Königin nie mehr zu Gesicht bekommen würde, da ritt sie auf dem Maultier in den Hof ein – als Mann verkleidet. Sie wandte sich um, da sie dem jungen Mann danken wollte, doch der war verschwunden. Bilqis bedauerte sehr, daß sie nicht einmal seinen Namen wußte.

Vom langen Ritt und von der Hitze war die Königin müde, doch sie mußte unbedingt dem Propheten erzählen, was ihr zugestoßen war. Der sagte zunächst nur, es wäre wohl besser gewesen, wenn Bilqis ihn mitgenommen hätte, denn er hätte das Mißgeschick wohl verhindern können. Diese Bemerkung ärgerte die Königin. Warum glaubte dieser Prophet, ihm wäre es möglich gewesen, die Vereinigung mit il-Umquh durchzusetzen? Er hatte keine Ahnung, wie schrecklich das Erlebnis gewesen war. Tröstliche Worte fand er auch nicht – und er nahm ihr nicht die Furcht, il-Umquh habe sie vom Lager gewiesen. Die Königin wollte von ihrem Propheten erfahren, warum die Vereinigung mit dem Gott il-Umquh mißglückt war. Kleinlaut mußte Harith zugeben, daß er keine Erklärung kenne.

Die Herrin schickte den Propheten mit kühlen Worten aus dem Raum. Er möge wiederkommen, wenn er eine Erklärung gefunden habe. Dann legte sich Bilqis auf ihr Lager nieder. Es war noch heller Tag, als sie einschlief.

Im Traum erschien ihr der junge Mann. Sie sah ihn vor sich, wie er ihr mit dem nassen Hemd das Salz von der Haut rieb. Als sie am nächsten Morgen aufwachte, erinnerte sie sich sofort wieder an dieses Bild – und sie wunderte sich, daß sie sinnliche Freude durch diese Erinnerung empfand, und fragte sich erstaunt, warum sie bisher Abscheu gespürt hatte bei der Berührung durch fremde Hände.

Es war Mittagszeit, als der Prophet das Gemach der Königin betrat. Er wollte sich nicht nachsagen lassen, er wisse keine Antworten zu geben. Er hatte sich kundig gemacht über die Absonderlichkeit des salzigen Meeres. Man hatte ihm gesagt, im Wasser dieses Meeres könne niemand untergehen – noch nie seit Menschengedenken sei jemand darin ertrunken. Warum das Wasser eine derart seltsame Eigenart besaß, hatte Harith nicht erfahren können. Auf die Frage der Königin, wer diese Auskunft gegeben habe, sagte der Prophet: »Ich habe Adiya, dem Verwalter aller Güter des König Salomo, von deinem Erlebnis erzählt. Der verwies mich an Jeschua – das ist der junge Mann, der dich zum salzigen Meer begleitet hat.«

Jetzt hatte Bilqis den Namen erfahren: Jeschua.

Ausführlich berichtete nun der Prophet, daß unter diesen Umständen Gott il-Umquh keineswegs zornig sein könne über die mißglückte Vereinigung, die ja nicht an der Königin, sondern an der eigenartigen Beschaffenheit des Wassers gescheitert sei. Er, der Prophet, gehe davon aus, daß il-Umquh den Willen zur Hingabe bereits als Dienst an seiner Göttlichkeit empfinde. Bestimmt werde il-Umquh dem Volk des Landes Saba den Schutz nicht entziehen – denn ungerecht handle il-Umquh nie.

Während der langen Rede des Propheten glitten die Gedanken der Königin immer wieder zu Jeschua zurück. Völlig verschwunden war ihre Angst, sie könne bei il-Umquh in Ungnade gefallen sein. Erst lange nachdem der Prophet sie verlassen hatte, wurde ihr bewußt, daß sie Zeit gewonnen hatte. Erst in einem halben Jahr, im Monat der nächsten Flut, würde wieder von ihr verlangt werden, sich mit der Gottheit zu vereinen. Bis dahin würde sie ohne Zweifel wieder in Marib sein.

Am folgenden Tag wurde die Königin von Saba wieder von Salomo zum abendlichen Mahl eingeladen. Sie hatte schon gehört, der König sei von der Verfolgung des Jerobeam, die ihn bis zur Grenze Ägyptens geführt hatte, zurückgekehrt, und so hatte sie bereits mit der Einladung gerechnet, denn das letzte gemeinsame Gespräch hatte Fragen offengelassen. Noch hatte der König sich nicht geäußert zu ihrer Absicht, Jerusalem in den Weihrauchhandel einzubeziehen, und auch sein Versprechen, zwei seiner Frauen zu Bilqis zu senden, damit die Salben aus Saba deren Jugendlichkeit bewahrten, hatte er bisher nicht eingehalten.

Eigentlich hatte sie die Absicht gehabt, den Überbringer der Einladung zu fragen, ob es dem Herrscher genehm sei, wenn sie Yafa Yafis und den Propheten mitbringe, damit das Gespräch über den Weihrauchhandel sachkundig geführt werde. Sie hatte dann doch auf die Frage verzichtet. Diese Zurückhaltung erwies sich als klug, denn was Salomo zu sagen hatte, war nicht für fremde Ohren bestimmt. Er wollte mit Bilqis einen seltsamen Vorfall besprechen, der ihn bedrückte.

Die Vision des Priesters Menachem

Salomo sagte: »Der Rebell Jerobeam ist entkommen. Ich habe ihn nicht gefunden, obgleich ich meinen Dschinnen befohlen habe, ihn zu suchen. Ich glaubte, mich auf die Geister verlassen zu können. Doch dann mußte ich feststellen, daß sie gar nicht aufgebrochen waren, den Ungehorsamen zu suchen. Die Dschinnen waren in ihren Verstecken in Jerusalem geblieben. Sie haben mir nicht gehorcht. Nie ist das bisher geschehen.«

Offenbar fühlte sich Salomo in seiner Würde als Herrscher verletzt. Bilqis fragte sich, warum ihr Salomo den für ihn recht schmählichen Vorfall erzählte. Den Grund hierfür erfuhr sie aus Salomos nächsten Worten:

»Nach meiner Rückkehr von der Verfolgung des Jerobeam befahl ich dem Auerhahn – den du ja kennst und der alles weiß –, mir auf Ehre und Gewissen zu sagen, warum mir die Dschinnen untreu geworden sind. Der Auerhahn kannte tatsächlich die Ursache. Für mich war sie eine Überraschung. Ich mußte feststellen, daß ich dich, o Herrscherin von Saba, unterschätzt hatte. Ich hielt dich wohl für eine gescheite Frau, doch keineswegs für mehr. Daß du Beziehungen zu den Geistern unterhältst, habe ich nicht geahnt. Der Auerhahn sagte mir ins Gesicht, alle Dschinnen, die es überhaupt gebe auf der Erde, warteten nur auf den Tag, an dem du ihnen Befehle erteilst.«

Nun war es an Bilqis, überrascht zu sein. Sie hatte nicht den Eindruck gehabt, daß der Zauberspruchherfinder und der Zauberspruchanwender ihre Untertanen sein wollten. Aus Verlegenheit entstand ihre Frage: »Hat der Auerhahn die Kühnheit überlebt, dir diese – wie du meinst – Wahrheit offen ins Gesicht zu sagen?

Salomo ging nicht darauf ein. Er erwiderte: »Der Auerhahn sagte mir, die Geister seien mir ohnehin nur aus Treue zu meinem Vater David gehorsam gewesen. Sie seien von David noch immer begeistert und sehnten sich nach seiner Zeit zurück. Den Dschinnen war die Rebellion des Jerobeam gerade recht. Sie hätten sich gefreut, wenn ich durch den Aufstand vernichtet worden wäre. Die Geister hätten in ihrer Zuneigung zu dir den Jerobeam fallen lassen und hätten dafür sorgen wollen, daß du, o Bilqis, zur Beherrscherin des jüdischen Volkes geworden wärst – obgleich du keine Jüdin bist. Doch unser Gott hat diesen Plan der Dschinnen zunichte gemacht.«

Da unterbrach Bilqis den König mit fester Stimme: »Du weißt, o Salomo, daß ich überhaupt keine Verbindung habe zu den Geistern deines Landes. Nur einige Dschinnen von Saba besuchen mich manchmal und reden mit mir. Doch meine Besucher kennen wiederum deine Geister nicht. Noch etwas anderes erscheint mir wichtig: Wie soll es denn geschehen sein, daß du, o Herrscher, in Ungnade gefallen bist bei deinen Dschinnen?«

Salomo antwortete: »Es gibt ein Sprichwort, das heißt: ›Das Neue ist des Guten Feind.‹ Das Neue bist du, die Fremde aus Saba, in deren Land die Dschinnen eine eigene Stadt haben, in der sie selbst regieren. Zwar bist du die Königin von Saba, doch deine Macht über die Geister übst du nicht aus. Sie sind deine Untertanen wie andere auch. Doch du bist den Dschinnen gegenüber gutmütig und nachlässig zugleich. Das hat sich herumgesprochen bei den Geistern unseres Landes. Sie versprechen sich durch dich mehr Einfluß und Macht. Sie nennen es Freiheit! Sie wissen auch, daß deine Mutter Dschinnin ist. Deshalb rechnen sie dich zu ihresgleichen. Ich aber bin nur der Sohn eines Vaters, der sich mit den Dschinnen gut verstanden hatte.«

Bilqis erkannte die Absicht, die Salomo mit diesem Gespräch verfolgte, noch immer nicht. Sie fragte deshalb ohne Umschweife: »Was willst du, daß ich tun soll?«

Lange dachte Salomo nach, dann sprach er: »Der Auerhahn hat mir die Bedingung übermittelt, unter der mir die Macht über die Dschinnen und die Zauberkraft erhalten bleibt. Sie lautet, ich müsse Macht und Zauberkraft mit dir teilen!«

Jetzt schwiegen beide, bis Salomo zögernd hinzufügte: »Der Auerhahn glaubt, daß die Dschinnen verlangen, ich müsse eine Dschinnin wie dich zur Frau nehmen.«

Empört stand Bilqis auf und fuhr den König an: »Was wagt der Vogel auszusprechen? Ich habe mich nie als Dschinnin gefühlt. Es stimmt, ich habe eine Dschinnin zur Mutter, doch ich bin ein Mensch wie du. Nur zweimal im Jahr bin ich viel mehr als du – die Vermählte einer Gottheit!«

Ihr Zorn steigerte sich noch, als ihr einfiel, daß derartige Forderungen der Dschinnen kaum denkbar seien. Bilqis glaubte plötzlich, Salomo habe sich dies als List ausgedacht, um sie in sein Bett zu bekommen. Wenn diese Annahme stimmte, war sie bereit, seine Hartnäckigkeit und seinen Einfallsreichtum anzuerkennen – doch ihm ihren Körper überlassen wollte sie nicht.

In derselben Nacht noch suchte Bilqis den Priester Menachem auf. Itamra hatte sich zuvor erkundigt, wo er zu finden sei, und sie hatte Bilqis auch schon angemeldet.

Bescheiden war die Kammer des Priesters in einem entfernten Teil des Palastes. Sitzend empfing Menachem die Königin. Er begrüßte sie mit den Worten: »Ich bin dabei, Sätze der Weisheit zu lesen, die Salomo für wert hielt, niedergeschrieben zu werden. Höre, o Königin, was er uns wissen läßt: ›Als König empfinde ich Abscheu vor jedem Unrecht. Nur durch Gerechtigkeit wird mein Thron vor dem Wanken bewahrt. Als König liebe ich diejenigen, die aufrichtig reden. Des Königs Antlitz hat freundlich zu sein. Seine Gnade ist wie der langerwartete Regen, der das Land fruchtbar macht.‹«

Bilqis sah Zeichen der Verwunderung im Gesicht des Priesters Menachem. Er ließ die beschriebenen Blätter sinken. Doch Neugierde trieb ihn, sie wieder vor seine Augen zu halten, um zu lesen – zuerst nur für sich, dann aber las er laut die Worte noch einmal: »›Diejenigen, die Gott mißachten, werden vernichtet werden. Die Sippe der Gerechten aber wird weiterleben. Gerecht ist die Sippe Davids. Weise ist Salomo.‹«

Wieder ließ der Priester Menachem die Blätter sinken. Er wandte den Kopf ab und blickte auf eine leere weiße Wand. Bilqis fühlte sich unbehaglich. Nicht länger wollte sie die Gedanken des Priesters stören. Doch dann blieb sie wie gebannt stehen. Sie hörte eine Stimme, die mächtiger war als die des Mannes Menachem, die sie zuvor vernommen hatte. Diese Stimme, die jetzt erklang, war tief und gewaltig. Sie dröhnte bedrohlich und brachte der Königin von Saba das Fürchten bei. Todesangst empfand sie bei diesen Worten:

»Als der Tempel gebaut war, da verdarben Salomos Frauen sein Herz, daß er Gefallen fand an fremden Göttern. Sie nutzten aus, daß er sie nicht auf die Art genießen wollte, wie es von Gott dem Mann vorgeschrieben ist, daß er Bräuche liebte, die den Tieren abgeschaut waren. Die fremden Frauen ließen ihn gewähren, gaben ihm ihre Leiber, daß er sie gebrauchte, wie es die Lust ihm eingab. Und während er sie nahm, wie es Gott mißfällt, versprach Salomo, die Götter der Frauen anzubeten. Es geschah, daß sein Herz nicht mehr allein Jahwe, seinem Gott, gehörte, so wie einst das Herz Davids, der ein treuer Diener Gottes war.

Salomo beging das Verbrechen, zuzulassen die Anbetung der Astarte, der Götzin, die in Sidon verehrt wurde. Salomo beging das Verbrechen, zuzulassen die Anbetung des Milkom, vor dem sich die Ammoniter niederwerfen. Salomo tat, was Jahwe mißfiel. Greulich waren seine Handlungen. Hatte David, sein Vater, Gott treu gedient und Jahwes Gesetze befolgt, so lud sich Salomo Schuld auf, als er auf den Höhen von Bethel dem Kamosch ein Götzenbild widmete, dem abscheulichen Tier, das die Moabiter verehren. Salomo ließ zu, daß Rauchopfer stattfanden für die Götzen Astarte, Milkom und Kamosch, weithin sichtbar auf den Hügeln.

Die Krönung von Salomos greulichen Verbrechen aber ist, daß er Bilqis, die sich Königin von Saba nennt, einer Tochter aus dem finsteren Geschlecht der Dschinnen, die sich fleischlich mit ihrem Gott il-Umquh vermischt, gestattet, in frevelhaft nackter Gestalt unter Gottes freiem Himmel aufzureizen und ihren Körper anzubieten. Bilqis, gezeugt im Reich der Geister, will verführen diejenigen, die an Gott glauben. Sie will den Samen der Unsittlichkeit einpflanzen in die Herzen derer, die Gottes Gebot befolgen. Salomos Herz war bereits verdorben durch die Frauen aus fremden Völkern, die ihn vor Bilqis zu Taten verleitet hatten, die Gott mißfielen. Der Tochter der Dschinnen genügt dies nicht.

Sie pflanzt in Salomos Herz den Samen der Unterwerfung unter die Gesetze der Hölle. Bilqis will, daß die Hölle siegt. Sie beherrscht sein Gemüt. Sie wirft ein Netz des Zaubers über ihn, das ihn nicht mehr losläßt. Salomo wehrt sich nicht. Er ist der Dschinnentochter Bilqis verfallen. Salomo tut, was Gott mißfällt, obgleich Gott ihm zweimal erschienen ist, um ihn zu warnen vor der Hinwendung zu anderen Göttern. Salomos Verbrechen besteht darin, daß er nicht gehalten hat, was Jahwe ihm befahl.«

Bilqis wollte aus der Kammer des Priesters fliehen, doch

sie konnte sich nicht bewegen. Sie wollte schreien, doch ihr Mund öffnete sich nicht. Sie stand unter dem Zwang, dem Priester Menachem zuzuhören, dessen Stimme ihr in den Ohren gellte. Sie vernahm diese Prophezeiung:

»Eines Tages wird geschrieben stehen von Salomo und Bilqis, die alle Zeichen mißachtet haben, die Gott Jahwe gesetzt hatte: ›Die Strafe Jahwes hat sie ereilt. David zuliebe, der Jahwe treu ergeben war, setzte Gott die Strafe für Salomo bis nach dessen Tod aus. Bilqis aber ereilte die Strafe noch zu Lebzeiten.‹ Dies wird geschrieben stehen von Salomo und Bilqis.«

Nun schwieg der Priester Menachem. War der Klang seiner Stimme für Bilqis unerträglich gewesen, so erschreckte sie jetzt die Stille. Menachem rührte sich nicht. Er blickte noch immer zur leeren weißen Wand. Offenbar sah Menachem auf dieser Wand die Zukunft. Sie hielt ihn in Bann. Die Gegenwart der Königin von Saba nahm er nicht mehr wahr.

Bilqis aber wurde einbezogen in das Geschehen, das der Priester sah. Auch ihre Augen waren nun der leeren Fläche zugewandt. Sie sah Umrisse, Gestalten, Pferde, Kamele, Menschen. Sie begannen sich zu bewegen. Immer besser war das Bild zu erkennen, immer schärfer. Erst waren die Farben nur schwach, dann wurden sie kräftiger. Bilqis sah König Salomo. Er war älter geworden, doch noch immer kraftvoll. Er trug eine Last auf beiden Armen. Es war ein Körper, von den Füßen bis zum Hals in ein weißes Tuch verhüllt. Das Gewebe war dünn. Es ließ erkennen, daß Salomo eine Frau trug. Ihr Gesicht war unbedeckt. Das Haar fiel fast bis auf den Boden herab. Immer deutlicher wurden die Gesichtszüge. Bilqis begriff, daß ihr eigener Körper zu sehen war, leblos. Die Königin von Saba sah sich selbst auf dem Weg zum Begräbnis. Sie sah Salomo, der voll Trauer war und doch nicht weinte. Leicht trug er an ihrem Leichnam. Da war eine Grube ausgehoben im Sand. Sie war nicht tief, denn der fließende Sand füllte die Furche im Boden nach kurzer Zeit auf. Bilqis sah, wie der Leichnam aus den Armen des Salomo in die flache Grube glitt. Er lag da, bedeckt vom dünnen weißen Tuch, das den Blick freigab auf die Schönheit der Frau. Bilqis starrte auf die Tote und sah, wie der Wind mit dem dünnen Tuch zu spielen begann. Erst wurde es an den Beinen hochgehoben, dann lagen Schoß, Bauch und Brüste frei. Ein Windstoß wehte das leichte Gewebe schließlich ganz empor. Es flatterte in die Luft und blieb bald darauf an einer Mauer hängen, die aussah wie der Wall einer Stadt. Noch einmal blickte Bilqis auf die Tote. Sie war kaum mehr zu erkennen. Der Wind blies Sand auf den Körper. Das Bild verblaßte, bis die weiße Fläche der Wand wieder leer war.

Da sprach der Priester Menachem: »Und es wird auch geschrieben stehen: ›Er begrub sie unter den Wällen von Palmyra.‹« Bilqis bemerkte, daß sie sich wieder bewegen konnte, daß ihr vor Angst erstarrter Körper zu leben begann. Ohne Gruß verließ sie die Kammer des Priesters.

Beim Gang über den Hof, der den Kamelen als offener Stall diente, spürte sie, daß Unruhe die Tiere gepackt hatte. Sie wälzten sich auf dem Boden, bäumten sich auf und schlugen die Köpfe auf die Erde. Derartiges hatte Bilqis nie bemerkt. Hell war der Hof vom Schein des Mondes beleuchtet. Die Königin von Saba betrachtete die volle, runde Scheibe und war überzeugt, daß ihre Strahlen die Unruhe der Kamele ausgelöst hatten. Das Licht des Mondes erhellte sogar noch die Gänge des Palastes. Leicht fand Bilqis den Weg zu ihrem Raum.

Auf dem Lager hatte sich Makeda ausgestreckt. Sie schlief auf dem Rücken liegend. Die goldene Kette glänzte besonders auffällig. Dafür hatte Makeda selbst gesorgt: Eine Öllampe stand zwischen ihren weit gespreizten Beinen. Bilqis besah sich den verlockenden Anblick eine Weile, doch dann entfernte sie die Öllampe. Das Spiel der Lust konnte in dieser Nacht ihre Sinne nicht fesseln. Der Gedanke an die Bilder ihres Begräbnisses ließ sie nicht los. War das ihr Schicksal, begraben zu werden unter den Wällen von Palmyra, weit entfernt von ihrer Hauptstadt Marib – nackt im Sand? Sie wiederholte die letzten Wort des Priesters: »Und es wird auch geschrieben stehen: ›Er begrub sie unter den Wällen von Palmyra.‹«

Zu ihrer Verblüffung betrat am Morgen der Priester Menachem ihren Raum. Niemand hatte ihn angekündigt, was Bilqis sehr erstaunte. So war es nicht zu vermeiden, daß sie noch im Wasser des »ehernen Meeres« lag. Makeda war eben dabei, das Feuer neu anzuschüren, das unter dem gewaltigen Kessel brannte. Der Schreck über das Erscheinen des Priesters war ihr anzusehen, als sie aus dem Raum rannte. Die Königin drehte sich auf den Bauch, blickte über den Beckenrand und wartete, was der Priester zu sagen hatte.

Menachem benahm sich, als ob ihn das Ungewöhnliche seines Zusammenseins mit einer badenden Frau nicht berührte. Er begann sofort zu sprechen: »O Königin des Landes weit im Süden! Du hast in dieser Nacht Worte gehört, die dich betroffen gemacht haben, und du hast gesehen, was anderen verborgen bleibt. Mein Gewissen aber sagt heute morgen, daß Gott Jahwe ändern kann, was er zuvor bestimmt hat. Dein Verhalten kann sich ändern und damit auch das Schicksal, das dir bestimmt ist. Wenn du Jerusalem bald verläßt und zurückreitest in das Land Saba, wird Gott nicht wollen, daß du unter den Wällen von Palmyra bestattet wirst. Doch nicht, um dich zu retten vor einem schmählichen Ende, bestürme ich dich, den Entschluß zur Heimkehr zu fassen, sondern um Salomo vor dem Untergang seiner Sippe zu bewahren. Gott Jahwe hat beschlossen, Salomo erst nach seinem Tode für seine Taten zu bestrafen, die Gott mißfielen. Doch diese Strafe trifft nicht nur ihn, sondern das gesamte Volk. Deshalb bitte ich dich, rette dich selbst, vor allem aber rette uns! Wenn du Salomo verläßt, kann er aus seiner Sünde erwachen. Sein Gewissen wird wieder lebendig. Er vergißt die fremden Götter und verehrt den Gott, dem sein Vater David treu gedient hat.«

Da schüttelte sich der Körper der Königin. Sie empfand plötzlich Kälte. Sie verabscheute diesen Priester Menachem und seine Überzeugung, nur er habe recht. Nicht länger wollte sie im Wasser bleiben und schickte sich an herauszusteigen. Dies wäre nicht einfach gewesen, da keine Sklavin anwesend war, um als Fußbank zu dienen. Doch ehe sie sich zum Beckenrand hochgehoben hatte, begriff der Priester, was er getan hatte. Er war mit Gewalt in das Gemach einer fremden Frau eingedrungen. Für ihn, den Priester, war seine Handlung ein Verbrechen, das so schwer wog, als hätte er die Frau mit Gewalt gezwungen, sich ihm hinzugeben. Vor Entsetzen über sich selbst floh er in seine Kammer.

Makeda kam zurück. Sie trocknete die Haut ihrer frierenden Herrin ab. Bilqis stand aufrecht, leicht schwankend, als ob sie nicht bei vollem Bewußtsein wäre. So geschah, was nie vorgekommen war: Sie erlaubte der Sklavin, sie so zu berühren, daß die Lust Erfüllung fand. Als ihr Bewußtsein wieder klar war, wußte sie, daß sie nicht länger in Jerusalem bleiben konnte. Sie empfand jetzt sogar die Luft in ihrer Kammer als vergiftet. Sie wollte fliehen vor dem Priester, vor Salomo.

Noch am selben Morgen befahl Bilqis, die Karawane so auszurüsten, daß sie am folgenden Tag aufbrechen konnten. Dem König Salomo ließ sie mitteilen, daß sie seine Gastfreundschaft nicht länger ausnutzen wolle. Sich mit ihm Macht und Zauberkraft zu teilen, sei ihr derzeit nicht möglich. Noch weniger könne sie den Wunsch der Geister erfüllen, die Frau des Salomo zu werden. Eine Antwort erhielt Bilqis nicht.

Niemand stand der Karawane im Weg, als sie am anderen Tag die Stadt Jerusalem verließ. Niemand verfolgte sie auf dem

Weg hinunter nach Gaza, um Bilqis zurückzuholen. Die Karawane wandte sich von Gaza aus nach Beersheba in der Wüste und weiter nach Retzet und Ezjon Gever. Einen längeren Aufenthalt ordnete die Königin in der Schlucht von Petra an. Dann folgte der beschwerliche Pfad durch die Wüste.

Die Karawane begegnete anderen Karawanen, die unterwegs waren in Richtung Gaza. Die Karawanenführer wußten Neues zu berichten aus Marib, der Hauptstadt des Reiches Saba: »Es herrscht Verwirrung im Land. Zwar hat die Königin von Saba allem Anschein nach die Vereinigung mit Gott il-Umquh vollzogen, doch hat niemand sie gesehen. Keiner der Untertanen hat mit ihr geredet. Die Pforten ihres Palastes sind verschlossen. Die Pflichtbewußten, die beim Eintauchen ins Wasser des Sees der Flut anwesend waren, beginnen inzwischen zu zweifeln, ob die Vermählung der Königin mit dem Gott wirklich stattgefunden hat.« Viel schlimmer noch als diese Verwirrung aber sei, daß auch der Prophet verschwunden sei. Er habe die Aufgabe, die Weihrauchharze an die Karawanenführer gerecht zu verteilen. Niemand außer dem Propheten Harith sei in Marib berechtigt, die Lager der Harze zu öffnen. Die Kaufleute seien gezwungen, ihre Ware unmittelbar bei den geheiligten Sippen einzukaufen, denen die Pflege der Weihrauchbüsche anvertraut war. Sie hätten immer schon ohne Wissen des Propheten Harz für sich behalten. Wer Harz in namhafter Menge besitze, der nutze nun die Lage aus und verlange dafür mehr Gold als je zuvor.

Bilqis mußte sich auch sagen lassen, daß ihr allein die Schuld gegeben werde an den Mißständen im Königinnenreich Saba. Sie vernachlässige ihre Pflicht, durch ihre Anwesenheit den Untertanen die Sicherheit zu geben, daß das Land in einer von Gott il-Umquh zum Nutzen aller bestimmten Ordnung lebe.

Nachdenklich setzte sich die Königin abseits von den anderen auf einen Teppich. Sie dachte über den Schaden nach, den sie ihrem Land zugefügt hatte, und darüber, wie er wieder zu beheben sei. Es war eine Nacht, in der die Sichel des Mondes lange ausblieb. Die Sterne konnten deshalb ihre Pracht über den Himmel ausbreiten. Nie in ihrem Leben hatte sich die Königin von Saba mit den Erscheinungen am nächtlichen Himmel beschäftigt. In dieser Nacht aber lernte sie die Schönheit des Firmaments kennen. Sie staunte über die Vielfalt der Himmelserscheinungen. Ganz besonders ein Sternbild zog immer wieder ihren Blick an: Vier Sterne bildeten ein Viereck – in seiner Mitte waren drei Sterne in einer Linie zu erkennen. Bilqis nahm an, sie stellten einen Gürtel dar.

Verglich sie dieses Sternbild mit anderen, so erschien es ihr als das hellste am Himmel. Eng verbunden mit ihm war ein einzelner Stern von starker Leuchtkraft. Auf einmal spürte die Königin von Saba, daß eine Kraft von dieser eigentümlich geordneten Sterngruppe ausging – eine Kraft, die sie berührte, zu der sie sich besonders hingezogen fühlte.

Während der langen Reise verbrachte sie viele Nachtstunden unter diesem Sternbild, von dem sie nicht wußte, ob es einen Namen trug. Sie blickte zu ihm auf. In ihr wuchs die Überzeugung, sie könne ihm ihr Leben und Schicksal anvertrauen. Doch dann erschrak sie – es durfte nie geschehen, daß sie Gott il-Umquh vergaß.

Als Bilqis am Abend eines anstrengenden Tages zwischen ihren lagernden Dienerinnen und Dienern auf und ab ging, um ihre Glieder zu lockern, bemerkte sie im Schein eines niederen Feuers ein Gesicht, das ihr bekannt vorkam. Da saß ein junger Mann neben dem Propheten. Die beiden unterhielten sich. Bilqis trat auf sie zu, um festzustellen, ob sie den Mann wirklich kannte. Der Prophet bemerkte die Neugierde der Königin und sprach:

»Dies, o Bilqis, ist Jeschua, der junge Mann, der dich zum salzigen Meer gebracht hat. Er sagte mir, daß Salomo ihm befohlen habe, dich nach Marib zu begleiten. Ihm sei vom König eingeschärft worden, sich erst nach vielen Reisetagen bemerkbar zu machen. Der König war besorgt, du würdest das Geschenk sonst nach Jerusalem zurücksenden.«

Sogleich hatte Bilqis wieder die Bilder von jenem Morgen im Tal des salzigen Meeres vor Augen. Sie hatte eine angenehme Erinnerung an die Art, wie dieser junge Mann sie gewaschen und abgetrocknet hatte. »Wenn du Jeschua bist«, sagte sie, »dann sei mir willkommen.« Darauf erhob sich der junge Mann. Bilqis nahm ihn bei der Hand und führte ihn zu ihrem eigenen Feuer.

Bereitwillig erzählte Jeschua, Salomo selbst habe ihm den Befehl gegeben, sich der Königin von Saba als Sklave zu übergeben und alles zu tun, was der Herrin Freude mache – selbst wenn es sein Leben kosten sollte. Der König habe gesagt, das Glück der Königin müsse künftig sein Lebensziel sein.

Bilqis wollte nun wissen, welche besonderen Fähigkeiten Jeschua besitze. Seine Antwort war: »Ich habe es gelernt, den Körper eines Mannes zu pflegen.«

Die Königin fragte: »Du meinst den Körper des Königs Salomo?« Der junge Mann bejahte. Die Neugierde der Frau war geweckt. Sie forderte Jeschua auf zu erzählen, wie er am salzigen Meer seinem Herrn gedient habe. Dies ist sein Bericht:

»Der König hat mir befohlen, alle deine Wünsche zu erfüllen – also auch diesen. Es geschah jeden Monat einmal, daß der König anordnete, ich solle sein Bad im salzigen Wasser vorbereiten. Nach Mitternacht ritt ich hinunter ins Tal. Ein zweites Maultier trug ein zusammengefaltetes Zelt. Dieses stellte ich noch vor Sonnenaufgang auf. Es mußte immer direkt am Ufer stehen. Dann entkleidete ich mich bis aufs Hemd und wartete die Ankunft des Königs ab. Er kam, immer äußerst pünktlich, sobald sich die Sonne über Ammon und Moab erhob. Allein traf er ein. Seine Bewachung war auf den letzten Hügeln zurückgeblieben.

Salomo betrat das Zelt und zog sich ebenfalls bis aufs Hemd aus. Dann stieg er ins Wasser. Da er vertraut war mit dessen Eigenheiten, fand er im salzigen Meer viel Vergnügen. Er achtete allerdings darauf, nicht zu lange im Wasser zu bleiben. Sobald die Sonne eine Handbreit über den Bergen von Moab stand, watete er ans Ufer zurück. Solange er unter freiem Himmel stand, behielt Salomo sein Hemd an. Die Männer unseres Volkes zeigen sich nie im Freien nackt. Erst im Zelt zog Salomo das Hemd aus. Er legte sich dann auf einen Teppich, den ich ebenfalls mitgebracht und am Boden ausgebreitet hatte.

Noch ehe Salomo das Wasser verlassen hatte, war ich ebenfalls nackt. Es war sein Wunsch, daß ich kein Härchen am Körper trug – auch nicht auf dem Schoß. Am Tag vor dem Bad des Herrschers war ich damit befaßt, diese Haare zu entfernen. Der König wollte, daß ich wie ein unreifer Knabe aussah.«

Während Bilqis sich noch wunderte, daß ihr dies überhaupt nicht aufgefallen war, erzählte Jeschua weiter:

»Von Salomos Körper wusch ich erst das Salz, dann trocknete ich ihn ab. Jetzt folgte die Hauptsache: Ich salbte Salomo mit Palmöl ein. Darin war allerdings etwas gemischt, das ein Geheimnis eines Mannes am Königshof ist, der nur die eine Aufgabe hat, die Gesundheit Salomos zu bewachen. Ich glaube, dem Geheimnis schon auf der Spur zu sein. Der Geruch der Salbe hat mich darauf gebracht. Dein Bad im salzigen Wasser war so kurz, daß du die dunkelbraunen und schwärzlichen Klumpen nicht bemerken konntest, die dort immer schwimmen und die – wenn man sie anfaßt – schmierig und fettig wirken. Du wirst es kaum glauben, o Herrin: Diese Klumpen sind so wertvoll wie das Weihrauchharz, das aus deinem Lande kommt.

Den Namen dieser Klumpen kenne ich nicht«, fuhr Jeschua fort, »denn mit ihnen sind nur ganz bestimmte Männer befaßt, die mit Kähnen über das salzige Meer fahren, um sie aufzufischen. Die Männer haben Tonkrüge dabei, dies habe ich vom Ufer aus erkannt, und ich weiß, daß sie darin die Brocken befördern. Einmal habe ich einen solchen Tonkrug in Jerusalem gesehen, im Hause des Mannes, der Salomos Gesundheit bewacht. Da stand der Krug auf einer flachen Schale. Das Äußere des Kruges war überzogen von Tropfen einer fettigen Flüssigkeit. Sie waren offenbar durch die Wand des Tonkruges gedrungen und glitten nun langsam den Krug hinunter und in die Schale hinein. Im Raum, in dem der Krug stand, roch es so, wie das Palmöl riecht, mit dem ich Salomo salbte, und dieses Palmöl roch wiederum so wie die schwärzlichbraunen Brocken des salzigen Meeres. König Salomo, o Königin, hat mir übrigens erlaubt, einen Topf dieser Salbe mitzunehmen. Sie ist zur Pflege deines Leibes bestimmt. Ein Wort von dir genügt, und ich bin bereit, dich zu pflegen.«

Bilqis war der Gedanke nicht unangenehm, der junge Mann werde sie zu Hause, im Palast von Marib, mit Salomos Salbe einreiben. Sie nahm sich vor, ihm die Aufgabe ihrer Bedienung im Bad zu übertragen.

Während der Tage und Wochen des Kamelritts durch die Wüste verloren sich ihre Gedanken an Salomo. Da sie sich ihrer Gefühle zum König nicht sicher war, verdrängte sie die Erinnerung. Sie bedauerte auch nicht mehr, ihr Ziel nicht erreicht zu haben, Jerusalem in den Weihrauchhandel einzubeziehen.

In der Trostlosigkeit der weiten Wüste freute sich Bilqis während der heißen Stunden von Tag zu Tag mehr auf den Anbruch der Abenddämmerung und auf das erste Aufblitzen der Sterne. Sie erlag dem Zauber des nächtlichen Firmaments, dessen Lichter dem Betrachter nirgends so nahe sind wie in der Wüste. Nicht die Spur eines Dunstes verschleierte die Strahlen. Während der langen Reise nach Marib wurde für Bilqis der Himmel wichtiger als die Erde. Nachts waren ihre Gedanken von dem einen gewaltigen Sternbild eingefangen. Immer stärker wurde ihr Empfinden, es wache über sie, so daß ihr nichts geschehen könne.

ZWEITER TEIL
DER REGENBOGEN

Zur späten Abendstunde kamen sie in der Hauptstadt an. Den Zeitpunkt hatte der Prophet gewählt, der den Jubel der Einwohner vermeiden wollte und meinte, ein unauffälliges Verhalten der Heimkehrer sei angebracht – es müsse der Eindruck entstehen, ihre Abwesenheit sei ein ganz unbedeutender Vorfall im Geschehen des Landes gewesen.

Da Marib keine Festungsmauern besaß, mußte für die Karawane auch kein Tor geöffnet werden, unbehindert konnte sie einziehen. Überdies lag der Palast in einem Teil der Stadt, in dem nur wenige Häuser standen. So bemerkten nur einige der Untertanen, daß die Herrscherin wieder eingezogen war.

Noch in dieser Nacht erhielt Bilqis, die allein auf den Polstern lag, Besuch von ihrem Vater Hadad. Sie hatte eben im Dunkeln die Augen geschlossen, da sah sie ihn deutlich vor sich. Sein Gesichtsausdruck war besorgt. Hadad begann sofort zu sprechen:

»Es ist klug, o Tochter, daß du dich zur Heimkehr entschlossen hast. Es ist höchste Zeit zur Erprobung deiner Macht und deiner Kraft – und zwar nicht in Marib, sondern in der Stadt der Dschinnen. Setze deinen Propheten zum Regenten ein und mache dich auf zur Jagd. Sie führt unweigerlich zum Ziel!« So rasch, wie er gekommen war, verschwand Hadad wieder.

Im Morgengrauen saßen ein Dutzend Auerhähne dicht gedrängt in der Fensteröffnung von Bilqis' Schlafgemach. Verwundert war die Königin, denn sie sah keine Papyrusblättchen in den Klauen der Vögel. Wie konnten sie sich ihr verständlich machen? Der König von Jerusalem wußte doch, daß sie die Sprache dieser Vögel nicht verstand – wie konnte Salomo sie als Sendboten schicken? Da bemerkte sie, daß jeder von ihnen eine winzige Rolle dünner Seide im Schnabel trug. Der erste Auerhahn ließ sogleich seine Seidenrolle fallen, und Bilqis griff nach ihr. Da las die Königin, was darauf in überaus feiner Schrift geschrieben stand:

»Dies ist das Vermächtnis des Salomo an Bilqis,
Königin von Saba.
Ich nahm mir Frauen aus jedem Land,
Zu zählen waren sie nicht.
Ich ritt zum König der Jebusiter,
Da sah ich ein Weib, das meine Lust erregte.
Ich ritt zu ihren Priestern und bat um das Mädchen.
Da sprachen die Priester: ›Willst du auf dein Lager sie haben,
Dann bete zu unseren Göttern, zum mächtigen
Raphan und zu Moloch.‹«

Hier war die Schrift zu Ende, die auf dem Seidentuch des ersten Auerhahns geschrieben war. Da ließ der zweite Auerhahn sein Tuch fallen. Auf ihm las Bilqis, was Salomos Gewissen belastete:

»Fünf dicke Heuschrecken brachte die Jungfrau mit.
Sie sprach: ›Nicht lege ich mich zu dir,
Daß du mich zur Frau machst,
Wenn du nicht diese Heuschrecken mit der Hand zerdrückst,
Damit ihr Blut fließt
Im Namen des mächtigen Raphan und des starken Moloch.‹«

Der dritte Auerhahn ließ nun sein Seidentuch fallen. Bilqis griff gierig danach und las:

»Groß war meine Sehnsucht nach der Jungfrau.

Ich vergaß, was Gott befohlen hatte.
Wie von Sinnen nahm ich die fünf fetten Heuschrecken
Und zerdrückte sie
Im Namen des mächtigen Raphan und des starken
Moloch.«

Auf dem vierten Seidentuch waren diese Worte geschrieben:

»Von meinen Fingern und Handflächen troff das Blut.
Da löste die Jungfrau ihren Gürtel
Und stand bald unverhüllt vor mir.
Sie verlangte, daß ich das Blut
Auf ihre Brüste streiche
Im Namen des mächtigen Raphan und des starken
Moloch.«

Bilqis zögerte, ob sie weiterlesen sollte. Sie empfand Ekel vor dieser Geschichte. Da flog von der Fensterbank der fünfte Auerhahn herunter und legte ihr sein Seidentuch in die Hand. So zwang er Bilqis weiterzulesen.

»Ich handelte, wie sie verlangte.
Rot waren ihre Brüste.
Blut tropfte auf ihren Bauch.
Sie legte sich und sprach:
›Im Namen des mächtigen Raphan und des starken
Moloch.‹«

Von selbst griff nun Bilqis nach dem sechsten Seidentuch und las:

»Sie zeigte ihren Schoß,
Auf ihm lagen sieben Tropfen Blut
Geordnet wie ein Sternbild,
Das mich wie durch Zauber anzog.

Die Sinne schwanden mir völlig.
Ich legte mich auf die Jungfrau
Und drang in sie ein.
Im Namen des mächtigen Raphan und des starken Moloch.«

Da stutzte Bilqis. Sieben Blutstropfen, die aussahen wie sieben Sterne? Aus sieben Sternen bestand das Sternbild, das ihre Gedanken gefangenhielt. Es übte offenbar auch Zauber auf Salomo aus. Verbanden die Sterne sie und den König? Jetzt unterbrach der siebte Auerhahn ihre Überlegungen. Er verließ die Fensteröffnung und brachte sein Tuch. Es enthielt diese Worte:

»Fortan war Gottes Geist mir entzogen.
Seit jenem Augenblick war ich wie ein Rohr im Wind.
Es glichen meine Reden leeren Sprüchen.
Wenn ich von Gott sprach,
Glaubte ich selber nicht daran.
Und Gottes Herrlichkeit wich ganz von mir.«

Das Seidentuch des achten Auerhahns war mit diesen Sätzen beschrieben:

»Es war mein Geist verdunkelt.
Ich glaubte an die Götzen, nicht an Gott.
Ich opferte dem Raphan und dem Moloch.
Gepackt von den Dämonen war mein Geist.«

Ergriffen las Bilqis die Worte, die auf dem neunten Tuch standen:

»Ich war der Knecht des Dämons aus dem Salzmeer.
Daß ich den Tempel einst erbaute, vergaß ich selbst.
Der Dämon hat die Erinnerung ausgelöscht.«

Noch dreimal brachte ein Auerhahn sein Tuch – und Bilqis erfuhr, warum König Salomo ihr sein Vermächtnis durch die Vögel hatte überbringen lassen:

»Deshalb schreib' ich dies Testament hier nieder,
Daß du, o Bilqis, siehst, was ich verbrochen.
Verzeihung kann ich nur erfahren,
Wenn du zurückkehrst und mich führst,
Wenn du und ich im Tempel uns verneigen.
Vor Gott, dem wahren Herrn und Meister,
So daß wir Gnade finden.
Die Vögel schickt' ich los, um dich zu holen.
Sie sind als treue Diener mir geblieben.
Vertraue ihnen an, was du mir schreiben willst.«

Bilqis sah den Auerhähnen nach, die sich auf die Äste eines Baumes setzten. Offenbar warteten sie darauf, daß Bilqis ihnen eine Antwort an den König übergebe. Doch Salomo zu schreiben, war jetzt nicht im Sinn der Königin – zu verwirrend war, was sie erfahren hatte.

Bilqis ließ den Propheten kommen und gab ihm den Auftrag, den Weihrauchhandel wieder zu ordnen. Harith sagte ihr, mit großer Anstrengung sei die frühere Ordnung wiederherzustellen. Die Karawanen seien in den letzten Monaten meist ausgeblieben, weil die Kaufleute kein Harz hätten bekommen können. Die beste Maßnahme sei es wohl, die Preise zu senken.

Verwundert war der Prophet, daß sich Bilqis entschloß, noch am Nachmittag auf die Jagd zu reiten. Harith sagte, nie habe die Königin überhaupt den Wunsch gehabt zu jagen. Er gab ihr den Rat, bis zum nächsten Tag zu warten. Ihr Vater, König Hadad, der ein erfahrener Jäger gewesen sei, habe es nie gewagt aufzubrechen, wenn die Hälfte des Tages schon vergangen war. Die Königin nahm den Ratschlag an.

Bilqis' erste Begegnung mit der Dschinnenstadt

Am frühen Morgen ritt Bilqis los – allein und ohne Pfeil und Bogen. Sie wußte nicht, welche Richtung sie einzuschlagen hatte. Es war Zufall, daß sie dem Sonnenaufgang entgegenritt. Zuerst bewegte sich das Pferd eher zögernd, dann aber schien es das Ziel zu wittern. Bilqis fragte sich, ob es früher wohl den König Hadad getragen hatte und sich deshalb an den Weg erinnerte. Sie war eben in Gedanken verloren, als sie einen Löwen sah, der einen Wolf verfolgte, der wiederum hinter einer Gazelle herhetzte.

Bilqis trug keine Waffe bei sich, um die Tiere zu erlegen. Sie überholte erst den Löwen und dann den Wolf – nur die Gazelle konnte sie nicht erreichen. Die Königin durchritt Schluchten, ließ ihr Pferd über Felsen springen. Sie durchquerte reißende Flüsse und erklomm Berge. Dorniges Buschwerk zerriß ihr die Kleider. Die Sonne versengte ihr Gesicht. Sie litt unter Hunger und vor allem unter Durst. Es wurde Abend, und noch immer ritt sie hinter der Gazelle her, die nicht müde wurde.

Als die Sonne am Rand der Erde in das Dunkel hinabtauchte, befand sich die Königin in einer riesigen Wüstenebene. Da wurde ihr bewußt, daß ihr alles, was sie jetzt erlebt hatte, schon einmal erzählt worden war. Und sie begriff, daß mit ihr geschah, was mit ihrem Vater geschehen war. Da war die Dattelpalme, die es zuvor nicht gegeben hatte. Sie bemerkte die Palme erst, als sie sich an ihren Stamm lehnte. Dann fielen ihr die zahlreichen Dattelpalmen ringsum auf und die vielen fruchttragenden Bäume. Da wuchsen tatsächlich Orangen, Äpfel, Zitronen, Mandeln und Granatäpfel und pralle Melonen.

Bilqis erinnerte sich daran, daß ihr Vater Hadad in eine der Melonen mit seinem Schwert ein Loch geschlagen hatte, um ihren Saft trinken zu können. Sie bedauerte, kein

Schwert bei sich zu tragen, denn der Durst plagte sie noch immer.

Einen Garten wie diesen hatte Bilqis weder in Marib noch in Jerusalem je gesehen. Helle Lichter erregten nun ihre Aufmerksamkeit. Zuvor war es sehr rasch dunkel geworden. Jetzt aber herrschte strahlender Glanz zwischen den Dattelpalmen und Obstbäumen. Die Helligkeit kam aus Häusern, die aus feinstem Silber geformt zu sein schienen. Groß waren diese Häuser und breit gelagert. Manche sahen trutzig aus, wie Türme, andere besaßen eine zarte Gestalt. Überall erkannte Bilqis plätschernde Brunnen. Aus einigen stiegen Fontänen auf, bei anderen fiel der Wasserstrahl aus Röhren herunter. Das Wasser floß in Bäche und Teiche. Die Luft war angenehm kühl.

Bilqis war damit beschäftigt zu staunen. Sie nahm lange nicht wahr, daß König Hadad vor ihr stand, ihr Vater. Endlich sprach sie ihn an: »Deinen Ruf habe ich vernommen, o Vater. Wegen dir bin ich gekommen.«

Hadad antwortete: »Zum erstenmal betrittst du die Stadt der Dschinnen, die sich dir unterwirft. Die Geister warteten auf deine Ankunft. Es war deine Mutter, die dich durch ihre Vorstellungskraft angelockt hat. Ich war nur ihr Werkzeug.«

Auf einmal sah Bilqis neben Hadad eine Frau. Die Königin konnte sich nicht erklären, wie sie plötzlich aus dem Nichts erschienen war. Sie besaß eigentümlichen Reiz. Ihr Gesicht war von feinen Zügen geprägt. Ihr Körper war unter einem dünnen Gewand zu ahnen.

Hadad fragte: »Bist du blind? Erkennst du sie nicht? Du bist den ganzen Tag hinter ihr hergeritten. Erst rannte sie dem Löwen davon, dann dem Wolf und schließlich dir. Eingeholt hat sie keiner, und was auch geschieht, es wird sie nie jemand einholen. Sie war die Gazelle. Sie hat dich über Berg und Tal gehetzt – so wie einst mich. So wie jetzt vor dir, stand sie einst vor mir, und ich entflammte in Liebe. Sie ist eine Dschinnin aus uraltem Geschlecht. Sie hat sich verändert seit damals. Ihr Blick war hart und kalt gewesen. Es war ihr Leib, der meine Sinne packte. Für einen Augenblick hat ihr Vater, König Nagab, dafür gesorgt, daß ich ihn zu sehen bekam. Ich war dieser Frau verfallen. Wir haben dich gezeugt.«

Hadad nahm seine Tochter bei der Hand, um sie in die Stadt der Dschinnen zu führen. Noch ehe Bilqis einen Schritt machte, sah sie, daß Flammen ihre zerrissenen Kleider verzehrten. Obgleich die Feuerzungen an ihrem Körper hochzuckten, empfand sie keinen Schmerz und keine Hitze. Sie hatte auch das Gefühl, nur einen Augenblick lang nackt zu sein, dann streifte sich ihr wie von selbst ein Kleid über, das aus goldenen Fäden gewirkt war.

Freude erfüllte Bilqis, als sie die Stadt betrat. Sie atmete den Duft des Weihrauchs ein, der die Straßen durchzog. Sie hatte das Empfinden, nicht mehr zu gehen, sondern zu schweben. Hadad strebte mit ihr auf ein großes Tor zu, von dem sie annahm, es sei der Eingang zum Palast des Dschinnenkönigs. Bilqis hatte den Eindruck, das Gebäude sei mit Leben erfüllt. Sie nahm Gestalten wahr, die meist würdig aussahen. Ihre Aufmerksamkeit wurde jedoch angezogen von einem Fluß, der mitten durch den Palast herunterstürzte. Er bildete einen gewaltigen Wasserfall. Mächtig schäumten die Wasser beim Aufprall auf die Oberfläche eines Sees – doch kein Getöse war zu hören.

Bilqis erinnerte sich, daß ihr Prophet alles genau so beschrieben hatte, wie sie es nun vorfand – und sie bewunderte einmal mehr seine Fähigkeiten, zu erkennen, was in der Vergangenheit geschehen war.

Zwei Gestalten traten auf Bilqis zu, sie war selbst überrascht, die beiden zu erkennen. Der eine war Jathil, der Zauberspruchfinder, der andere Jesmach, der Zauberspruchanwender. Sie schienen befriedigt, wenn nicht gar erfreut zu sein, daß sich Bilqis im Palast des Dschinnenkönigs befand. Die Königin von Saba aber erinnerte sich, daß die beiden versucht hatten, sie in eine Falle zu locken mit der Lüge, ihr Vater liege im Sterben.

Sie wollte sich an den beiden mit dem Ausdruck der Verachtung vorbeibewegen, doch sie stellten sich ihr in den Weg. Jathil, der Zauberspruchfinder, sagte: »Das haben wir nicht verdient, o Herrin, daß du uns verächtlich behandelst. Du bist in einem Irrglauben befangen, wenn du der Meinung bist, durch uns beinahe Opfer einer Verschwörung geworden zu sein. Wir wollten dich nicht in unsere Gewalt bringen – im Gegenteil: Wir wollten uns dir unterwerfen. Unsere List ist mißlungen in deinem Gemach in Jerusalem. Es war ein Fehler zu sagen, dein Vater liege im Sterben. Du wußtest schon zu sehr Bescheid über unsere Schwächen und Stärken. Wisse, o Königin, wir wollten dich ins Reich Saba holen, weil wir dich brauchten und immer noch brauchen. Hier in der Geisterstadt hat ein Aufstand stattgefunden. Die Dschinnen wollen nicht von uns, dem Zauberspruchfinder und dem Zauberspruchanwender, beherrscht werden. Wir sind für die Gemeinschaft der Geister unwert, mit der höchsten Würde betraut zu werden. Sie unterwerfen sich nur einem Dschinn aus uraltem Geschlecht. Durch deine Mutter gehörst du zu jenen Auserwählten. Die Dschinnen wollen allein dich als Herrscherin. Darüber wollten wir schon in Jerusalem mit dir reden. Wir schämen uns wegen unserer List. Jetzt waren es dein Vater und deine Mutter selbst, die dich ins Land Saba geholt haben.«

Bilqis war nun neugierig geworden. Wie konnte es geschehen, daß Dschinnen, die doch unsterblich waren und dafür auf ein Liebesleben verzichtet hatten, Dynastien bildeten, uralte Geschlechter? Waren die Unsterblichen ohne Liebe nicht alle gleich? Ein uraltes Geschlecht konnte es nur geben, wenn Generationen aufeinander gefolgt waren. Bilqis fragte den Zauberspruchfinder und den Zauberspruchanwender, ob ihre Überlegung richtig war.

Jathil bestätigte: Früher einmal hätten sich die Dschinnenmänner und die Dschinnenfrauen zusammengetan und ihre Freude daran gehabt. Das Ergebnis sei allerdings gewesen, daß Dschinnen gezeugt und geboren wurden. Ihr Leben habe zwar einen Anfang, aber kein Ende gehabt. Alle seien sie unsterblich gewesen. So habe die Zahl der Dschinnen immer mehr zugenommen. Da sei von allen der Beschluß gefaßt worden, die Fähigkeit zur körperlichen Liebe sei auszulöschen.

Jesmach spann den Gedanken fort: »Nun aber, da kein Dschinn mehr geboren wurde, stellten die Unsterblichen fest, daß einige unter ihnen von Dschinnen abstammten, die vor langer, langer Zeit geboren worden waren. Sie gehörten also einem uralten Dschinnengeschlecht an. Sie wurden als die Edelsten betrachtet, wertvoller als alle anderen. Ihr Ansehen war riesig. Jedes ihrer Worte wurde geglaubt. Es war also vernünftig zu denken, daß ein Angehöriger eines uralten Dschinnengeschlechts die Herrschaft übernehmen solle. Die Wahl, o Königin, fiel auf dich!«

Bilqis nickte zustimmend und bewegte sich langsam weiter durch die Räume des Palastes. Sie fragte sich, was ihre neuen Untertanen nun von ihr erwarteten, und vor allen Dingen hätte sie gern gewußt, wo sie, die Herrin der Dschinnen, nun die Nacht verbringen sollte. Da war niemand, der sie, die Verwöhnte, bediente. Seit sie die Stadt betreten hatte, war sie offenbar eine der Dschinnen – doch ihre Empfindungen hatten sich seltsamerweise nicht geändert. Ihre Gefühle waren noch immer die der Königin von Saba. Ratlos und rastlos wanderte sie durch Säle, Gänge und über Treppen.

Zu später Stunde war Bilqis allein im Palast. Sie hatte gehofft, daß jemand sie bei der Hand nehmen und in ihre eigenen Gemächer führen würde. Doch sie blieb verlassen.

Die Lichter im Palast verblaßten nach und nach. Bilqis fühlte sich müde. Auf einmal verlor sie das Bewußtsein für den Raum, in dem sie sich befand. Sie spürte noch, daß sie zu Boden glitt. Undeutliche Bilder zogen durch ihren Kopf. Sie glaubte, die Stadt Marib erkennen zu können. Dann sah sie den See der Flut, den sie zweimal im Jahr zu durchschwimmen hatte. Die Wasserfläche im sonst trockenen Land war ihr immer als Wunder erschienen. Doch diesmal sah alles anders aus als sonst. Das Wasser war nicht ruhig wie bisher, da waren Strömungen und Gegenströmungen, die mit Gewalt aufeinanderprallten. Sie vereinigten sich und suchten einen Weg, um aus der Enge auszubrechen. Bilqis bemerkte, daß das Gemäuer, das bei jeder Flut das Wasser anstaute, dem Ansturm diesmal nicht mehr gewachsen war. Vor dem gemauerten Wall bildeten sich Wirbel, die Wassermassen hinaufschleuderten zur Mauerkrone. Im nächsten Augenblick waren die Wogen höher als diese Krone und strömten mit Gewalt darüber. Dann brachen die ersten Steine aus dem Wall.

Gleich darauf wurden mehrere starke Quader fortgeschwemmt. Nun war das Unglück nicht mehr aufzuhalten – die aufgestaute Flut zerbrach das Gemäuer. Das Wasser strömte hinaus in die Wüste. Es bildete zunächst einen reißenden Fluß, breitete sich dann aber aus über den heißen Sand und floß nur noch gemächlich dahin. Bilqis sah vor sich, wie das Wasser verdampfte. Der Sandboden wurde wieder sichtbar. In der Hitze trocknete auch der Boden des Sees aus. Sprünge bildeten sich in der Lehmschicht. Trockenheit herrschte ringsum im Lande Saba. Nirgends war mehr ein Busch oder auch nur die kleinste Pflanze zu sehen.

Als die Königin am Morgen erwachte, waren ihr alle Bilder bis in Einzelheiten bewußt. Sie war sicher, den Traum mehrmals während der Nacht erlebt zu haben, und sie war überzeugt, daß ihr eine Warnung gesendet worden war. Offenbar drohte Gefahr. Bilqis fragte sich, ob Gott il-Umquh ihr die Vorahnung vermittelt hatte, daß dem Land großes Unglück bevorstehe. Hatte er gewarnt, daß der Damm des Sees der Flut veraltet und zu schwach sei, um außergewöhnlichen Wassermassen standzuhalten? Bilqis hielt es für klug, mit ihrem Vater über den Zustand des Dammes zu reden.

Die Königin von Saba war an diesem Morgen selbst erstaunt, daß sie überhaupt kein Bedürfnis empfand, ein Bad zu nehmen. Bisher war es für sie eine Selbstverständlichkeit gewesen, den Tag im Wasser zu beginnen. Gelegenheit dazu hätte der Teich unter dem Wasserfall in der Eingangshalle des Palastes geboten. Doch es reizte sie nicht, sich dem stürzenden Wasser auszusetzen.

Immer wieder dachte sie über die nächtlichen Bilder nach. Immer gewichtiger wurde ihre Überzeugung, der Damm von Marib müsse verstärkt, wenn nicht sogar neu gebaut werden, und sie fragte sich, ob nicht die Dschinnen mit ihren besonderen Fähigkeiten dabei nützlich sein könnten.

Im Verlauf des Tages wunderte sich Bilqis immer wieder, daß niemand sie, die Herrscherin, ansprach. Keiner verlangte eine Entscheidung. Die Meinung der Königin war offenbar nicht verlangt. Unruhig ging sie im Palast umher und besah sich die Räume, deren Ausstattung sie als reizlos empfand. Schließlich traf sie, aus Zufall, ihren Vater Hadad. Auch er schien Langeweile zu empfinden. Beiläufig sprach er von den Vorteilen der Sterblichkeit und sagte, es gebe einen Zeitpunkt, an dem Unsterblichkeit zum Überdruß und damit lästig werde.

Bilqis schilderte ihm ihren Traum. Auch Hadad hielt diesen für eine ausdrückliche Warnung und meinte, daß sie berechtigt sei. Schon zu seiner Zeit habe er an der Festigkeit des Damms gezweifelt. Bisher habe der Damm zwar noch jeder Flut standgehalten, aber das Land Saba habe wohl einfach Glück gehabt, weil die Regenfälle in den Bergen nicht sonderlich ergiebig waren. Einer Flut, die durch Unwetter ausgelöst würde, wären die Mauern sicher nicht mehr gewachsen, und gefährlich seien ohne Zweifel die Wasserwirbel, die bei einer reißenden Flut entstehen könnten.

Ein bedenkliches Gesicht machte Hadad, als er hörte, Bilqis wolle für die Verstärkung oder gar für den Neubau des Staudamms von Marib die Hilfe der Dschinnen erbitten. Für ein derart schwieriges Vorhaben fehle den Geistern die Vorstellungskraft. Neues zu schaffen sei ihre Sache nicht, und er könne nicht glauben, daß der Zauberspruchererfinder die richtigen Worte treffen würde, um das Wunder einer Rettung des Dammes zu bewirken. Ein wirkungsvoller Zauberspruch könne erst erfunden werden, wenn der Erfinder wisse, was er tatsächlich erreichen wolle. Hadad sagte, er nehme nicht an, daß der Zauberspruchererfinder Kenntnisse von den Schwierigkeiten des Dammbaus besitze. Ein falscher Zauberspruch, der vielleicht auch noch falsch gesprochen werde, führe zum Unglück für das Land. Doch er wolle sich auf jeden Fall mit Jathil darüber unterhalten.

Die Antwort des Zauberspruchererfinders überbrachte Hadad der Königin schon am anderen Tag: Jathil habe zugegeben, daß er nicht mit einer entsprechenden Zauberformel dienen könne, weil er keine Vorstellung davon habe, welche Form und Eigenschaft der neue Damm besitzen müsse.

Bilqis überlegte sich, warum Hadad das einzige Wesen war, das mit ihr redete. Ihn bewegte ein Anliegen, das er zuvor nur angedeutet hatte. Jetzt aber sprach er mit Deutlichkeit darüber: Er wollte Bilqis veranlassen, sich mit aller Kraft dafür einzusetzen, daß die Dschinnen wieder sterblich würden. Das Unglück der Geister sei ihre Unsterblichkeit. Bilqis besaß inzwischen genügend Erfahrung mit den Zwängen der Bewohner der Geisterstadt, um ihren Vater und sein Anliegen zu verstehen.

Sie erschrak über sich selbst, als sie begriff, welche Folgerungen sie aus ihren Erlebnissen in der Geisterstadt zog: Immer mehr festigte sich in ihr der Gedanke, die Welt der Dschinnen sei hohl und sinnlos. Nichts von Bedeutung war je in ihr geschaffen worden. Die prächtigen silbernen Paläste waren Hülsen, in denen nichts lebte. Der Glanz dieser Lichter wärmte keine Herzen. Die Geister waren einander feind. Bilqis beschloß zu versuchen, die Geisterwelt auszutilgen. Das Mittel hierzu kannte sie allerdings nicht.

Sie sprach mit Hadad über ihre Absicht. Zu ihrer Überraschung war er keineswegs dagegen, daß die Geisterstadt ausgelöscht werde. Er redete Bilqis zu, die Dschinnenwelt zu verlassen, denn nur von außen könne man wirksam gegen sie vorgehen. Bleibe sie in der Stadt, so werde sie ihre Kraft verlieren, da niemand sie fordere. Er werde selbst dafür sorgen, daß Bilqis den Weg nach außen finde.

In der Mitte der Nacht, als die strahlenden Lichter erloschen waren, folgte die Königin von Saba ihrem Vater durch die Gänge des Palastes zum Tor und weiter durch die Straßen der Stadt, vorbei an Brunnen und Bächen, die nichts bewässerten.

An der Grenze der Geisterstadt hielt Hadad an. Auf einmal sah Bilqis neben ihm eine Frau. Es war die Gestalt ihrer Mutter Beja. Unter ihrem dünnen Gewand war ihr Körper zu ahnen. Die Sinne der Bilqis konnten dem Geschehen kaum folgen. Da bemerkte sie, wie Feuerzungen ihre prächtigen Gewänder verzehrten. Sie fühlte keinen Schmerz und keine Hitze. Nur für einen Augenblick spürte sie, daß sie nackt war, dann hatte sie ihre zerrissenen Kleider wieder an.

Unter einer Dattelpalme stand ihr Pferd. Sie bestieg es und ritt, ohne Abschied von Vater und Mutter, davon. Es erstaunte sie nicht, daß ihr Pferd bald schon einer Gazelle folgte, die eilig durch den Wald von Dattelpalmen und Obstbäumen hetzte. Eher war Bilqis verwundert, daß bereits der Morgen dämmerte. Die Gazelle verließ den Wald und sprang über Büsche und Gräben, über Felsen und Bäche, durch Täler und Schluchten. Plötzlich sah Bilqis, daß vor ihr ein Wolf in wilden Sprüngen die Gazelle verfolgte. Und wenig später wollte ein Löwe den Wolf zur Beute. Schließlich verlor die Königin alle drei aus den Augen. Ganz von selbst wurde ihr Pferd langsamer. Als die Sonne am Rand der Erde in das Dunkel eintauchte, lag die Stadt Marib vor ihr.

Bilqis ritt nicht zum Palast, sondern zum Badehaus außerhalb der Stadt. Es war luftig – durch viele Öffnungen strich der Wind. Deshalb benutzte die Königin dieses Badehaus im Sommer. Sie hatte wieder Lust bekommen, ins Wasser einzutauchen. Eigentlich hatte sie geglaubt, zu dieser Stunde allein zu sein, doch es mußte sich jemand drinnen aufhalten, denn die Tür war unverschlossen. Bilqis trat ein und fand Makeda, die bereit stand, ihr die zerrissenen Kleider auszuziehen. Makeda trug nichts an ihrem Leib als die goldene Kette, die um die Hüften und zwischen den Beinen hindurchgeschlungen war.

Bilqis stieg in das Badebecken, das weit geräumiger war als das ›eherne Meer‹ in Jerusalem. Im Sommerbadehaus von Marib konnte sie sogar ihre Schwimmkünste verbessern. Sie nahm sich vor, auch der Makeda das Schwimmen beizubringen – und sie stellte sich vor, wie erregend es sein mußte, die Sklavin anfangs an der goldenen Kette zu halten, damit sie nicht unterging.

Im sinnlichen Vorgeschmack auf das, was sie vorhatte, befahl sie der Sklavin, sich in Reichweite im flachen Wasser auf den Bauch zu legen. Der Anblick, der sich der Königin bot, war reizvoll. Sie packte das goldene Schmuckstück dort, wo am Rücken die Hüftkette und die Kette, die zwischen den Beinen hindurchlief, verbunden waren. Langsam zog Bilqis die Kette an, bis sie Rücken und Beine der Sklavin aus dem Wasser hob. Der Einschnitt der Kette in den Schoß war schmerzhaft. Makeda aber war bereits daran gewöhnt, daß ihr die Herrin auf diese Weise Schmerz zufügte. Sie beherrschte sich und zuckte nicht zusammen. Das Anzeichen des Schmerzes gehörte für Bilqis zum sinnlichen Spiel. Zogen sich die hinteren Backen nicht zusammen, verlor die Königin das Vergnügen. Bilqis ließ die Kette los, und Makeda tauchte wieder ins flache Wasser. Doch dort blieb sie nicht lange.

Sobald Makeda sah, daß die Herrin nichts mehr von ihr wollte, erhob sie sich, stieg die Stufen hinauf und huschte aus der Badekammer.

Gleich darauf trat Jeschua ein, einen tönernen Topf in der Hand, der verschlossen war. Er zog sein langes Hemd aus, und Bilqis sah, daß sein Leib an diesem Tag völlig ohne Haare war. Selbst um sein Glied war kein einziges Härchen zu erkennen. Bilqis betrachtete zum erstenmal einen Mann, der nur noch auf dem Kopf Haare trug. Jeschua gab ihr Gelegenheit, seinen Körper gründlich zu besehen. Dieser Mann gefiel der Königin außerordentlich.

Jeschua ging den Beckenrand entlang zum tieferen Teil. Nun hatte Bilqis Gelegenheit, diesen Körper auch von hinten zu betrachten. Ihr Wohlgefallen steigerte sich. Kurz entschlossen warf sich Jeschua an der tiefsten Stelle des Beckens mit dem Kopf voran ins Wasser. Mit kräftigen Zügen schwamm er auf die Königin zu, die im flachen Teil lag. Jeschua wollte offenbar zeigen, daß er ein Meister der Schwimmkunst sei. Die Königin von Saba fühlte sich herausgefordert. Sie schlug vor, die Kräfte zu messen. Zwanzigmal sollte das Becken von Stirnseite zu Stirnseite durchschwommen werden. Wer dann zuerst über die Stufen das Becken verlasse, der habe gewonnen. Jeschua war einverstanden.

Beide sprangen gleichzeitig an der Stirnseite des tiefen Teils ins Wasser. Jeschua hatte dabei einen Vorteil, denn er beherrschte die Kunst, mit dem Kopf voraus ins Becken einzutauchen. Bilqis aber sprang mit den Füßen voran senkrecht ins Wasser hinab und mußte dann mühsam in Schwimmlage gelangen. Währenddessen glitt Jeschua schon der gegenüberliegenden Stirnseite entgegen.

Bilqis spürte, daß sie müde war. Die Schuld daran gab sie dem langen Ritt von der Dschinnenstadt nach Marib. Doch sie wollte auf keinen Fall verlieren. Als sie zum zehntenmal an den Ausgangspunkt zurückkehrte, hatte sie nur noch einen geringen Rückstand. Beim fünfzehnten Mal hatte sie völlig aufgeholt, und am Ende stieg sie als erste aus dem Becken. Jeschua aber hatte noch eine halbe Beckenlänge zurückzulegen.

Bald darauf saßen sie am Beckenrand und ließen die Beine ins Wasser hängen. Beide waren außer Atem. Bilqis war selbst erstaunt über ihre Leistung. Keinen Augenblick lang dachte sie daran, daß es unziemlich sei, als nackte junge Frau neben einem nackten jungen Mann zu sitzen. Ein Gedanke bewegte sie: Wie hatten Makeda und Jeschua wissen können, wann ihre Herrin zurückkehren würde? Als sie die Frage nicht langer zurückhalten konnte, erhielt sie diese Antwort:

»Die zwölf Auerhähne halfen uns. Sie waren viel besorgter als wir über dein Verschwinden. Du wolltest zur Jagd reiten, doch du kehrtest nicht zurück. Da sind die Auerhähne jeweils zu vieren hoch in die Luft aufgestiegen und in alle Himmelsrichtungen geflogen. Sie haben sich abgewechselt. Immer waren vier Auerhähne in der Luft. Makeda und ich beobachteten sie. Endlich kam einer aufgeregt flatternd zurück. Er mußte dich, wenn auch noch weit entfernt, entdeckt haben. Da gingen wir sofort hierher, um deinen Empfang vorzubereiten.«

Bilqis wußte wohl, warum die Auerhähne unruhig waren. Solange sie verschwunden blieb, konnten sie keine Antwort bekommen auf das Vermächtnis des Königs Salomo, das sie überbracht hatten. Die Königin erinnerte sich gut an die letzten Worte, die auf die Seidentücher geschrieben waren:

»Verzeihung kann ich nur erfahren,
Wenn du zurückkehrst und mich führst,
Wenn du und ich im Tempel uns verneigen,
Vor Gott, dem wahren Herrn und Meister,
So daß wir Gnade finden.
Die Vögel schickt' ich los, um dich zu holen.
Sie sind als treue Diener mir geblieben.
Vertraue ihnen an, was du mir schreiben willst.«

Während Bilqis schweigend über diese Worte nachdachte, hatte Jeschua seinen tönernen Topf zur Hand genommen und geöffnet. Er forderte Bilqis auf, sich am Beckenrand auf ein Polster zu legen. Bilqis fand es richtig, sich auf den Bauch zu legen. Sie wußte schon, was jetzt geschehen würde, und schloß in Erwartung die Augen.

Langsam träufelte Jeschua Öl auf den Rücken der Königin. Ganz wenige Tropfen nur lagen schließlich als Ölperlen auf der Haut. Diese Tropfen verrieb er sorgfältig. Sodann träufelte er Öl auf die Hinterbacken, rieb auch dort die Tropfen in die Haut. Bilqis störte es keineswegs, daß sie dort angefaßt wurde. Nur kurz dachte sie daran zurück, daß sie sich vor gar nicht langer Zeit dagegen gewehrt hatte, berührt zu werden. Damals, als sie den Auerhahn zum erstenmal am Fenster ihres Gemachs bemerkt hatte, war sie eben dabei gewesen, sich duftendes Balsamöl auf die Brüste tropfen zu lassen.

Jetzt überließ sie Jeschua ihre Brüste. Bilqis hatte sich nicht gewehrt, als er sie fest an der Hüfte gepackt und auf den Rücken gelegt hatte. Als nun das Öl auf Schultern und Brüste perlte, da roch sie den seltsam strengen und fremdartigen Duft. Jeschua hatte ihr erzählt, dies sei der Geruch der schwarzbraunen fettigen Klumpen, die auf der Oberfläche des salzigen Meers zu finden seien. Doch rasch verflogen die Gedanken an die Wirklichkeit. Bilqis spürte ein Gefühl der sanften Erregung, als Jeschua mit zärtlichen Berührungen ihre Brüste ganz leicht knetete. Sie kannte ihre Brüste genau, schließlich hatte sie sich gern dort selbst berührt. Sie wußte, daß sie klein waren und fest, mit einem schmalen Hof um die Brustspitzen. Sie empfand, daß Jeschua sich liebevoll darum kümmerte – und es war ihr recht. Mit einem leichten Zischen zog die Königin Luft durch die Zähne ein, als Jeschua zart mit der Handfläche über die Brustwarzen strich. Er berührte sie dort kaum, und gerade diese Zurückhaltung reizte ihre Sinne. Bilqis stöhnte leise auf.

Als die streichelnden Hände die Brüste verlassen wollten,

hob Bilqis ihren Oberkörper an, streckte ihn den Händen entgegen zum Zeichen, daß sie gerade dort weiterbehandelt werden wollte. Jeschua folgte der Aufforderung. Schließlich aber wandten sich die Hände dem Bauch zu. Sobald jedoch die mit Öl benetzten Finger den Nabel berührten, zuckte Bilqis zusammen. Die Berührung hatte in ihren Brüsten und im Schoß einen Schmerz ausgelöst, der nicht heftig, aber eigenartig stechend war. Jeschua blickte Bilqis fragend an, doch sie hielt die Augen geschlossen. Ihr Atem stockte. Ihre Gesichtszüge waren seltsam starr und verkrampft.

Jeschua hatte längst die Finger vom Bauchnabel weggenommen, doch der Krampf löste sich nur langsam. Seine Hand bewegte er nun um den Bauchnabel, in großen Kreisen, die sich immer mehr verengten. Am Rand der kleinen Vertiefung angekommen, spürte Jeschua, daß sich der Körper der Bilqis erneut zu verkrampfen begann – aus Angst vor dem stechenden Schmerz. Die Erstarrung des Körpers ließ erst nach, als die Fingerspitzen wieder weite Kreise um den Nabel zogen – in geringer Entfernung von der empfindlichen Stelle.

Bilqis ließ es sich gefallen, daß ihr Jeschua die Beine weit auseinanderzog. Sie öffnete ihre Augen nicht, aus dem Gefühl heraus, sie dürfe gar nicht wahrnehmen, was da geschah. Verschloß sie die Augen, verdrängte sie aus dem Bewußtsein, daß sie dabei war, sich völlig dem jungen Mann auszuliefern. Die Königin hielt es für besser, nicht zu sehen, daß sich ein erregter Jeschua um sie bemühte.

Bilqis fand es reizvoll, daß ein Öltropfen nach dem anderen auf ihren Schoß fiel. Sie lächelte bei dem Gedanken, daß sie ihre Härchen schon seit einigen Tagen nicht mehr entfernt hatte. Sicher war ein zarter Flaum zu sehen. Sie nahm sich vor, für eine gründliche Entfernung der Haare zu sorgen. Jetzt war wohl der Flaum mit Öl benetzt, denn sie spürte, wie Jeschuas Hand kräftiger über die Wölbung ihres Schoßes strich, um die geschmeidige Flüssigkeit in ihre Haut einzureiben.

Jeschua versuchte sich zu beherrschen, doch dann gab er

der Versuchung nach und streichelte ganz leicht die Lippen des Schoßes, und er freute sich darüber, daß sie sich ein klein wenig öffneten. Da beschlich ihn plötzlich Sorge, Bilqis sei verärgert über diese Kühnheit, doch ihr Gesicht machte deutlich, daß sie das unaufdringliche Streicheln genoß. Als Jeschua dann bemerkte, wie Bilqis allmählich ihre Beine noch weiter spreizte und die Knie anzog, setzte er die Berührung des Schoßes mit großer Aufmerksamkeit fort. Ein Lächeln der Königin belohnte ihn.

Jeschua kniete nun zwischen den Beinen seiner Herrin. Er konnte nicht verhindern, daß sein hartes Glied auf den Schoß der Frau zeigte. Doch der Versuchung, sie mit der Männlichkeit zu berühren, folgte er nicht. Sein Verstand mahnte zur Vorsicht. Jeschua wußte nichts davon, daß dieser Körper Eigentum eines Gottes war, dem allein das Recht zustand, sich mit dieser Frau zu vereinigen, doch war ihm bewußt, daß er einen wertvollen Traum erlebte, der nicht durch Ungeschicklichkeit zerstört werden durfte.

Streicheln aber war offenbar nicht verboten. Dies war aus dem Verhalten der Bilqis abzulesen. Entschlossen, die Berührung für Bilqis und sich selbst noch genußvoller zu machen, träufelte Jeschua Öltropfen unmittelbar auf die Spalte. Dann gestattete er einem Finger, behutsam zwischen die Lippen einzudringen. Er bewegte den Finger leicht auf und ab. Dabei entdeckte er eine Öffnung, die sich angenehm feucht anfühlte. Er versuchte jedoch nicht, sie zu erkunden. Jeschua kniete nicht mehr zwischen den Beinen der Königin. Ohne das Streicheln zu unterlassen, hatte er sich neben Bilqis gelegt. Er empfand in dieser Lage Gefühle des Glücks und der Befriedigung. Jeschua war auf einmal nicht mehr Sklave, sondern Liebhaber. Es war ihm bewußt, daß dieser Zustand nicht von Dauer sein konnte.

Aus seinen lustvollen Träumen wurde er jedoch sehr plötzlich gerissen: Sie hatte mit rascher Bewegung erst nach seiner Hand und dann nach seinem Finger gegriffen. Er fürchtete, sie würde nun – als beleidigte und empörte Königin – seinen Finger von der Spalte wegreißen. Der Gedanke durchfuhr ihn, er habe Strafe verdient und es werde ihm vielleicht der Kopf abgeschlagen. Völlig verblüfft war Jeschua dann, als er begriff, daß Bilqis seinen Finger nur leicht verschob, um ihn gegen eine kaum spürbare Erhöhung ihres Schoßes zu drücken. Sie machte ihm mit ihrer Hand deutlich, daß er die Fingerspitze leicht kreisen lassen müsse. Er befolgte diese Anweisung gerne.

Offenbar erwies sich Jeschua als guter Schüler seiner Herrin, denn es war deutlich zu sehen und noch deutlicher zu hören, daß Bilqis Lust empfand. Sie stöhnte und keuchte erst leise, dann lauter. Noch einmal verschob Bilqis den Finger um ein weniges, da begann sie auf einmal rasch zu atmen. Sie preßte die Beine zusammen. Mit Kraft drückte sie durch ihre Oberschenkel den einen Finger gegen die Erhebung und andere Finger gegen empfindliche Stellen ihres Schoßes. Ihre Schenkel waren ständig in Bewegung. Sie führten die Hand und den Finger. Jeschua hatte keine Macht mehr darüber. Finger und Hand taten, was die Königin von Saba wollte. Sie war nun die Herrin über ihre eigene Lust.

Ihr gesamter Körper geriet in Aufruhr. Bilqis warf ihren Kopf hin und her und stemmte ihn schließlich nach hinten gegen das Polster. Wieder griff sie nach Jeschuas Hand, riß sie aus der Umklammerung der Schenkel und legte sie auf ihre rechte Brust. Jeschua packte hart zu, doch Bilqis schien keinen Schmerz zu empfinden. Sein Glied aber wurde härter durch diese Berührung. Ihr Körper schüttelte sich und warf sich von einer Seite zur anderen. Jeschua glaubte, das rasende Klopfen ihres Herzens zu hören. Sie zog die Beine hoch, daß ein Knie seine Hand auf der Brust berührte. Ruckartig streckte sie die Beine wieder aus. Ein Schrei drang aus ihrem Mund. Jeschua vernahm wilde Laute. Bilqis schrie noch immer, als ihr Kopf zur linken Seite fuhr, auf Jeschuas Gesicht zu. Er sah, wie sie ihren Mund weit aufriß. Ihre

Zähne erschreckten ihn. Da spürte er auch schon, wie sich diese Zähne in seine Lippen verbissen. Der Schmerz war heftig. Er zog seine Hand von ihrer Brust und drückte ihr Gesicht von sich weg. Blut war in seinem Mund.

Jeschua hielt ihren Kopf auf Abstand, bis die Wellen der Lust abgeklungen waren. Erschöpft lag Bilqis ausgestreckt auf dem Polster. Sie hatte die Empfindung, ihre Beine seien gefühllos, vielleicht sogar gelähmt. Sie drehte den Kopf und blickte hinüber zu Jeschua, der an einem Wasserbecken den Mund ausspülte und sich das Blut aus dem Gesicht wusch. Die Bißwunde war deutlich zu erkennen. Bilqis wunderte sich über die Verletzung, denn ihr fehlte jegliche Erinnerung, wie sie entstanden sein könnte.

Die Königin bemerkte auch das harte Glied des Mannes. Sie selbst war mehr als befriedigt und bedauerte ihn, für den es keine Erlösung gegeben hatte. Bilqis wollte schon Makeda rufen, um sie dem Mann zu geben. Gerade noch rechtzeitig unterließ sie den Ruf. Ihr Gefühl sagte ihr, daß es schade sei, wenn Makeda ihre Jungfräulichkeit verliere. Das Mädchen sollte ihr vorbehalten bleiben.

Als sie vom Lager aufstand und sich nach Jeschua umblickte, da gefiel ihr der junge Mann weit weniger gut als zuvor. Den Anblick seiner unbefriedigten Männlichkeit empfand sie als unangenehm. Sie hätte ihn gerne ins Wasser gelassen, damit sich die Hitze seines Körpers abkühle, doch sie ekelte sich vor seinem Blut, das noch immer in einem kleinen Rinnsal über sein Kinn lief. Sie fürchtete, er werde ihr reines Badewasser trüben – so wies sie ihn an, die Badekammer zu verlassen. Sie selbst aber schwamm mit großem Vergnügen und hatte bald schon das Gefühl, ihre Beine seien nicht mehr gelähmt, sondern lebhafter als zuvor.

An das Geschehene verlor sie bald schon keinen Gedanken mehr. Sie überlegte sich vielmehr, mit wessen Hilfe sie den Staudamm sicherer machen und zugleich vergrößern könnte. Die Bilder des Traumes vom Dammbruch waren ihr stark gegenwärtig, als sie ohne Anstrengung durch das ruhige Wasser schwamm. Schloß sie die Augen, sah sie vor sich, wie rasende Wirbel Strömungen erzeugten, die gegeneinander anstürmten, wie die Quader der Mauer unter dem Ansturm des Wassers aus den Fugen sprangen. Die Bilder lösten in ihr keinen Schrecken aus. Doch sie brauchte Hilfe, um die Gefahr zu beseitigen. Sie mußte sich mit Yafa Yafis und dem Propheten beraten.

Am anderen Morgen ging sie – ausgeruht nach tiefem Schlaf – in der weiten Palasthalle von Marib mit großen Schritten auf und ab. Der Prophet und der Berater standen etwas verlegen dabei und drehten die Köpfe von links nach rechts und von rechts nach links, denn sie waren durch den Brauch des königlichen Hofes gezwungen, ihre Gesichter immer der Herrscherin zuzuwenden.

Geduldig hörten sie zu, wie nach der Vorstellung der Königin der Damm auszusehen habe, damit er einer gewaltigen Flut standhielt. Sie verlangte die Errichtung von Mauern, die doppelt, wenn nicht dreimal so hoch sein müßten wie die jetzigen. Sie hätten vom Jebel Balak al-Ausat bis zum Jebel Balak al-Qibli zu reichen. So könne die ganze Ebene des Dhanatals in den Bereich des Stausees einbezogen werden. Bilqis wünschte sich vor allem ein gewaltiges Bauwerk. Es habe so gewaltig zu sein, daß die Welt darüber noch in Tausenden von Jahren staunen werde.

Da wagte Yafa Yafis die Frage, ob die Königin jemanden kenne, der fähig sei, eine derartige Aufgabe zu bewältigen. Im ganzen Land Saba, sagte der Prophet, seien nicht so viele Arbeiter zu finden, wie zur Ausführung der königlichen Absichten nötig wären.

Und der Berater der Königin ergänzte: »Ich kenne nur ein Volk, das die Erfahrungen und die Menschen hat zum Bau mächtiger Mauern, und das sind die Ägypter. Vor unvorstellbar langer Zeit haben sie Quader aufeinandergeschichtet bis beinahe zum Sitz Gottes hinauf. Bestaunt werden diese Wunder der Baukunst auch noch, wenn wir längst gestorben sind. Erzählt wird, daß für die Fortbewegung eines Steinquaders die Kraft von hundert Männern gebraucht worden sei, so gewaltig seien diese Quader gewesen. Wie die Blöcke aufeinandergesetzt wurden, weiß – außer einigen Ägyptern – niemand. Diese wissenden Männer sollten wir für uns gewinnen. Am besten fragen wir die Kaufleute, die bei uns Weihrauchharze erwerben, ob sie den Pharao in unserem Namen um Arbeiter und Aufseher bitten können.«

Der Prophet stimmte diesem Gedanken zu: »Die Kaufleute sind unser Schlüssel zum Erfolg. Wir sagen ihnen, sie brauchten, wenn sie uns helfen, weniger als andere für die Weihrauchharze zu bezahlen. Das wird sie reizen, uns beizustehen. Ich glaube jetzt sogar, daß es uns gelingen wird, das ganze Bauwerk zu errichten, ohne ein Stück Gold zu bezahlen. Weihrauch und Myrrhe werden die Mittel zur Bezahlung sein.«

Übereinstimmung der Meinung war erreicht. Der Prophet wurde beauftragt, mit den Kaufleuten aus Ägypten zu sprechen und ihnen ein günstiges Angebot zu unterbreiten.

Zufrieden, sich durchgesetzt zu haben, kehrte Bilqis in ihr Gemach zurück. Sie bemerkte sofort, daß die zwölf Auerhähne auf dem Fenstersims saßen. Man sah ihnen an, daß sie ungeduldig waren, und Bilqis verstand, daß sie Antwort forderten. Sie wurden in Jerusalem von König Salomo erwartet. Die Königin sah ein, daß ein längeres Zögern den König verärgern würde. So schwer es ihr auch fiel, sie mußte jetzt die richtigen Worte finden.

Bilqis befahl der Dienerin Itamra, zwölf Seidentüchlein zurechtzuschneiden, gerade so groß, daß sie zusammengerollt von den Auerhähnen getragen werden konnten. Dann holte sie Yafa Yafis herbei, den Schreibgeübten. Er hatte mit feinem Pinsel und kräftiger Tusche Buchstaben auf die Seidentücher zu zeichnen. Bilqis überlegte lange, behutsam wählte sie den Ausdruck, dann sprach sie aus, was Yafa Yafis niederschreiben sollte. Auf dem ersten Tüchlein standen bald darauf diese Worte:

»Vermächtnis der Königin von Saba
An Salomo, den Herrscher von Jerusalem.
Il-Umquh sei gepriesen, der Gott, der mir zugetan ist.
Er ist in Wahrheit der Herr,
Der Vater aller Könige.«

Auf das zweite Tüchlein hatte Yafa Yafis dies zu schreiben:

»Ich bin im Lande, das mein eigen ist.
Ich habe viel gelernt in wenig Tagen.
Vor allem diese eine Wahrheit:
Du kannst nur Dschinn sein oder Mensch.
Ich habe mich entschieden.«

Für das dritte Tüchlein waren folgende Sätze bestimmt:

»Il-Umquh lenkt mich auf dem Wege,
Die Welt der Dschinnen haßt er – so auch ich.
Den Dschinnen ihre Stadt zu nehmen,
Ist mir von il-Umquh aufgetragen.«

Bilqis wartete, bis Yafa Yafis die Worte niedergeschrieben hatte, dann gab sie die ersten drei Tüchlein zusammengerollt den ersten drei Auerhähnen. Die Vögel nahmen die seidenen Brieflein in die Schnäbel und flogen eilig davon gen Jerusalem. Dann sagte die Königin von Saba ihrem Berater Yafa Yafis, was er auf die anderen neun Tüchlein zu schreiben hatte:

»Unsterbliche sollen sterblich werden.
Aus Dschinnen werden Menschen.
Dies ist der Wunsch des Gottes

Und der Dschinnen auch.
Sie wollen nicht mehr leben ohne Sinn,
Und viele wollen, daß ihr Leben ende.
Doch wer die Kraft zu leben hat,
Der lebe!
Den Lebenden das Dasein zu erleichtern,
Dies hat Gott il-Umquh mir befohlen:
Dem trockenen Land das Wasser zu bewahren,
Hab' ich mir ausgedacht.
Ein fester Damm wird Fluten stauen.
Ein See wird das Wunder in der Wüste sein.
Dem Bauern wird es nicht an Wasser mangeln.
Die Ernte bringt er ein im Überfluß.
Den Menschen wird der Hunger fremd sein,
Dank il-Umquhs Huld und Gnade.
Allein wir kennen nicht die Regel,
Nach der ein mächtig' Bauwerk kann entstehen.
Auch dir sind Leute nicht bekannt,
Die Größ'res als den Tempel jemals schufen.
Du, Salomo, hältst Freundschaft mit dem Pharao.
Auf dich hört der Ägypter allemal.
In seinem Lande blüht die Baukunst.
Wir brauchen Meister, die zu bau'n versteh'n.
Versprochen ist die Reise in dein Reich,
Doch die Erlösung bring' ich nicht.
Verzeihung wirst du ohne mich wohl finden
Von Gott, dem wahren König.
Doch bin besorgt ich um die vielen Frauen,
Die Blumen sind in Salomonis Garten.
Sie sind verzaubert, doch sie sollen leben.
Gib ihnen frühere Gestalt zurück.
Die Tulpen sind wohl würdig meiner Sorge.
Wenn deine Zauberkunst erlischt,
Wer holt sie dann zurück ins Leben?
Die Blüt' und Zwiebel sterben ab.

Dies ist der Königin Vermächtnis
Und heiliger Entschluß:
Dir angehören werd' ich nie!
Mein Leib bleibt dir verschlossen!«

Bald saß kein Auerhahn mehr auf der Fensterbank. Einer nach dem anderen war aufgebrochen nach Jerusalem. Bilqis überlegte noch, ob sie die richtigen Worte gefunden hatte – besonders, was Salomos Frauen und die Tulpen betraf. Sie hatte dem König jetzt offengelegt, daß sie sein Geheimnis kannte, das so wohl bewahrt war im Palast des Salomo. Doch sie fürchtete seinen Zorn nicht. Sie hatte seinem Vermächtnis entnommen, daß seine Kraft geschwunden war.

Die Geschichte vom Untergang der Dschinnenstadt

Spät am Abend legte sich Bilqis auf ihr Polster. Als sie die Öllichter löschte, fühlte sie, daß dieser Tag für sie noch nicht zu Ende war. Sie hatte eben die Augen geschlossen, da erschien ihr König Hadad.

Er sprach: »Du hast, o Tochter, den Untergang der Dschinnenstadt beschlossen. Du weißt, ich gebe dir recht: Sie hat sich überlebt. Du allein hast die Kraft, diesen Entschluß auszuführen. Du handelst auch weise, wenn du es jedem der Dschinnen überläßt, ob er leben oder sterben will. Ich sage dir, daß ich mich bereits entschieden habe. Ich will sterblich werden und sterben. Die anderen aber müssen noch gefragt werden. Komm deshalb zu uns. Du allein kannst den Dschinnen das Schicksal der Stadt mitteilen. Die Geister warten bereits auf das, was du ihnen zu sagen hast.«

Dann sprach König Hadad aus, was neu war für Bilqis: »Wisse, o Tochter, du mußt keine Umwege machen, wenn du deine Dschinnenuntertanen aufsuchen willst. Du bist Dschinnin, und deshalb brauchst du, wenn du in die Stadt kommen willst, nicht mehr auf die Jagd zu reiten, um dem Löwen, dem Wolf und der Gazelle zu folgen. Stelle dir fest vor, du seist am Rande der Stadt, und du bist dort!«

Bilqis sah deutlich die vielen Dattelpalmen vor sich und die anderen fruchttragenden Bäume. Da wuchsen Orangen, Äpfel, Zitronen, Mandeln und Granatäpfel. Ihr Vater, der eben doch bei ihr im Marib gewesen war, begrüßte sie. Auf einmal stand Beja neben ihm, ihre Mutter. Flammen verzehrten das Tuch, das die Königin um sich geschlungen hatte. Sie sah die Feuerzungen, doch sie spürte weder Hitze noch Schmerz. Für einen Augenblick fühlte sie sich nackt, doch dann trug sie ein Kleid aus Seide, in das Goldfäden gewirkt waren.

Bilqis trat in die Stadt ein, deren Straßen von Weihrauchschwaden durchzogen waren. Festlich beleuchtet waren Gassen und Plätze. Fackeln brannten und Ölfeuer auf hohen silbernen Leuchtern. Der Himmel war dunkel, doch in der Stadt hatten die Lichter die Dunkelheit vertrieben. Bilqis wurde angezogen von dieser Welt der Schönheit – und abgestoßen zugleich. Sie brauchte Kraft, um den Gedanken zu vertreiben, diese Stadt sei es wert, verschont zu werden. Sie sah mit kaltem Blick die Häuser und Paläste aus Silber, die Bäche und Teiche, die strahlend hellen Lichter und die glitzernden Springbrunnen. An ihrem Weg standen Dschinnen, die der Königin von Saba erwartungsvoll, aber mit starren, ausdruckslosen Gesichtern entgegenblickten. Bilqis fragte sich, wie viele Geister sich in der Stadt befinden mochten. Waren es Tausende, Zehntausende, Hunderttausende? Wie viele von ihnen wollten leben als Untertanen des Königinnenreichs Saba? Wenn sie in ein Gesicht blickte, glaubte Bilqis zumindest an den Augen erkennen zu können, ob dieser Dschinn leben oder sterben wollte. Sicher war sie sich allerdings nicht.

Die Königin erreichte das Tor des Palastes. Sie drehte sich

um und sah, daß alle, die am Wege gewartet hatten, ihr gefolgt waren. Ohne Anrede sprach Bilqis zu den Dschinnen:

»Ihr alle, die ihr durch Fügung des Geschicks unsterblich seid, werdet dereinst vor keinen Gott geladen, von keinem Gott gefragt, ob ihr gesündigt habt oder nicht, ob ihr Frevel gegen Gottes Gebot begangen habt oder nicht. Ihr untersteht nicht dem Urteil eines Gottes. Dies widerfährt allein den Sterblichen. Sie büßen für das, was sie getan haben. Daß ihr keine Strafe zu erwarten habt, bringt euch um das Gefühl der Geborgenheit. Euch umgibt nicht Gottes Mantel. Ihr könnt euch Gott nicht anvertrauen – euch ist die Bitte um Verzeihung versagt. Euch ist nicht bewußt, welche Kraft ein Gebet geben kann. Ihr könnt Gott nicht um Hilfe bitten. Diesen Vorzug haben allein die Sterblichen. Auf die Unsterblichen aber warten weder Lob noch Tadel, weder Güte noch Strenge, weder Qual der Verdammung noch Glück der Erlösung, weder Verurteilung noch Begnadigung. Der Unsterbliche ist auf sich selbst angewiesen. Wärme einer Nachbarschaft bleibt ihm fremd. Die Folge ist innere Leere durch Einsamkeit, durch Aussichtslosigkeit. Für den Unsterblichen gibt es keine Überraschung, die dem Sterblichen das Leben an jedem Tag reizvoll macht.«

Während Bilqis sprach, schaute sie die Zuhörer an. Nur wenige kannte sie. Da standen nebeneinander der Zaubersprucherfinder und der Zauberspruchanwender. Ihr war bewußt, daß die beiden die Macht besaßen, sie zu bannen, ihr durch Verzauberung die Kraft zu nehmen. Waren die beiden entschlossen zu handeln, konnte sie sich nicht dagegen wehren. Sie fragte sich, welchen Weg die beiden wählen würden – den der Unsterblichkeit oder den der Sterblichkeit.

Über diese Entscheidung hatte sie nun zu sprechen – und es fiel ihr nicht leicht:

»Il-Umquh, der wahre Herr und Meister im Lande Saba, kann nicht dulden, daß irgendwo in seinem Reich ein Ort besteht, in dem seine Gesetze nicht gelten, daß eine Stadt nicht von der göttlichen Ordnung der Sterblichkeit bestimmt wird, eine Stadt, in der das Wort Erlösung unbekannt ist. Ihm ist es ein Greuel, daß in der Dschinnenstadt die Regeln des ewigen Wandels von Wesen und Dingen nicht gelten. Allein Zaubersprüche bewirken hier Veränderungen, allerdings nur willkürlich und in beschränktem Maße. Zaubersprüche können nichts Neues schaffen, denn dafür fehlt dem Zauberspruchefinder die Vorstellung, wie das Neue beschaffen sein soll.«

Bilqis fragte sich, ob sie von den Dschinnen verstanden wurde, ob sie begriffen, daß nie in der Geschichte der Dschinnen ein wichtigeres Ereignis stattgefunden hatte als dieses, dessen Zeugen sie waren. Sie wollte nun zum Ende ihrer Rede kommen und sprach:

»Il-Umquh will euch, die noch nie Gnade genossen haben, Gnade erweisen. Er kann euch allerdings nicht zwingen, seine Gnade anzunehmen. Ihr müßt bereit sein, die Gnade zu empfangen. In dieser Stunde habt ihr die Wahl, unsterblich zu bleiben oder sterblich zu werden.«

Bilqis blickte über die Dschinnen hinweg und sah die Schönheit der Silberstadt in blendendem Glanz, doch stellte sich ihr die Frage nicht mehr, ob sie es wert war, erhalten zu bleiben. Ihr Entschluß hatte sich endgültig gefestigt. Sie war überzeugt, im Auftrag ihres Gottes zu handeln, und forderte die Dschinnen auf, niederzuknien und il-Umquh anzubeten. Sie selbst blickte zum dunklen Himmel auf. Da sah sie die Scheibe der Sonne. Sie war nicht erstaunt. Sie hatte ein Wunder erwirkt.

Die Sonne war keineswegs strahlend. Sie leuchtete fahl, als ob ein Schleier sie verhülle – und sie wärmte nicht. Bilqis bemerkte, daß in der Stadt alle Lichter und Feuer erloschen waren. Paläste und Häuser, Straßen und Gassen lagen im milchigen Schein der Sonne. Die Stadt der Dschinnen hatte durch die Sonne ihren Glanz verloren. Die Geister waren entschlossen zum Untergang. Da war niemand, der sich wehrte.

Die Dschinnen waren auf die Knie gesunken, jetzt hoben

sie die Hände der fahlen Sonne entgegen. Kein einziger stand mehr aufrecht – auch nicht der Zauberspruchfinder und der Zauberspruchanwender. Bilqis sah, daß auch ihr Vater Hadad und ihre Mutter Beja zu il-Umquh flehten. Das Volk der Dschinnen im Königinnenreich Saba hatte sich für die Sterblichkeit entschieden – und damit für den baldigen Tod.

Bilqis begann zu weinen. Der Entschluß von Vater und Mutter, sterben zu wollen, bewegte sie. Sie schluchzte laut auf. Sonst aber war nichts zu hören. Niemand rührte sich. Allein die Königin wischte sich mit einem Ärmel die Tränen aus den Augen. Sie glaubte, Kälte zu empfinden. Sie nahm wahr, daß sich das Licht veränderte. Die fahle Sonne verschwand. Die knienden Dschinnen und die Stadt waren nun erleuchtet, als ob sie vom scharfen Mondlicht einer eiskalten Nacht beschienen würden. Die Luft flimmerte silbrig, wie erfüllt von unzähligen Eiskristallen.

Bilqis schauderte. Sie wußte nicht, ob vor Angst oder vor Kälte. Bald darauf aber war sie sicher, daß sie fror. Die Dschinnen waren völlig erstarrt. Die Gestalten sahen aus, als ob sie in Eisblöcke verwandelt worden wären. Hadad und Beja waren völlig durchsichtig geworden. Entsetzen packte die Königin. Sie zog ihr Gewand enger an den Körper.

Die Königin spürte, daß aus dem Palasttor hinter ihr Kälte drang. Sie drehte sich um und sah, daß der Teich unter dem Wasserfall gefroren war. Auf der Eisfläche war ein Glitzern und Blitzen zu sehen, als ob Diamanten darauf ausgestreut wären. Das scharfe Licht erzeugte diesen Zauber. Die Veränderung war lautlos geschehen – und ohne jegliches Geräusch vollzog sich, was Bilqis jetzt bemerkte:

Der Wasserfall wurde zu Eis. Doch weiterhin schoß Wasser von der höchsten Decke des Palastes herab. Es erreichte den gefrorenen Teich nicht mehr, es erstarrte auf seinem Weg nach unten, es wurde zu Eis, über das wieder Wasser floß, das sich in Eis verwandelte. War die starre, im Licht durchsichtige Masse erst nur so breit und dick gewesen wie zuvor das fallende Wasser, so verbreiterte sie sich nun rasch. Das Wasser floß und bildete unentwegt Eis. Bilqis begriff, was geschehen werde: Eis würde die Dschinnen und die ganze Stadt bedecken.

Das Bild, das sich ihr bot, ließ sie die Kälte vergessen. Sie ging durch das Tor des Palastes nach innen und stieg hinauf in das Obergeschoß. Die Königin trat hinaus auf den Balkon, von dem aus der Platz vor dem Palast und die Stadt zu übersehen waren. Sie brauchte nicht lange zu warten, bis unter ihr Wasser durch Tor und Fensterhöhlen quoll, das sofort zu hartem, durchsichtigem Eis wurde. Nur die Durchsichtigkeit unterschied das Eis vom Silber, aus dem das Äußere des Palastes bestand.

Nun breitete sich das gefrierende Wasser auf dem Platz aus. Dies geschah langsamer, da sich Wasser und Eis weit ausdehnen konnten. Es dauerte lange, bis die ersten der erstarrten Dschinnengestalten erreicht wurden. Bilqis sah, wie Hadad und Beja, die vor der Palasttreppe knieten, vom Wasser erfaßt wurden, das sofort starr wurde. Ob sie tot waren oder noch lebendig, konnte Bilqis nicht erkennen. Sie bewegten sich nicht. Auch keine der anderen Gestalten, die nach und nach vom Eis überzogen wurden, wehrte sich. Die Eisschicht umhüllte schließlich alle.

Lange waren die Gestalten im scharfen Licht zu erkennen. Bilqis sah Vater und Mutter, die mit erhobenen Händen knieten. Auf einmal aber durchfuhren Sprünge das Eis – erst waren es wenige, bald aber war die gefrorene Masse von unzähligen Sprüngen durchzogen, die kreuz und quer liefen. Das Eis wurde trüb, und die Gestalten verschwanden.

Im Palast war das Eis bis zur oberen Türfüllung gestiegen. Das gefrorene Wasser hatte die Fensteröffnungen verschlossen, und der Innenraum war bis zum oberen Stockwerk vereist. Bilqis sah voraus, daß das Bauwerk diesem Druck nicht mehr lange standhalten würde. Es gab nur noch einen Ausweg: Sie mußte hinaufsteigen auf das Dach.

Das gleißende Licht der Vollmondnacht war wieder fahlem Schein gewichen. Langsam wurde es dunkel über der einstigen Dschinnenstadt. Bilqis sah, daß auch die Häuser mit Eis bedeckt waren. Nur wenig war noch zu erkennen. Der Druck des Eises hatte zerrissen, was einst prachtvoll gewesen war. Doch da war kein Krachen und kein Donnern zu hören – nicht einmal ein Knirschen. Kein Geräusch zeigte an, daß die Dschinnenstadt zugrunde ging. Furchtbare Stille begleitete das Ende.

Bilqis empfand jetzt keinen Schrecken mehr und keine Angst. Sie war gepackt von dem, was sie sah. Auch dann noch blieb sie ruhig, als das Dach, auf dem sie stand, zu zittern und zu schwanken begann. Sie schaute an der Palastwand hinunter und erkannte, was geschah: Kein Wasser floß mehr zum Palast hinaus, weil Tor, Türen und Fenster durch das Eis dicht verschlossen waren. Im Gebäude aber dehnte es sich weiter aus, denn noch immer quoll der Wasserfall von der Decke des Palastes herunter, noch immer bildete sich neues Eis, über das wiederum Wasser floß, das sich in Eis verwandelte. Gewaltig war seine Kraft. Sie sprengte jetzt die silberne Hülle des Gebäudes. Die Außenwand zerbrach.

Es war der Königin recht, daß auch der Palast unterging. Nichts sollte bleiben von diesem Mittelpunkt der Dschinnenstadt im Königinnenreich Saba.

Die Königin dachte nicht daran, daß nun auch ihr der Tod im Eis bestimmt war. Sie erlebte den Höhepunkt ihres Traums, die Herrschaft der Geister zu beenden. Ihr eigenes Schicksal war ihr jetzt gleichgültig. Sie fragte sich auch nicht, welche Macht dafür sorgte, daß das Wasser in einem Landstrich gefror, in dem zwar die Kälte, aber kein Eis bekannt war. Bilqis war berauscht von allem, was um sie herum vorging. Hatte sie am Anfang des Untergangs der Stadt gefroren, so empfand sie jetzt Hitze.

Sie war sich bewußt, daß der Augenblick des eigenen Untergangs gekommen war, als das Dach zu zerbrechen begann. Die Außenwände waren bereits zerborsten. Ein Stück des Daches nach dem anderen fiel hinunter auf das harte Eis. Bilqis sah keine Möglichkeit mehr, sich festzuhalten. Sie ließ sich hinunterfallen.

Sie schrie – und im Fallen war ihr bewußt, daß ihr Schrei der erste Laut war, den sie vernahm seit dem Einbruch der Vereisung. Noch einmal schrie Bilqis und glaubte ein gewaltiges Echo zu hören. Sie wartete auf den Aufprall und auf die Kälte des Wassers, das sie umgeben würde, um dann zu Eis zu werden, das sie, die Königin von Saba, für immer umhüllen und unter sich begraben würde.

Doch sie spürte weder Schmerz, noch schauderte sie vor Kälte. Noch immer empfand sie Hitze. Unbeabsichtigt hatte sie während des letzten Schreies die Augen geöffnet. Was sie nun sah, waren nicht mehr die erregenden Bilder von Eis und Silber.

Sie sah ihr eigenes Gemach vor sich. Es war nahezu dunkel, durch die Fensteröffnung war eine leichte Rötung des Nachthimmels zu bemerken. Ein Glitzern neben Bilqis zog ihren Blick auf sich. Nur kurz war es in der Dunkelheit aufgeblitzt. Die Königin griff danach und hatte die Glieder der goldenen Kette von Makeda zwischen den Fingern. Sie tastete weiter und merkte, daß die Sklavin neben ihr auf dem Polster kniete. Die Berührung veranlaßte Makeda, sich über Bilqis zu beugen. Die Königin sah nur, daß die glitzernde Kette näher kam. Sie begriff, daß Makeda ihr Zärtlichkeit anbot. Doch sie wollte sich nicht die Sinne reizen und damit ablenken lassen von dem, was sie eben erlebt hatte. Sie stieß Makeda von sich und schloß die Augen.

Unter ihr zerbrach das Dach des Palastes der Dschinnenstadt. Ein Stück nach dem anderen fiel hinunter auf das harte Eis. Zuletzt stürzte auch Bilqis. Sie schrie. Und sie schrie abermals, als sie mit dem Rücken auf das Eis prallte und ein scharfer Schmerz durch ihre Hüfte fuhr.

Bilqis schrie noch, als ihr wieder bewußt wurde, daß sie auf dem Polster lag. Der Schmerz in der Hüfte hielt an. Sie schrie nochmals. Da packten Hände nach ihren Schultern. Sie wurde geschüttelt. Die Augen der Königin waren geöffnet. Sie sah Makedas Arme in heftiger Bewegung, und sie sah das Glitzern der Kette. Bilqis wurde von Makeda geschüttelt. Die Sklavin wollte, daß sich das Bewußtsein der Herrin nicht noch einmal entfernte – es sollte in Marib bleiben. Makeda hatte begriffen, daß die Königin in der Ferne in einer Gefahr war, die sie in den Tod zog. Doch wieder vermochte es die Königin, sich von Makeda loszureißen und die Augen zu schließen.

Sie wurde sofort ergriffen von den Bildern, die sie vor sich sah. Eis und Silber vermischten sich. Die Außenwände des Palastes barsten unter dem Druck des gefrierenden Wassers. Ein Stück des Daches nach dem anderen brach herunter. Bilqis stürzte in die Tiefe und schlug auf dem Eis auf. Sie schrie, als sie mit dem Rücken aufprallte. Sie schrie, als der scharfe Schmerz ihre Hüfte peinigte. Sie schrie, als sie spürte, wie das kalte Wasser ihre Kleider durchdrang. Bilqis wollte sich aufrichten, doch sie besaß nicht mehr die Kraft dazu. Ihr Oberkörper sank in das Eiswasser zurück. Auf einmal empfand sie Glück über den eigenen nahen Tod. Sie wollte sich gar nicht mehr wehren. Sie freute sich darauf, bald eins zu sein mit Vater und Mutter – im Nichts.

Auf einen Schlag erloschen die Bilder. Bilqis merkte, wie ihr mit Gewalt die Augen geöffnet wurden. Sie sah Finger vor sich, die ihr die Augenlider auseinanderzogen – und sie sah Makedas Gesicht im rötlichen Morgenlicht. Makeda wollte erzwingen, daß ihre Herrin mit den Sinnen ihre Umgebung in Marib wahrnahm und die Bilder vergaß, denen sie verfallen war. Die Königin sollte die Augen nicht mehr schließen dürfen, bis ihr Gemüt sich beruhigt hatte. Da Makeda fürchtete, bald der Herrin zu unterliegen, rief sie nach Itamra.

Bilqis, die noch auf dem Polster lag, griff von unten mit beiden Händen nach dem Hals ihrer Dienerin und würgte sie.

Sie drückte den Hals so lange zu, bis Makedas Finger von ihr abließen. Sie sah noch, wie die Sklavin neben ihr zusammensackte, dann wandte sie sich von der leblosen Makeda ab und legte sich auf die Seite. Sie schloß die Augen. Ihre Sehnsucht nach den Bildern der untergehenden Dschinnenstadt führte sie zurück in die Eiseskälte des Palastes.

Sie sah, wie das Wasser lautlos von der Höhe herunterfiel, um sich über das Eis in dem geborstenen Gebäude auszubreiten und zu erstarren. Sie fühlte den scharfen Schmerz in der Hüfte. Sie schrie, als das eiskalte Wasser durch ihre Kleidung drang. Sie wollte sich aufrichten, doch sie sank zurück in das Wasser, das gefror. An ihrem liegenden Leib stiegen Wasser und Eis empor. Sie empfand die Kälte nicht. Sie glaubte, ihr Blut sei heiß und bringe das Eis zum Schmelzen. Und doch bedeckte das Eis sie jetzt nahezu völlig. Bilqis hatte den Eindruck, Arme und Beine würden bereits vom erstarrten Wasser festgehalten. Gedanken gaukelten ihr vor, das Eis sei ihr durchsichtiger Sarg, in dem ihr Körper für alle Zeiten in voller Schönheit bewahrt werde. Sie sah sich selbst liegen, und da störte sie das Kleid. Mit Anstrengung gelang es ihr, Arme und Beine noch einmal aus der Klammer des Eises zu befreien. Sie hob auch ihren Körper noch an und streifte ihr Gewand ab. Unverhüllt lag sie nun da, dem gefrierenden Wasser preisgegeben.

Ihre Gedanken erstarben, da hellte sich in ihrem Herzen ein eigenes Bewußtsein auf, das sich selbständig machte – das ihr bewußtmachte, dies könne nicht ihr Tod sein. Der Ort ihres Sterbens, das war vorausgesagt, lag weit vom Königinnenreich Saba entfernt. Bilqis sah die Bilder wieder vor sich, die sie auf der leeren Wand in der Kammer des Priesters Menachem wahrgenommen hatte: König Salomo trug sie auf den Armen, und er ließ sie in eine Grube im Sand gleiten. Sie glaubte an die Wahrheit dieser Bilder und an die Prophezeiung, ihr Schicksal sei es, unter den Wällen von Palmyra bestattet zu werden. Ihr Schicksal aber mußte erfüllt werden.

Jetzt begann sich die Königin gegen das Sterben im Eis zu wehren. Den Tod vor Augen, bekam sie Kräfte der Gedanken und des Leibes. Sie bäumte sich auf, um den Eispanzer zu zerreißen. Sie zerrte mit Armen und Beinen. Der rechte Arm kam frei. Nun schlug sie mit der Faust auf das Eis, das ihre Beine gefangenhielt. Sie schrie, um sich selbst Mut zu machen.

Auf einmal wußte sie, daß ihr geholfen wurde. Hände zerrten mit, sie zu befreien. Sie spürte Hände an ihren Armen, Beinen und Füßen und an ihrem Leib. Es waren kräftige, aber auch warme Hände. Bilqis, die Hoffnung schöpfte, bewegte sich um so heftiger, je mehr die Helfer sich für sie einsetzten. Sie wußte jetzt, daß das Sterben im Eis wahrhaftig nicht für sie bestimmt war.

Doch dann geschah es, daß von ihrem Herzen ein Schmerz ausging, wie sie ihn nie zuvor gespürt hatte. Sie dachte, daß nur der bittere Tod solche Schmerzen bereiten konnte. Sie schrie und riß die Augen auf. Obgleich ihr der rasende Schmerz Tränen in die Augen trieb, sah sie Makeda und Itamra, die ihre zuckenden und zerrenden Arme und Beine festhielten. Und sie bemerkte Jeschua, der eben das Flämmchen einer Öllampe von der Seite ihrer linken Brust wegzog. Jeschua hatte ihr den Schmerz beigebracht, um sie mit Gewalt abzulenken von ihren Bildern.

Lange unter dem Schmerz zu leiden hatte Bilqis nicht. Der Balsam war zur Hand, der den Schmerz verschwinden ließ. Die Königin machte keinen Versuch mehr, in den Sarg aus Eis zurückzukehren.

Doch was sie erlebt hatte, blieb nicht ohne Folgen. Ihr Gemüt war den Anstrengungen nicht gewachsen gewesen, es hatte unter der Spannung, Unerklärbares zu durchleben, gelitten. Mit geöffneten Augen lag sie halbe Tage lang auf ihrem Polster, leblos und ohne etwas zu sagen. Ein Kraut, ein Öl, einen Saft gegen dieses Leiden kannte niemand. Jeschua und Makeda bemühten sich, über viele Tage hin, auf ihre Weise um die Königin. Sie nutzten dabei deren Vorliebe für sinnliche Spiele. Sie führten ihre Herrscherin hinaus ins Badehaus vor der Stadt. Sie ließen Bilqis in Ruhe, doch sie zeigten ihr, wie sie sich gegenseitig verführten. Sie umarmten, berührten und küßten sich im Wasser und am Beckenrand. Sie kämpften nackt miteinander auf einer Matte. Der Verlierer mußte sechs Schläge mit der Hand auf jede Backe seines Hinterns hinnehmen. Jeschua richtete es meist so ein, daß er zum Vergnügen der Herrscherin seinen Hintern der Hand von Makeda darbieten mußte.

Nie aber durfte aus diesen Spielen Ernst werden. Jeschua wußte, daß er den Schoß der Sklavin nicht aufbrechen durfte. Und Makeda wußte, daß Bilqis den jungen Mann als ihr Eigentum betrachtete.

Während der Zeit ihres Gemütsleidens gestattete die Königin von Saba nie, daß Jeschua ihre Lust durch seine Finger und Handflächen und durch Balsam befriedigte. Sie wollte ihrem Körper und ihren Sinnen diese Steigerung der Empfindung nicht zumuten. Jeschua und Makeda hatten meist nackt zu sein. Bilqis aber blieb immer bedeckt. Selbst im Wasser trug sie ein langes Hemd.

Als es ihr schließlich besserging, führte Bilqis Gespräche nur mit ihrem Propheten Harith und dem Berater Yafa Yafis. Die beiden waren besorgt, daß weder vom Pharao noch von Salomo Antwort auf die Bitten um Hilfe beim Dammbau eingetroffen war. Yafa Yafis sagte, soviel er wisse, hätten die Ägypter noch nie einen Damm von derartiger Größe errichtet. Vom Fluß der Ägypter sei zu erfahren, daß er einmal im Jahr viel, dann weniger, aber eben doch immer Wasser führe. So könne man im Land der Pharaonen leicht mehrfach im Jahr ernten, ohne teure Bauten errichten zu müssen, die das Wasser speicherten. Er habe sich von einer Spruchweisheit berichten lassen, die so laute:

»Im Sommer ist der Fluß der Pharaonen ein Diamant in

grüner Fassung – das Wasser der Flut glitzert, und es ist von Pflanzen umgeben. Im Herbst ist der Fluß dem Moschus gleich, der in einem wertvollen grünen Gefäß bewahrt wird – gemeint ist der fruchtbare und duftende braune Schlamm, den die Flut mitgebracht hat und den die Haine der Dattelpalmen vor dem raschen Austrocknen schützen. Im Winter gleicht der Fluß der Pharaonen einem grünen Smaragd – im Überfluß sprießt alles auf, was nur wachsen kann unter der Sonne. Im Frühling aber gleicht der Fluß dem Schoß einer Jungfrau – bereit, die Flut zu empfangen.«

Der Prophet Harith fügte hinzu: »Unser Tal der Dhana-Ebene kennt eben nur den Unterschied zwischen viel Wasser und gar keinem Wasser. Wir selbst müssen das viele Wasser über eine lange Zeit verteilen, um mehrere Ernten zu sichern.« Nach diesen Worten schwieg der Prophet für einige Atemzüge. Dann sprach er entschlossen: »Wir können nicht auf fremde Hilfe warten. Wir müssen uns selbst helfen.«

Yafa Yafis war derselben Meinung. Er sagte: »Ich habe überlegt, wie wir die von Menschen noch nie zuvor ersonnene Absicht der Königin verwirklichen, einen Staudamm zu errichten, der ihrer Herrscherwürde entspricht und der zugleich unserem Volk nützlich ist. Das Wasser, das von den Bauern genutzt werden kann, um die Felder fruchtbar zu machen, reicht nicht aus. Es regnet bei uns in Marib ja nie. Der Regen fällt in unbewohnten Gegenden, wo es keinen Ackerboden gibt. Das Regenwasser fließt von der Wüste Rub al-Khali herab. Wenn wir uns an die Fluten der vergangenen sieben Jahre erinnern, brachten sie wenig Wasser, das überdies langsam daherfloß. Früher jedoch, so wissen ältere Männer, sei die Flut wild gewesen, habe riesige Mengen Wasser in die Dhana-Ebene geführt. Vor sieben Jahren, so sagen die Alten, sei dies noch so gewesen. Es könnte möglich sein, daß nun, nach sieben Jahren, die Zeit des Hochwassers wieder anbricht. Das Traumerlebnis unserer Königin weist darauf hin. Sie hat die wilden Wirbel vorausgesehen, die sich dann bilden und die unsere einfache Staumauer zum Einsturz bringen werden. Ich glaube, wir müssen den Traum als Anstoß zum raschen Handeln nehmen.«

Da fragte der Prophet: »Was, o Mann, der die Ursachen der Ereignisse kennt, veranlaßt das Wasser, Wirbel zu bilden?«

Yafa Yafis wußte die Antwort: »Unsere Vorfahren – o Prophet, dem Vergangenes geläufig ist – haben einen Fehler gemacht: Sie haben die Mauer an der schmalsten Stelle zwischen dem Jebel Balak al-Ausat und dem Jebel Balak al-Qibli aufgerichtet. Hier aber wird das Wasser auf engstem Raum zusammengedrängt. Auf ganz kurzem Weg hat es seinen Schwung zu verlieren – kein Wunder, daß es sich dagegen wehrt. Wenn wir den Damm dorthin setzen, wo das Tal breiter ist, wird er eine Flut auffangen, die schon wieder beruhigt ist.«

Der Prophet erwiderte: »Da wird die Mauer aber weit länger sein müssen als die bisherige.«

Nach längerem Nachdenken sagte die Königin: »Und der See, den ich zu durchschwimmen habe während der Vereinigung mit il-Umquh, wird weit breiter sein müssen als der bisherige.« Bilqis fühlte sich an ihre Pflicht erinnert. Sie war beruhigt, daß sie bei der nächsten Flut nur den bisherigen kleineren See zu bezwingen hatte, weil der größere bis dahin wohl nicht fertig werden würde. Auf jeden Fall wollte sie sich während der nächsten Tage auf die kräftezehrende Aufgabe vorbereiten.

Im Badehaus draußen vor Marib hielt sich Bilqis nun an jedem Tag auf, wenn die Sonne hoch stand. Die heißen Monate des Jahres hatten begonnen. Der Aufenthalt im kühlen Wasser war angenehm. Ihr Gemüt hatte sich wieder erholt, doch manches war anders als früher. So wollte sie jetzt unbedingt allein schwimmen. Itamra, Makeda und Jeschua durften sich dem Wasserbecken nicht nähern, wenn sich Bilqis darin aufhielt, denn sie trug nun ihr langes Hemd nicht mehr, das sie während ihrer Gemütserkrankung im Bade anhatte. Ohne Hemd aber sollten die anderen sie nicht erblicken. Bilqis hatte sich vorgenommen, daß künftig nur Gott il-Umquh ihre Nacktheit sehen sollte.

Eine Tür des Badehauses öffnete sich in den Garten, in dem Büsche wuchsen, die vom nahen Stausee aus bewässert wurden. Wenn Bilqis durch die Tür trat, konnte sie den See sehen. Er war klein geworden, denn die letzte Flut lag lange zurück. Auch wenn sein Wasserspiegel tief lag, konnten Menschen, Tiere und Pflanzen von Marib noch immer von dem Naß leben, das der See spendete.

Wenn sich Bilqis durchkühlt fühlte vom langen Schwimmen, legte sie sich im Garten auf ein weiches Tuch. Die Büsche schirmten sie ab gegen Blicke. Ihre ohnehin etwas braun getönte Haut wurde von Tag zu Tag dunkler. Als sie einmal ihren Bauch betrachtete, meinte Bilqis, sie werde bald aussehen wie Makeda, die Äthiopierin.

Sie lag wieder einmal zwischen den Büschen und überlegte, ob die Sonne, in deren wärmenden Strahlen sie ruhte, derselbe Gott il-Umquh sei, dem sie sich bald wieder hingeben würde. Sie glaubte, als sie ihre Beine ein wenig öffnete, daß die Wärme ihres Gottes sie auch jetzt durchdringe. Da wurden ihre Gedanken durch drei Auerhähne abgelenkt, die auf den Busch neben ihr zuflogen und sich dort niederließen. Die Königin sah, daß sie Seidenröllchen in den Schnäbeln trugen. Bilqis stand auf, warf sich das Tuch über, auf dem sie gelegen hatte, und ging auf die Vögel zu. Sie nahm dem ersten das Röllchen ab und las:

»Dies schreibt Salomo, der König von Jerusalem,
An Bilqis, die Königin von Saba.
Niemand ist an meinem Hof zu finden,
Der deine Worte deuten kann.
Rätselhaft ist, was du schreibst.
Selbst der Priester weiß keine Antwort.«

Dann entzifferte Bilqis die Worte des zweiten Seidenröllchens:

»Dies hast du geschrieben:
Doch bin besorgt ich um die vielen Frauen,
Die Blumen sind in Salomonis Garten.
Sie sind verzaubert, doch sie sollen leben.
Die Tulpen sind wohl würdig meiner Sorge.
Wenn deine Zauberkunst erlischt,
Wer holt sie dann zurück ins Leben?
Die Blüt' und Zwiebel sterben ab.«

Bilqis wurde unruhig. Hatte sie dem König unrecht getan mit ihrer Beschuldigung, die Frauen, die ihm zugetan waren, verzaubert zu haben? Makeda hatte ihr davon erzählt, und Makeda log nicht und erfand keine Geschichten. Da stieg in Bilqis ein Verdacht auf: War es möglich, daß Makeda durch den Zaubersprucherfinder und den Zauberspruchanwender dazu veranlaßt worden war? Hatten sie ihr die Fähigkeit zu sprechen gegeben, zugleich aber ihre Sinne verwirrt? Doch Makeda hatte ihr sogar die Stelle im Garten gezeigt, an der die Blumen wuchsen. Hatte sich Makeda geirrt, oder war ihr auch diese Behauptung durch die beiden Dschinnen eingegeben worden?

Die Königin erhoffte sich Aufklärung durch das dritte Seidenröllchen. Darauf las sie:

»O Königin, erfahre die Wahrheit.
Die Frauen leben in Jericho,
Am tiefsten Punkt meines Reiches.
Verzaubert wurde keine.
Wenn du wiederkommst, wirst du sie sehen.
Nimm diese Tulpe,
Die wirklich Blume ist und keine verzauberte Frau.«

Nun bot sich der Königin von Saba ein einzigartiges Bild: Drei Auerhähne flogen nebeneinander über ihr. In ihren Schnäbeln trugen sie gemeinsam eine Tulpe mit langem Stengel. Sie ließen die Blume fallen, und Bilqis fing sie auf. Zu Recht nahm die Königin an, daß die Vögel die Tulpe den weiten Weg von Jerusalem bis hierher geschleppt hatten – die Gabe der Huldigung des Königs Salomo.

Nichts hatte Salomo darüber geschrieben, ob er behilflich sein könne beim Vorhaben des Dammbaus. Trotzdem war Bilqis froh über seine Nachricht. Ihre Neigung zu Salomo war geschwunden durch die Überzeugung, der König habe Frauen in schöne, aber seelenlose Blumen verzaubert. Sie selbst hatte ernsthaft Angst davor gehabt, Opfer seines Zauberspruchs zu werden. Aber so einfach war es nicht, an die Unschuld des Salomo zu glauben. Es gab ja nicht nur Makedas Erzählung, Salomo verzaubere Frauen: Auch Benyamin Ben Eliezer hatte über das schreckliche Geheimnis von Salomos Frauen und Gärten gesprochen, damals, als er geklagt hatte, Salomo sei kein gütiger Herrscher, sondern handle verbrecherisch. Möglich war, daß auch die Sinne des Benyamin Ben Eliezer verwirrt gewesen waren. Vielleicht konnte ihr Itamra etwas dazu sagen, die den Vertrauten des Königs Salomo besser gekannt hatte als jeder andere.

Versonnen trug Bilqis die Tulpe ins Badehaus, legte sie ins Wasserbecken und stieg dann selbst hinein. Nur noch wenige Tage blieben ihr Zeit, die Kräfte zu steigern, dann mußte die Flut den Stausee erreichen.

Yafa Yafis sprach als erster zu ihr von dem Gerücht, daß eine außerordentlich mächtige Flutwelle zu erwarten sei. Zwar wisse niemand etwas Genaues, doch habe jeder Angst. Yafa Yafis wunderte sich besonders darüber, daß man hinter vorgehaltener Hand darüber munkle, in einem fernen Land, das drüben liege hinter dem Meer, das Ophir und Saba trenne, seien die Mondberge geschmolzen, die ganz aus Eis bestünden. Das Wasser aus dieser Eisschmelze ströme in einem unterirdischen Fluß, der auch das Meer durchquere, in eine abgelegene Gegend des Königinnenreichs und vereinige sich dann mit der Flut, die aus den Regenfällen entstehe. Dieses Gerede, so meinte Yafa Yafis, werde allgemein geglaubt.

Bilqis erschrak, als sie vernahm, in einer abgelegenen Gegend sei Eis geschmolzen. Sie fragte sich, wie ein derartiges Gerücht entstehen konnte. Wußte jemand vom Eis über der Dschinnenstadt? Sie hatte niemandem von ihren Erlebnissen berichtet. Ihre Gedanken verschwieg sie auch jetzt. Laut aber sprach sie: »Da haben die Leute von Marib wohl einiges durcheinandergebracht. Wir wissen doch, daß das Wasser, das unter dem Meer fließt, aus dem Paradies kommt, um meine Stadt zu versorgen. Es kann nicht das Wasser aus dem Lande Punt sein.« Doch so ganz sicher war sie sich nicht.

Einige Zeit später wurde die Königin vom Propheten angesprochen, als sie eben von ihrem Badehaus draußen vor der Stadt zurück in den Palast reiten wollte. Er fragte, ob er die Herrin begleiten dürfe. So nebenbei sagte der Prophet: »Ich weiß um Vergangenes, ob es weit zurückliegt oder gerade erst geschehen ist. Ich kann dich beruhigen: Fürchte nicht das Eis. Der Wind hat Sand darübergeweht. Eine dichte Schicht schützt das Eis vor der Hitze des Tages. Il-Umquh will, daß sich ewiges Vergessen ausbreitet. Wer sich in jene Gegend verirrt, wird eine weite und trostlose Wüste vorfinden, die er rasch verlassen und für immer meiden will.«

Itamras Verwandlung

Die Flutwelle war schließlich im Tal der Dhana-Ebene angekommen. Als sie sich an der Staumauer brach, sahen die Menschen von Marib, daß genausoviel Wasser den See füllte wie in den Jahren zuvor. Die Gerüchte waren bald wieder vergessen. Sobald das Wasser zur Ruhe gekommen war, verkündete der Prophet, die Vereinigung des Gottes il-Umquh mit der Königin von Saba finde am übernächsten Tag statt, und jeder möge sich auf das Ereignis freuen, das dem ganzen Lande Glück und Wohlstand sichere.

Harith berichtete seiner Königin, jede Besorgnis über die Flut sei unnötig gewesen. Das Durchschwimmen des Sees sei so leicht oder so schwer wie immer. Dann aber sagte er: »Du, o Bilqis, bist gut beraten, wenn du heute nacht deine Kräfte prüfst, ob sie ausreichen, um zum anderen Ufer zu gelangen. Du hast Schweres durchgemacht. Du warst lange sehr schwach. Vielleicht überfällt dich diese Schwäche wieder? Wenn du untergehst oder auch nur aufgeben mußt, ist die bestehende Herrschaft im Lande Saba gefährdet. Dieser Gefahr dürfen wir uns nicht aussetzen. Deshalb prüfe dich heute. Es ist der beste Tag dafür. Verbrauchst du bei dieser Prüfung zu viele Kräfte, dann hast du morgen Zeit, dich wieder zu erholen.«

Der Prophet ordnete an, Jeschua habe Bilqis zu begleiten, schließlich sei er derzeit der beste Schwimmer im Königinnenland. Dann aber machte er einen Vorschlag, der die Herrscherin empörte – und er trug diesen Vorschlag vor, als ob er eine Selbstverständlichkeit wäre: »Das Schwimmen fällt dir leichter, wenn du alle Haare am Leib entfernst. Es könnte ja sein, daß sie in letzter Zeit stark nachgewachsen sind. Jeschua wird dir die Haare entfernen. Deine Kräfte kannst du aber vor allem schonen, wenn du auch auf dem Kopf keine Haare hast, so daß dich deine langen Locken nicht im Wasser behindern!«

Als er sah, daß Bilqis in Zorn geriet, fügte er rasch noch hinzu: »Il-Umquh wird dir besonders gnädig sein, wenn du ihm deine Haare opferst. Ich selbst werde sie ihm übergeben.«

So kam es, daß noch am selben Nachmittag Bilqis und ihre Dienerin Itamra im Badehaus draußen vor der Stadt auf einer

Polsterbank saßen. Vor ihnen kniete Jeschua, der Feuer in einem kleinen Ofen aus Metall schürte. Auf dem Ofen stand ein Topf, in dem Wachsbrocken allmählich flüssig wurden. Gespannt schauten die beiden Frauen dem jungen Mann zu, der nun vorsichtig mit dem Finger untersuchte, wie heiß das Wachs war – offenbar zu heiß, denn er nahm den Topf vom Feuer.

Während er sein langes Hemd auszog, sagte Jeschua, er werde die Königin gern in dieser Nacht durch das Wasser begleiten. Es sei ihm deshalb eine Pflicht, sich selbst alle Haare zu entfernen, und zwar vor den Augen der Königin und der Dienerin, damit beide erführen, was zu tun sei. Er habe zwar regelmäßig dafür gesorgt, daß seine Haare am Körper entfernt würden, doch sei dies immer mit einer Klinge geschehen – und die Härchen, wie zu sehen sei, wüchsen nach, weil ihre Wurzeln auch weiterhin in der Haut steckten. Heute habe er vor, auf andere Art für ein dauerhaftes Ergebnis zu sorgen.

Noch einmal prüfte Jeschua, wie heiß das Wachs war, dann legte er sich auf den Steinboden. Er forderte Itamra auf, ihm das flüssige Wachs auf alle Bereiche seines Schoßes zu gießen, nur nicht auf sein Glied. Dies fiel der Dienerin leicht, da es ohnehin nach oben stand.

Die Hitze des Wachses erzeugte Schmerzen an empfindlichen Stellen. Jeschua zeigte nicht, daß er litt. Er sagte sich, die Abkühlung werde rasch eintreten. Sobald das Wachs kalt und völlig hart war, riß er es mit Kraft von seinem Schoß – und mit dem Wachs riß er sich die Härchen samt Wurzeln aus der Haut.

Nun konnte er nicht mehr verbergen, daß die Enthaarung schmerzhaft war. Er sprang ins Wasser, um die brennende Haut abzukühlen. Während Jeschua auf dem Rücken schwamm, sah ihm Bilqis ins Gesicht und suchte die Stelle, wohin sie ihn während jener Augenblicke der Lust gebissen hatte. Sie glaubte, eine kleine Narbe an seinen Lippen zu erkennen.

Jetzt verlangte Jeschua, daß Itamra ihm Wachs auf die Brust und in die Achselhöhlen gieße. Bald war er auch dort völlig haarlos. Die Haare des Kopfes aber schor er sich mit einer Klinge ab.

Sobald sein Körper überall enthaart war, zog Jeschua sein Hemd wieder an, grüßte die beiden Frauen und ging hinaus. Den kleinen Ofen mit dem flüssigen Wachs und das Messer ließ er zurück.

Bilqis und Itamra saßen zunächst schweigend und verstört auf der Bank. Die Königin gab zu erkennen, daß sie keine Lust hatte, dem Beispiel des Jeschua zu folgen. Sich quälen zu lassen war nicht ihre Absicht. Auf einmal aber erhob sich Itamra, streifte das Hemd über den Kopf, legte sich auf den Steinboden, goß Wachs über ihren Schoß, der dicht behaart war, und strich es in ihre Achselhöhlen. Bewundernd schaute Bilqis zu, wie Itamra keine Miene verzog – selbst dann nicht, als sie sich Wachs und Härchen vom Leibe riß. Itamra zeigte auch keine Gefühlsregung, während die Klinge ihre Haare vom Kopf schnitt, bis ihr Schädel völlig haarlos war.

Dann stellte sich Itamra vor Bilqis und drehte sich langsam, damit die Herrin sie betrachten konnte – von vorn, von hinten, von der Seite. Bilqis mußte sich eingestehen, daß die völlig kahle junge Frau reizvoll aussah. Der nackte Schädel aber war von besonderer Wirkung auf die Königin. Sie fand, Itamra strahle jetzt Kraft aus und wirke so, als sei sie zu Gewalt fähig. Bilqis konnte den Blick nicht wenden. Sie wehrte sich und wußte es doch: Sie war bereit, sich dieser Frau hinzugeben.

Nicht länger war Bilqis die Herrin und Itamra die Sklavin. Der kahle Frauenkopf gab Itamra ein herrisches Aussehen – und offenbar hatte sie die Veränderung begriffen. Sie entzog sich den Händen der Bilqis, die sie dort streicheln wollte, wo sie jetzt zwar glatt, aber stark gerötet war. Verblüfft blickte die Königin Itamra an. Die Sklavin hatte sich ihrer Herrin verweigert. Noch verwunderter aber war Bilqis, als Itamra ihr befahl, das Hemd auszuziehen und sich auf den Steinboden zu legen. Bilqis murrte nicht, als ihr gesagt wurde, sie habe il-Umquh ihre sämtlichen Haare zu opfern. Noch ehe es Abend wurde, trug die Königin von Saba kein einziges Härchen mehr am Leib.

Als sie allein war, getrennt von Itamra, da verstand Bilqis kaum mehr, was in ihrem Gemüt vor sich gegangen war. Es konnte nicht sein, daß sie nahe daran war, ihre Würde als Herrscherin zu verlieren. Sie nahm sich vor, ihre Sinne besser am Zügel zu halten.

Zur Nachtzeit, als in Marib die Lichter erloschen, standen Bilqis, ihr Prophet, Jeschua und Itamra am Ufer des aufgestauten Sees. Harith gefiel das veränderte Aussehen der Frauen. Beide wirkten auf ihn wie Dämone der Gewalt. Er verstand rasch, daß er zwei Herrinnen vor sich hatte, von denen jede der anderen ihren Willen aufzwingen wollte. Er war entschlossen, der Königin zu helfen, sich letztlich durchzusetzen.

Dem Propheten der Vergangenheit lag offen, was am späten Nachmittag im Badehaus draußen vor der Stadt geschehen war. Als Itamras Schädel kahlgeschoren war, fühlte die Königin den Zwang, sich unterwerfen zu müssen. Sobald aber auch Bilqis durch den Verlust der Haupthaare härtere Züge angenommen hatte, wurde Itamra zwar wieder unsicherer, doch ihre neuerworbene herrische Art wollte sie nicht aufgeben. Itamra trotzte der Königin und versuchte sie auf Dauer zu unterwerfen. Das unentschiedene Machtverhältnis zwischen den beiden Frauen störte den Propheten, weil es Unruhe und Unsicherheit bedeutete und damit die Möglichkeit zur Veränderung schuf – und nichts haßte der Prophet der Vergangenheit mehr als Veränderung in Gegenwart und Zukunft.

Es war Itamra, die der Königin befahl, sich endlich auszuziehen und zum anderen Seeufer zu schwimmen. Dem Propheten mißfiel der barsche Ton der Dienerin. Er bat Bilqis zu warten, bis sie von ihm erfahren habe, wann was zu tun sei. Darauf sprach Harith: »Zur Stunde der Vereinigung mit il-Umquh tauchst du in den Wasserspiegel dort ein, wo dich der helle Glanz empfängt, der ein Widerschein ist dessen, was im Himmel sichtbar ist. Nun aber geht heute nacht der Schein vom Mond aus, und auch er breitet sich auf dem Wasserspiegel aus. Wenn du deine Kraft heute nacht prüfen willst, dann tauchst du in den Widerschein der vollen runden Mondscheibe ein und schwimmst in diesem Licht. Und jetzt, ihr beiden, Bilqis und Jeschua, zieht eure Hemden aus und steigt ins Wasser.« Beide befolgten die Aufforderung.

Daß der Widerschein der Mondscheibe silbrig war, löste im Gemüt der Königin sofort Unbehagen aus. Sie wollte nie mehr an das Silber der Dschinnenstadt denken und wurde nun dazu gezwungen. Sie empfand das Wasser als kalt. Arme und Beine wurden ihr starr. Sie blickte zum gegenüberliegenden Seeufer, das im Mondlicht vor ihr lag, und war überzeugt, es nie erreichen zu können. Wenigstens war sie nicht allein: Vor ihr schwamm Jeschua, dessen Oberkörper bei jeder seiner kräftigen Schwimmbewegungen aus dem glitzernden Wasser auftauchte.

Das Unbehagen der Königin verstärkte sich. Daß sie auf den silbrigen Mond zuschwimmen mußte, erfüllte Bilqis schließlich mit Grauen. Sie gab sich Mühe, die große runde Scheibe nicht mehr anzusehen. Sie blickte zur Seite. Ihre Augen blieben an einem einfachen, aber wunderschönen Sternbild hängen. Es war ihr vom Ritt durch die Wüste vertraut. Während der nächtlichen Raststunden hatte sie oft und lange zu ihm hinaufgeschaut. Sie hatte sich damals mit ihm verbunden gefühlt – und nun stand es wieder vor ihr in seiner edlen Gestalt. Sie gab ihm jetzt den Namen »der Held des Himmels mit dem Gürtel«. Vier Sterne bildeten die Eckpunkte. Wichtiger aber waren drei weitere Sterne, die das gesamte Bild wie ein Gürtel umschlangen. Diese drei Sterne standen in einer nicht ganz geraden Linie.

Während Bilqis das Sternbild anschaute, schwamm sie ganz locker. Sobald ihr Blick zurückglitt zum Mond, glaubte sie zu erstarren. Schnell wandte sie ihre Augen ab. So schwamm sie auf dieses Himmelszeichen zu, das ihr ein Gefühl der Geborgenheit gab. Durch diese leichte Änderung ihrer Schwimmrichtung geriet sie bald schon – von ihr unbemerkt – aus dem Widerschein des Mondes. Jeschua aber schwamm im Lichtkreis der Silberscheibe weiter.

Der Prophet stand mit Itamra am Ufer und blickte hinüber zu den beiden Schwimmern, die jetzt in der Mitte des Sees angekommen waren. Er fühlte sich schon ganz zufrieden, weil Bilqis in dieser Nacht ihre Kräfte mit Erfolg zu prüfen schien, da durchfuhr ihn ein Gedanke, der ihm den schlimmsten Schrecken einjagte. Er hatte einen entsetzlichen Fehler begangen: Er hatte die Königin von Saba gezwungen, sich mit der Mondgöttin Wadd zu vereinen, die von den Bewohnern der Stadt Ma'in verehrt wurde. Die Mondgöttin Wadd aber war die schlimmste Feindin des Sonnengottes il-Umquh. War der Fehler wiedergutzumachen? Wahrscheinlich war die Vereinigung längst vollzogen. Sicher hatte die Mondgöttin Wadd ihren Sieg mit hämischem Gelächter genossen. Das Schicksal des Königinnenreiches Saba war besiegelt. Der Prophet Harith sank auf die Knie und weinte hemmungslos. Itamra blickte ihn fassungslos an.

Auf einmal aber erhob er sich wieder. Seine Prophetengabe hatte ihm eben die Sicherheit gegeben, daß von all dem, was er befürchtet hatte, nichts geschehen war: Bilqis hatte il-Umquh nicht betrogen. Warum er jetzt so sicher war, wußte Harith allerdings nicht.

Die Königin glaubte, das andere Ufer in dieser hellen Nacht schon gut erkennen zu können. Sie spürte, daß sie ihre volle Kraft wiedergewonnen hatte. Ihre Bewegungen wurden ruhig. Nun ließ sie sich Zeit. Ihre Gedanken waren nicht länger belastet von der Angst, ihre Glieder würden erstarren. Das Sternbild vor Augen, war sie auf einmal überzeugt, es gebe ihr einen Wunsch frei. Sie wußte nicht, wie es geschah, doch da kam ihr Makeda in den Sinn – das Mädchen, das nicht sprechen konnte. Nie war es ihr bisher eingefallen, ihren Gott il-Umquh zu bitten, er möge Makeda die Fähigkeit zu reden geben. Ohne länger zu überlegen, rief sie, während sie weiterschwamm, dem Sternbild zu: »Ich bitte dich, löse der Makeda die Zunge!« Und sie war glücklich über diesen Einfall.

Am Ufer des Sees ging Makeda auf und ab, um an der rechten Stelle zu sein, wenn die Königin aus dem Wasser stieg. Sie hatte Glück: Bilqis stand plötzlich im Mondlicht vor ihr. Makeda griff nach einem Handtuch und trocknete die Herrin ab. Sie sprach: »Froh bin ich, daß alles vorüber ist!« Dann schwenkte sie eine Fackel zum Zeichen, daß die Königin abgeholt werden könne.

Makeda hatte selbst nicht wahrgenommen, daß sie sprechen konnte. Die Königin aber hütete sich, sie darauf hinzuweisen. Bilqis bestieg ihr Maultier und ritt nach Marib.

Nun war es für Makeda Zeit, sich um Jeschua zu kümmern. Sie war erstaunt, daß er nicht zusammen mit Bilqis geschwommen war. Wieder ging sie am Ufer auf und ab, doch ihre Suche blieb vergeblich.

Als dem Propheten mitgeteilt wurde, Jeschua werde vermißt, schickte er noch in der Nacht Berittene los, die das gesamte Ufer bis in den nächsten Tag hinein gründlich absuchten – ohne Erfolg.

Am Morgen besprach Harith den Vorfall mit Bilqis. Er war überzeugt zu wissen, was in der Nacht vorgefallen war: Die Mondgöttin Wadd hatte den jungen Mann verführt und zu sich in ihr Reich geholt. Er war wohl für immer verloren.

Der Vorfall mußte, um das anstehende Fest nicht zu verderben, ein Geheimnis bleiben in Marib.

Die Bewohner des Königinnenreichs Saba hatten kurz darauf Grund zum Feiern: Die Vereinigung zwischen Gott il-Umquh und Bilqis wurde in bewährter Form vollzogen. Die Kräfte der Schwimmerin reichten aus. Während des Festes wurde auch keine Trübung der Beziehung zwischen Bilqis und dem Gott spürbar, die vielleicht dadurch hätte entstehen können, daß die Frau, die ihm gehörte, im Licht der Mondgöttin Wadd geschwommen war. Harith erklärte der Königin, sie sei durch die Erscheinung des »himmlischen Helden mit dem Gürtel« gerettet worden. Er sei zu Nachtzeit der Verbündete des Gottes il-Umquh. Gewöhnlich erscheine er später im Jahr. Daß er jetzt zu sehen war, habe wohl damit zu tun, daß ihn il-Umquh gebeten habe, seiner Braut Bilqis in einer Notlage zu helfen.

Vor Beginn der Vermählung hatten sich die Bewohner von Marib und des Landes ringsum am Seeufer mit dem Rücken zum Wasser aufgestellt. Sie sahen nicht, daß die Herrscherin keine Haare mehr auf dem Leib und auf dem Kopf trug, und sie durften sie nicht anschauen, als sie ins Wasser stieg. Alle Untertanen mußten reglos verharren, bis die Herrscherin am anderen Ufer in einer Sänfte verschwand.

Der Prophet Harith vollzog später am Tag die Opferung der Haare der Königin. Dabei durfte jeder zusehen, der wollte. Im Angesicht des Gottes il-Umquh, der sich rotglühend zur Ruhe begab, schüttete er die Haare der Königin mit großer Geste ins Wasser. Der besseren Wirkung wegen hatte er alle Haare, die im Badehaus auf dem Steinboden lagen, zusammenfegen lassen – samt dem Wachs, das in großen Brocken an den Härchen hing. Dem Gott il-Umquh und den Untertanen versprach der Prophet, dieses Opfer werde nun bei jeder Flut dargebracht werden.

Während der folgenden Tage beunruhigte den Propheten die Spannung zwischen Bilqis und Itamra. Die Dienerin gehorchte nicht mehr. Harith befand, daß sie nicht nur wie ein Dämon der Gewalt wirke, sondern von diesem Dämon auch befallen war. Er sagte zu Bilqis: »Von dieser Krankheit, o Königin, kann sie nur eine gründliche Auspeitschung heilen!« Doch davon wollte die Königin nichts wissen.

Bald schon nach dem Fest setzte Yafa Yafis die Vorarbeiten für den Dammbau fort. Er wollte, daß bei der übernächsten Flut das Wasser weiter unten im Tal der Dhana-Ebene vom neuen, langen Staudamm aufgefangen werde. Der Berater der Königin entwickelte eine ausgeklügelte Ordnung von Sperren, Schleusen, Kanälen, Auslaßpforten, Wangenmauern, Querriegeln, Stützmauern und Gräben. Diese Ordnung hatte den einen Sinn, das gestaute Wasser über Monate hin auf eine weite Bodenfläche zu leiten, damit es dort Fruchtbarkeit spende.

Was gebaut werden sollte, stand bald schon fest. Auch die Steinbrüche waren gefunden, aus denen man Quader und Blöcke herausmeißeln konnte. Doch die Arbeiter fehlten, und es mangelte an Werkzeugen und an Wissen, wie die Steine zu schneiden und kunstvoll aufzuschichten seien. Weder der Pharao noch Salomo hatten bisher auf die Bitten um Hilfe geantwortet.

Bilqis beriet sich mit dem Propheten und dem Berater darüber, ob es klug sei, noch einmal zu Salomo oder vielleicht direkt zum Pharao zu reisen. Den Zeitpunkt hielten sowohl Yafa Yafis als auch Harith für günstig: Die Vermählung mit dem Gott hatte eben erst stattgefunden. Nun blieb eine lange Frist bis zur nächsten Flut. Einer Reise nach Jerusalem gab Bilqis allerdings den Vorrang. Sie wollte endlich erreichen, daß die Stadt des Königs Salomo in den Weihrauchhandel einbezogen werde. In dieser Sache hatte es keine Entwicklung mehr gegeben. Der Ehrgeiz der Königin ließ es nicht zu, daß ihre Absichten mißachtet wurden.

Eigenartig war, daß Bilqis selbst die Verwirklichung ihrer Absichten vereitelte. Der Tag der Abreise stand fest, Bilqis aber hatte auf einmal keine Lust, Marib zu verlassen. Die heißen Wochen waren angebrochen. Der Gedanke, durch glühenden Wüstenwind und bei grellem Licht reiten zu müssen, schreckte sie ab. Deshalb war es ihr gerade recht, daß ein seltsamer Vorfall Aufklärung erforderlich machte.

Makeda berichtete ihr, die Dschinnen seien wohl zurückgekehrt, die sich doch schon längere Zeit nicht mehr bemerkbar gemacht hatten. Die Leute, so meinte Makeda, die nachts am Badehaus draußen vor der Stadt vorübergingen, seien überzeugt, daß dort Geister hausten. Lichter huschten am Fenster vorbei, dann seien Schatten zu sehen, dann wieder sei alles in Dunkelheit gehüllt. Häufig aber seien Schreie zu hören. Meist brülle ein Mann, manchmal aber auch eine Frau.

Bilqis, die nach den Erlebnissen in der Dschinnenstadt überaus empfindlich war, was Geister betraf, wollte selbst nachsehen, was hinter dem Gerede steckte. Wenn eine Gefahr bestand, mußte sie rasch beseitigt werden. Sie entschloß sich, eine Nacht lang das Badehaus zu beobachten.

Mit Makeda ritt sie hinaus. In gehörigem Abstand verharrten sie, doch lange geschah gar nichts. Dann ritt auf einem Maultier eine Gestalt heran, die sehr in Eile war. Bilqis bemerkte trotz Dunkelheit und Entfernung, daß es sich um eine Frau handeln mußte, denn sie hielt beide Beine auf einer Seite des Maultiers. Jetzt erst fiel ihr auf, daß sie selbst im hellen Licht des Mondes stand, und sie war in Sorge, entdeckt zu werden.

Mit Makeda zog sie sich etwas weiter zurück. Das Badehaus und der üppige Garten waren im Mondlicht trotzdem gut zu erkennen. Die Fenster allerdings waren durch Büsche verdeckt. Zu sehen war nur, daß jemand in das Badehaus eingedrungen sein mußte. Huschende Lichter und Schatten – von denen die Leute sich erzählten – konnte Bilqis allerdings nicht bemerken. Im Badehaus brannte wohl nur eine trübe Öllampe. Daß sich mindestens zwei Menschen im Haus befanden, war an den Geräuschen zu erkennen. Bilqis kauerte zwar in einigem Abstand zum Badehaus, doch sie konnte hören, daß geredet wurde.

In der Mitte der Nacht traf ein zweiter Reiter ein. Auch er war in Eile. Bilqis hatte das Geräusch der Schritte des Maultiers erst wahrgenommen, als Tier und Reiter schon nahe waren. Der Reiter war ein Mann, der mit Geschick vom Tier sprang. Rasch war er im Haus verschwunden.

Es war dunkler geworden, da die Scheibe des Mondes sich der Erde zuneigte. Jetzt waren die Stimmen besser zu vernehmen. Makeda hörte aufmerksam zu. Nach einer Weile sprach sie leise: »O Königin, ich werde den Verdacht nicht los, daß da drinnen Jeschua mitredet.«

Erstaunt fragte Bilqis zurück: »Du meinst, den Jeschua, der seit Tagen verschwunden ist?«

Statt auf die Frage zu antworten, sagte Makeda: »Ich bin fast sicher – und die Frau ist deine Dienerin Itamra!«

Nun gab sich auch die Königin Mühe, die Stimmen zu unterscheiden, und war bald überzeugt, daß Makeda recht hatte. Sie fragte sich, wer jener Dritte war, der sich am Gespräch beteiligte. War er der Mann, der mit dem Maultier angekommen war? Die Reiterin war also Itamra, die sich verändert hatte, durch den Verlust des Haares, und seither glaubte, sie sei zum Herrschen geschaffen. Und schließlich stellte sich Bilqis die Frage, wie der verschollene Jeschua ins Badehaus gekommen war. Warum war er nicht in den Palast zurückgekehrt?

Bilqis war in Gedanken versunken, als Makeda flüsterte: »Jeschua redet heftig. Er ist wohl gegen das, was die anderen sagen und wollen.«

Gleich darauf redeten alle im Haus lauter. Itamra aber

übertönte die anderen. Dann schwiegen die Stimmen, und es hörte sich an, als ob zwei Menschen miteinander kämpften. Die Geräusche wurden schwächer, bis nichts mehr zu hören war. Die Stille unterbrach der Reiter, der sich auf sein Maultier schwang und davonritt. Als er nicht mehr zu sehen und zu hören war, wurde das Licht im Badehaus gelöscht. Die Frau trat heraus und stieg, etwas umständlicher als der Mann, auf ihr Reittier.

Die Reiterin war eben verschwunden, da sagte Makeda: »Jetzt kann sich nur noch Jeschua im Haus befinden. Wir gehen hinein und lösen dieses Rätsel.« Bilqis war einverstanden. Daß sie Angst hatte vor der Lüftung des Geheimnisses, behielt sie für sich.

Im Rücken der beiden Frauen begann die Morgenröte zu leuchten. Sie sahen genügend, um auf das Badehaus zugehen und eintreten zu können. In der Halle des großen Badebeckens blieben sie stehen und lauschten. Zu hören war nichts. Bald war es hell genug für einen Blick in die Kammern, die um die große Halle angeordnet waren. Die Frauen sahen niemanden. Makeda rief den Namen des Verschwundenen, doch alles Rufen war umsonst. Bilqis blickte in das Wasserbecken – gleichfalls ohne Erfolg.

Die beiden setzten sich auf die gepolsterte Bank beim Becken. Ihr Nachdenken blieb vergeblich, das Rätsel war offenbar nicht zu lösen. Doch Makeda wollte sich nicht geschlagen geben – da mußte es noch eine Kammer geben, von der sie beide nichts wußten. Sie fragte die Königin: »Wer hat dieses Badehaus gebaut?«

Die Antwort war: »Mein Vater, König Hadad.«

Makeda erwiderte: »Dann müßte wohl auch der Prophet die Geheimnisse um dieses Haus kennen, denn er war schon der Prophet deines Vaters.«

Bilqis nahm sich vor, den Propheten zu fragen. Jetzt aber sei es zu spät, sagte sie, um sich niederzulegen, doch es sei die Stunde des ersten Bades. Gleich darauf stiegen beide Frauen die Stufen hinunter ins Wasser. Der Anblick der nackten Makeda und ihrer Goldkette reizte Bilqis. Sie vergaß das Rätsel des Badehauses und bekam Lust zum sinnlichen Spiel. Ganz kurz nur dachte sie daran, daß Makeda sich nie gewundert hatte, daß sie sprechen konnte.

Als sie sich wieder im Palast von Marib befand, fragte die Königin von Saba ihren Propheten, ob er etwas wisse von verborgenen Kammern und Gängen des Badehauses. Harith dachte nach. Er war dabei gewesen, als das Badehaus gebaut wurde. König Hadad habe es so bauen lassen, wie es jetzt zugänglich sei – ohne Geheimkammer und ohne verborgene Gänge. Auch sei wohl nie eine Veränderung vorgenommen worden. Beim besten Willen könne er keine andere Auskunft geben. Da der Prophet ihr mit seinem jetzigen Wissensstand nicht helfen konnte, entschloß sich Bilqis, ihm zu erzählen, was sie in der Nacht beobachtet hatte, in der Hoffnung, er finde den Schlüssel dazu.

Je mehr der Prophet zu hören bekam, desto nachdenklicher wurde seine Miene. Zeitweise aber blickte Harith ungläubig drein. Ihm mißfiel die Beobachtung, Jeschua sei im Badehaus gewesen oder befinde sich vielleicht sogar noch dort, hatte er doch im Ton der Überzeugung ausgesagt, Jeschua sei von der Mondgöttin Wadd im Wasser des Sees verführt und dann in ihr Reich entführt worden.

Am Ende des Berichtes der Bilqis sagte er, er wisse genau, daß Jeschua noch immer der Gefangene und zugleich der Geliebte der Mondgöttin sei. Und wenn sich Jeschua – wovon er nicht überzeugt sei – doch im Badehaus aufhalte, dann nur mit dem Einverständnis der Mondgöttin. Dahinter könne nur eine Verschwörung stecken, schließlich sei die Mondgöttin die höchste Herrin in der Stadt Ma'in, die in Feindschaft verstrickt sei mit Marib. Der Prophet schlug vor, daß Makeda die Nacht versteckt im Badehaus verbringen solle, dann könne sie am folgenden Tag berichten, was des

Rätsels Lösung sei. Wenn Jeschua noch darin verborgen sei, würden Itamra und der Fremde auf jeden Fall zurückkehren.

Ein Versteck für die Dienerin war nicht leicht zu finden. In der Halle und in den Kammern gab es keine Schränke, keine Vorhänge, keine dunklen Nischen. Die Räume waren luftig, gestaltet für einen König, für eine Königin, die über alles erhaben waren und nichts vor ihren Dienern und Dienerinnen zu verbergen hatten. Nur eine Möglichkeit, sich zu verstecken, fand Makeda: In der Halle stand ein Korb aus geflochtenen Weiden, in dem gewöhnlich Tücher aufbewahrt werden konnten. Der Korb war leer, und er erwies sich als groß genug, um Makeda aufzunehmen, wenn sie sich setzte und die Knie anzog. Vor ihren Augen befand sich ein Schlitz im Weidengeflecht, der ihr ein wenig den Blick freigab auf das, was in der Halle geschah.

Es war längst dunkel, als Itamra die Halle betrat. Sie trug eine Öllampe in der Hand, die sie auf die Bank stellte. Dann klappte sie mit einiger Mühe eine der Steinplatten des Fußbodens auf. Bis jetzt hatte Itamra ein langes Hemd getragen, nun zog sie es aus. Sie bückte sich, um in das Loch hinunterzublicken. Schließlich richtete sie sich wieder auf und stieg in die Öffnung hinein.

Es dauerte nicht lange, da tauchte sie wieder auf. Ihr Kopf und ihr Körper waren schmutzig. Hinter Itamra stieg Jeschua nach oben. Auch er war nackt und verdreckt.

Itamra bewegte einen Griff an der Wand und löste damit einen Sturzbach aus, der aus der Wand herausschoß. Die beiden stellten sich unter den breit gefächerten Wasserstrahl und reinigten sich. Makeda war verwundert, daß sie keine Feindschaft zwischen Jeschua und Itamra spürte, obwohl er offenkundig ihr Gefangener war. Hand in Hand sprangen sie in den tiefen Teil des Wasserbeckens. Dort umarmten sie sich, und jeder berührte den anderen an reizvollen Stellen. Alles war bisher in völligem Schweigen geschehen. Jetzt aber sagte

Itamra: »Er kommt bald!« Diese Worte veranlaßten Jeschua, rasch aus dem Wasser zu steigen, und Itamra folgte ihm.

Zu ihrem Entsetzen sah Makeda nun, daß Itamra auf den Weidenkorb zuging, wohl um ein Tuch zum Abtrocknen zu holen. Itamra hob den Korbdeckel und sah die zusammengekauerte Makeda. Sie packte das Mädchen an den Haaren und zerrte sie daran hoch. Um den Schmerz abzuschwächen, stand Makeda eilig auf. Sie kletterte über den Korbrand, doch Itamra ließ die Haare nicht los, und der Schmerz ebbte nicht ab.

Itamra zog die Gefangene an den Haaren zur Bank, dann sagte sie zu Jeschua: »Hinunter mit ihr ins Loch!« Im gleichen Augenblick riß sie dem vor Angst zitternden Mädchen das Hemd vom Leib. Da sah sie die Goldkette. Ganz von selbst hielt Makeda beide Hände vor den Verschluß der Kette, der eng am Bauch anlag. In herrischem Ton sagte Itamra zu Jeschua: »Nimm ihr die Kette ab.« Sie selbst riß Makedas Hände auf den Rücken und hielt sie dort fest.

Jeschua hütete sich, dem Mädchen Schmerz zuzufügen. Er löste vorsichtig den Verschluß und zog behutsam die Goldkette von Bauch, Rücken und aus der Spalte zwischen den Beinen der Makeda. Als er das Schmuckstück in der Hand hielt, packte Itamra das Mädchen aus Äthiopien, brachte sie zum Einstiegsloch und drängte sie auf die Leiter. Sobald der Kopf von Makeda verschwunden war, schob Jeschua die schweren Steinplatten auf die Öffnung.

Beide waren sich einig, daß es zu gefährlich sei, an diesem Ort zu bleiben. Sie zogen ihre Hemden an und verließen das Badehaus. Für Itamra gab es nun eine Schwierigkeit: Sie mußte ein neues Versteck für Jeschua finden.

Kurze Zeit später traf der Mann ein, der in der vorigen Nacht als zweiter Reiter gekommen war. Er betrat die Halle, sah das Hemd im Licht der Öllampe am Boden liegen, wunderte sich, daß er niemanden antraf, und ritt wieder davon.

Makeda stand nackt in der Dunkelheit. Sie spürte, daß der Boden schmierig war und die Wände sich schleimig anfühlten. Sie hörte Wassertropfen, die in Lachen fielen. Sie verstand nicht, warum sie in diesem gruseligen Loch eingesperrt war – und warum es Jeschua ebenso ergangen war. Er war der Gefangene von Itamra gewesen, und dennoch hatte er ihr geholfen. Warum hatte er ihr die goldene Kette abgenommen? Daß er sie dabei fast zärtlich behandelt hatte, war seltsam.

Müde war Makeda, war es doch die zweite Nacht, in der ihr absonderliche Erlebnisse den Schlaf raubten. Sie wollte sich nicht auf den schmierigen Boden setzen, und sich an eine schleimige Wand anzulehnen war ihr ebenso zuwider. Sie ekelte sich vor dem Ungeziefer, das wohl in dieser Nässe hauste.

Daß Makeda fehlte, wurde im Palast am frühen Morgen vom Propheten entdeckt, der ihre Kammer aufsuchte, um als erster zu erfahren, was mit Jeschua geschehen war. Als er dann Bilqis seine Entdeckung mitteilte, wurde sie unruhig. Sie meinte, es sei ohnehin ihre Absicht, noch ehe der Tag heiß werde, draußen im Garten vor der Stadt zu baden, und sie sei eben dabei, dorthin aufzubrechen. Das Angebot des Propheten, sie zu begleiten, lehnte Bilqis ab.

Die Königin war erstaunt, als sie in der Halle des Badehauses ein Hemd auf dem Boden liegen sah, von dem sie glaubte, daß es Makeda gehörte. Auf der Polsterbank stand ein Öllämpchen, das offensichtlich leergebrannt war. Von Makeda aber fand die Königin keine Spur.

Bilqis hatte sich eben in den flachen Teil des Wasserbeckens gelegt und freute sich nun darüber, daß der Tag mit einem kühlen Morgen begann, da schob Itamra mit entschlossenem Ruck den Vorhang des Eingangs zur Seite. Bilqis erkannte sofort, daß die Dienerin den Flaum der neuen Härchen auf ihrem Schädel abgeschoren hatte. Auf dem Kopf der Königin waren sie deutlich zu sehen und zu fühlen.

Doch dies war nicht die einzige Überraschung für Bilqis. Sie traute ihren Sinnen nicht, als Itamra mit stolzer Geste ihren Umhang abwarf: Sie trug die goldene Kette der Makeda.

Eng war das Schmuckstück um die Hüften gezogen. Scharf schnitt es in die Spalte des glattrasierten Schoßes ein. Bilqis sagte sich, diese Frau wolle in jedem Augenblick fühlen, daß nun sie die Kette besaß. Itamra schritt auf die Königin von Saba zu, in einer Haltung, die Ebenbürtigkeit zeigen sollte. Doch Bilqis, die im Wasser lag, sah mit gleichgültiger Miene über sie hinweg. Itamra war gekommen, um stolze Worte zu reden, doch als sie den Mund öffnete, war in den Augen der Königin ein Ausdruck der Verachtung zu bemerken. Itamra stutzte – und schwieg. Sie war unsicher geworden.

Eilig riß sie die schwere Steinplatte im Boden hoch, ergriff ihren Umhang und verschwand hinter dem Vorhang des Ausgangs.

Bilqis stieg aus dem Wasser, ging zur Öffnung im Boden, blickte ins Loch und sah die nackte Makeda, die – bedeckt mit schwarzem und braunem Schmutz – dort unten kauerte. Die Königin forderte sie auf, über die Leiter nach oben zu steigen. Zitternd stand Makeda schließlich vor ihrer Königin. Was im Badehaus seit Tagen vor sich ging, konnte Bilqis von ihrer Dienerin allerdings nicht erfahren. Makeda hatte nichts bemerkt, was den Hintergrund der Vorgänge erhellen könnte. Die einzige Neuigkeit, die ihr das Mädchen mitteilte, war die, daß sich an der Wand, die dem Badebecken gegenüberlag, ein Griff befand, der einen Sturzbach auslöste, wenn er bewegt wurde. Unter seinem Strahl wusch sich Makeda den Schmutz ab.

»Ich werde ein Gottesgericht ausrufen!« sagte mit donnernder Stimme der Prophet, als er von Bilqis die Ereignisse dieses Morgens erfahren hatte. Und er betonte: »Ein Gottesgericht, das deine alleinige Macht, o Königin, über das Reich Saba eindrucksvoll vor Augen führen wird. Es darf nicht geschehen, daß die Dienerin Itamra sich benimmt, als sei sie die Königin von Saba!« Näheres wollte er nicht sagen. Er bat die Herrscherin allerdings, sie möge ihm gestatten, zur Vorbereitung des Gottesurteils am Nachmittag Makeda ins Badehaus mitzunehmen. Für die nötige Ausrüstung werde er selbst sorgen. Bilqis war der Meinung, ihr Prophet übertreibe beträchtlich – doch sie schwieg.

Als die Sonne an diesem Tag drei Viertel ihres Weges durchmessen hatte, war Makeda im Badehaus damit beschäftigt, heftig auf einen Sack, der mit Sand gefüllt war, einzupeitschen. Der Schweiß strömte über ihren nackten Körper. Sie wollte längst aufhören, doch Harith trieb sie immer wieder an. Er schrie: »Wer das Gottesurteil bestehen will, der braucht Kraft in den Armen!« Doch auch Makeda erfuhr nicht, was von ihr bei diesem Gottesurteil verlangt wurde.

Beim Untergang der Sonne schickte der Prophet Makeda in den Palast zurück und verbarg sich zwischen Büschen im Garten. Mit eigenen Augen und Ohren wollte er versuchen, das Rätsel um das nächtliche Geschehen im Badehaus zu lösen.

Nach dem heißen Tag war die Nacht hier draußen vor der Stadt Marib angenehm kühl. Jedoch war es Harith nicht gewohnt, untätig im Dunkeln zu sitzen, und so war es nicht zu vermeiden, daß der Prophet bald Langeweile empfand. Um nicht einzuschlafen, stand er auf und ging hin und her. Endlich – es war nicht weit von der Mitte der Nacht – geschah etwas: Zwei Reiter näherten sich dem Badehaus. Die Mondscheibe war noch nahezu völlig rund, und ihr heller Schein lag auf dem Gebäude und den Reitern. Harith konnte sie erkennen: Es waren Itamra und Jeschua.

Sie betraten das Badehaus nicht. Sie stiegen nicht einmal vom Maultier. Unruhig drehten sie sich andauernd um und hielten Ausschau, dann wieder sprachen sie aufgeregt miteinander. Sie erwarteten ganz offensichtlich den dritten Reiter.

Er traf zur Mitte der Nacht ein. Der Prophet gab sich alle

Mühe, sein Gesicht zu erkennen, doch er durfte sich nicht zu sehr bewegen, um sich nicht zu verraten. Der Unbekannte blieb auf seinem Maultier sitzen, mit dem Rücken zum Propheten. Deutlich sah Harith, daß Itamra und Jeschua auf den dritten Reiter einredeten. Der aber sprach fast gar nichts. Doch plötzlich vernahm Harith ein Wort aus dem Munde des Fremden, das ihm Klarheit gab: »Ma'in«. Das war der Name der Stadt, die Maribs Freiheit bedrohte und Gefahr bedeutete für das gesamte Königinnenreich von Saba.

Das Bild veränderte sich: Die Maultiere hatten sich nach und nach gedreht und standen nun so, daß Itamra und Jeschua dem Propheten den Rücken zuwandten – und der Fremde das Gesicht. Auf einmal wußte er, wer der geheimnisvolle Reiter war. Er hieß Aqiribi und war der Befehlshaber der Bewaffneten von Ma'in.

Ein einziges Mal hatte der Prophet diesen Mann gesehen, an der Grenze zwischen Marib und Ma'in. Damals war an einer Stelle der Grenzverlauf umstritten, und auf beiden Seiten waren Höflinge beauftragt, für den kleinen Streit eine Lösung zu finden. Die Gespräche fanden an Ort und Stelle statt und wurden für Ma'in von Aqiribi überwacht und für Marib von ihm, dem Propheten. Die beiden brauchten nicht einzugreifen und auch nicht miteinander zu reden. Die Höflinge hatten sich damals schnell geeinigt.

Nun erkannte der Prophet, was vorging: Itamra und Jeschua waren Verschwörer gegen die bestehende Ordnung von Marib, und sie holten sich dazu die Unterstützung aus Ma'in. Diese Bedrohung der Herrschaft der Königin von Saba – und seiner eigenen Stellung – war ernst zu nehmen.

Nach der ersten Aufwallung der Gefühle nahm sich Harith vor, das Erlebte noch einmal kühl zu überprüfen. Je mehr der Prophet über den Sachverhalt nachdachte, desto weniger traute er den eigenen Gedanken. Er stellte sich die Frage, welche Bedeutung Jeschua in dieser Verschwörung hatte.

Jeschua war von König Salomo nach Marib geschickt worden. Sollte er hier den Absichten des Königs von Jerusalem dienen? War Aqiribi von Ma'in mit König Salomo verbündet? War Jeschua die Brücke zwischen den beiden? Eigene Absichten konnte Jeschua kaum verfolgen. Er war im Königinnenreich ein Fremder, der nicht daran denken durfte, selbst Macht auszuüben in Saba.

Die Gedanken des Propheten wurden unterbrochen durch den Aufbruch der drei Reiter. Im Mondlicht waren sie noch lange zu sehen: Aqiribi ritt in Richtung Ma'in, Itamra und Jeschua aber waren auf dem Weg nach Marib. Offenbar waren sich die Verschwörer nicht einig geworden.

Am Morgen fragte Harith die Herrscherin in herausforderndem Ton: »Sage mir, o Bilqis, ist Itamra noch deine Dienerin, oder ist sie Herrscherin neben dir in Marib?«

Kleinlaut antwortete sie: »Ich habe sie kaum mehr gesehen seit dem Zusammentreffen im Badehaus. Sie schleicht mir aus dem Weg.«

Zornig sprach darauf der Prophet: »Du, o Königin, hast es versäumt, sie zur rechten Zeit zu peitschen. Schläge hätten sie gezähmt. Statt ihr Gelegenheit zu geben, zusammen mit dem Befehlshaber der Bewaffneten von Ma'in eine Verschwörung anzuzetteln, hätten wir sie auf dem Sklavenmarkt in jener verfluchten Stadt Ma'in verkaufen sollen. Besser wäre es, wir hätten einen eigenen – doch dein Vater war immer dagegen!«

Erstaunt blickte Bilqis ihren Propheten an und fragte dann: »Von welcher Verschwörung sprichst du, o Mann, der Vergangenes weiß?« Da erfuhr Bilqis, was Harith in der Nacht beim Badehaus draußen vor der Stadt entdeckt hatte. Die Königin fragte besorgt: »Bleibt uns das Glück noch günstig? Können wir die Verschwörung abwenden?« Sie schwieg einige Augenblicke und wollte dann wissen: »Haben wir Beweise, o mein Prophet?«

Nun war Harith zornig. Er sprach laut und rasch: »In einer

solchen Gefahr frage ich nicht nach Beweisen. Es kommt darauf an, wer zuerst losschlägt. Ich lasse mich nicht von den Verbrechern in Ma'in umbringen, und ich dulde nicht, daß du umgebracht wirst! Noch ist es nicht zu spät. Ich weiß, wie ich Itamra auf den Sklavenmarkt von Ma'in bringen kann. Fraglich ist allerdings, ob ihr Verkauf dann noch viel Gold einbringen wird. Das Gottesgericht wird sie vernichten. Ich bin dabei, dieses Gottesgericht vorzubereiten. Schicke mir an jedem Nachmittag Makeda ins Badehaus vor der Stadt. Ich sorge dafür, daß du siegen wirst.«

Bilqis verstand zwar den Sinn der Rede nicht, doch sie fragte nicht weiter. Sie erfüllte den Wunsch ihres Propheten. So geschah es, daß Tag für Tag, wenn die Sonne drei Viertel ihres Weges durchmessen hatte, Makeda damit beschäftigt war, mit aller Kraft auf einen Sandsack einzupeitschen, der von der Decke hing. Sie schlug zu, bis der Schweiß über ihren Körper strömte. Von Tag zu Tag wurden ihre Schläge kräftiger. Makeda empfand als Qual, was der Prophet von ihr verlangte. Den Sinn verstand sie erst am sechsten Tag. Da befahl ihr der Prophet, nicht mehr auf einen Sandsack einzuschlagen, sondern auf einen nackten Sklaven. Sie sollte daran gewöhnt werden, einen Menschen zu peitschen.

Makeda brachte es zunächst nicht fertig, die Peitsche mit Kraft gegen den Sklaven zu schwingen. Da drohte ihr der Prophet, er werde sie schlagen, wenn sie den Sklaven nicht mit der Peitsche in die Knie zwinge. Nun schlug sie mit aller Kraft zu. Sie trieb den Mann, der ihren Hieben auszuweichen versuchte, durch die Halle des Wasserbeckens. Schließlich brach er, von unzähligen Striemen gezeichnet, zu Boden.

Am siebten Tag wurde ihr eine Sklavin ausgeliefert – und sie begriff, daß sie beim Gottesgericht eine Frau zu peitschen hatte. Sie verstand jetzt auch, was wirklich von ihr gefordert wurde: Sie sollte einen Kampf bestehen, der mit der Peitsche ausgefochten wurde. Als Gegnerin war ihr eine Frau zugedacht. Und plötzlich wußte Makeda, wer diese Gegnerin war: Itamra – die jetzt die goldene Kette um ihren Leib trug. Wut stieg in ihr hoch. Jetzt hatte das Gottesgericht für sie einen Sinn, und sie war sich bewußt, daß sie siegen mußte. Die Sklavin, die vor ihr stand, war für Bilqis nicht mehr irgendeine junge Frau, sondern ihre Feindin Itamra – und sie schlug das Mädchen gnadenlos. Befriedigt schaute der Prophet zu. Er war sicher, daß die Vorbereitung zum Erfolg führen würde.

Die Überraschung war wesentlich für den Sieg. Itamra wußte nicht, daß sie vor ein Gottesgericht gefordert werden und dort mit der Peitsche kämpfen sollte. Sie besaß keine Erfahrung damit und würde sicher zunächst verblüfft sein. Diese Verblüffung mußte Makeda ausnutzen.

Zu Beginn der folgenden Nacht wurden die Menschen des Königinnenreiches Saba zum Ufer des Sees gerufen, zum heiligsten Platz des Landes. Im Angesicht der Mondgöttin Wadd verkündete der Prophet die Anklage:

»Ich, der Prophet der Königin von Saba, die an il-Umquh glaubt, beschuldige Itamra, die Sklavin, der gefährlichen Verschwörung mit den Gläubigen der Mondgöttin von Ma'in. Sie hat versucht, Bilqis, die Königin, zu vernichten. Unser Gott il-Umquh sollte abgelöst werden durch die Mondgöttin Wadd. Il-Umquh aber hat die Verschwörung scheitern lassen. Es ist sein Wille, daß der Sieg vor aller Augen wiederholt werde – in einem Gottesgericht. Sein Wille ist jedoch auch, daß der Stärkere siege. Offenkundig soll vor allen werden, wer es verdient zu herrschen. Es ist sein göttlicher Befehl, daß ich die Sklavin Itamra zum Gottesgericht lade. Es findet zur Mitte der Nacht auf diesem Platz am Ufer des heiligen Sees statt. Herausgefordert wird die Sklavin Itamra durch die Königin von Saba. Die Waffen im Zweikampf des Gottesgerichtes werden Peitschen sein. Vorschrift für das Gottesgericht ist, daß die beiden Gegnerinnen nackt sind.«

Der Prophet sprach nicht weiter. Er wußte, daß die zuhörenden Untertanen überrascht waren. Sollte die Königin von Saba wirklich nackt gegen eine Sklavin kämpfen müssen? Eine derartige Ungeheuerlichkeit war nie vernommen worden. Er wartete auf ein deutliches Murmeln der Ablehnung. Erst war es leise zu vernehmen, dann wurde es ein starkes Murren. Mit einer Handbewegung gebot Harith Schweigen.

Er sprach: »Da es sich nicht ziemt, daß sich die Königin von Saba vor ihren Untertanen entblößt zeigt, wird sie durch eine Frau ihrer Wahl vertreten. Die Königin von Saba wünscht, daß ihre treue Dienerin Makeda an ihrer Stelle kämpft.« Jetzt war starker Jubel der Zustimmung zu hören. Da rief der Prophet laut, daß seine Worte weit durch die Stadt und über den See hallten:

»Ich lade zur Mitte der Nacht zum Gottesgericht die beiden Frauen Itamra und Makeda. Siegt Itamra, wird sie Herrin sein über Marib. Siegt Makeda, wird Itamra auf dem Sklavenmarkt von Ma'in verkauft. Man suche Itamra, daß sie zur Mitte der Nacht hier erscheine.«

Als sie die Aufforderung zum Gottesgericht erreichte, befand sich Itamra im Palast. Yafa Yafis war der Überbringer. Sie traute ihren Ohren nicht und fragte sich, ob tatsächlich der aufgeblasene, selbsternannte Prophet klüger war als sie. »Dieser Hund von einem Propheten hat mich überlistet«, fauchte sie Yafa Yafis an. »Er stellt selbst die Regeln dieses Gottesgerichts auf. Dies geschieht zugunsten seiner Königin. Ich bin von vornherein zur Niederlage verurteilt.«

Je mehr sie darüber redete, desto zorniger wurde sie. Sie verlor völlig ihre Fassung. In diesem Zustand fand sie Jeschua. Er hörte sich ihre Zornesausbrüche an und wartete, daß sie ruhiger werde. Inzwischen dachte er nach, bis er eine Lösung gefunden hatte. Schließlich sprach er: »Harith ist listig. Du aber bist es auch!« Und er erklärte Itamra, was er sich ausgedacht hatte.

Um Mitternacht waren fast alle Bewohner von Marib am Ufer des Stausees versammelt. Ein Gottesgericht hatte es bisher nie gegeben, und so drängten sich Tausende von Menschen in einem Halbkreis, der zum Wasser hin offen war. Jeder wollte die beste Sicht haben auf das, was vor sich ging. Der Schein der Mondscheibe sorgte für helle Beleuchtung. Das silbrige Licht ließ Bilqis erschauern.

Sie saß auf einer Empore. Etwas hinter ihr stand der Prophet. Vor den beiden, auf dem Kampfplatz zu ebener Erde, befanden sich, aufrecht stehend, Itamra und Makeda, die Gesichtern einander zugewandt. Bilqis wunderte sich, mit welcher Gelassenheit Itamra das Gottesgericht erwartete, hatte die Königin doch von Yafa Yafis erfahren, daß sie zu Beginn des Abends nahezu von Sinnen gewesen sei.

Jetzt stand der Prophet auf, trat vor und verkündete feierlich: »Der Ladung zum Gottesgericht in der Mitte der Nacht sind gefolgt Itamra und Makeda. Sie werden mit der Peitsche als Waffe gegeneinander kämpfen. Siegt Itamra, wird sie Herrin sein über das Königinnenreich Saba. Siegt Makeda, wird Itamra auf dem Sklavenmarkt von Ma'in verkauft. Zum Zeichen, daß ihr bereit seid zum Gottesgericht, legt eure Gewänder ab!«

Beide streiften ihre langen Hemden über den Kopf, warfen sie zur Seite und standen nackt da. Makeda sah ihre goldene Kette am Leib der Gegnerin und rief sofort: »Sie ist nicht nackt wie ich. Sie trägt eine Kette!« Da legte Itamra in aller Ruhe die Kette ab und warf sie zu Boden. Als Makeda nach ihrem Eigentum greifen wollte, stieß Itamra die Kette mit dem Fuß weg, und Makeda griff ins Leere, taumelte und stürzte zu Boden. Danach war ihr anzumerken, daß sie ihr Gefühl der Überlegenheit verloren hatte.

Als sie sich wieder gegenüberstanden, rief Itamra laut: »Sie ist nicht nackt wie ich! Sie hat noch alle Haare am Leib! Vorgeschrieben aber ist, daß wir beide nackt sind!«

Die Zuschauer reckten die Köpfe, um im Mondlicht die Haare am Leib der leicht dunkelhäutigen Frau zu erspähen. Rufe wurden laut: »Itamra hat recht! Sie ist nackter als Makeda!«

Unbehagen beschlich den Propheten. Er fragte sich, wer diese kluge List erdacht haben mochte. Er glaubte nun selbst nicht mehr daran, daß das Mädchen aus Äthiopien Siegerin werden würde. Ihre Gedanken, das spürte er, waren nicht beim bevorstehenden Kampf. Ihm war, als ob sie sich damit beschäftigte, wie sie ihre goldene Kette wiederbekommen könne, die ziemlich weit von ihr im Sand lag und im Licht der Fackeln glänzte. Der Sieg war ihr nicht mehr so wichtig. Harith blickte auf die Königin. Sie hatte wohl dieselben Zweifel, denn sie blickte ratlos zurück. Der Prophet war nun dafür, Zeit zu gewinnen.

Er verkündete mit fester Stimme, dem Einspruch der Itamra sei stattzugeben. Um Gleichheit zwischen den Gegnerinnen zu sichern, müßten auch die Haare vom Leib und vom Kopf der Makeda entfernt werden. Das Gottesgericht werde deshalb erneut für die nächste Nacht einberufen.

Nach dieser unerwarteten Niederlage beriet sich Harith noch in derselben Nacht mit Yafa Yafis. Sie kamen beide zum selben Ergebnis: Itamra war von einem hellen Kopf beraten worden – von jemandem, der Makeda kannte und ihren brennenden Wunsch, die goldene Kette, die ihr wohl von Salomo geschenkt worden war, wiederzubekommen. Für Harith und Yafa Yafis stand fest, dafür kam nur Jeschua in Frage. Er war offensichtlich schon im Badehaus mit Itamra eng verbunden gewesen.

Der Prophet ließ Bewaffnete kommen und befahl ihnen, Jeschua zu suchen, und zwar zunächst im Palast. Doch die Suche war vergebens. Makeda, die darunter litt, daß sie für die Königin und für den Propheten das Gottesgericht verdorben hatte, strengte ihre Gedanken an – und hatte plötzlich einen Einfall: Jeschua war nicht der Gefangene der Itamra im dreckigen und schmierigen Verlies des Badehauses gewesen – sie hatte ihn versteckt, und zwar nackt, damit er sein Hemd nicht beschmutze.

Erstaunt schauten Bilqis, Harith und Yafa Yafis auf das Mädchen. Sie hatten Makeda offenbar bisher unterschätzt. Eilends begaben sie sich mit Makeda zum Badehaus. Der Prophet und der Berater schoben die Steinplatte im Boden zur Seite und blickten in das Loch. Im Schein ihrer Öllampen sahen sie Itamra und Jeschua. Ihre Blicke verrieten, daß sie nicht mehr auf Schonung hofften.

Beide stiegen aus dem Verlies, und ihnen wurde gestattet, sich unter dem Sturzbach an der Wand zu reinigen. Darauf mußten sie sich auf den Steinboden legen. Die Hände wurden ihnen auf dem Rücken gefesselt.

Inzwischen war Unulaq eingetroffen, genannt der »Vater des Lachens und des Heulens«. Er war ein kleiner, bulliger Mann, der in Marib als hartnäckiger und gnadenloser Verfolger aller Untaten gefürchtet war. Einige Bewaffnete waren mit ihm gekommen. Gemeinsam mit ihnen besah sich Unulaq die beiden hilflos am Boden liegenden Nackten. Dann gingen die Männer hinaus in den Garten. Bald darauf waren von dort dumpfe Schläge zu hören, die das Badehaus erzittern ließen. Für Itamra und Jeschua klangen sie bedrohlich. Sie blickten sich an und ahnten, daß im Garten ihre Hinrichtung vorbereitet wurde.

Unulaq ließ dicke Pfosten in den Boden schlagen, in gehörigem Abstand, der es erlaubte, dazwischen einen Menschen auszuspannen. Der »Vater des Lachens und des Heulens« hatte damit seine Erfahrungen. Er hatte sich die beiden angesehen und wußte, welcher Abstand der richtige war.

Sobald die Pfosten fest standen, wurde Jeschua aus dem Badehaus hinaus und in den Garten geschleppt. Die Bewaffneten banden beim Fackelschein Bein um Bein jeweils an einen der Pfosten. Die Stricke wurden derart fest angezogen, daß die Beine, weit auseinandergestreckt, beinahe eine gerade Linie bildeten. Der Körper hing nach unten. Die Hände wurden am Boden an schwere Steine gebunden.

Unulaq betrachtete sein Opfer, das sich nun gegen nichts mehr wehren konnte. Der Körper hing so vor Unulaq, daß jeder Teil ihm preisgegeben war. Nun begann der »Vater des Lachens und des Heulens« auf seine Art die Befragung. Mit einer zarten Vogelfeder strich er leicht über die Achselhöhlen und die Seiten des Körpers. Unulaq kannte die empfindlichen Stellen genau. Er fuhr über die Innenseiten der Oberschenkel und sah, wie die Muskeln zuckten. Er berührte mit der Feder den Bauch, die Grübchen am Rücken, den Ansatz der Kerbe des Hinterns.

Bald erreichte Unulaq, daß Jeschua – trotz der Schmerzen der Ausspannung – laut lachte. Die Erschütterungen des Lachens steigerten die Schmerzen. Jeschua bat darum, daß Unulaq aufhöre, wenigstens für einen Augenblick – oder für einen Atemzug. Doch die Feder strich beständig weiter über seinen Leib. Lange bewegte sie sich über die Naht in der Haut zwischen den Beinen. Gleichzeitig gab Unulaq den Befehl, die Stricke stärker anzuziehen. Jeschua schrie, er sei bereit, alles zu gestehen. Unulaq aber wollte den völligen Zusammenbruch seines Opfers. Er strich mit der Feder über die Fußsohlen. Jeschuas Beine rissen an den Fesseln, doch die Füße entkamen der Feder nicht. Jeschuas Lachen war längst in Heulen übergegangen.

Im Badehaus war das Heulen und Schreien zu hören. Die Königin fand es unerträglich, doch der Prophet meinte, die Art der Befragung des Unulaq erziele rasche Ergebnisse, ohne bleibende Schäden am Körper des Befragten zu hinterlassen. Tatsächlich dauerte es nicht lange, und der »Vater des Lachens und des Heulens« konnte berichten, was Jeschua ausgesagt hatte.

Unulaq sprach: »Wisset, o ihr Mächtigen, daß Jeschua in

der Nacht, als unsere Herrin ihre Kraft im Schwimmen erproben sollte, auch weiterhin im Spiegelbild des Mondes schwamm, als die Königin sich schon vom Mond abgewandt hatte. Er erreichte das Ufer an anderer Stelle als die Herrin, nämlich genau dort, wo sie eigentlich hätte aus dem Wasser steigen müssen. An jenem ursprünglichen Platz aber wartete eine bewaffnete Bande aus Ma'in. Die hatte Itamra von dort kommen lassen, damit sie die Königin entführe. Ein Mann namens Aqiribi – Jeschua sagte, er sei der Befehlshaber der Bewaffneten von Ma'in – habe die Leute zu Itamras Unterstützung geschickt.«

Als Itamra vernahm, was Jeschua ausgesagt hatte, wußte sie, daß sie keine Gnade zu erwarten hatte. Jeschua hatte alles verraten. Sämtliche Pläne waren zunichte gemacht. Gerne hätte sie sich die Ohren zugehalten, doch ihre Hände waren auf den Rücken gefesselt. So mußte sie zuhören, was Unulaq weiter berichtete:

»Die Bande aus Ma'in sollte die Königin ins Verlies des Badehauses außerhalb der Stadt Marib bringen. Sie hatte jedoch nur Jeschua gefunden – also brachten sie nur ihn dorthin. Itamra wartete im Badehaus. Zu ihrem Erstaunen waren die Bewaffneten aus Ma'in Frauen. Auf ihre Frage erhielt sie die Antwort: »Bei uns tragen überhaupt nur Frauen Waffen!« Nun fragte Itamra nach der Königin, von der sie annahm, sie sei Gefangene der Bewaffneten. Ihre Enttäuschung war gewaltig, als ihr nur Jeschua übergeben wurde. Sie änderte rasch ihren Plan und wollte Jeschua, der Zugang zum Bad der Königin hatte, veranlassen, seine Herrin bei guter Gelegenheit im großen Wasserbecken zu ertränken. Doch Jeschua weigerte sich, seine Herrin zu töten.«

Unulaq blickte die Königin an, um zu erfahren, ob sie erfreut sei über Jeschuas Treue. Als er kein Zeichen der Freude erkennen konnte, fuhr er fort: »Ich habe ihn nach seiner Neigung zu Itamra befragt. Seine Antwort war, seine Treue verbinde ihn mit der Königin, seine Sehnsucht aber mit

Itamra. Er sei Itamra verfallen, seit er sich von ihr habe heißes Wachs auf seinen Körper gießen lassen. Sie habe ihn damals erregt, und dies habe sich wiederholt. Den Augenblick, so meint er, als das heiße Wachs seinen Schoß traf, werde er nie vergessen.«

Itamra, die noch immer auf dem Boden lag, erinnerte sich wohl daran, wie die Frauen aus Ma'in Jeschua gebracht hatten. In jener Nacht hatte sie sich ihm überlassen, sie hatten beide Erfüllung gefunden. Es war ihr damals plötzlich eingefallen, daß Jeschua im Palast als verschollen gelten mußte. Wenn er am Morgen dort auftauchte, mußte er erklären, wo er gewesen war. Die Gefahr war groß, daß er, vielleicht ohne es zu wollen, ihre Absichten verriet. Daher schloß sie ihn – nachdem sie sich noch einmal geliebt hatten – in das Verlies ein.

Itamra hörte, wie der Prophet fragte: »O Meister der Entlockung der Wahrheit, was hat Jeschua über Aqiribi gesagt, den Befehlshaber der Bewaffneten in Ma'in?«

Unulaq antwortete: »O Herr, dem nichts Vergangenes verborgen bleibt, du weißt, daß ich noch nicht fertig bin mit der Befragung. Ich wollte dir nur ein erstes Ergebnis mitteilen, und ich wollte dir zeigen, daß er gesprächig ist. Er muß kaum überredet werden. Wenn du gestattest, o Prophet, werde ich ihn jetzt weiterreden lassen.« Der »Vater des Lachens und des Heulens« verließ die Halle des großen Wasserbeckens.

Schweigend erwarteten Bilqis, der Prophet, Yafa Yafis und Makeda die Laute, die Jeschua ausstoßen würde. Es dauerte lange, dann aber brüllte er laut. Der Schrei ebbte ab und ging in Wimmern über. Schließlich wurde es draußen wieder ruhig. Nach einiger Zeit trat Unulaq ein und sprach:

»Verzeiht, daß sein Geschrei euch gestört hat. Diesmal hat nur die Behandlung des Mittelpunkts seiner Männlichkeit gewirkt. Keiner hält es aus, wenn ihm die Haut zurück ...«

Bilqis unterbrach ihn: »Unterlaß es zu beschreiben, wie du arbeitest. Wir wollen nur hören, was er gesagt hat!«

Unulaq entschuldigte sich und berichtete dann: »Jeschua hat lange Zeit jegliche Mitwirkung an der Verschwörung abgelehnt. Ich glaube ihm dies. Wenn ich jemanden befrage, lügt er letztlich nie. Er weiß nicht, wann er dann doch begonnen hat, Itamra bei ihren Verschwörungsplänen zu helfen. Jeschua sagt aus, er sei ihr Sklave geworden und habe fortan keinen eigenen Willen mehr gehabt. Er wollte nur noch Itamra dienen. Er war anwesend, als die Verschwörerin Aqiribi traf. Er gibt zu, daß er nicht versucht hat, Verhandlungen mit dem Mann aus Ma'in zu verhindern, und daß er Itamra nicht das Frevelhafte ihrer Handlungsweise vorgeworfen habe, die nur darauf zielte, dem Königinnenreich Saba zu schaden.«

Bilqis unterbrach den Bericht des Unulaq und sagte: »Itamra mußte dem Befehlshaber der Bewaffneten von Ma'in einen Grund angegeben haben, warum sie zur Ausübung der Macht geeigneter sei als ich, die rechtmäßige Erbin der Herrschaft. Und wenn du auch Jeschua noch einmal Qual zufügen mußt, ich will diesen Grund wissen. Was ist sie anderes als eine Sklavin?«

Unulaq verbeugte sich und ging hinaus in den Garten. Nach kurzer Zeit war ein Aufschrei war zu hören, der nicht enden wollte. Stille folgte und dann nochmals ein Schrei. Diesmal dauerte es lange, bis Unulaq wieder ins Badehaus trat.

Er sagte: »Bei dieser Befragung, o Herrin, wollte er lange nicht reden, doch wieder wirkte das Mittel, empfindliche Körperstellen mit der Feder zu reizen. Dies hat Jeschua veranlaßt zu gestehen, daß zuerst Itamra und dann auch er selbst geglaubt haben, du, o Herrin, seiest nichts als das Kind einer Dschinnin und daher nicht berechtigt, die Menschen von Saba auf den rechten Weg zu führen.«

Der Kopf der Königin fuhr mit einem Ruck in die Höhe. Scharf war ihre Stimme, als sie sprach: »Erstaunliches, o Unulaq, bringt deine Untersuchung zutage. Ist meine Abstammung Tagesgespräch in Ma'in?«

Da antwortete der Prophet anstelle des Unulaq: »Du weißt

doch, o Königin, daß die Leute gerne über Geheimnisvolles reden. Laß ihnen dieses Vergnügen. Wichtiger ist es doch, eine Antwort zu bekommen auf deine berechtigte Frage von vorhin: Warum glaubte sie, mehr Recht auf die Königswürde zu besitzen als du?«

Unulaq wußte zu antworten: »Sie hat gegenüber Jeschua behauptet, die echte Tochter des Königs Hadad zu sein, die nur durch Machenschaften der Dschinnen um ihr Recht gebracht worden sei. Er habe Itamra schließlich geglaubt. Deshalb sei er dafür eingetreten, daß Itamra Königin werde – und zwar Herrscherin der vereinigten Reiche von Saba und Ma'in. Er betonte aber ausdrücklich, er habe der Herrin Bilqis lange die Treue gehalten. Als ich ihn ein letztes Mal mit der Spitze der Feder berührte, hat Jeschua zugegeben, trotz des Gefühls, er müsse der Königin für immer treu sein, ihren Tod geplant zu haben. Er habe sich lange gegen den Gedanken gewehrt, sie zu ertränken, doch Itamra habe ihm eingeredet, dies sei eine notwendige Tat, um den Menschen von Saba und Ma'in zu helfen!«

Der Prophet dankte Unulaq für die rasche Aufklärung des Geheimnisses um das Badehaus. Er ordnete an, daß Jeschua so lange ausgespannt hängen bleiben müsse, bis über sein Schicksal entschieden sei. Die Beratung darüber begann sofort. Der Prophet wollte, daß dem Verräter der Dolch ins Herz gestoßen werde. Yafa Yafis aber war der Meinung, wer den Tod der Königin von Saba gewollt habe, müsse vor seinem Tod Qualen erleiden. Er war dafür, Jeschua so lange ausgespannt hängen zu lassen, bis er ganz von selbst sterbe. Da sein Kopf nach unten hänge, werde der Tod erfahrungsgemäß nicht lange auf sich warten lassen. Bilqis aber entschied, Jeschua sei sofort aus seiner schmerzhaften Ausspannung zu befreien und zu ihr zu bringen.

Jeschua konnte seine Beine kaum bewegen, als er vor die Königin treten mußte. Sie betrachtete den gemarterten Körper, der mit Schweiß bedeckt, an dem jedoch kein Zeichen der

Mißhandlung zu erkennen war. Bilqis dachte daran, daß sie diesen Körper eines Tages wieder dem König Salomo zurückbringen mußte. Er war ihr nur ausgeliehen worden. Sie war verantwortlich für den Zustand dieses Körpers, auch wenn sie durch ihn nahezu den Tod gefunden hätte. Da kam ihr der Einfall, das Urteil über Jeschua dem König Salomo zu überlassen. Das enthob sie selbst dem Zwang, ihn zum Tod verurteilen zu müssen. Glücklich über diesen Einfall, sprach die Königin von Saba:

»Man gebe ihm sein Hemd, damit er sich verhülle und vergesse, was ihm, um die Wahrheit zu entdecken, angetan worden ist. Er ist frei, wenn er sich verpflichtet, Marib nicht zu verlassen und mit niemandem aus der Stadt Ma'in zu reden.«

Dann wandte sich Bilqis an Jeschua: »Du bist nicht mein Untertan. Du gehörst dem König Salomo. Du wirst mich zu einem Zeitpunkt, den ich bestimmen werde, nach Jerusalem begleiten. König Salomo wird dich dann richten. Bis dahin aber bist du frei und wirst mir ergeben dienen. Bis zum Eintreffen in Jerusalem giltst du als unschuldig.«

Der Prophet war verwundert über die Klugheit der Königin. Sie vermied Ärger mit dem Herrn über Jerusalem – und über Jeschua. Er hoffte, daß eine ebenso kluge Entscheidung getroffen werde über das Schicksal der Itamra. Diese Angelegenheit wollte er mit der Königin allein bereden. Sie war einverstanden und bat Yafa Yafis, Makeda und Jeschua, die Halle zu verlassen.

Itamra, die noch gefesselt, mit dem Gesicht nach unten, auf dem Steinboden lag, erfuhr, daß sie – wie vom Propheten verkündigt – zur Mitternacht dem Gottesgericht unterworfen werde. Makeda sei, wie vorgesehen, die Gegnerin im Kampfe der Peitschen. Ihren Sieg aber – so vernahm sie – dürfe man nicht dem Zufall überlassen. Itamra, die nicht nur über Kraft, sondern auch über mehr List als Makeda verfüge, müsse geschwächt werden. Er schlage deshalb vor, sie ebenso zwischen den Pfosten im Garten auszuspannen wie vorhin

Jeschua. Von Beginn der Nacht an bis zur Stunde des Gottesgerichts müsse Itamra im Zustand der höchsten sinnlichen Erregung gehalten werden. Erfahrungsgemäß empfinde eine Frau nach einer solchen Erschütterung von Gemüt und Körper ihre Beine nicht mehr. Sie habe eine ganze Zeit lang keine Kraft mehr in den Schenkeln. Wenn Itamra ein halbes Dutzend solcher Höhepunkte erlebt habe, werde sie nicht mehr stark genug sein, der Peitsche von Makeda standzuhalten.

Bilqis hielt die Ansicht des Propheten über die Auswirkung sinnlicher Erlebnisse für übertrieben, doch sie wollte nicht mit ihm streiten. Sie fragte nur spöttisch, welcher Mann denn, nach seiner Meinung, die Fähigkeit und das Fingerspitzengefühl besitze, Itamra derart lange im Zustand der höchsten sinnlichen Erregung zu halten.

Der Prophet antwortete: »Unulaq ist dazu fähig. Er kann sich vorstellen, was eine Frau reizt. Und er hat das Werkzeug zur Ausführung: seine Feder.«

Bilqis durchfuhr ein Schauer, als sie hörte, Unulaq, den sie nicht mochte, könne eine Frau zum sinnlichen Glück führen, doch sie wollte auch in diesem Fall nicht mit dem Propheten streiten. Itamra, die vernommen hatte, was ihr bevorstand, begann zu wimmern und schließlich laut zu klagen. So nahm sie nicht wahr, daß Bilqis leise zum Propheten sagte: »Man lasse zwar ihre Beine ausspannen, sorge aber dafür, daß sie sonst bequem liege. Sie soll doch ihre Freude daran haben.«

Sie wollte nicht Zeuge der Lustqualen der Itamra sein und verließ deshalb Badehaus und Garten. Jeschua, Makeda und Yafa Yafis nahm sie in die Stadt mit. Die jammernde Itamra aber wurde von zwei Bewaffneten gepackt und zu den Pfosten im Garten geschleppt.

Während dieser Ereignisse war die Nacht zu Ende gegangen und die Sonne einige Fingerbreit am Himmel hochgestiegen. Bilqis legte sich in ihrem Gemach des Palastes auf die Polster, um zu schlafen.

Gefahr aus Ägypten

Es war Mittagszeit, als sie geweckt wurde. Yafa Yafis wollte sie sprechen, und was er mitzuteilen hatte, war wichtig: Von der Grenzstadt Schaban war gemeldet worden, eine unübersehbare Masse von Männern sei mit Schiffen an der Küste von Saba gelandet. Die Schiffe seien sofort wieder auf dem offenen Meer verschwunden. Die Entladung sei so schnell vor sich gegangen, daß niemand ihre Herkunft habe feststellen können. Auch die Männer hätten sich nicht lange an der Küste aufgehalten, sondern sich ins Landesinnere auf den Weg gemacht und seien nun zu Fuß, einer hinter dem anderen, auf den Bergpfaden unterwegs, um nach Marib zu gelangen. Die Wachen in den Dörfern, die am Weg lagen, teilten mit, die Männer seien ausgehungert. Sie überfielen die Dörfer und plünderten sie aus. Viele Dorfbewohner, die sich gewehrt hätten, seien erschlagen worden. Die Wachen forderten Verstärkung an.

Die Nachricht aus einem Dorf lautete, niemand könne mit den Fremden reden, denn ihre Sprache sei unverständlich. Yafa Yafis wußte diese Nachricht zu deuten: »Ich vermute, o Herrin, daß die Fremden aus dem Land des Pharaos kommen. Es sind die Arbeiter, die du dir für den Bau der Staumauer aus Ägypten erhofft hast. Der Pharao hat deine Bitte erfüllt!«

So hatte sich Bilqis die Hilfe aus Ägypten allerdings nicht vorgestellt. Da war eine riesige Bande plündernd unterwegs zu ihrer Hauptstadt. Niemand konnte ihr die Anzahl nennen. Ihre Sorge war, daß sich die Männer bald Schwerter, Spieße, Pfeil und Bogen beschaffen würden – dann stellten sie eine Streitmacht dar, der ihre Bewaffneten nicht gewachsen waren.

Yafa Yafis bestätigte ihr, daß das Königinnenreich Saba für die Abwehr eines solchen Überfalls in keiner Weise gerüstet sei. Er wisse nicht, wie noch zu verhindern sei, daß die bewaffnete Bande in Marib einfalle, um sich erst Essen und dann Beute zu holen. So undeutlich die Nachrichten aus Schabam und den Grenzdörfern auch seien, es müsse wohl damit gerechnet werden, daß die Zahl der Männer mehr als zehntausend betrage. Als hungrige Masse seien sie überaus gefährlich. Yafa Yafis meinte, er halte es für entscheidend, ob die Banden einen von allen oder wenigstens von vielen anerkannten Führer hätten oder nicht. Banden ohne Führer seien schlimm. Wenn wenigstens einer Verantwortung trage, bestehe Hoffnung, daß er Vernunft annehme. Mehr wußte der Berater der Königin nicht zu sagen. Er wirkte niedergeschlagen, als er die Herrin verließ.

Am Nachmittag kam der Prophet zu Bilqis. Zunächst sprach er von Itamra: »O Königin, deine Worte von der Freude, die sie in der Behandlung durch Unulaq empfinden soll, halte ich für überaus feinfühlig. Da Unulaq mit den Zärtlichkeiten seiner Feder erst am Abend beginnen soll, habe ich die Frau noch einmal von den Pfosten im Garten abnehmen lassen. Glaube mir, sie war voller Angstschweiß. Ich habe ihr deshalb erlaubt, sich unter dem Sturzbach abzukühlen. Sie war mir überaus dankbar – und auch Unulaq schien dankbar zu sein über meine Entscheidung. Er hätte mir beinahe die Hände geküßt. Dies ist mir ganz unbegreiflich. Ich sagte zu ihm: ›Lassen wir sie Kräfte sammeln, ehe wir sie wieder schwach machen.‹« Ohne daß seine heitere Miene sich verdüsterte, kam Harith nun auf die seltsamen Fremden zu sprechen: »Bedeutsamer ist wohl, was bei der Stadt Schaban geschieht. Ich habe mir sagen lassen, es sehe am Aufstieg der Berge aus wie an einem Ameisenhaufen. Überall seien in langen Reihen hintereinander diese Fremden zu sehen.«

Der Prophet schien durch diese Nachrichten keineswegs beunruhigt zu sein. Bilqis ärgerte sich über diese Gleichgültigkeit gegenüber einer Gefahr, die das Königinnenreich ernsthaft bedrohte. Sie machte ihrem Propheten deshalb Vorwürfe.

Er aber entgegnete: »Du bist ungerecht, o Herrin! Könnte es nicht viel eher sein, daß ich schon vorgesorgt habe und längst damit beschäftigt bin, die Gefahr abzuwenden?«

Da wurde Bilqis neugierig und bat in freundlichem Ton, sie wissen zu lassen, was er unternehme.

Der Prophet war gerne dazu bereit. Er sprach: »Es steht fest, daß die Fremden zu Schiff in unser Land kamen. Kein anderer als der Pharao hat genügend Schiffe, um zehntausend Männer über das Wasser zu schicken. Wir müssen annehmen, daß schon während der Seefahrt das Essen knapp wurde. Sie sind halb verhungert. Bedenke auch, o Königin, daß es Männer sind – und selbst hungrige Männer haben Lust auf Frauen. Ich bin erstaunt, daß keine unserer Wachen meldet, es sei Frauen Gewalt angetan worden. Doch früher oder später wird dies geschehen. Für unsere Stadt, o Herrin, wäre der Einbruch der hungernden Bande fürchterlich. Glaube mir, sie würden uns Männer erschlagen und euch Frauen unter sich aufteilen. Sei jedoch unverzagt, o Herrin, die Rettung naht. Es gibt da einen Umstand, den wir ausnutzen müssen. Die Männer sind an unserer Küste abgesetzt worden, und man hat ihnen wohl gesagt, sie sollen hintereinander die Bergpfade hinaufklettern. Sie wissen vielleicht auch, daß Marib ihr Ziel sein soll, doch sie haben auf keinen Fall eine Ahnung, wo dieses Marib liegt. Diese Kenntnis hätten sie nur, wenn einer der Kaufleute bei ihnen wäre, die hier schon Weihrauch eingekauft haben. Das glaube ich jedoch nicht, da sich Kaufleute zu vornehm fühlen, um mit einer solchen Bande übers Meer zu fahren. Also gehen wir davon aus, daß sie ahnungslos sind, wie unser Land eigentlich aussieht.«

Bislang schöpfte die Königin wenig Hoffnung aus den Worten ihres Propheten, und in ihrem Gesicht spiegelte sich Unzufriedenheit. Trotzdem verzögerte Harith die Fortsetzung seines Berichts. Er war sicher, daß Bilqis überrascht sein würde. Erst als sie ihm deutlicher ihre Ungeduld zeigte, sprach er weiter:

»Nun muß man in Betracht ziehen, daß die Städtenamen Marib und Ma'in recht ähnlich sind – vor allem, wenn sie etwas undeutlich ausgesprochen werden. Für Fremde, die unsere Sprache nicht beherrschen, sind sie kaum auseinanderzuhalten. Jetzt vernimm, was ich erdacht habe: Vor der Mitte dieses Tages habe ich Boten in die Berge losgeschickt, die den Dorfbewohnern Anweisung geben, die Fremden unbedingt in Richtung Ma'in zu leiten. Sie brauchen sich nur an den Kreuzungen und Abzweigungen der Pfade aufzustellen, winkend den Weg zu weisen und dazu etwas undeutlich ›Ma'in!‹ zu rufen – schon lassen sich die Fremden ablenken, denn sie sind froh, daß ihnen überhaupt jemand sagt, welcher Pfad der richtige sei.«

Bilqis mußte zugeben, daß der Plan listig war und Erfolg versprach – wenn die Anordnung von den Dorfbewohnern, die sicher Angst vor den Fremden hatten, auch mutig ausgeführt wurde. Der Prophet meinte, am morgigen Tag werde man wissen, ob sich die Ägypter nach Ma'in schicken ließen. Jetzt aber verlange das Geschehen der kommenden Nacht volle Aufmerksamkeit, denn vom Ausgang des Gottesgerichts hänge die Zukunft des Königinnenreichs genauso ab wie von der erfolgreichen Abwehr der fremden Ameisen auf den Bergpfaden.

Diesmal waren nicht alle Einwohner von Marib zur Mitte der Nacht am Seeufer versammelt. Es hatte in der Stadt schon Gerüchte gegeben, ein gewaltiges feindliches Heer falle in Saba ein. Angst hatte sich breitgemacht. Wer zum Seeufer gekommen war, der wußte, daß ein Krieg öfter erlebt werden konnte, ein Gottesgericht aber äußerst selten. So drängten sich immerhin einige hundert Männer, Frauen und Kinder im Halbkreis, der zum See hin offen war. Die Mondscheibe, etwas kleiner als am Vortag, spendete Licht. Einige der Zuschauer hatten Fackeln mitgebracht. Auch hinter Bilqis und dem Propheten standen Fackelträger.

Bilqis vermied es, den silbernen Mond anzublicken. Sie saß erhöht auf dem Holzgerüst, hinter ihr stand der Prophet. Vor den beiden, auf dem Kampfplatz zu ebener Erde, war Makeda zu sehen – allein. Ihr Schädel, das war deutlich zu erkennen, trug kein Haar mehr. Ihr Körper war unter dem Umhang verborgen.

Der Prophet wartete einige Zeit, ob Itamra erscheine, dann erhob er sich und sprach feierlich: »Der Ladung zum Gottesgericht ist Makeda gefolgt, Itamra aber nicht. Ist jemand hier, der für Itamra sprechen kann?«

Aus dem Halbkreis der Menschen trat Unulaq vor, in ein langes, helles Hemd gekleidet. Was er sprach, war für alle deutlich vernehmbar: »O Königin! O Prophet der Königin von Saba! Ihr werdet gleich verstehen, warum Itamra nicht zum Gottesgericht erscheinen kann. So wie es sich nicht für eine Königin ziemt, sich nackt zu zeigen, so ziemt es sich auch nicht für eine Frau, die einem Mann zur Ehe gegeben ist. Itamra ist meine Ehefrau. Der Prophet hat uns am Abend zusammengegeben für alle Zeit. Ihr Körper wird nur noch für meine Augen nackt sein. Du, o Königin, du, o Prophet, und ihr Männer und Frauen von Saba, werdet achten, was rechtens ist!«

Diese Worte lösten Überraschung aus. Wer ein Gottesgericht hatte sehen wollen, war enttäuscht. Selbst der Königin mißfiel diese Entwicklung. Sie hatte den Kampf der Peitschen als Ablenkung von der Sorge vor dem Krieg betrachtet. Sie hörte den Propheten sprechen:

»Wahr ist, was dieser Mann Unulaq sagt. Unulaq und Itamra empfinden Liebe füreinander. Wahr und rechtens ist auch, daß Itamra nicht am Gottesgericht teilnehmen kann. Damit hat Gott il-Umquh gesprochen. Siegerin des Gottesgerichtes ist Makeda, die ihre Herrin vertreten hat. Verliererin ist Itamra, die auf dem Sklavenmarkt von Ma'in verkauft werden muß. Der Verkauf hat bereits stattgefunden nach der Ordnung des Sklavenhandels, der sich auch Itamra und Unulaq gebeugt haben. Unulaq, der ›Vater des Lachens und des Heulens‹, hat die Sklavin Itamra bei bloßem Leib geprüft und sie für fehlerfrei befunden. Er war bereit, dafür doppelt soviel Gold zu entrichten, wie in Ma'in erlöst worden wäre. Das Gold wird der Königin, die bisher Eigentümerin von Itamra war, von mir ausgehändigt.« Nach dieser Erklärung verkündete der Prophet, das Gottesgericht sei zu Ende.

Bilqis aber sagte, die Siegerin müsse noch geehrt werden, und sie hielt Makedas goldene Kette mit beiden Händen hoch in die Luft. Das Schmuckstück hatte sich allerdings sehr verändert. Sie öffnete den Umhang der Sklavin, so daß nur sie deren Körper sehen konnte. Der Rücken blieb völlig verdeckt. Dann begann sie, gegen Blicke auch weiterhin geschützt, dem Mädchen die Kette anzulegen.

Allein sie sah jetzt mit Vergnügen, daß Makedas Schoß haarlos und glatt war. Leicht strich sie mit den Fingern darüber. Leise fragte Bilqis das Mädchen: »Wer hat dich so vortrefflich behandelt?«

Verwundert antwortete Makeda: »Du, o Herrin, hast mir doch selbst Jeschua geschickt, damit er mir die Härchen entferne!«

Bilqis wußte zwar nichts davon, doch sie schwieg. Sie dachte bei sich, der junge Mann habe offenbar rasch die sanfte und doch harte Behandlung durch Unulaq vergessen. Jedoch hatte sie, gereizt durch Makedas Bemerkung, nun die Freude daran verloren, ihrer Sklavin die erweiterte, wertvolle Kette anzulegen. Sie wollte sich diese angenehme Arbeit für einen Nachmittag im Badehaus vorbehalten. Nun war es an Makeda, enttäuscht zu sein, doch sie mußte sich fügen.

Am Morgen des folgenden Tages warteten die Königin von Saba, ihr Prophet und ihr Ratgeber auf Neuigkeiten aus den grenznahen Dörfern. Sie mußten lange voller Spannung ausharren, bis Reiter die Nachricht brachten, die hungernden Banden plünderten Gehöfte und Weiler im Land Ma'in. Die Ameisenreihen hätten sich auf den Bergpfaden in Richtung

Ma'in weisen lassen. Am Nachmittag war dann zu erfahren, in Ma'in seien Berittene in großer Zahl aufgebrochen, um den Eindringlingen entgegenzuziehen. Völlig verwirrt frage man sich dort in der Stadt, wer diese Fremden seien. Daß nun Ma'in Krieg führen mußte und nicht Marib, löste in Bilqis höchste Befriedigung aus. Sie überlegte sich, ob ihr Prophet es nicht verdient hätte, daß sie ihm Makeda samt Goldkette schenke. Doch diesen großzügigen Gedanken vergaß sie rasch wieder.

Als am folgenden Tag die Hitze abklang, betraten Bilqis und Makeda die Halle des großen Beckens im Badehaus draußen vor der Stadt. Die Königin schaute sich den Fußboden an und suchte nach der bestimmten Steinplatte. Die Platten aber unterschieden sich in nichts. Bilqis war nahe daran, die Suche aufzugeben, da spürten ihre Füße, daß eine Platte leicht zitterte und wackelte, während alle anderen fest aneinander gefügt waren. Darunter mußte sich also die Öffnung befinden zu jenem seltsamen Verlies, dem finsteren Ort eigenartiger Vorgänge während der letzten Tage. Bilqis vermutete, daß jene Höhle weitere und vielleicht grausige Geheimnisse berge.

Auf diese eine Steinplatte, unter der Makeda erfahren hatte, was Schrecken und Furcht wirklich bedeuteten, legte Bilqis die goldene Kette. Sie hatte sich das Geschmeide reichen lassen in jener Nacht, in der zum erstenmal das Gottesgericht hätte stattfinden sollen – nachdem Itamra die Kette voll Verachtung in den Sand geschleudert hatte. Das Geschmeide war dann, auf ihren Befehl hin, vom besten Goldschmied und seinen Gesellen zwischen Sonnenuntergang und Sonnenaufgang umgeändert und erweitert worden. Der Goldschmied hatte am Morgen ein Meisterstück abgeliefert.

Mit Freude breitete die Königin die Kette, die um viele Glieder, Ringe und Bänder für Hals, Arme und Beine bereichert worden war, auf der Steinplatte aus. Der Platz war günstig, da Strahlen der schon tiefstehenden Sonne durch ein Fenster direkt darauf fielen und so das Gold zum Glänzen brachten. Staunend betrachtete Makeda, was aus ihrer einfachen Kette geworden war. Sie fühlte schon den Rausch, dieses Wunderwerk auf ihrer Haut tragen zu dürfen. Langsam hob sie den Saum ihres Hemdes an und zog es behutsam über Körper und Kopf. Dann stand sie nackt vor ihrer Herrin. Um sich deren Blicken ganz hinzugeben, verschränkte sie die Hände hinter ihrem Nacken. Jetzt konnte Bilqis das Ergebnis der Arbeit des Jeschua bei Tageslicht erblicken. Da war tatsächlich kein Härchen mehr auf Makedas Schoß zu sehen. Bilqis öffnete ihr mit der Hand die Beine und griff ganz leicht dazwischen. Schon in der Nacht, als zum zweitenmal das Gottesgericht hätte stattfinden sollen, hatte sie bei der Berührung des Schoßes einen angenehmen Schauer empfunden. Auch jetzt löste die seidig-glatte Haut in Bilqis wieder dieselben Gefühle der Lust aus.

Für einen Augenblick war Bilqis ärgerlich, weil Jeschua es gewagt hatte, zu diesem Mädchen zu sagen, die Königin habe ihn geschickt, die Härchen zu entfernen. Die ärgerliche Stimmung aber verflog rasch, denn ihre Sinne waren damit beschäftigt, den Anblick der bräunlichen Haut auszukosten. Sie stellte sich vor, wie überaus reizvoll das hellglänzende Gold auf dem dunklen Körper des Mädchens wirken mußte.

Die Königin hob zunächst die Kettenglieder von der Steinplatte auf, die Makeda bereits kannte. Sie wurden dem Mädchen um die Hüfte gelegt, so daß sie sich der Haut eng anpaßten. Dann zog Bilqis den noch freien Teil der Kette zwischen den Beinen durch. Sie sorgte dafür, daß die Glieder zwischen die Lippen des Schoßes und zwischen die Hinterbacken drangen. Bilqis zerrte an der Kette, bis sich Makeda, weil sie Schmerz spürte, auf die Zehenspitzen stellte. Noch immer hielt die Sklavin ihre Hände hinter dem Nacken verschränkt.

An diese Behandlung war Makeda bisher schon gewöhnt gewesen. Sie wußte, daß ihre Herrin es liebte, wenn ihre Sklavin zu erkennen gab, wie sehr sie unter der Strenge litt und wie stark sie die Hand der Königin fürchtete. Doch was jetzt geschah, war Makeda unbekannt. Sie mußte sich auf die Polsterbank legen, wobei ihre Hände im Nacken verschränkt blieben. Bilqis blickte auf den liegenden Körper nieder und fand sehr schön, was sie sah. Nun löste sie aus dem Geschmeide auf der Steinplatte einen Reif aus purem Gold, der zwar dünn, aber drei Finger breit und mit Gelenken versehen war, damit man ihn aufbiegen konnte. So konnte ihn Bilqis leicht um den Hals des Mädchens legen. Am Reif befanden sich zierliche Haken, in die Ketten eingehängt werden konnten.

Ähnliche Reifen mit Haken, nur etwas schmaler, umfaßten bald die Gelenke der Hände und Füße. Makeda hatte eine Vorahnung, daß sie daran festgekettet werden sollte. Nun faßte die Königin eines der Gewebe an und legte es Makeda auf die Brüste. Es hing an dünnen Kettchen, die am Halsreif befestigt waren. Ein zweites Goldgewebe aus Gliedern und Fäden war dazu bestimmt, den Schoß des Mädchens zu verzieren.

Darauf mußte sich Makeda erheben, ihre Hände blieben weiter im Nacken verschränkt. Bilqis war durch den Anblick beglückt. Die Gestalt aus Körper und Gold, die vor ihr stand, war ihr Werk – ein Geschöpf, wie es sonst keines gab. Sie nahm sich vor, daß nur sie allein dieses Bild genießen dürfe. Bilqis war nahe daran, vor der Gestalt niederzuknien. Doch sie wußte ihre königliche Würde zu wahren.

Als kein Sonnenstrahl mehr durch die weiten und vorhanglosen Fenster in die Halle des großen Wasserbeckens fiel, veranlaßte die Königin das Mädchen, sich noch einmal auf die Polsterbank zu legen und diesmal die Beine weit zu spreizen. Widerstrebend gehorchte Makeda, sie zeigte sich und ihr Geschmeide lieber stehend. Da sie ihre Hände nicht im Nacken verschränken mußte, spürte sie den Drang, damit ihren Schoß zu bedecken. Sie fürchtete jedoch, ihre Herrin zu verärgern.

Bilqis war in diesem Augenblick überzeugt, nie Schöneres gesehen zu haben als den glatten Schoß dieser leicht dunkelhäutigen Frau, der durch das goldene Geflecht hindurchschimmerte. Diesen Anblick gönnte sich Bilqis, solange noch eine Spur des Tageslichts die Schönheit sichtbar machte. Makeda glaubte, den Blick nicht länger ertragen zu können. Sie wollte behutsam ihre Beine schließen, doch Bilqis schob sie, genauso behutsam, wieder auseinander, um noch länger auf den geheimnisvoll dunklen Spalt im Mittelpunkt des Schoßes zu schauen.

Als die Nacht den nur noch vom Abglanz der Sterne erleuchteten Raum beherrschte, glitzerte das Geschmeide, als ob es mit Diamanten besetzt wäre. Bilqis fühlte sich durch diese Lichtpunkte angezogen. Das Gold erregte ihre Sinne. Sie wollte es nun auch mit ihrem eigenen Körper spüren. Sie legte das Seidentuch ab, das ihren Leib umhüllt hatte. Dann stieg sie auf die gepolsterte Bank und kniete sich zwischen die gespreizten Beine der Makeda. Langsam beugte sich Bilqis über das Mädchen, ihre Brustspitzen berührten das kühle Goldgewebe, das auf Makedas Brüsten lag. Schließlich schmiegten sich die beiden Körper vom Schoß bis zu den Lippen aneinander. Bilqis stützte sich mit den Armen ab, sie wollte Makeda nicht drücken. Doch die Dienerin – kräftiger als die zart gebaute Herrin – empfand Bilqis nicht als Last. Sie schlang ihre Arme um sie und drückte sie an sich, um eng mit der Königin verbunden sein.

Bilqis nahm nun mit ihrem Körper die goldenen Ketten, Ringe und Geflechte wahr. Auch sie trug jetzt das Geschmeide auf der Haut. Sie hatte das Gefühl, das Gold mit Makeda zu teilen. Die ganze Nacht blieb sie auf Makeda liegen.

Schlafen konnte Bilqis lange nicht. Sie drehte den Kopf zum Fenster und sah die Sterne. Mächtig stand ihr helles Sternbild in der Fensterhöhle: der ›Held des Himmels mit dem Gürtel‹. Er hatte sie, als sie in der Nacht den See durchschwommen hatte, geleitet. Eigentümlich fühlte sie sich mit diesem Sternbild verbunden: Es war, als wolle es ihr Kraft geben. Das Sternbild hielt ihren Blick derart gefangen, daß sie den Auerhahn nicht bemerkte, der ganz links in der Ecke der Fensterhöhle auf dem Sims saß und sie beobachtete. Erst bei Anbruch der Morgendämmerung flog er davon.

Als Bilqis wenig später im Wasserbecken lag, sah sie, daß ihr Körper von den Brüsten bis zum Schoß Abdrücke der Ketten, Ringe und goldenen Gewebe trug. Sie hielten sich hartnäckig und lösten sich auch im Wasser nicht auf. Sie blickte hinüber zu Makeda, die erst vom Lager aufstand, als die Halle vom Licht der Sonne durchflutet war. Sorgfältig legte sie ihr Geschmeide ab – bis auf die Kette, die um die Hüfte und zwischen den Beinen hindurchgeschlungen war. Sie setzte sich neben Bilqis, die im flachen Wasser lag. Da sah sie die Abdrücke des Geschmeides. Mit dem Finger folgte sie den Vertiefungen in der Haut von den Brüsten bis zum Schoß. Die Königin von Saba ließ sich diese Berührung gefallen.

Im Palast wurde Bilqis bereits vom Propheten erwartet. Er hatte Neuigkeiten zu berichten: Reiter hatten gemeldet, Hunderte von Männern, mit gebunden Händen und aneinandergekettet, seien gesehen worden – einen Tagesmarsch von Marib entfernt.

Der Prophet deutete diese Nachricht so: »O Königin, die Bewaffneten von Ma'in haben die Banden aus Ägypten gefangengenommen. Wahrscheinlich sind viele erschlagen worden, denn die Zahl der Gefangenen scheint geringer zu sein als die Zahl derer, die auf den Bergpfaden zu sehen waren. Aqiribi von Ma'in schickt uns die Überlebenden. Sie werden als Arbeiter dienen am neuen Damm.«

Die Königin von Saba freute sich. Die Gefahr, daß Marib geplündert werden würde, war gebannt, und sie konnte nun offenbar über Arbeiter verfügen, die ihr den ehrgeizigen Wunsch erfüllen würden, den großen Damm für die Flut zu bauen. Sie forderte Yafa Yafis auf, den Menschen in der Stadt von den Wohltaten berichten zu lassen, mit denen Gott il-Umquh das Königinnenreich Saba beglücke.

Die Ägypter kamen langsam voran. Die Leute von Marib hatten genügend Zeit, Zelte und Hütten aufzustellen, um die Fremden darin unterzubringen. Ihnen weit voraus ritt Aqiribi, der Befehlshaber der Bewaffneten von Ma'in. Sobald er die Hauptstadt der Sabäer erreicht hatte, stürmte er durch das Tor des Palastes – niemand hielt ihn auf. Ungehindert drang er in den Saal ein, in dem sich die Königin mit dem Propheten und ihrem Berater aufhielt.

Ohne die Herrin des Reiches Saba zu begrüßen, begann Aqiribi sie zu beschuldigen, sie habe ihre Untertanen im Bergland am Meer aufgehetzt, die Horden vom Nil in sein Land zu schicken. Mit Absicht und bösen Willens sei dies geschehen. Die Bewaffneten in seinem Land seien in keiner Weise auf diesen Überfall vorbereitet gewesen. Keine Warnung sei gegeben worden. Ungehindert hätten die Eindringlinge Dörfer angezündet, Frauen Gewalt angetan und Männer erschlagen. Nie in seiner langen Geschichte sei sein Land Ma'in derart barbarisch mit Krieg überzogen worden. Er selbst, Aqiribi, habe dann in Eile eine Handvoll Bewaffnete zusammengerufen und sie gegen die Horden geführt. Hart sei der Kampf gewesen. Die Hungrigen hätten zäh um ihr Leben gekämpft. Mit Prügeln, Hacken und Steinen seien sie in Massen über seine Männer hergefallen.

Der Befehlshaber der Bewaffneten von Ma'in sprach mit Eifer. Man sah ihm an, daß er stolz darauf war, unter schwierigen Umständen gesiegt zu haben. Bilqis wollte ihm einen Platz auf den Polstern anbieten, doch sie kam nicht dazu. Aqiribi sprach ohne Unterbrechung weiter:

»An einen Angriff war nicht zu denken. Wir waren hoffnungslos unterlegen. Mir blieb nichts anderes übrig, als meine Schwertträger und Bogenschützen in die Hauptstadt zurückzuziehen. Ma'in mußte vor allen anderen Städten und Dörfern verteidigt werden.«

Mit wachsender Bewunderung hörte Bilqis dem Bericht des Aqiribi zu. Sie blickte hinüber zum Propheten, dem offenbar nicht ganz wohl war bei dem Gedanken, die Leute von Ma'in in derartige Schwierigkeiten gebracht zu haben.

Yafa Yafis nutzte den Augenblick des Schweigens, den der Mann aus Ma'in brauchte, um Atem zu schöpfen, und sagte: »Ich bewundere deine Kaltblütigkeit. Ich muß bekennen, daß wir in Marib keinen Mann von deiner Tatkraft besitzen.«

Und der Prophet fügte mit leiser Stimme hinzu: »Vielleicht müssen wir bedauern, daß deine Verschwörung gegen unsere Königin so schmählich mißlungen ist. Da hast du weniger Geschick und Tatkraft bewiesen.«

Aqiribi ließ nicht erkennen, ob er diese Worte gehört hatte. Er berichtete weiter: »Ich hatte mir inzwischen eine List ausgedacht: In ein bestimmtes Haus einer Straße am Stadtrand ließ ich Töpfe mit Fleisch und Gemüse und Körbe mit Fladenbrot bringen. Unsere eigenen Leute hatten sich ganz aus dieser Stadtgegend zurückgezogen. Als die ersten Ägypter in die leere Straße eindrangen, rochen die Halbverhungerten die Düfte der Speisen. Besonders der Geruch des gebratenen Fleisches zog sie mächtig an. Sie stürzten sich in das Haus, aus dem der Fleischgeruch kam. Auch die Nachfolgenden drängten durch Türen und Fensterhöhlen. Innerhalb weniger Augenblicke war das Haus voll von nahezu Wahnsinnigen, die sich auf die Töpfe stürzten, und umlagert von einer tobenden Masse von Männern, die vor Hunger ihren Verstand verloren hatten. Jeder kämpfte gegen jeden. Ihre Waffen benutzten sie, um andere niederzuschlagen, die schon die Tür des Hauses erreicht hatten. Aus Hunderten wurden Tausende, die sich in die enge Straße zwängten. Jeder hatte den Ruf gehört, dort sei Eßbares zu finden. Wie wilde Tiere fielen sie übereinander her. Wer noch bei Kräften war, stieg über die anderen hinweg. Viele wurden zertrampelt oder zermalmt. Schlimmer kann es dort nicht zugehen, wo sich jene aufhalten müssen, die sich im Leben versündigt haben. Keiner konnte entrinnen. Dies war der Zeitpunkt für uns, um zu handeln. Meine Bewaffneten riegelten die Straße ab. Besessen von dem Gedanken, sich Essen zu erkämpfen, bemerkten die Ägypter die Gefahr nicht. Sie hatten nur eines vor Augen, das Haus und die Fleischtöpfe. Wir konnten beobachten, wie die Rasenden versuchten, an den Hauswänden hinaufzusteigen, um in das obere Stockwerk zu gelangen. Bald hingen Schwärme von Menschen an den Hausbalken. Da geschah es, daß die Wände zusammenbrachen und das Dach einstürzte. Dabei starben unzählige. Andere aber ließen sich nicht abhalten, unter den Trümmern nach Eßbarem zu suchen. Meine Bewaffneten brauchten nicht einzugreifen. Sie warteten, bis sich die Ägypter gegenseitig niedergekämpft hatten. Es dauerte nun nicht mehr lange, da stand keiner mehr aufrecht. Hunderte waren tot. Die Kräfte der anderen waren erschöpft. Wir nahmen sie alle gefangen. Die Überlebenden legten wir in Ketten und gaben ihnen zu essen und zu trinken. Sie sind auf dem Weg nach Marib.«

Bilqis wollte dem Befehlshaber der Bewaffneten von Ma'in danken, doch Aqiribi unterbrach ihre Worte in barschem Ton: »Mach dich darauf gefaßt, o Königin von Saba – und ihr alle, die ihr mir zuhört – daß ich Forderungen stellen werde im Namen meines nun notleidenden Landes. Mit leicht hingesagtem Dank und anderen freundlichen, aber unbedeutenden Worten ist dein Verbrechen, o Herrin, nicht abgetan. Unselig hast du gehandelt. Du hast uns die greulichen und abscheulichen Horden ins Land geschickt, in der Hoffnung, sie würden uns vernichten. Nur wenig hat gefehlt, und es wäre ihnen gelungen. Du hättest triumphiert, und Saba wäre mächtiger als je zuvor. Du, o Prophet der Königin von Saba, hättest uns keine Freiheit mehr gelassen. Ihr sollt alle wissen, daß es die Mondgöttin Wadd war, die uns vor der Niederlage bewahrt hat. Sie allein hat unseren Herzen Mut, unserem

Verstand Schärfe und unseren Armen Kraft gegeben. Wir preisen Wadd dafür! Und euch allen empfehle ich, sich der Güte der Mondgöttin anzuvertrauen.«

Der Prophet wollte mit heftigen Worten auf die Anpreisung der Mondgöttin antworten. Doch ein Blick der Königin verhinderte den Zornesausbruch, der in diesem Augenblick nichts genützt hätte. Aqiribi hatte seine Rede unterbrochen, weil er die Antwort des Propheten erwartet hatte. Als der aber schwieg, fuhr Aqiribi in leiserem Ton fort:

»Ma'in hat mit Hilfe der Mondgöttin gesiegt, doch wir haben gewaltige Opfer gebracht. Unseren Menschen wurde unsägliche Gewalt angetan, unsere Dörfer wurden geplündert, unsere Häuser verbrannten, unsere Quellen wurden verwüstet. Wie sind solche Verluste gutzumachen? Wer kann die Toten wieder ins Leben zurückrufen? Wer lindert das Schicksal der Vergewaltigten? Welche Strafe schafft das Unrecht aus der Welt? Während meines Rittes hierher habe ich mir eine erste Buße ausgedacht, die dich, o frevelhafte Königin, und deine Stadt Marib empfindlich treffen soll: Wir werden verhindern, daß das Wasser des Paradieses weiterhin dein Land erreicht. Das Wasser aus dem Paradies war euch geschenkt als Zeichen des Edelmuts der Mondgöttin Wadd. Diese Gabe sollte euch ermuntern, die Mondgöttin anzubeten. Ihr aber seid verstockt geblieben und habt verbrecherischen Krieg geführt gegen das Reich der Mondgöttin. Dies ist die Rache: Statt Wasser des Paradieses werdet ihr künftig Wasser der Hölle trinken müssen.«

Ohne eine Antwort abzuwarten, verließ Aqiribi den Palast und ritt davon. Zumindest die Königin war von der Anklage und der Ankündigung der Rache betroffen. Sie war bedrückt, daß sie keine Gelegenheit gefunden hatte, ihr aufrichtiges Bedauern auszusprechen. Sie hatte das Gefühl, dieser Mann Aqiribi werde noch von Bedeutung sein für Marib.

Während der folgenden Stunden beschäftigten sich ihre Gedanken immer wieder mit Aqiribi. Stolz war er aufgetreten, und doch glaubte Bilqis auch Unsicherheit bemerkt zu haben. War der Befehlshaber der Bewaffneten wirklich der Herr über Ma'in?

Als die gefangenen Ägypter eintrafen, standen Bilqis, der Prophet und Yafa Yafis auf dem Hügel Balak al-Qibli, der eine gute Sicht in die Wüste hinein bot. So sahen sie schon von weitem die lange Schlange der Erschöpften, die sich – hintereinander angekettet – über den Wüstensand schleppten. Keiner hob mehr richtig die Füße an. Die Gefangenen schlurften und wirbelten Sandwölkchen auf, und wer noch Kraft besaß, der zog Wankende an der Kette mit. Keiner brach zusammen unter den Augen der Königin. Stolz hielt auch die aufrecht, die dem Tode nahe waren. Der Prophet meinte bei diesem Anblick: »Da ist keiner dabei, der morgen schon mit der Arbeit beginnen könnte. Es ist ein Bild des Jammers. Viele von ihnen werden noch sterben.«

Bilqis versuchte, die Zahl der Elendsgestalten zu schätzen. Sie glaubte schließlich, es seien ungefähr fünftausend. Yafa Yafis aber meinte, es seien eher mehr.

Die künftigen Arbeiter erreichten endlich die Zelte und Hütten, die am Ufer des Stausees aufgestellt worden waren. Da die Flut nicht lange zurücklag, enthielt er noch Wasser, das allerdings seicht war. Mit Jubel begrüßten die Entkräfteten, Durstigen, Verdreckten das rettende Gewässer. Sie ließen die Lumpen fallen, die ihre Blöße bedeckt hatten, und stiegen – da sie noch immer angekettet waren – in langer Reihe ins Wasser. So, wie sie durch die Wüste gezogen waren, stapften sie nun durch den Stausee. Wer sich bücken wollte, um zu trinken, wurde von denen, die weitergingen, hochgezerrt. Schließlich verknotete sich die lange Kette samt den Männern, die daran hingen, mehrmals. Der Prophet befahl, ihnen die Ketten abzunehmen.

Am Ufer lagen in Haufen die Lumpen, die Reste der Kleidung. Bilqis ordnete an, die Lumpen zu verbrennen. Den Männern sollten dafür Lendentücher ausgehändigt werden.

Schneller als erwartet kehrte am Stausee wieder Ordnung ein. Die Bewohner des Landes Saba versorgten die Arbeiter gut, so daß die Männer aus Ägypten fortan keine Not litten. Es gelang Yafa Yafis, den Sabäern deutlich zu machen, daß die Ägypter zum Nutzen des Königinnenreiches Saba ins Land gekommen seien. Nach einer Woche waren die Ägypter bereit, mit der Arbeit zu beginnen.

Auf dem Hügel Balak al-Qibli erklärte Yafa Yafis der Königin, wie beim Bau des neuen Staudamms zu verfahren sei: »Wisse, o Herrin, daß wir auf dem aufbauen, was in der Landschaft vorhanden ist. Wenn du das Gelände betrachtest, siehst du Felsen, die sich aus dem Boden zu beträchtlicher Höhe erheben, und du erkennst natürliche Wälle aus Stein, Riegel, die quer zur Ebene des Dhanatals liegen. Diese Riegel bestehen aus Lava, die vor undenklichen Zeiten hier aus der Erde gequollen ist. Viele feuerspeiende Vulkane hat es damals bei uns gegeben. Alle Berge des Landes bestehen aus Lava. Die Lavariegel hier im Tal sind fest mit dem Boden verbunden. Wir können deshalb die Felsen und die Riegel als Fundament unseres Dammes verwenden. Wir sind nicht gezwungen, die Grundsteine tief in den Sandboden zu versenken. Die Felsen und Riegel geben der Mauer Festigkeit. Sie wird aus Quadern bestehen, die wir aus dem Hügel Balak al-Ausat brechen lassen – aus dem Lavagestein. Der Steinbruch befindet sich nur fünfzig Schritte vom Bauplatz entfernt, so daß die Arbeiter mit den ungeheuer schweren Steinblöcken keine weiten Wege zurückzulegen haben.«

Bilqis war beeindruckt von den Kenntnissen ihres Beraters Yafa Yafis. Sie fragte ihn, wer ihm dieses Wissen vermittelt habe.

Die Antwort war: »Du weißt, o Herrin, daß nirgends bisher – nicht im Osten, Westen, Norden oder Süden – ein derart gewaltiger Damm errichtet worden ist. Wir können uns also keine fremden Erfahrungen zunutze machen. Arbeiter sind aus der Ferne zu holen; Baumeister aber, die Vorstellungskraft besitzen, wie ein solches Bauwerk auszusehen habe, können wir uns von keinem Herrscher der Welt ausleihen. Wir müssen einen solchen Mann bei uns selbst finden. Das ist bereits geschehen! Wenn ich nun in der Stadt Marib verkünden ließe, ein Baumeister werde gesucht für einen riesigen Damm, würde sich niemand bereit erklären, dafür die Verantwortung zu übernehmen. Wenn ich aber verkünde, es müsse ein Tempel für Gott il-Umquh geschaffen werden, der aus einer riesigen Wasserfläche bestehen soll, weil dieser Gott es so will, empfinden viele einen Ansporn, sich einer solchen Aufgabe zu stellen. Was ein Tempel ist, wissen alle, und was ein See ist, wissen sie auch. Von einem Damm, der Wasser stauen soll, hat bisher niemand gehört.«

Der Prophet sprach: »Eine neue Zeit bricht an, die neue Anforderungen stellt. Gott il-Umquh hat bestimmt, daß ihm eine Heimstätte gebaut wird, die er niemals zu verlassen braucht. In Jerusalem haben wir gelernt, daß Gott einen Tempel benötigt – der See wird il-Umquhs Tempel sein, seine Heimstätte für immer.«

Da warf Bilqis ein: »Dies bedeutet, daß der See nie austrocknen darf! Wenn kein Wasser mehr vorhanden ist, besitzt il-Umquh keine Heimstätte mehr!«

Der Prophet entgegnete: »Du sprichst die Wahrheit, o Herrin. Der See muß immer Wasser enthalten, damit il-Umquh Tag für Tag den Gläubigen sein Abbild schenken kann. Wenn der See nicht austrocknen darf, muß er viel Wasser enthalten. Wir sind gezwungen, alles Wasser aufzufangen, das als Regen über der Wüste Rub al-Khali und dem Bergland niedergeht. Der bisherige See erfaßte das Wasser nicht, das in kleinen Tälern aus der Wüste abfließt. Es muß künftig auch in die Ebene des Dhanatals geleitet werden, damit es in den großen See gelangen kann.«

Der Königin erschienen diese Einzelheiten unwichtig. Ungeduldig fragte sie: »Du, o Yafa Yafis, wolltest mir von deiner Suche nach einem Baumeister berichten.«

Der Berater fühlte sich aufgefordert zu erzählen, wie er den Mann gefunden hatte, der die Bauarbeiten leiten konnte: »O Herrin, du weißt, ich habe in Marib und im ganzen Land der Sabäer verkünden lassen, Gott il-Umquh verlange, daß ihm ein Tempel gebaut werde in der Form einer riesigen Wasserfläche. Wer wisse, wie ein derartiger Tempel zu errichten sei, der möge sich bei mir im Palast der Königin von Saba einfinden. Am ersten Tag nach dem Aufruf kam niemand – auch nicht am zweiten. Dann aber erschien ein Mann, der sich Sumhualli Yanuf nennt. Er sagte mir, er sei Sterndeuter. Ich wußte gar nicht, daß es jemanden mit einem derartigen Beruf bei uns in Marib gibt. Sumhualli Yanuf schilderte mir seine Tätigkeit. Er beobachte den Lauf der Sterne und lese daraus die Zukunft ab. Wenn etwa der Stern am höchsten Punkt des Sternbilds, das ›Held des Himmels mit dem Gürtel‹ genannt wird, dem untersten Stern des Sternbilds, das man Widder nennt, nahe kommt, dann empfiehlt er seinen Nachbarn, Kinder zu zeugen. Und Sumhualli Yanuf meinte, das Ergebnis bestätige seine Deutung, denn in seiner Nachbarschaft würden fast nur Mädchen geboren – die ja im Königinnenreich überaus beliebt seien.«

Harith war ärgerlich geworden. Die Geschichte von einem Mann, der Prophezeiungen aus den Sternen ablas, behagte ihm nicht. Die Kenntnis von Geschehnissen, die außerhalb der Gegenwart lagen, war allein ihm, dem Propheten der Königin von Saba, vorbehalten. Deshalb unterbrach er Yafa Yafis mit dieser Bemerkung: »Ich glaube, es wird uns nützlicher sein, wenn du uns schilderst, warum dieser Sterndeuter überzeugt ist, er könne für il-Umquh einen Tempel bauen.«

Yafa Yafis räumte ein: »Du mahnst mich zu Recht, o Prophet. Sumhualli Yanuf sagte mir, alles, was geschehe und was sei und was sein werde, könne aus den Sternen abgelesen werden – auch, wie der Tempel des il-Umquh auszusehen habe. Dabei sei aber das Sternbild ›Held des Himmels mit dem Gürtel‹ von besonderer Bedeutung. Die Zusammenhänge wolle der Sterndeuter beim Anblick jenes Sternbildes deutlich machen. Zur Mitte der Nacht sei er mit Sumhualli Yanuf auf dem Hügel Balak al-Ausat verabredet – die Königin und der Prophet seien ebenfalls zur Sterndeutung eingeladen.

Des Sumhualli Yanuf erste Erzählung vom Lauf der Sterne

Die Nacht war kühl und dunkel. Der Mond warf keinen Schein auf die Landschaft. In der Dunkelheit sah man die rötlich glimmenden Feuer im Lager der Ägypter drüben am Hügel Balak al-Qibli. Bilqis, der Prophet und Yafa Yafis hörten einem Mann zu, der klein und rundlich war und mit lebhafter Stimme sprach:

»O ihr Hochgestellten, die in der Gnade il-Umquhs stehen! Ich bin der Sterndeuter Sumhualli Yanuf. In der Stadt Ur im Lande Babylonien habe ich das gelernt, was ich weiß – die Weisheit des Volkes der Sumerer. Dazu gehört die Kenntnis, daß in Babylon die Regenzeit dann beginnt, wenn die Sternbilder Ziegenbock, Quell und Fische gemeinsam am Himmel stehen. Meine Lehrer haben mir beigebracht, daß ein Sonnenjahr dreihundertfünfundsechzig Tage lang ist, ein Mondjahr aber nur dreihundertvierundfünfzig.«

Der Prophet wollte nicht zeigen, daß das, was der Sterndeuter zu erzählen wußte, neu für ihn war: Vom Unterschied zwischen Sonnenjahr und Mondjahr hatte er keine Ahnung. Er erinnerte Sumhualli Yanuf, es sei an der Zeit, daß er über seine Dammbau-Kenntnisse rede.

Da sprach der Sterndeuter: »Jedes meiner Worte, o Prophet, hängt mit dem nächsten Wort zusammen. Deshalb vernimm, was ich über die Sterne zu sagen habe. Besonders prächtig strahlen sie heute über uns. Sie werden verblassen, wenn später der Mond aufzieht. Nur ein Sternbild wird im

Lande der Königin von Saba auch bei hellem Mondschein immer deutlich zu sehen sein. Gemeinhin wird es ›der Held des Himmels mit dem Gürtel‹ genannt. Ich bin der Meinung, daß dieser Name falsch ist. Das Sternbild muß heißen ›Heldin des Himmels mit dem Gürtel‹. Gerade der Gürtel weist darauf hin, daß es sich um das Abbild einer weiblichen Gestalt handelt.«

Sumhualli Yanuf wies nun mit der rechten Hand hinauf zum Himmel und sagte: »Ihr seht, vier Sterne bilden die Eckpunkte des Sternbildes. Genau in der Mitte liegen drei Sterne nebeneinander – sie sind der Gürtel. Ihr erkennt, daß er schräg angeordnet ist im Viereck der Eckpunkte. Verlängern wir die abwärtsführende Linie des Gürtels, treffen wir auf einen recht hellen Stern, der möglicherweise sogar der hellste Stern des gesamten Himmels ist. Er ist eben erst aufgegangen, aber schon deutlich zu erkennen. Er befindet sich am Rande jener trüben Gegend des Himmels, die so seltsam milchig aussieht.«

Der Blick der vier Menschen auf dem Hügel Balak al-Ausat wandte sich auf einmal ab von der »Heldin des Himmels mit dem Gürtel«. Im Lager der Ägypter am Hügel Balak al-Qibli waren die Feuer, die bisher rötlich geglüht hatten, hell aufgeflammt. Viele Männer waren dort zu sehen. Die vier konnten auch erkennen, daß die Männer zum Himmel blickten – in Richtung auf den hellen Stern, der kurz zuvor aufgegangen war.

Der Sterndeuter, der sich Sumhualli Yanuf nannte, wußte eine Erklärung für das Verhalten der Ägypter: »Ihnen ist der helle Stern heilig. Sie erkennen in ihm ihre Göttin Isis, die über den Himmel zieht, um ihren ermordeten Mann Osiris zu beklagen und zu suchen. Das Eigentümliche ist, daß die Ägypter heute nacht nicht den Isisstern anbeten, den ganz hellen, der vor kurzem erst aufgegangen ist, sondern einen winzigen Stern, in dem sie den Horus verehren. Er umkreist Isis und braucht dazu fünfzig Jahre. Ich habe diesen kleinen Stern noch nie entdecken können. Er soll überaus klein sein.

Möglich ist, daß es ihn gar nicht gibt, daß sich die Ägypter nur einbilden, er sei nahe beim Isisstern zu sehen. Die Ägypter sagen, er werde von Isis in ihren Leib aufgenommen und von ihr lange Zeit später wieder geboren. Jeder Mensch erlebe dieses Himmelsereignis einmal zwischen seiner Geburt und seinem Tod. Heute, so wurde mir gesagt, ist die Nacht der Geburt des Horus. Es ist eine heilige Nacht für die Männer aus Ägypten.«

Von drüben, vom Hügel Balak al-Qibli, waren Schreie und Jubelrufe zu hören. Die Männer tanzten. Offenbar hatten sie Grund zur Freude. Der Sterndeuter meinte dazu: »Vielleicht hat jetzt einer von ihnen erkannt, daß sich der kleine Stern von Isis gelöst hat.«

Bilqis, der Prophet und Yafa Yafis versuchten rings um den Isisstern eine Veränderung zu entdecken, doch alle Mühe war vergebens.

Nach einer Weile sprach Sumhualli Yanuf: »Wenden wir uns, o Herrin und ihr Mächtigen des Königinnenstaats, Wichtigerem zu! Der Isisstern ist ohne Bedeutung für uns und für den Bau des Damms. Ich glaube nicht, daß du weißt, o Königin, wie wichtig dagegen die ›Heldin des Himmels mit dem Gürtel‹ ist. Sie zeigt ganz besonders uns Sabäern den Gang des Jahres an. Geht das Sternbild zur Zeit der Morgendämmerung auf, dann strömt bald die erste Flut des Jahres in die Ebene des Dhanatals herunter. Erhebt sich die ›Heldin des Himmels mit dem Gürtel‹ am Abend, dann verkündet sie die baldige Ankunft des Wassers der zweiten Flut. Die Leute sagen, Gott il-Umquh habe dieses Sternbild eigens für die Sabäer geschaffen, damit sie sich rechtzeitig für das Fest rüsten.«

Dem Propheten gefiel nicht, was Sumhualli Yanuf zu berichten hatte, denn er selbst hatte vor der Königin verborgen, woher er jeweils wußte, daß die Flut demnächst eintreffen werde. Auch er hatte sein Wissen über den Verlauf des Jahres aus dieser Veränderung am Himmel abgeleitet. Der Herrin gegenüber hatte er aber von Eingebung gesprochen, die Gott il-Umquh ihm zuteil werden lasse. Dieser Sumhualli Yanuf, das spürte Harith, konnte gefährlich werden. Obgleich er wenig ansprechend aussah, schien er der Königin zu gefallen. Der Prophet war verstimmt und wollte nicht länger zur Nachtzeit auf dem Hügel Balak al-Ausat anhören müssen, was ein Sterndeuter zu erzählen hatte, doch es gelang ihm nicht, Bilqis und Yafa Yafis zum Ritt zurück in den Palast zu bewegen. Sie wollten noch mehr erfahren vom Geheimnis und von der Bedeutung der Sternbilder.

Sumhualli Yanuf sagte, für ihn sei die Ankunft der Ägypter ein Geschenk des Himmels gewesen, denn es befänden sich unter ihnen einige recht gescheite Leute, die nicht nur kunstfertige Steinmetzen, sondern auch Kenner der Sternbilder seien. Mit einigem Geschick gelinge es, sie zu verstehen und sich ihnen verständlich zu machen. Die Unterschiede zwischen den Sprachen seien zwar beträchtlich, doch sie könnten durch Geduld überwunden werden. Er habe Glück gehabt, denn einer der Arbeiter, dem er ein Hemd geschenkt habe, sei Sterndeuter wie er selbst und eifrig dabei, die Sprache der Sabäer zu erlernen. Zweimal hätten sie sich zu unterhalten versucht, und aus diesen zwei Gelegenheiten könne geschlossen werden, daß die Sterndeuter am Nil mehr wüßten als die Sterndeuter von Saba.

Als Sumhualli Yanuf bemerkte, daß zwar der Prophet nicht mehr so recht zuhören mochte, die Königin aber noch mehr erfahren wollte, wandte er sich ihr zu und sprach:

»O Herrin, erstaunlich ist, daß wir durch das Sternbild ›Heldin des Himmels mit dem Gürtel‹ gesagt bekommen, wann die Flut die Ebene des Dhanatals erreichen wird, daß aber auch die Ägypter durch diese Sterne erfahren, wann die Flut ihren großen Fluß herabströmt. Das muß doch bedeuten, daß auch ihr Gott ihnen durch dieses Sternbild Zeichen gibt. Bedienen sich also zwei Götter desselben Sternbilds? Ich hoffe, mehr von jenem Ägypter erfahren zu können. Doch jetzt sollst du, o Königin, kundig werden, was aus dem

Sternbild für den Bau des großen Tempels abzulesen ist, der aus einer gewaltigen Wasserfläche bestehen soll. Sehen wir nur die Sterne der ›Heldin des Himmels mit dem Gürtel‹ an und vergleichen ihre Lage mit der Landschaft hier. Die vier Ecksteine begrenzen die Ebene des Dhanatals. An den Längsseiten des Vierecks sind Haufen von kleinen Sternen zu sehen – sie stellen die Hügel dar. Deutlich sichtbar ist der Hügel Balak al-Ausat, auf dem wir stehen. Zu erkennen ist auch der Balak al-Qibli, auf dem die ägyptischen Arbeiter ihr Lager haben. Nun betrachten wir den Gürtel der ›Heldin‹. Er zeigt uns, wo der Damm stehen soll – und in welcher Lage. Der Gürtel befindet sich schräg im Viereck des Sternbilds – also werden wir den Damm auch schräg in der Ebene des Dhanatals errichten. Dies muß aus einem ganz bestimmten Grund geschehen. Wir gehen davon aus, daß künftig weit mehr Wasser in der Wüste Rub al-Khali und im Bergland eingefangen werden muß als bisher, denn es ist in Zukunft ein weit größerer See zu füllen als in der Vergangenheit. Das Wasser, das nach den Regenfällen aus der Wüste und aus den Bergen mit Wucht herunterschießt, erreicht die Ebene mit ungeminderter Kraft. Ich muß noch einmal sagen, daß die künftige Gewalt des Wassers nicht vergleichbar ist mit der jetzigen. Prallt dieses Wasser senkrecht auf den Damm, wird es ihn zerschmettern. Schlägt es jedoch auf eine schräge Mauer, gleitet es auf ihr entlang und verliert seine Wucht. Der Damm wird nicht zerbrechen.«

Im Lager der Ägypter drüben am Hügel Balak al-Qibli war längst Ruhe eingekehrt. Die Sterne wurden blasser, denn die Sichel des Mondes hob sich allmählich von der Erde ab. Selbst die »Heldin des Himmels mit dem Gürtel« verlor an Glanz. Bilqis begann zu frösteln. Sie bedankte sich bei Sumhualli Yanuf und forderte ihn auf, wann immer er mehr von den Vorgängen am Himmel berichten könne, sie einzuladen auf den Hügel Balak al-Ausat zur nächtlichen Unterweisung.

Bilqis suchte Schlaf in ihrem Badehaus draußen vor der Stadt. Ihre Gedanken kreisten immer wieder um den Bericht des Sterndeuters, der gesagt hatte, die Ägypter seien überzeugt, ihr Gott kündige ihnen die Flut des großen Flusses durch dasselbe Sternbild an, durch das die Sabäer vom Entschluß ihres Gottes il-Umquh erfuhren, sie mit der Flut zu beglücken. Sie stellte sich auch die Frage, ob die Ägypter und die Sabäer vom selben Gott beherrscht wurden. Trug er nur jeweils einen anderen Namen? Eine Antwort konnte sie nicht finden.

Die ersten Sonnenstrahlen, die durch das unverhängte Fenster der Badekammer fielen, weckten sie. Sie stand von der gepolsterten Bank auf und streifte sich das Hemd über den Kopf. Dann betrachtete sie sich im Metallspiegel, der fast eine ganze Wand bedeckte. Bilqis sah, daß die Haare auf ihrem Kopf schon nahezu zwei Fingerbreit gewachsen waren, und sie fand, daß sie lächerlich aussah. Unter den Achseln war ein zarter Flaum gesprossen. Die Härchen auf dem Schoß waren zwar spärlich, dafür aber stachelig wie Borsten. Sie entschloß sich, alle Haare wachsen zu lassen.

Als sich Bilqis dem Fenster zuwandte, bemerkte sie, daß dort, in der linken Ecke, der Auerhahn saß und sie beobachtete. Sie erschrak, denn sie glaubte einige Herzschläge lang, der Vogel sehe sie mit den Augen eines Menschen an. Unwillkürlich bedeckte sie ihren Schoß mit beiden Händen. Die Königin wartete darauf, daß der Auerhahn wegflog, doch der blieb ungerührt sitzen.

Wieder hatte sie den Eindruck, ein menschliches Auge blicke sie an. Sie ging einen Schritt auf den Vogel zu, der aber zeigte keine Furcht. Er drehte den Kopf zur Seite und schaute sie mit dem linken Auge an. Auf einmal war Bilqis überzeugt, das Auge des Salomo vor sich zu haben. Da meinte sie, ihre Sinne seien überreizt und sie verliere den Verstand. Rasch drehte sie sich um und sprang ins Wasserbecken, dort, wo es am tiefsten war. Das Wasser spritzte bis zur Fensterhöhle hinauf.

Beim Auftauchen traute Bilqis ihrem Verstand noch weniger: Der Vogel saß am Rand des Wasserbeckens und schaute ihr zu. Mit einem Schwall Wasser wollte sie ihn verjagen, doch er schüttelte sich die Tropfen aus dem Gefieder – und blieb sitzen. Bilqis nahm sich vor, den Auerhahn einfach nicht mehr zu beachten. Sie schwamm im Becken hin und her, auf und ab, doch immer wieder zog das geheimnisvolle Auge ihren Blick an. Sie bemerkte, daß sie jetzt vom rechten Auge beobachtet wurde. Und wieder hatte sie den Eindruck, es sei das rechte Auge des Salomo.

Da trat Makeda in die Badekammer ein. Sie trug nur die goldene Kette – die einfache Form um Hüfte und Schoß. Jetzt begann sich der Auerhahn zu bewegen. Er hüpfte und flatterte auf Makeda zu. Das Mädchen war keineswegs erstaunt. Sie schaute sich genau an, was der Vogel tat. Bilqis setzte sich auf die Stufen des Wasserbeckens und wartete.

Der Auerhahn tanzte Figuren auf den Boden, durch die er offenbar etwas ausdrücken wollte. Makeda kniete nieder, um diese Figuren zu deuten. Sie sagte schließlich zu Bilqis, die erstaunt und verständnislos dem Tanz des Auerhahns zusah:

»O Herrin, nichts Ungewöhnliches geschieht. Das habe ich oft in Jerusalem erlebt. Ich weiß, Salomo hat dem Vogel einen Schreibtanz beibringen lassen durch einen Sklaven, der aus einem Land ganz weit im Osten gekommen war. Dieser Sklave hatte eine gelbe Hautfarbe. Soviel ich weiß, hat ihn Salomo dann umbringen lassen – nachdem der Gelbe die Aufgabe gelöst hatte, den Vogel im Tanz der Buchstaben zu unterweisen. Salomo, der ja mit Auerhähnen reden kann, war in der Lage, ihnen durch Worte zu erklären, was er wollte. So trug er ihnen Botschaften auf an seine Vertrauten in fernen Ländern. Der Vorteil ist, daß der Vogel keine Last, wie seidene Tüchlein oder Papyrusblätter, im Schnabel tragen muß. Auf diese Weise empfing der König auch Botschaften.«

Bilqis fragte: »Du kannst die Buchstaben, die dieser Vogel tanzt, erkennen?«

Makeda gab zur Antwort: »Aber ja, ganz deutlich! Nur lesen kann ich sie nicht.«

Bilqis aber wußte, was zu tun war: Sie gab ihrer Dienerin den Rat, den Finger im Becken zu befeuchten und mit der Nässe die Buchstaben auf dem Boden nachzuzeichnen. Die Steinplatten waren von bräunlicher Farbe, und so konnte Bilqis bald darauf lesen, was Salomo durch den Auerhahn mitteilen ließ. Die Botschaft bestand nur aus einem Wort: »Wasser«.

Noch am Morgen beriet sich die Königin mit ihrem Propheten. Dessen Verärgerung über die Unterweisung durch den Sterndeuter verflog rasch, als ihn die Herrscherin befragte, was es wohl mit dem Wort »Wasser« auf sich habe, das ihr aus weiter Ferne, vom König Salomo, übermittelt worden sei.

Harith überlegte nicht lange und sprach: »Salomo hat ohne Zweifel aus irgendeinem Grunde Angst, Wasser werde vergiftet – Wasser, in dem du badest oder das du trinkst. Erinnere dich an die Worte des Aqiribi: ›Dies ist die Rache! Statt Wasser des Paradieses werdet ihr Wasser der Hölle trinken müssen!‹« Wie die Gefahr abzuwenden sei, wußte der Prophet nicht – doch er werde einen Ausweg finden.

Zwei Tage darauf begannen die Arbeiten in der Ebene des Dhanatals. Zum Aufseher hatte die Königin gegen den Willen ihres Propheten den Sterndeuter bestellt, der zu verwirklichen versprach, was das gewaltige Sternbild vorschreibe. Ebenso eindrucksvoll wie die Himmelserscheinung werde auch der See. Erstaunlich war, wie rasch Sumhualli Yanuf sich die Sprache der Arbeiter aneignete. Sie begriffen, was er wollte und nach welcher Vorlage er arbeitete. Den Gescheiteren und Geschickteren unter ihnen machte er nachts beim Anblick des Sternbildes seine Pläne deutlich.

Die Arbeiter fügten Steinquader aneinander, wobei die Felsen des Talbodens als Fundament dienten. Die Ägypter achteten darauf, daß die gebrochenen Steine, die aus dem nahen Steinbruch herbeigeschafft wurden, sauber abgeschliffen wurden. Sie mußten glatt sein, um eng und fugenlos aneinandergepaßt zu werden. Die Ägypter wandten an, was ihre Väter und Ahnen zu Hause beim Bau der Pyramiden gelernt hatten.

Die ersten Mauern entstanden am Hügel Balak al-Ausat. Dort befand sich der Steinbruch. Zu erkennen waren bald schon die Türme, die dem Wasserauslaß Schutz und Stütze bieten sollten. Wie diese Anlage zu gestalten war, hatte Sumhualli Yanuf von den ägyptischen Arbeitern gelernt. Sie hatten zu Hause eine ausgeklügelte Art, Flutwasser zu verteilen und auf Äcker zu leiten. Sie verwendeten Schleusentore aus Metall, die geöffnet und geschlossen werden konnten, und leiteten Wasser durch Kanäle zu entfernten Feldern. Es zeigte sich, daß Sumhualli Yanuf mehr von den Ägyptern lernte als sie von ihm. Durch sie begriff er, daß der eigentliche Sinn des Bauwerks nicht darin bestehen konnte, dem Gott il-Umquh zu dienen. Diese Behauptung war nur für die Ohren des Volks bestimmt. Der Damm wurde in Wahrheit gebaut, damit das Land Saba bewässert werden konnte. Sumhualli Yanuf errichtete keinen Tempel, sondern ein Bauwerk, das den Bauern helfen würde.

Bilqis ritt oft hinaus in die Ebene des Dhanatals, um den Fortschritt der Arbeiten zu beobachten. Sie erkannte, daß der See riesig werden würde. Mit Schauder dachte sie an den Tag, an dem sie die gewaltige Wasseroberfläche würde durchschwimmen müssen. Mehrfach schon war ihr der Gedanke gekommen, Salomos Warnung habe mit dem Wasser zu tun, das bei der nächsten Flut angestaut werde. Fürchtete er, ihre Kräfte würden sie wirklich verlassen und sie werde ertrinken?

Ihr Prophet hatte nie mehr ein Wort über die Wassergefahr gesagt. Diese Vernachlässigung ihrer Sorgen nahm sie ihm übel.

Nicht ganz ein Monat verging, bis der Aufseher über die Arbeiter seiner Königin sagen ließ, er sei bereit, ihr weitere Unterweisung zu geben: Einige der Geheimnisse um die »Heldin des Himmels mit dem Gürtel« habe er lüften können.

Des Sumhualli Yanuf zweite Erzählung vom Lauf der Sterne

Wieder war es eine Nacht, in der die Sichel des Mondes erst spät aufging. Eindrucksvoll stand das Sternbild über Bilqis. Sie sah das Funkeln der Ecksterne und das Glitzern des Gürtels. Naheliegendes zog ihren Blick an: Vom Hügel Balak al-Ausat war die Baustelle gut zu übersehen. Sie war mit Fackeln hell erleuchtet, da nun auch während der Nacht gearbeitet wurde. Im Fackelschein waren die Türme deutlicher zu erkennen, die bei der Schleuse standen, durch die später einmal Wasser aus dem See in die Kanäle abgelassen werden würde, damit es auf die Felder und Äcker gelangte.

Die Felsen und Lavariegel, die quer zum Tal lagen, waren bereits mit den Quadern hoher Mauern bedeckt. Zu bemerken war, daß diese Dammanlage weit gewaltiger bemessen war, als Bilqis je zu denken gewagt hatte. Hier in der Ebene des Dhanatals entstand ein Wunder.

Der Baumeister sagte: »In alle Zeiten wird dein Name durch den Damm hineinstrahlen. Dein Ruhm wird ewig währen!«

Bilqis hatte bisher noch nie bemerkt, daß am Damm bei Nacht gearbeitet wurde. Sie fragte Sumhualli Yanuf nach dem Grund: »Bist du, o Aufseher über die Arbeiter, in Sorge, den Damm bis zur Flut nicht fertiggestellt zu haben?«

Sumhualli Yanuf antwortete: »Deine Frage, o Königin, ist berechtigt. Sorge bedrückt mich wahrhaftig, wenn ich an den Tag der Flut denke. Wenn du hinunterblickst auf den Bauplatz, so erkennst du, daß der Damm in einer Länge von hundert Schritten nahezu vollendet ist. Hier konnten wir leicht arbeiten. Wir brauchen die Quader nur auf die Felsen und Lavariegel zu setzen. Jetzt aber arbeiten wir dort, wo wir keine Felsen, sondern nur Sand finden. Das bedeutet, daß wir die Mauer auf Sand errichten. Wenn wir die Quader nicht tief in den Sand hinein versenken, wird die Flut die Mauer unterspülen. Dann wird das Bauwerk zusammenbrechen, und das Wasser kann ungestaut über das Land strömen. Mehr als hundert Schritte lang ist der Bauabschnitt, der mir Sorge bereitet. Ist er erst überwunden, wird die Arbeit wieder einfacher. Dahinter befinden sich wieder Felsen im Boden. Zum Glück muß nicht alles auf einmal geschehen. Die Schleusen, die wir für den Damm am Fuß des Hügels Balak al-Qibli vorgesehen haben, brauchen nicht unbedingt am Tag der Flut ganz fertiggestellt zu sein. Sie können mit einfachen Mitteln abgesichert werden.«

Bilqis wollte wissen, wieviel Zeit noch bleibe bis zur Flut.

»Noch drei Monate. Dann wird das Sternbild wieder in der Morgendämmerung aufgehen.« Der Sterndeuter hatte in dieser Nacht von Anfang an nur über die »Heldin des Himmels mit dem Gürtel« reden wollen. Endlich konnte er sagen, was er sich vorgenommen hatte. Mit Eifer sprach er: »Viel, o Herrin, ist von den Ägyptern zu erfahren. Sie sind der Ansicht, das Sternbild verkörpere ihren wichtigsten Gott, der Osiris heißt. Er schenkt ihrem Land Fruchtbarkeit, und er nimmt ihren König auf, wenn dieser gestorben ist. Eigenartig ist, was sie sonst von diesem Sternbild wissen. Sie sagen, es bestehe aus vierzehn leuchtenden Punkten – aus vierzehn Teilen des Körpers ihres Gottes Osiris. Er sei zerfetzt worden von einem anderen Gott, der Seth heiße. Seth bringe Unruhe über das Land. Er schaffe Unordnung und sei der Gegner des Osiris, der den Menschen friedenstiftende Gesetze gebe. Seth aber wolle Unfrieden und Streit. Nachdem Seth den Leib des Osiris zerrissen habe, sei es seine Absicht gewesen, die Leichenteile auf ewig verschwinden zu lassen. Deshalb habe er sie zum Himmel hinaufgeschleudert, und so sei jenes gewaltige Sternbild entstanden.«

Bilqis hatte während der Erzählung des Sterndeuters zum Himmel geblickt. Nun sah sie wieder hinunter auf den Bauplatz. Zur Überraschung von Sumhualli Yanuf fragte sie: »Was, o Aufseher, wird geschehen, wenn der neue Damm doch nicht rechtzeitig fertig wird?«

Er antwortete: »Sei ohne Sorge, o Herrin, noch immer steht der alte Damm.«

Eigentlich hatte er in dieser Nacht noch erzählen wollen, daß auch die Ägypter das Sternbild schon als Anleitung für ihre eigenen gewaltigen Bauten benutzt hätten. Ihm war gesagt worden, sie hätten die drei wichtigsten Grabstätten ihrer Könige so angeordnet, daß deren Lage den drei Sternen des Gürtels entspreche. Die kleinere dieser Grabstätten befinde sich nicht ganz in einer Reihe mit den zwei anderen – so, wie der kleinere der Gürtelsterne die Richtung der Reihe nicht genau einhalte. Sumhualli Yanuf nahm sich vor, seiner Königin davon zu erzählen, wenn sie geneigter war, seinen Worten zuzuhören. In dieser Nacht waren ihre Gedanken offenbar weit entfernt vom Sternbild »Heldin des Himmels mit dem Gürtel«.

Während des Ritts zurück nach Marib dachte Bilqis wieder über die Drohung des Aqiribi nach. Wochen waren vergangen, seit er sie ausgestoßen hatte – und nichts Gefährliches war geschehen. Die Königin hielt es jedoch für leichtsinnig, die Drohung nicht mehr zu beachten. Ihr fiel ein, daß Itamra als Verschwörerin mit Aqiribi in Verbindung stand. Seit Itamras Heirat mit Unulaq, dem »Vater des Lachens und des Heulens«, hatte Bilqis ihre frühere Dienerin nicht mehr gesehen. Im Palast angekommen, erteilte sie Befehl, Itamra am Morgen in das Badehaus draußen vor der Stadt zu bringen.

Die Sonne hatte sich erhoben, als Bilqis auf den Garten zuritt, in dem sich das Badehaus befand. Die Königin war unangenehm überrascht, als sie sah, daß an der Tür Itamra und Unulaq warteten – eigentlich hatte sie mit Itamra allein sprechen wollen. Unulaqs dickliches und ungepflegtes Aussehen gefiel ihr nicht. Sie konnte immer weniger verstehen, daß Itamra mit ihm glücklich war. Als die beiden sich gefunden hatten, war sie überzeugt gewesen, die Dienerin habe sich ihm hingegeben, um sich vor der verdienten Bestrafung zu retten. Doch offenbar war die Bindung dauerhaft.

Die Königin wollte eben den Mann wegschicken, der in Marib zuständig war für die Aufklärung von Untaten, da sprach dieser: »O Herrin, es ist eine hohe Ehre für uns, daß du meine Frau zum Bade eingeladen hast. Doch es ziemt sich nicht mehr für sie, sich vor dir auszukleiden, denn sie ist schwanger. Du sollst es wissen, o Königin, daß ich schon damals, als ich sie von den Pfosten abnahm, dafür sorgte, daß sie schwanger wurde – und sie hatte nichts dagegen. Sie war verängstigt und suchte Halt in starken Armen. Jetzt erwarten wir einen Sohn.«

Bilqis sagte, während sie die Tür zum Badehaus öffnete: »Es ist vielleicht gut, daß du mitgekommen bist, o Unulaq. Du entdeckst Täter bei Untaten, die schon geschehen sind – kannst du auch Täter finden bei Untaten, die erst beabsichtigt sind?«

Die drei betraten die helle Halle des großen Beckens. Einladend lag die Wasserfläche im Sonnenlicht. Die Königin überlegte sich, daß sie eigentlich auf ihr morgendliches Vergnügen nicht verzichten wollte. Sie sagte zu Itamra:

»Verbinde deinem Mann die Augen mit einem Tuch. Vor dir habe ich keine Scheu. Ich bade. Dein Mann setzt sich mit dem Rücken zu mir auf die Polsterbank. Du jedoch, Itamra, bleibst bei mir am Beckenrand.«

Sobald Unulaq nichts mehr sehen konnte, entkleidete sich die Königin – und Itamra auch. Bilqis hatte damit gerechnet, denn sie kannte Itamra gut genug. Sie hatte immer Vergnügen daran gehabt, im Wasser zu liegen wie die Königin.

Es dauerte lange, bis Itamra das Tuch wieder von den Augen ihres Mannes lösen konnte. Dann redete Bilqis über ihre Sorgen. Sie sprach von der Drohung des Aqiribi und von ihrer Angst, daß er ernsthaft die Absicht verfolge, das Wasser des Paradieses durch das Wasser der Hölle zu ersetzen.

Unulaq war ein bedächtiger Mann, der seine Worte sorgfältig wählte: »O Königin, vieles kann geschehen auf dem langen Weg, den das Wasser zurücklegt, das auf geheimnisvolle Weise aus dem Paradies heraus- und an der Stadt Ma'in vorbeifließt, bis es das Gebiet von Saba erreicht. Soviel ich weiß, strömt das Paradieswasser in Röhren aus Ton. Wer die in den Boden gelegt hat, ist mir nicht bekannt. Vielleicht hat dein Prophet, der die Vergangenheit deuten kann, Kenntnis davon. Wenn nicht, verlaß dich auf mich. Ich werde mich kundig machen und dir berichten.«

Die Königin war einverstanden und entließ die beiden.

Im Palast wurde Bilqis von ihrem Propheten erwartet. Er hatte sich einige Tage lang ferngehalten, um deutlich zu machen, daß er wieder verärgert war, weil das Ansehen des Sterndeuters bei der Königin noch weiter gestiegen war. Jetzt aber hatte er den Palast betreten müssen, weil er zu wissen glaubte, wie das Wasser des Paradieses zu Wasser der Hölle werden könne.

Harith sprach: »O Herrin, unsere Kenntnis von der Herkunft des Paradieswassers ist gering, doch wir glauben, es fließe unter dem Meer hindurch: süßes Wasser unter salzigem Wasser. Wenn es den Leuten von Aqiribi gelingt, das salzige Wasser mit dem süßen Wasser zu vermischen, wird es ungenießbar. Eine solche Tat würde sich für das ganze Königinnenreich verheerend auswirken, denn wir sind für die kommenden Wochen auf das Paradieswasser angewiesen. Erst die nächste Flut wird den Stausee wieder füllen.«

Bilqis schwieg einige Atemzüge lang und meinte schließlich: »Wir sitzen in einer Falle und können uns nicht wehren, weil wir nicht wissen, wann was wie geschieht. Ausgeliefert sind wir den Leuten von Ma'in und diesem Aqiribi!«

Der Prophet fragte: »O Herrin, gibt es keine Möglichkeit der Aussöhnung mit diesem Nachbarvolk?« Er wußte im voraus, daß Bilqis darauf keine Antwort geben konnte.

Harith wollte eben die bedrückte Königin verlassen, da fiel ihm eine Merkwürdigkeit ein, und es drängte ihn, mit der Herrin sofort darüber zu reden. Er sprach: »Du weißt, o Königin, daß ich der Prophet bin, dem Vergangenes offen liegt. Als dieser Prophet habe ich immer, wenn ich mich mit einem Ereignis befasse, das zurückliegt, eine recht genaue Vorstellung von dem, was vorgefallen ist. Ich sehe Gestalten vor mir, und ich erkenne auch, auf welche Weise sich ein Ereignis abgespielt hat. Meine prophetische Gabe läßt mich sonst nie im Stich. Doch wie der unterirdische Kanal des Paradieswassers entstanden ist, sehe ich überhaupt nicht vor mir. Da wurden Tonröhren weit über das Land verlegt – aber kein einziges Bild davon ist in meiner Vorstellung zu finden. Seltsamerweise weiß ich, daß das Wasser aus dem Paradies unter dem Meer durchfließt und das Land Ma'in durchquert – aber ich sehe es nicht. Die Vorstellungskraft versagt. Das ist ungewöhnlich und macht mich ratlos.«

Während der Prophet gesprochen hatte, war Makeda eingetreten. Als er zu Ende war mit seiner Klage, kündigte sie den Besuch des Unulaq an, der Wichtiges zu sagen habe.

Der »Vater des Lachens und des Heulens« war außer Atem, und er hatte Durst. Während er ein Krügchen mit Wasser leerte, wollte er sich nicht setzen. Er meinte, dazu sei er viel zu aufgeregt. Er sei gekommen, zu berichten, was er erlebt und erfahren habe:

»O Königin, mit einigen sehr alten Männern unserer Stadt habe ich gesprochen. Ich wollte erfahren, was sie über das

Wasser aus dem Paradies wissen. Wenig war da zu hören. Sie sagten mir, es fließe eben aus dem Paradies. Es stellte sich heraus, daß sich keiner je darum gekümmert hat, wo sich dieses Paradies befinde. Und wenn ich die Leute frage, wer den Kanal für das Paradieswasser gebaut habe, schauen sie mich verständnislos an. Einer aber glaubte wenigstens zu wissen, wo das Wasser in die Stadt fließt. Er meinte, da sei doch ein Brunnen im Garten des Badehauses der Königin. Ich habe eben den Garten abgesucht – da ist tatsächlich ein Brunnenschacht, unter Büschen verborgen. Ein alter hölzerner Deckel liegt darauf.«

Der Prophet war nun der Meinung, es müsse jemand gefunden werden, der vertrauenswürdig sei, kräftig und gescheit. Der habe in den Schacht hinunterzuklettern und die Herkunft des Wassers zu erkunden.

Da sprach der kleine und bullige Unulaq mit einem Anflug von Hochmut in der Stimme: »O Prophet, der um Vergangenes weiß, den Mann, den du noch suchen willst, habe ich schon gefunden. Er steigt bereits in den Schacht hinab – und wenn wir beide jetzt hinausgehen zum Garten beim Badehaus, werden wir erleben, wie er wieder herausklettert. Es ist Jeschua!«

Bilqis und der Prophet waren erstaunt, hatte doch Jeschua unangenehme Erfahrungen mit dem »Vater des Lachens und des Heulens« gemacht – gerade in jenem Garten des Badehauses. Unulaq genoß das Erstaunen der beiden. Schließlich aber sprach er:

»O Herrin und o Prophet, bisher habe ich absichtlich noch nichts gesagt, bis ich wußte, ob er sich bewährt. Wisset, Jeschua steht in meinen Diensten. Er ist sehr geschickt, und er ist verschwiegen. Das ist deshalb so wichtig, weil das Ergebnis der Suche nach der Herkunft des Paradieswassers vielleicht anders ausfällt als ihr, o Königin, o Prophet, annehmt. Unter Umständen könnte das Ergebnis peinlich sein. In diesem Falle sollten die Bewohner des Königinnenlandes

Saba besser nicht erfahren, daß das Paradieswasser gar nicht aus dem Paradies fließt.«

Bilqis wollte mit hinaus zum Badehaus, doch Unulaq wehrte ab: »Es schickt sich nicht, o Königin, daß du anwesend bist, wenn der junge Mann unbekleidet aus dem Brunnenschacht steigt. Er hat natürlich nichts an, wenn er sich im Wasser bewegt.«

Bilqis wollte eben sagen, daß sie Jeschua schon nackt gesehen habe, da sprach Unulaq: »O Herrin, bedenke, seit Jeschua in meinen Diensten steht, gilt er nicht mehr als Sklave. Er muß anders behandelt werden – als ein Mann von Würde und Ansehen.«

Schlingpflanzen im Wasser des Paradieses

Der Brunnenschacht war offen, als der Prophet und Unulaq beim Garten ankamen. Ein Seil, an einem Baum festgemacht, hing ins Loch hinab. Unulaq beugte sich über den Schacht und sah nicht weit unter sich die Wasserfläche. In sie tauchte das Seil hinein, leicht hin und her schwankend, weil das Wasser unruhig war. Von Jeschua war nichts zu sehen. Einmal glaubte Unulaq einige Luftblasen zu bemerken, als ob im Wasser jemand ausatmete – doch er hatte sich wohl getäuscht.

Der Prophet und der »Vater des Lachens und des Heulens« setzten sich auf Steine am Schachtrand und schwiegen. Beide nahmen wahr, daß die Schatten länger wurden und von der Wüste her ein kühler Wind wehte.

Als die Dämmerung anbrach, kamen, von Neugier getrieben, die Königin und Makeda in den Garten, und mit ihnen vier Männer, die Fackeln trugen. Die beiden Frauen fragten nicht nach Jeschua – und Harith und Unulaq schwiegen weiter. Auch Bilqis und Makeda setzten sich. Bald darauf war es Nacht.

Da hielt Unulaq die Untätigkeit nicht länger aus. Er nahm eine der Fackeln und hielt sie über die Schachtöffnung. Zuerst sah er nur den Widerschein des Fackellichts, doch dann bemerkte er unter Wasser die Umrisse eines Lochs in der Schachtwand. Er befahl den Männern, mehr Lichter zu bringen. Deutlicher sah er jetzt das Loch, offenbar die Öffnung eines Ganges – und nun war auch der Schachtboden zu erkennen. Das Wasser schien etwas mehr als mannshoch zu sein.

Ohne ein Wort zu sagen, streifte Unulaq sein Hemd ab, griff nach dem Seil und ließ sich ins Wasser gleiten. Der Prophet beugte sich über die Schachtöffnung und sah Unulaq nach, der durch das Loch in der Schachtwand verschwand.

Zunächst war das Wasser rings um Unulaq schwarz. Doch als der Prophet den Männern befahl, die Fackeln unmittelbar über die Wasseroberfläche zu halten, reichte der Schein in den Gang hinein. Unulaq sah, daß am Ende des kurzen Ganges eine Höhle sein mußte. Er schwamm hinein und erreichte die Höhle. Das Licht der Fackeln war hier zu einem matten Glimmen gedämpft. Er tauchte auf und sah, daß die Höhle mindestens so groß war wie die Halle im Badehaus der Königin. Unulaq hielt den Kopf über Wasser und rief, so laut er konnte, in die Dunkelheit hinein: »Jeschua!« Da traf ihn ein Schwall Wasser direkt auf den Mund.

Unulaq wußte, daß er ein schlechter Schwimmer war, und er kannte die Grenzen seiner Kräfte. Daher tauchte er wieder unter, suchte den kurzen Gang und befand sich bald darauf wieder im Schacht. Er griff nach dem Seil und kletterte hinauf. Er war froh, als sich ihm Hände entgegenstreckten, die ihn nach oben zogen.

Während er sich abtrocknete, berichtete Unulaq von der Höhle. Dann bat er Bilqis, die Nacht in ihrem Badehaus verbringen zu dürfen. Er wolle sich bei hellem Licht der Fackeln und Öllampen in der Nähe des Brunnenschachtes aufhalten. Es bleibe immer noch Hoffnung, daß Jeschua aus der Tiefe auftauchen werde. Bilqis war einverstanden.

Der Mond war noch nicht aufgegangen, da glaubte Unulaq, aus dem Fenster blickend, Jeschua stehe beim hell erleuchteten Brunnenschacht. Erst als sich die Gestalt bewegte und aufs Badehaus zuging, erkannte er, daß er tatsächlich Jeschua vor sich hatte. Er rannte ihm entgegen und umarmte ihn.

Zuerst erzählte Unulaq, er sei in den Schacht hinuntergestiegen, bei Dunkelheit. Das sei ein Erlebnis gewesen, das ihm Schrecken eingejagt habe – insbesondere an die Höhle erinnere er sich ungern. Jeschua erwiderte, wenn die Sonne in den Schacht scheine, sei das Licht in der Höhle von wunderbarer Wirkung. Das sprudelnde Wasser wirke dann wie durchleuchtet und werfe vielerlei Spiegelungen an die Wände, die bedeckt seien mit absonderlichen, anscheinend aus weißem Kalk bestehenden Formen. Da das Wasser ziemlich heftig wirble, habe er sich nicht lange in der Höhle aufgehalten. Deutlich sei ihm nach kurzer Zeit geworden, daß es keine Röhre aus Ton gebe, durch die Wasser in die Höhle fließe. Offensichtlich sei da eine Quelle im Boden mit beachtlicher Schüttung.

Nach dieser Entdeckung habe er sich auf die Suche nach einem Ausgang gemacht. Er sei auf ein Dutzend Kanäle aufmerksam geworden, die in alle Richtungen Wasser aus der Höhle fließen ließen. Den größten der Kanäle habe er ausgewählt in der Annahme, er müsse zum größten Brunnen in der Stadt führen.

Jeschua erzählte weiter: »Zuerst war der Kanal breit und von ausreichender Höhe. Ich konnte schwimmen, ohne anzustoßen. Unangenehm war die Dunkelheit. Ich schwamm, ohne das geringste zu sehen. Ich spürte allerdings, daß der Kanal schmaler wurde. Manchmal hatte ich Angst steckenzubleiben, doch das Wasser drückte und schob mich, und auf einmal lag ich auf dem Boden des größten und tiefsten Brunnens der Stadt. Da war ich in einer unangenehmen Lage. Es war Abend und damit die Zeit, in der die Frauen ihre Krüge herunterließen, um Wasser zu schöpfen. Es muß ein junges Mädchen gewesen sein, das plötzlich rief: ›Da unten liegt ein nackter Mann!‹ Ich hatte ja keinen Fetzen am Leibe. Männer warfen mir ein Hemd und gleich darauf ein Seilende zu. Ich war gerettet.

Jetzt wollte jeder von mir wissen, wie ich in den Brunnen gekommen war. Ich gab keine Antwort, sondern drängte mich durch die Menge, die sich innerhalb kurzer Zeit um den Brunnen versammelt hatte – die Leute hatten schnell erfahren, daß im Schacht Wundersames vorgefallen sei. So schnell ich konnte, eilte ich zum Palast. Der Königin konnte ich eine Freude machen – nicht so sehr durch die Tatsache, daß ich noch lebte, als durch das, was ich zu berichten hatte. Ich nahm ihr eine Sorge ab. Ich sprach zu ihr:

›Das Paradies, das du suchst, o Herrin, befindet sich nicht drüben über dem großen Meer, sondern im Garten deines Badehauses. Dort ist nicht das Ende eines langen Kanals aus Tonröhren, der unter diesem Meer hindurch und an Ma'in vorbeiführt, sondern der Ort einer mächtigen Quelle, die soviel Wasser sprudeln läßt, daß eine Stadt damit versorgt werden kann. Gewaltig ist die Schüttung dieser Quelle. Mit Wucht und lautem Getöse stößt sie das Wasser aus dem Boden. Von nirgendwo sonst kommt es her, und niemand kann das Wasser des Paradieses in Wasser der Hölle verwandeln. Deine Furcht, o Königin, ist unbegründet, daß du Wasser der Hölle trinken mußt. Die Quelle aber liegt tatsächlich in einem Paradies. Es ist wunderbar und geheimnisvoll zugleich. Ich werde es heute noch gründlich erforschen. Für morgen lade ich dich ein, diese Besonderheit unter deinen Besitztümern zu besuchen.‹ Bilqis erwiderte«, so beendete Jeschua seinen Bericht, »sie werde sich Zeit nehmen dafür. Sie bat mich, das Geheimnis der Quelle niemandem zu verraten. Nur dir, o Unulaq, vertraue ich es an.«

Erstaunliches sah Bilqis, als sie am folgenden Morgen den Garten ihres Badehauses betrat. Da war der Spiegel aus poliertem Metall aufgestellt, der bisher an der Wand der Halle des großen Wasserbeckens befestigt gewesen war. Er fing Sonnenlicht auf und leitete es weiter an einen zweiten Spiegel, der auf die Öffnung des Brunnenschachtes gerichtet war. Als sie in den Schacht hinunterblickte, bemerkte sie dort einen dritten Spiegel, der Lichtstrahlen in das Loch der Schachtwand warf. Eben schwamm Jeschua aus dem Gang, tauchte auf und griff nach dem Seil. Bilqis sah, daß er nackt war, und sie dachte an Unulaq, der ihr gesagt hatte, es zieme sich nicht mehr, daß sie Jeschua unbekleidet sehe, da er als Mann mit Würde zu behandeln sei. Bilqis fand, daß er zum Glück gar nicht so würdevoll wirke.

Jeschua rief aus dem Schacht hinauf, daß er bereit sei, sie zu empfangen. Sie brauche nur herunterzusteigen. Bilqis lächelte, als ob sie sich auf eine Überraschung für ihn freue, zögerte einen Augenblick und warf dann ihren Umhang ab. Verblüfft blickte Jeschua nach oben: Der Anblick, der sich ihm bot, war betörend.

Die Königin war keineswegs nackt, wie er erwartet hatte. Sie war eigenartig und reizvoll verhüllt. Was Jeschua sah, war von edler Schönheit. Er hatte den Eindruck, Bilqis trage ein zartes Muster, in schwarzer Farbe gezeichnet, auf ihrer Haut. Erst als er sich am Seil höher hob im Schacht, sah Jeschua, daß dieses Muster auf ein hauchdünnes Gewebe gestickt war, das den Leib und beide Beine und Arme eng umhüllte. Dieses Gewebe, das aus feinsten Seidenfäden bestand, hatte nur den Zweck, den schwarzen Verzierungen Halt zu geben, die Verschlingungen von Pflanzen darstellten. Sie sahen aus, als wucherten sie am Körper der Bilqis hoch. Besonders dicht waren diese Verzierungen auf dem Schoß, der durch die schwarzen Gebilde nahezu verdeckt war. Auch die Brustwarzen waren durch das schwarze Geschlinge verborgen. Sonst aber war noch genügend vom weißen Leib der Bilqis zu sehen.

Sie gab Jeschua, der inzwischen aus dem Schacht gestiegen war, Gelegenheit, den Gegensatz von Schwarz und Weiß lange zu betrachten. Sie drehte sich um und zeigte Jeschua, daß ihr Rücken völlig weiß war, die Spalte ihres Hinterns aber dicht berankt. Die Pflanzengebilde wanden sich auch um ihre Beine. Fein gegliedert waren sie an den Unterschenkeln und weiter oben etwas breiter gefächert. Jeschua hatte sich noch nicht satt gesehen, da erfaßte Bilqis das Seil und glitt hinunter ins Wasser.

Überwältigend war, was sie hinter dem Loch in der Schachtwand sah: Erleuchtet durch das Licht, das der Spiegel einfing, war ein gewaltiger Berg aus bewegtem Wasser zu erkennen, der sich wogend in der Höhle auftürmte. Unablässig veränderte der Berg seine Gestalt. Das Wasser wurde mit Gewalt hochgeschleudert, an ständig wechselnden Stellen des tosenden Ungetüms. Es schäumte und zischte, spritzte und fiel in tausendmal tausend Tropfen zurück auf den Berg. Wasser quoll nicht allein aus dem Untergrund, es schoß auch in dicken Strahlen aus den Wänden und aus der Decke. Im Licht des Spiegelscheins wirkte die Höhle, als ob das Wasser sie beherrsche.

Jeschua schwamm seiner Herrin durch den kurzen Gang voraus. Am Eingang der Höhle wartete er und blickte zurück. Er wollte der Königin Mut machen und ihr Sicherheit geben. Im Schein des Spiegels war der Gegensatz von Schwarz und Weiß auf dem Leib der Bilqis noch schärfer. Der Anblick wirkte erregend auf Jeschua und blieb – trotz der Kühle des Wassers – nicht ohne Wirkung. Da auch er sich im Licht des Spiegels befand, bemerkte Bilqis die Veränderung.

Schöneres und Sinnlicheres glaubte Jeschua noch nie gesehen zu haben. Mit jeder Schwimmbewegung veränderte sich das schwarze Muster. Die Schlingpflanzen schienen zu leben. Sie schlängelten sich durch das Wasser, zogen sich zusammen und entfalteten sich aufs neue. Die Mitte dieses Pflanzenlebens aber war der Schoß der Bilqis. Er schien der dunkle Ausgangspunkt aller Bewegungen zu sein.

Nun glitt Bilqis aus dem ruhigen in das tosende Gewässer

der Höhle. Bald schon kam sie selbst mit kräftigen Stößen der Beine nicht mehr voran. Immer wieder wurde sie zum Höhleneingang zurückgeworfen. In das Getöse der Wasserkaskaden hinein rief Jeschua: »O Königin, du kannst auch gehen! Das Wasser ist nicht so tief!«

Doch es reichte der zierlichen Bilqis bis zum Hals. Ein Wasserschwall traf sie ins Gesicht. Sie verlor den Halt, aber Jeschua packte sie mit beiden Händen am Oberkörper. Er schob sie mit Anstrengung auf den Wasserberg zu. Auf einmal wurde sie ihm aus den Händen gerissen. Wirbel hatten sie gepackt und mit den Wogen hochgeschleudert. Sie ließen Bilqis nicht wieder auf den Boden zurückgleiten. Am höchsten Punkt des Wasserberges wurde sie hin und her geworfen. Erst lag sie auf dem Bauch und dann auf dem Rücken. Die Königin von Saba war die Gefangene des Wassers aus dem Paradies.

Sie empfand keinerlei Angst. Es machte ihr Spaß – auch als sie in den Wogenberg hineingezogen, festgehalten und erst nach einer Weile wieder herausgeworfen wurde. Jeschua war manchmal neben und dann wieder unter ihr. Ihre Körper berührten sich. Aus Freude umfaßte Bilqis den Mann, gemeinsam überließen sie sich der Gewalt des Wassers. Bilqis spürte, daß seine Erregung im Spiel mit dem Wasser gewichen war.

Als beide einen Augenblick lang mit den Füßen auf dem Boden standen, gingen sie in die Knie und sprangen so, daß sie an den Rand des Wasserberges gerieten. Sie waren außer Atem. Jeschua, der größer als Bilqis war, trug sie auf den Armen. Er suchte nach einer Möglichkeit, um seine Herrin im Trockenen niedersetzen zu können. Da war eine Art Bank, ein Vorsprung in der Mauer. Ungern ließ Jeschua seine Last los. Er hatte das Gefühl, Bilqis sei nackt und schmiege sich in seine Arme. Während Bilqis die Tropfsteine betrachtete, wandte Jeschua den Blick nicht von der Frau, die sich auf der Steinbank ausgestreckt hatte. An den Wänden sah sie

Gebilde aus Kalk in unterschiedlicher Form – sie waren wohl, genau wie der Mauervorsprung, auf dem sie lag, durch jahrzehntelange Ablagerung entstanden. Einige der Kalkgebilde sahen aus wie tierische Gestalten, andere wie Pflanzen und wieder andere wie Gesichter.

Jeschua aber betrachtete sehr genau die Schlingpflanzen, die den Körper seiner Herrin bedeckten. Er hielt sie für überaus einfallsreich gestaltet. Bilqis bemerkte, daß es dunkler wurde in der Höhle, und sie dachte, die Sonne sei wohl weitergewandert und treffe mit ihren Strahlen nicht mehr den großen Spiegel. Im schwächer werdenden Licht erkannte sie unterschiedliche Farben an den Kalkwänden. Einige waren grünlich, andere eher rot.

Jeschua war begeistert vom Gegensatz des Schwarz auf Weiß und vom Glanz des hauchdünnen Seidengewebes, das sich, obgleich es naß war, immer noch eng an den Leib anpaßte. Als er wieder spürte, daß ihm dieser Körper nicht gleichgültig war, sprang er ins Wasser und betrachtet Bilqis von dort. In diesem Augenblick drehte sie sich auf den Bauch, so daß er auch die Rückseite betrachten konnte.

Bisher war nur das Tosen des Wassers zu hören gewesen, jetzt sagte Bilqis mit lauter Stimme: »Das Wasser, das von hier fließt, ist wahrhaftig Wasser aus dem Paradies. Vielleicht hat mein Vater oder mein Großvater die Höhle als Paradies bezeichnet, und so ist der Name geblieben, nur die Höhle selbst ist in Vergessenheit geraten.«

Jetzt hörte das Tosen allmählich auf. Das Wasser wurde ruhiger, und schließlich glättete sich seine Oberfläche völlig. Vor dem neuen Ausbruch der Quelle wollte Bilqis die Gelegenheit nutzen und hinausschwimmen, ohne in den Wirbel gezogen zu werden. Überdies fiel kaum mehr Licht in die Höhle. Bilqis schwamm durch den Gang und zum Schacht.

Draußen war es hell – nur der große Spiegel stand im Schatten. Mit dem Rücken zu Jeschua streifte sich Bilqis langsam die wuchernden Schlingpflanzen vom Leib. Die nasse Seide klebte fest an Brüsten, Bauch und Rücken. Besonders schwierig war es, das enge Gewebe von den Beinen und Armen zu ziehen. Dazu setzte sich die Königin auf einen Stein. Jeschua stand am Rand des Brunnenschachts und genoß den Anblick seiner sich allmählich enthüllenden Herrin – und Bilqis war es anzumerken, daß sie Freude daran empfand, den jungen Mann zu reizen. Sie spielte mit seinen Gefühlen und zugleich auch mit seinem Körper, den Jeschua nicht mehr beherrschen konnte. Sobald sie jedoch, wie Jeschua, nackt war, erhob sich Bilqis und warf das betörende Kleidungsstück zusammengeknüllt gegen den jungen Mann. Der griff nicht zu, als es ihn an der Brust traf – und so glitt das leichte und duftige Gewebe, das sich wieder locker entfaltete, über Jeschuas Bauch und sein erregtes Glied zu Boden. Er hob es auf und hielt es bewundernd in der Hand.

Als er die Königin wieder ansah, hatte sie sich den langen Umhang über die Schulter gelegt und verschwand im Badehaus.

Bilqis überlegte sich, daß nun keine Gefahr mehr bestand, das Wasser des Paradieses könne sich in Wasser der Hölle verwandeln. Die Sorge, in die Stadt werde kein trinkbares Wasser mehr fließen, hatte sich als unbegründet erwiesen. Und doch ging ihr die Warnung des Salomo nicht aus dem Kopf. Betraf sie vielleicht das Wasser der Flut? Die Königin nahm sich vor, wieder einmal ihren Baumeister Sumhualli Yanuf in der Ebene des Dhanatals zu besuchen. Sie ließ ihm ausrichten, sie werde um Mitternacht kommen.

Sie hatte erwartet, Sumhualli Yanuf werde ihr von den erstaunlichen Fortschritten der Arbeit am Damm berichten und von der bisher einzigartigen Erfindung der Überlaufkanäle, doch er wollte nur über eine Nachricht sprechen, die ihn im Verlauf des Abends erreicht hatte.

Ein Reiter war angekommen von einer Baustelle im Bergland am Rande der Wüste Rub al-Khali. Dort waren einige

Arbeiter eingesetzt, um Täler so zu öffnen, daß das Regenwasser nur in Richtung des Dhanatals abfließen konnte. Die Absicht war, dem neuen Staudamm auch Wasser zuzuführen, das bisher in andere Gegenden floß und dem Lande Saba damit verlorenging. Zufällig hatte nun der Mann bei einem Erkundungsritt bemerkt, daß nahe der Grenze zu Ma'in viele Männer damit beschäftigt waren, durch gewaltige Erdarbeiten das Gelände im Gebirge so zu verändern, daß das Wasser nur in Richtung Ma'in strömen würde. Der Mann dehnte seinen Erkundungsritt aus und entdeckte, daß nahe der Grenze zu Ma'in Kanäle gebaut wurden. Er ritt über die Grenze und ins Land hinein und sah, daß dort in einem Tal, das der Ebene des Dhanatals vergleichbar war, ein Staudamm entstand. Der Reiter fügte seinem Bericht hinzu, daß der Damm von Ma'in von einfacher Bauart und nicht zu vergleichen sei mit dem Damm von Marib.

Diese Bemerkung vermochte die Königin von Saba nicht zu trösten. Sie war aufs äußerste bestürzt, daß die Leute von Ma'in Vorbereitungen trafen, den Sabäern das Flutwasser zu stehlen. Blieb aber die Flut in Marib aus, konnte die Vereinigung der Königin mit il-Umquh nicht gefeiert werden, und die Sabäer waren zum Hungertod verurteilt.

Die Herrin wollte selbst mit dem Reiter reden, wollte wissen, wer in Ma'in die Arbeiter und Baufachleute seien. Der Mann wurde herbeigeholt. Er sagte, zwar habe er vorsichtig sein müssen, doch es sei ihm gelungen, mit einem Aufseher zu reden. Der habe gesagt, die Arbeiter seien aus dem Land Ägypten gekommen und der Name des Verantwortlichen für das gesamte Vorhaben sei Aqiribi.

Bald nach Sonnenaufgang berief Bilqis ihren Propheten und Yafa Yafis zu sich in den Palast. Beide wollten nicht glauben, was die Herrscherin ihnen erzählte. Doch sie entgegnete, der Reiter sei ein treuer Sabäer, der keinen Grund habe, unwahre Geschichten zu erzählen. Man müsse davon ausgehen, daß die kommende Flut in das Staubecken von Ma'in fließen werde. Marib aber sei dem Untergang geweiht. Traurig setzte die Königin hinzu: »Jetzt wissen wir, daß die Warnung des Salomo berechtigt ist!«

Yafa Yafis sprach: »O Herrin, was die Arbeiter angeht, so müssen wir annehmen, daß Aqiribi nicht alle Ägypter, die das Gemetzel überlebt haben, an uns ausgeliefert hat. Aqiribi hat Arbeiter zurückbehalten. Sie bauen ihm nun die Kanäle und den Damm.«

Der Prophet sprach bedächtig: »Erlaube mir, o Herrin, den Hinweis, daß uns zwei Schläge treffen werden: Die Flut wird ausbleiben, und das Wasser des Paradieses wird sich in Wasser der Hölle verwandeln.«

Da konnte Bilqis entgegnen: »Der zweite Schlag wird nicht stattfinden, das kann ich mit gutem Gewissen versichern! Das Wasser des Paradieses wird Wasser des Paradieses bleiben – für alle Zeiten!« Das Geheimnis der Quelle lüftete sie jedoch nicht.

Der Prophet war durch die Worte der Königin nicht zufriedengestellt. Seine Neugierde war vielmehr erst aufgestachelt worden. Er hätte von sich aus nichts über einen seltsamen Vorgang gesagt, der ihm zu Ohren gekommen war, wenn nicht Bilqis so sehr betont hätte, sie wisse, daß mit dem Wasser des Paradieses alles in Ordnung sei. Harith sprach: »Du, o Königin, weißt mehr in dieser Angelegenheit. Die Leute in der Stadt erzählen sich, ein junger Mann, den du aus Jerusalem mitgebracht habest und der bei dir im Palast lebe, sei abends nackt am Grunde des großen Brunnens aufgetaucht. Dies hat wohl etwas zu bedeuten!«

Bilqis wußte keine bessere Antwort als diese: »Was geht mich ein nackter Mann an, und mag er noch so jung sein, der am Grunde des großen Brunnens auftaucht?« Sie wußte, daß ihre Worte nur den Verdacht des Propheten festigen würden. Doch sie nahm es in Kauf und schwieg.

Yafa Yafis hatte sich indessen Gedanken gemacht und

sprach nun aus, was ihm eingefallen war: »Selbst wenn wir nur einen Schlag zu erwarten haben, so reicht der allein schon aus, uns zu vernichten. Ich muß deutlich sagen: Wir sind es nicht gewöhnt, derart entschlossene Feinde zu haben. Die Leute in Ma'in waren immer harmlos, bis dieser Aqiribi in ihrer Stadt die Führung übernahm. Er ist hartnäckig. Erst zettelt er eine Verschwörung an – die allerdings nicht so gefährlich war, weil er sich in Marib an die falschen Leute wandte. Nun aber kam er auf den Gedanken, uns verdursten zu lassen. Jetzt erst verstehe ich den Sinn seiner Drohung mit dem Wasser der Hölle. In der Hölle gibt es gar kein Wasser, das den Durst der Verdammten stillen könnte. Wenn Aqiribi vom Wasser der Hölle spricht, meint er den glühendheißen Wüstensand. Nichts als dieser Sand soll uns noch bleiben. Was ist zu tun? Eine Möglichkeit, ihn durch unsere Bewaffneten an seinem Vorhaben zu hindern, sehe ich nicht. Auch wird es keine List geben, die ihn aufhalten kann. Wir sind gezwungen, mit ihm zu verhandeln. Wir müssen Aqiribi etwas anbieten. Ich weiß allerdings nicht, was dafür in Frage kommt.«

Der Prophet wußte, daß er jetzt gefragt war – und er hatte Wesentliches zu sagen. Dieses Wesentliche faßte er in eine erstaunlich kurze Form: »Wir können Aqiribi kein Gold anbieten. Er will kein Stück Land von uns. Doch wir können ihm ein Opfer anbieten, das ihn versöhnen wird, weil es sein Ansehen beim Volk von Ma'in gewaltig heben wird. Bilqis muß sich der Mondgöttin Wadd als Opfer hingeben.«

Bilqis war über alle Maßen entrüstet. Zornig sah sie den Propheten an, sagte jedoch kein Wort und verließ den Raum. Allein ritt sie in der Hitze, die jetzt bereits am Vormittag herrschte, hinaus vor die Stadt zum Garten beim Badehaus.

Dort traf sie Jeschua an, der die Abstimmung der Spiegel verbesserte, um das Licht in der Höhle zu verstärken. Er hing eben am Seil und hatte – wie am Vortag – nichts am Leibe. Mit Bilqis hatte er zu dieser Stunde nicht gerechnet. Er ließ sich ins Wasser fallen. Aus dem Schacht heraus sprach er seine

Herrin ehrfürchtig an, doch sie antwortete nicht. Er fragte sie, ob sie ihre Schlingpflanzen anziehen wolle. Sie schwieg. Da begriff er, daß die Königin ihn durch ihr Schweigen aufforderte zu gehen.

Ihr Gemüt befand sich in Wallung. Ihr Prophet verlangte, sie – die Gemahlin des Sonnengottes il-Umquh – habe sich der Mondgöttin Wadd hinzugeben. Das war nicht nur eine Demütigung für sie, sondern vor allem auch eine Beleidigung für Gott il-Umquh. Er mußte von der Ungeheuerlichkeit bereits erfahren haben, blieb doch nichts vor dem Gott verborgen. Bilqis empfand Scham. Sie wagte es nicht mehr, im Licht der Sonne zu bleiben. Sie wollte vor ihrem Gott, vor seinen Strahlen fliehen. Bilqis hatte nur den einen Gedanken, sich zu verstecken – im Dunkeln.

Sie riß den großen Metallspiegel aus seiner Verankerung, daß er zu Boden stürzte. Dann warf sie ihr Hemd ab, ließ sich am Seil hinunter ins Wasser gleiten und verschwand im dunklen Gang zur Höhle.

Der Prophet, allein geblieben im Palast, war selbst bestürzt über die Art, wie er mit der Herrscherin gesprochen hatte. Er war zwar immer noch der Meinung, die dringend notwendige Versöhnung mit den Verantwortlichen von Ma'in sei nur durch Hingabe der würdigsten Frau des Königinnenreichs an die Gottheit des Landes Ma'in möglich, doch so deutlich hätte dies nicht ausgesprochen werden müssen. Er wollte sich bei Bilqis entschuldigen, sie aber blieb verschwunden. Wen er auch fragte, wo sie sich aufhalte, niemand wußte es. Den ganzen Tag über mußte der Prophet die Ungewißheit ertragen, es könne ihr Übles zugestoßen sein. Selbst Unulaq, der Mann, der Untaten zu ergründen hatte, behauptete, den Aufenthaltsort der Königin nicht zu kennen.

Yafa Yafis, der Berater der Königin, handelte an diesem Tag der Unsicherheit. Er ließ Jeschua zu sich kommen. Der junge Mann war überrascht, daß er nicht gefragt wurde, ob er wisse, wo Bilqis sich aufhalte, sondern den Auftrag bekam zu erkunden, ob die bisherigen Erkenntnisse zum Bau der Kanäle und eines Dammes im Lande Ma'in der Wahrheit entsprachen. Der Auftrag ging sogar noch wesentlich weiter: Jeschua solle unter allen Umständen mit Aqiribi in Berührung kommen, um dessen wirkliche Absichten zu erfahren.

Jeschua fühlte sich geehrt, doch auch veranlaßt, einen Einwand zu äußern: »Vergiß nicht, hochgeachteter Berater der Königin von Saba, daß ich Zeuge einer Verschwörung war, an der Aqiribi beteiligt war, und daß ich ohne Strafe blieb – bis zum Urteilsspruch des Salomo. Ich mußte allerdings versprechen, mit niemandem aus dem Lande Ma'in zu reden. Willst du, o Yafa Yafis, daß ich mein Versprechen breche?«

Eine Weile dachte der Berater nach, dann sagte er: »Die Not zwingt uns zu vergessen, was war. Dein Versprechen bindet dich nicht mehr. Begreife, o Jeschua, daß wir uns nicht mit Waffen wehren können gegen die Umleitung des Flutwassers. Doch wir sind verloren, wenn der Plan des Aqiribi gelingt. Ich habe Vertrauen zu dir, und deshalb sollst du wissen, was ich vorhabe: Mein Vorschlag ist, das Wasser, das die Regenwolken über der Wüste Rub al-Khali ausschütten, zwischen uns und Ma'in redlich zu teilen. Ich bin überzeugt, daß dieses Wasser, wenn man ihm nicht gestattet, ungenutzt zu versickern, für die Bauern beider Reiche ausreicht. Die Teilung des Wassers wird Ma'in mit Marib aussöhnen – und diese Aussöhnung wird durch die völlige Hingabe der Königin an die Mondgöttin Wadd besiegelt werden. Mein letztes Ziel aber ist es, daß durch unsere Herrscherin eine dauerhafte verwandtschaftliche Beziehung zwischen il-Umquh und Wadd geknüpft wird.«

Jeschua mußte versprechen, niemandem in Marib diese Absicht zu verraten. Mit ernstem Gesicht machte Yafa Yafis noch diese Bemerkung: »Nur mit der Königin darfst du darüber reden – wenn du sie zufällig sehen solltest. In diesem

Fall reicht es auch noch, wenn du erst morgen losreitest.« Da wußte Jeschua, was er zu tun hatte – und er wußte auch, wo er die Königin finden würde.

Er ging hinaus vor die Stadt zum Garten des Badehauses. Daß er verfolgt wurde, entging ihm nicht, doch er kümmerte sich nicht darum. Er stellte zuerst den großen Metallspiegel, den Bilqis umgestürzt hatte, wieder in die richtige Lage, so daß er Sonnenlicht in den Brunnenschacht, den Gang und die Höhle leitete. Dann zog er sein Hemd aus. Er griff schon nach dem Seil, um in den Schacht hinunterzusteigen, da kam ihm ein Gedanke in den Kopf, der ihm sehr gefiel.

Es dauerte allerdings lange, bis er seinen Einfall ausgeführt hatte. Es war schwieriger gewesen, als er gedacht hatte. Doch endlich war er mit den Vorbereitungen für die Überraschung fertig.

Jeschua schwamm durch den Gang zur Höhle. Er blieb im Licht der Sonnenspiegelung und war deutlich zu sehen. Bilqis, die – seit es hell geworden war in der Höhle – mit Jeschua gerechnet hatte, sah staunend auf das Bild, das sich ihr bot. Sie erkannte die wuchernden Schlingpflanzen, die sie selbst am Vortag auf dem Leib getragen hatte. Bilqis war begeistert von dem Anblick: Sie sah, wie die schwarzen Gewächse sich bewegten, zusammenzogen und wieder entfalteten. Das Wasser war völlig ruhig und durchsichtig. Keine Welle, kein Strudel oder Wirbel störte. Auch Bilqis fand den Gegensatz von Schwarz auf Weiß betörend. Die Pflanzen tauchten tief hinunter zum Boden, stiegen senkrecht hoch bis über die Wasserfläche. Sie schwammen lange im Kreis. Auf einmal aber wurde das Wasser unruhig und warf Wellen, es quoll auf und erhob sich zum Berg. Kaum mehr sichtbar waren jetzt die Schlingpflanzen. Plötzlich wurden sie mit einem Schwall hinausgeschleudert bis hin zu Bilqis, die auf der Kalksteinbank saß.

Gleich darauf hockte auch Jeschua dort. Er wollte verbergen, daß die Pflanzen auf seinem Schoß nicht alles bedecken konnten, da dieser anders beschaffen war als der von Bilqis. Sie aber veranlaßte den jungen Mann, sich auszustrecken. Gründlich besah sie ihn. Nach einiger Zeit sagte die Königin: »Es muß schwierig für dich gewesen sein, das Gewebe überzustreifen. Du bist kräftig gebaut, und ich bin zierlich.«

Jeschua sagte darauf: »Besonders schwer war es mit den Beinen. Da haben die Muskeln gestört.«

Bilqis meinte, das Wuchern der Schlingpflanzen habe ihr wirklich Freude gemacht und sie von Ärger abgelenkt. Da sprach Jeschua: »Wegen dieses Ärgers bin ich eigentlich gekommen.« Und er berichtete, daß Yafa Yafis die Absicht verfolge, auf friedliche Weise, durch Teilung des Flutwassers, den Zwist mit Ma'in beizulegen. Von der Königin werde dabei das Opfer der Hingabe an die Mondgöttin verlangt. Jeschua erwähnte auch, daß Yafa Yafis an die Knüpfung verwandtschaftlicher Beziehungen zwischen il-Umquh und Wadd denke.

Je länger Jeschua sprach, desto nachdenklicher wurde Bilqis. Während der Stunden des Alleinseins in der Höhle hatte sich ihre Meinung schon nach und nach verändert. Jetzt war sie bereit, das Opfer zu bringen – wenn es wirklich Frieden bedeutete. Sie wollte nur, daß der Prophet ihr versichere, das Opfer sei auch im Sinne des Gottes il-Umquh. Denn Bilqis bezweifelte, ob il-Umquh verwandtschaftliche Beziehungen zur Mondgöttin Wadd geknüpft haben wollte.

Kaum hatte sie Jeschua gesagt, sie denke jetzt anders als am Morgen, setzte der sich mit einem Ruck auf. Dieser Sinneswandel, so sprach er, müsse sofort Yafa Yafis mitgeteilt werden, denn damit verändere sich der Auftrag, mit Aqiribi in Verbindung zu kommen. Es gehe jetzt nicht mehr darum, zu erfahren, welche Absichten er wirklich habe. Nun müsse ein Mann von Bedeutung nach Ma'in reiten, um dort feierlich zu verkünden, die Königin von Saba sei bereit, sich der Mondgöttin hinzugeben, um ewigen Frieden zu stiften. Diese Aufgabe müsse dem Propheten übertragen werden.

Bilqis sprach: »Du mußt gleich zu Yafa Yafis. Doch als

Schlingpflanze verkleidet kannst du den Palast nicht betreten. Ich helfe dir, das Gewebe abzustreifen.« Es machte ihr Spaß, diese Absicht auszuführen.

Yafa Yafis war erfreut, als er von Jeschua vernahm, Bilqis werde sich der Mondgöttin hingeben. Auch er war der Ansicht, unter diesen Umständen müsse der Prophet nach Ma'in reiten – Jeschua aber solle ihn begleiten, um die Augen offenzuhalten und sich kundig zu machen über den Fortschritt der dortigen Dammbauten.

So geschah es, daß am Morgen des folgenden Tages Harith und Jeschua auf Kamelen Marib in Richtung Ma'in verließen. Sie hatten sich vorgenommen, am Abend dort einzutreffen.

In der folgenden Nacht suchte die Königin von Saba ihren Baumeister Sumhualli Yanuf in der Ebene des Dhanatals auf. Vom Hügel Balak al-Ausat sah sie die Arbeiter am Werk. Der gesamte Bereich des Dammes war wieder durch Fackeln hell erleuchtet. Die Staumauer war bis hinüber zum Hügel Balak al-Qibli in voller Länge und fast bis zur vollen Höhe hochgezogen. Die Türme der Schleusen waren halb fertig.

Sumhualli Yanuf erklärte: »Ich sagte es dir früher schon, o Herrin, mit den Abflußkanälen haben wir noch Zeit bis zu den Tagen nach dem Eintreffen des Wassers. Sonst aber sind wir vorbereitet: Die Flut kann kommen.«

Bilqis war zur Baustelle gekommen, um dem Baumeister vertraulich mitzuteilen, daß es wahrscheinlich keine nächste Flut geben werde. Sie überlegte sich eben die Wahl ihrer Worte, da begann Sumhualli Yanuf über neueste Erkenntnisse zu berichten:

»O Herrin, der Ägypter, von dem ich dir schon berichtet habe, sagt, das Sternbild, das ›Held des Himmes mit dem Gürtel‹ genannt wird, heiße auch ›Held, der den Himmel überquert‹. Der Mann hat mir in den Sand gezeichnet, wie die wichtigsten Pyramiden angeordnet sind. Du weißt bereits, o Königin, daß der Ägypter sagt, ihre Lage entspreche genau den einzelnen Sternen der Himmelserscheinung. Wenn man durch einen Schacht in der größten aller Pyramiden blicke, sei an einem bestimmten Tag der Gürtel des Sternbilds zu sehen – der Schacht sei dann genau auf diesen Gürtel ausgerichtet. Auch ich habe als Baumeister darauf geachtet, Bezüge zu schaffen zwischen dem ›Helden des Himmels mit dem Gürtel‹ und dem Staudamm.«

Jetzt fand Bilqis Gelegenheit, Sumhualli Yanuf zu unterbrechen. Sie sprach: »Ehe du Baumeister wurdest, warst du Sterndeuter. Gibt es an diesem gewaltig weiten Himmel einen Hinweis darauf, daß der neue Staudamm von Marib nicht fertiggestellt wird?«

Verwundert blickte Sumhualli Yanuf auf seine Herrin. Sie fuhr fort:

»Versprich mir bei deinem Leben, niemandem zu sagen, was du jetzt von mir erfährst. Künftig wird kaum mehr Wasser durch das Bergland von der Wüste Rub al-Khali herunterfließen als bisher – eher wird es weniger sein. Das heißt: Der alte Damm genügt. Der neue aber wäre zu groß für die Wassermenge. Wir beenden die Arbeiten am neuen Damm und bessern den alten aus!«

Entsetzen spiegelte sich im Gesicht des Sumhualli Yanuf. Er fand keine Worte, um seine Gefühle auszudrücken. Er wollte sich umwenden und weggehen, doch die Königin packte ihn am Arm und sprach in hartem Tonfall: »Schweige darüber! Noch gehen die Arbeiten weiter! Warte auf meine Anweisungen!«

Sumhualli Yanuf war verwirrt: Was wurde von ihm verlangt? Hatte er die Arbeiten am neuen Damm einzustellen oder fortzusetzen? Da er niemandem etwas über das Gespräch mit der Königin sagen durfte, beschloß er, weiterzumachen wie bisher. Für ihn stand fest: Der neue Damm würde fertiggestellt werden.

Der Prophet und Jeschua erfahren die Geheimnisse von Ma'in

Spät in der Nacht erst erreichten der Prophet und Jeschua die Stadt Ma'in. Länger als vorgesehen hatte der Ritt gedauert. Da war unterwegs vieles zu beobachten gewesen. Die beiden waren beeindruckt von den Anlagen, die dem einen Zweck dienten, das gesamte Regenwasser der Wüste Rub al-Khali und des Berglandes einzusammeln. Wassergräben waren gezogen und Bäche ausgehoben worden. Während der Prophet und Jeschua sich der Grenze von Ma'in näherten, hatten sie feststellen können, daß die Bäche auf Flußbette stießen, die sich stetig verbreiterten. In ihnen befand sich jetzt kein Tropfen Wasser, doch sie schienen geeignet zu sein, eine gewaltige Flut aufzunehmen. Die Baumeister von Ma'in hatten vollkommene Vorarbeit für den Tag der Flut geleistet.

Es war bereits dunkel, als sie am Staudamm vorüberritten. Auch hier wurde bei Nacht im Fackellicht gearbeitet. Der Prophet sagte zu Jeschua, daß die Aufschüttung offenbar länger, breiter und höher sei als bei ihrem eigenen Damm. Seine Stimme klang wenig hoffnungsfroh, als er hinzufügte: »Dieser Aqiribi will das gesamte Wasser haben. Er wird überhaupt nicht mit uns teilen wollen. Die Gespräche mit ihm werden schwierig sein!«

Jeschua aber meinte: »Du hast, o Prophet, völlig richtig gesagt, es handle sich um eine Aufschüttung. Das heißt, der Damm hat keine feste Mauer! Das liegt wohl daran, daß es hier weit und breit keine Steinbrüche zu geben scheint. Eine Aufschüttung von Sand und Erde aber ist längst nicht so standfest wie unser Damm aus Quadern. Sie werden es wohl wissen, die Mächtigen von Ma'in, daß sie ihrem Damm nicht viel zumuten können.«

Weder der Prophet noch Jeschua waren jemals zuvor in Ma'in gewesen. Neugierig nahmen sie alle Eindrücke in sich auf. Im Mondlicht lag die Stadt nun vor ihnen.

Jeschua sagte: »Meinst du nicht auch, o Prophet, daß hier die Mondsichel heller leuchtet als bei uns? Das hat sicher damit zu tun, daß in Ma'in die Mondgöttin herrscht.«

Der Prophet aber entgegnete: »Bei uns scheint die Sonne ja auch nicht heller als anderswo, nur weil wir einen Sonnengott anbeten.«

Wie Marib hatte auch Ma'in keine Stadtmauer und keine Tore. An die Gärten der Vorstadt schlossen sich gleich die Wohnhäuser an, zuerst in lockerer Reihe, dann dicht gedrängt. Viele Gebäude waren aus Lehmziegeln errichtet, wenige aus behauenen Steinen. Das Mondlicht reichte aus, um erkennen zu lassen, daß die Bewohner wohlhabend waren. Die Außenwände ihrer Häuser hatten sie durch grüne und blaue Farbe verziert, um alle Fensterhöhlen war weiße Farbe gestrichen. Dem Propheten gefielen die Verzierungen, und er mußte sich eingestehen: In Marib war derartiges nicht zu sehen. Die Gebäude dort waren langweiliger und weniger einfallsreich, wenn man sie von außen besah.

In keinem der Wohnhäuser brannte Licht. Nur ein einziges Gebäude war beleuchtet – rechts und links der Tür brannten Fackeln. Darauf ritten Harith und Jeschua zu. Beide waren überrascht, daß sie erwartet wurden. Diener hielten die Kamele fest und ließen die Tiere niederknien, damit die Reiter leicht absteigen konnten. Daß die Diener nur wenig bekleidet waren, erstaunte die Ankömmlinge ein wenig.

Als sich die beiden Männer aus Marib Staub und Sand von den Umhängen klopften, sahen sie, daß eine Frau aus dem Haus trat, um die Fremden zu begrüßen. Sie nannte ihren Namen: »Aqiribi.«

Ungläubig blickte der Prophet auf diese Frau. Sie konnte nicht Aqiribi sein. Er kannte Aqiribi, und der war ein Mann – sogar mit ausgesprochen männlichem Betragen. Der Prophet hatte ihn im Palast von Marib gesehen. Rache hatte Aqiribi damals angedroht für die Verluste an Menschenleben, die in Ma'in zu beklagen waren, weil die Regierenden von Marib die ägyptischen Horden ins Nachbarland geschickt hatten. Aqiribi hatte Rache geschworen als Befehlshaber der Bewaffneten von Ma'in. Es konnte sich bei dieser Frau ganz unmöglich um denselben Menschen handeln.

Da sprach sie: »Ich weiß, o Prophet der Königin von Saba, daß du nun sehr verwundert bist – und du hast allen Grund dazu. Du kennst den Mann Aqiribi. Lerne nun Aqiribi als Frau kennen. Ich werde dir dieses Geheimnis später lüften.«

Während sie ihre Besucher ins Haus geleitete, erklärte die Frau, die sich Aqiribi nannte, sie habe schon seit der Mittagszeit vom Kommen der Abgesandten aus Marib gewußt: »Unsere Kundschafter sind sehr umsichtig. Sie haben euch beobachtet. Ihr habt ein wenig zu neugierig unsere Gräben, Bäche, Kanäle, Flußbette und den Staudamm besichtigt. Ich kann mir denken, daß euch erschreckt hat, was ihr zu sehen bekamt.«

Inzwischen stiegen die Frau, der Prophet und Jeschua eine breite Steintreppe hoch. Harith dachte gerade darüber nach, daß die Bauten für die Flut gewaltige Goldmengen verschlungen haben mußten. Daß in Ma'in der Reichtum zu Hause war, hatte er schon beim Ritt durch die Straßen bemerkt. Er fragte sich, warum diese Stadt reicher war als Marib, das am Weihrauchhandel verdiente. In Ma'in wuchsen weder Weihrauch noch Myrrhe, und am Handel mit den kostbaren Harzen waren die Kaufleute der Stadt auch nicht beteiligt.

Oben auf der Treppe angekommen, bat der Prophet die Gastgeberin, ihm zu sagen, von welchem Handwerk oder Gewerbe die Leute von Ma'in lebten.

Die Antwort war kurz: »Du wirst es gleich am eigenen Leibe erfahren!« Aqiribi öffnete eine Tür und schob die beiden Männer ohne ein weiteres Wort in den Raum. Da stand eine Frau, um einiges jünger als Aqiribi, gekleidet in ein Hemd, das kürzer war als in Marib üblich. In barschem Ton befahl sie den Fremden, sich auszuziehen, um sich auf ein gründliches Bad vorzubereiten.

Verwundert blickten sich Harith und Jeschua an. Der Prophet fand als erster wieder Worte. Er verwahrte sich dagegen, vor einer Frau, die er nicht kenne, die Kleider ablegen zu müssen.

Ihm antwortete Aqiribi: »Es besteht ein Gesetz in unserem Land, das verlangt, daß alle Fremden, die in unsere Stadt kommen, auf ihre Gesundheit überprüft werden. Zuvor aber werden die Fremden gebadet. Es ist nicht möglich, daß ihr euch der ›Mutter des Wohlbefindens‹ in unsauberem Zustand vorstellt. Sie würde euch auf der Stelle des Landes verweisen lassen. Ich bitte um Beeilung! Die ›Mutter des Wohlbefindens‹ wartet auf euch!«

Da wehrte sich der Prophet nicht länger – er legte ab, was er am Leibe trug. Jeschua hatte sich schon vorher ausgezogen. Beide ließen sich ins Bad führen. Dorthin folgte ihnen die jüngere Frau – nicht aber Aqiribi.

Erstaunt waren die Männer, daß das Badebecken zwar weit kleiner als das der Bilqis war, dafür aber aus reinem Gold bestand. Das Wasser ging ihnen bis zum Brustkorb. Als sie im Becken standen, befahl ihnen die Frau, dreimal ganz unterzutauchen – auch der Kopf habe unter Wasser zu sein. Beim drittenmal bekam der Prophet einen Schluck Wasser in den Mund, das eigentümlich bitter schmeckte. Insgesamt mußten die beiden Badenden zwölfmal die Köpfe unter Wasser tauchen.

Anschließend wurden sie nackt in einen anderen, hell erleuchteten Raum geführt. Dort begegneten sie der »Mutter des Wohlbefindens«. Das Bemerkenswerteste an ihr war, daß sie eine helle Maske aus dünnem Alabaster trug, die das Gesicht der Trägerin verbarg. Die Maske war glatt und ausdruckslos gestaltet. Auf Jeschua wirkte sie erschreckend. Gekleidet war die »Mutter des Wohlbefindens« in ein schwarzes Gewand, das bis zu den Füßen reichte. Auch

Hände und Finger waren mit schwarzem Stoff bedeckt. Dem Propheten fiel auf, daß die helle Maske nur Öffnungen für die Augen besaß, nicht aber für den Mund. Die »Mutter des Wohlbefindens« sprach nicht. Die Anweisungen gab die jüngere Frau.

Die zwei Nackten standen erst mit dem Gesicht zu der hellen Maske. Dann mußten sie sich umdrehen und ruhig verharren. Danach wurde verlangt, daß sie sich wieder mit dem Gesicht zur Maske stellten, die Beine spreizten, sich erneut umdrehten und bückten. Der Prophet empfand diese Haltung als unwürdig, doch gerade in ihr mußte er besonders lange verharren. Dann verlangte die jüngere Frau, daß sich beide auf die Zehenspitzen stellten und die Arme hoch über den Kopf streckten. Auch diesmal dauerte es viele Atemzüge lang, bis sie die Arme herunternehmen und sich wieder ganz auf die Füße stellen durften. Angefaßt wurden der Prophet und Jeschua nicht.

Jeschua glaubte zu wissen, daß die ›Mutter des Wohlbefindens‹ die Frau sei, die von sich behauptet hatte, Aqiribi zu sein. Die Größe stimmte, nur konnte er leider die Augen nicht erkennen. Sobald sie allein waren, äußerte Jeschua diesen Verdacht gegenüber dem Propheten, der ihm recht gab. Sie waren wieder in den Raum geführt worden, in dem sie ihre Kleider abgelegt hatten. Dort lagen jetzt frische Seidenhemden für sie bereit.

Wenig später aßen die beiden Gebratenes, Gemüse und Brot. Dazu tranken sie Wasser, das kühl war und bitter schmeckte. Der Prophet fand den Geschmack köstlich, Jeschua aber verzog das Gesicht. Aqiribi leistete den beiden Gesellschaft. Sie sprach:

»Ich sagte dir, o Prophet der Königin von Saba, du würdest am eigenen Leibe erfahren, woher der Wohlstand der Leute von Ma'in rührt. Dieses Land arbeitet für das Wohlbefinden, für die Gesundheit. Alle, die arbeiten können und wollen, beschäftigen sich damit, das Wohlbefinden zu fördern. Doch wisse, wir wirken nicht nur für die Bewohner unseres Landes, sondern vor allem für die Menschen weit entfernter, aber reicher Länder. Seit vielen Generationen verkaufen wir Heilmittel an Heilkundige in Babylon. König Hammurabi hatte einst davon gehört, daß bei uns Pflanzen wachsen, die Krankheiten lindern und heilen können. Hammurabi litt an Wunden, die sich nicht schlossen, an eitrigem Wundfleisch, das sich nicht reinigte. Die Säfte, die wir ihm schickten, halfen ihm. Es blieb nicht bei Hammurabi. Alle Könige von Ur schickten uns Gold, damit wir sie mit den Säften versorgen, die ihnen Wohlbefinden verschaffen. Derzeit aber sitzen unsere besten Käufer in Ägypten. Deshalb war der Überfall durch die ägyptischen Horden so ärgerlich, weil sie unsere guten Beziehungen zu den Herren der Tempel stören: Ärger mit ihnen vermeiden wir. Nur ein Beispiel: Wir senden Salben und Säfte an die Ammonspriester von Theben. Sie verkaufen sie teuer weiter. Rücksicht auf diese Abnehmer ist angebracht.«

Das Essen zur späten Nachtzeit war zu Ende. Von Aqiribi erfuhren die Gäste aus Marib noch, daß dieses Gebäude, in dem sie sich befanden, nicht der Palast der Herrschenden von Ma'in war, sondern das »Haus des Wohlbefindens«, der Mittelpunkt der Heilkunst. »Hier versuchen wir, die Heilkraft von Kräutern und Früchten zu erkunden. Wenn diese Stadt wohlhabend ist, verdankt sie es den Leuten, die in diesem Haus arbeiten.«

Dann sagte Aqiribi in festem Ton, sie werde den Gästen am Morgen Rede und Antwort stehen. Dies werde auch der Zeitpunkt sein, um Anliegen vorzubringen. Sie werde dann gerne auch mehr über die wundersamen Heilmittel berichten, die überall dort, wo die Menschen auf ihr Wohlbefinden bedacht seien, sehr geschätzt würden – nur in Marib wisse man wohl gar nichts darüber. »Im übrigen«, so fügte Aqiribi hinzu, »solltet ihr beiden nicht zu sehr überrascht sein über das, was mit euch am Morgen geschehen wird. Ihr werdet sehen, daß alle, die mit der Heilkunst beschäftigt sind, auf gleiche Weise behandelt werden.«

Der Prophet und Jeschua bekamen ein bequemes Lager zugewiesen. Als jeder mit einem Tuch aus Wolle zugedeckt war, fragte Jeschua, ob der Prophet wisse, was sie zu erwarten hätten. Die Antwort war, es habe sicher wieder etwas mit dem Wohlbefinden zu tun. Offenbar hätten die Bewohner von Ma'in nichts anderes im Kopf.

Lange hatten sie nicht geschlafen, da wurden sie jeder von einer jungen Frau geweckt und abgeholt. Die beiden Frauen trugen kurze Hemden jenes Schnittes, der dem Propheten und Jeschua zuvor schon aufgefallen war. Sie brachten die Männer in zwei ziemlich enge Zellen. Die Wände bestanden aus hart gebrannten Tonplatten. Die Mauern, etwas höher als ein Mann, reichten nicht bis zur Decke, so daß nicht zu sehen, aber zu hören war, was in der Zelle nebenan geschah.

Jedem der beiden fiel auf, daß da sechs Krüge standen, die mit Wasser gefüllt waren. Sie wußten jetzt, was ihnen bevorstand. Freiwillig zogen sie ihre Hemden aus, und bald danach klatschte der erste Schwall Wasser gegen ihre Oberkörper. Sie mußten sich umdrehen, um den nächsten Schwall auf den Rücken zu empfangen. Jeder Guß warf sie nahezu um. Besonders unangenehm war es, wenn ein schwungvoller Wasserguß den Bauch traf.

Da vom Mauerrand bis zur sehr hohen Decke ein Zwischenraum war, drangen Geräusche in die Zellen, die erkennen ließen, daß nebenan offenbar andere Menschen – vor allem wohl Frauen – mit kaltem Wasser übergossen wurden. Der Prophet und Jeschua vernahmen Prusten und Kreischen und immer wieder das Klatschen, wenn ein Wasserschwall auf einen Körper traf. Am Ende dieser Behandlung waren sich der Prophet und Jeschua darin einig, daß sie sinnvoll war. Als sie wenig später Aqiribi begegneten, gaben beide zu, daß sie sich überaus frisch fühlten.

Sie sprach: »Diese Wassergüsse muß jeder von uns jeden

Morgen überstehen – auch ich. Ich stand in der Zelle zwischen euch! Ich habe gestaunt: Ihr habt ohne Gekreische ausgehalten.«

Aqiribi, der Prophet und Jeschua traten hinaus auf eine Terrasse, die einen weiten Blick bot über das Land rings um die Stadt Ma'in. Aqiribi erklärte, was zu sehen war: »Wenig von unserem Boden verschwenden wir an den Anbau von Getreide und Feldfrüchten. Was wir essen, kaufen wir von Händlern in Schabwa, an der Grenze zum Lande Hadramaut. Dort kaufen wir Hirse und Sesam, vor allem Linsen in drei Sorten: lange, mittlere und kleine Linsen. Auch Zwiebeln und Rettiche und Lauch beziehen wir von Hadramaut. Unser Boden ist zu wertvoll für den Getreideanbau, denn auf ihm wächst eine Pflanze, die nirgends so gut gedeiht wie bei uns. Wir nennen sie die Berberitze. Sie ist ein Strauch, der genügsam ist und auf trockenem Boden wächst. Er hat unangenehme Dornen mit jeweils drei Spitzen. Gelb sind seine Blüten und rot seine Beeren, die sehr sauer schmecken. Erinnert ihr euch an das erste Bad, zu dem man euch gezwungen hat? Das Wasser war rötlich – was nicht so deutlich zu erkennen war, weil das Becken aus rotem Gold besteht. Die Färbung und der leicht säuerliche Geschmack entstehen durch eine geringfügige Beimischung von Berberitzensaft. Die Absicht war, bei der Begutachtung eurer Körper Entzündungen erkennbar zu machen. Berberitzensaft reizt, ehe er heilt. Ihr hättet euch an den entzündeten Stellen gekratzt.«

Aqiribi wies darauf hin, daß bei Ma'in auch Zuckerrohr angebaut werde: »Zucker benötigen wir, um den Saft der Berberitze haltbarer zu machen.« Sie zeigte auf die Weinberge weiter draußen vor der Stadt: »Säfte von Trauben, in vergorenem Zustand, können von heilsamem Einfluß auf Kranke sein. Die Trauben ernten wir im Herbst. Die Ernte ist nicht gestattet an den Tagen, da der sechste Stern des Großen Wagens am Himmel hochsteigt. Den Grund für dieses Verbot kennt niemand.«

Aqiribi lud die Gäste ein, wieder in das Haus zurückzugehen, in dem inzwischen Frauen auf den Gängen unterwegs waren, Fläschchen trugen, hinter Türen verschwanden. Der Prophet und Jeschua erfuhren, sie seien damit beschäftigt, den Saft aus Berberitzfrüchten zu gewinnen und Stengel des Busches in handliche Stücke zu zerschneiden. Zur Enttäuschung des Propheten sagte Aqiribi: »Daß ich euch das alles nicht zeigen kann, werdet ihr verstehen. Ma'in muß darauf bedacht sein, seine Geheimnisse zu wahren.«

Harith und Jeschua erfuhren jedoch, wozu die Heilmittel dienten: »Wisset, o Fremde, daß der Saft der Berberitze Entzündungen und Schwellungen abklingen läßt. Er wirkt bei inneren Blutungen, weil er innere Wunden schließt. Er hilft bei Magenschmerzen. Er ist vorbeugend gegen Geschwüre des Magens, und er reguliert den Fluß der Galle. Die Stengel der Berberitze werden aufgeschnitten und mit der Schnittfläche auf Wunden gelegt, die dann rascher heilen. Die Wurzel, in Pulverform eingenommen, beendet Durchfall. Sie enthält viele bittere Stoffe.

Unsere Heilkundigen«, so fuhr Aqiribi fort, »die sich in diesem Hause mit dem Wohl der Menschen befassen, arbeiten nicht nur daran, Krankheiten zu heilen, sondern auch daran, Krankheiten zu verhindern. Sie haben entdeckt, daß das, was wir essen, Auswirkungen darauf hat, wie wir uns fühlen. Sie sind der begründeten Meinung, daß uns während der heißen Monate fettes Essen nicht bekommt. Sie sagen, wir sollen im Herbst kein Ochsenfleisch essen und keine Linsen, sondern Fisch und Gurken.«

Der Prophet fragte sich, wieso er nie darüber nachgedacht hatte, wovon das Wohlbefinden abhänge. Er mußte gegenüber Aqiribi zugeben, daß die Leute in Marib offensichtlich rückständig seien.

Um noch deutlicher zu machen, wie groß der Unterschied sei zwischen Ma'in und Marib, sagte Aqiribi: »Erfahre, o Prophet der Königin von Saba, daß unsere Heilkundigen dabei sind zu erforschen, wie stark Krankheiten durch die körperliche Vereinigung von Frau und Mann zu beeinflussen sind. Wer Schwierigkeiten mit der Galle hat, so ist hier im Hause zu erfahren, dem sei durch häufige Vereinigung zu helfen – auch solchen Menschen, die unter traurigen Stimmungen oder an kalten Gliedern leiden. Sehr zu empfehlen sei die Vereinigung von Mann und Frau für Leute, die besonders dick sind. Die Heilkundigen verstehen es bereits, die Häufigkeit der körperlichen Beziehungen zu vermehren oder zu vermindern. Anregend sei die Einnahme von Gewürznelken und Ingwer – auch sei die Wirksamkeit von Honig nachzuweisen. Wer Saubohnenmehl und Lattich esse, verspüre meist wenig Lust.«

Viel hatte der Prophet erfahren über die Heilkunst von Ma'in, sein eigenes Anliegen aber hatte er noch nicht vorbringen können. Er begann deshalb, ehe Aqiribi neue Errungenschaften der Heilkundigen schilderte, von dem zu reden, was ihn bewegte:

»O Aqiribi, die du noch immer ein Rätsel für uns bist, höre, was ich zu sagen habe. Es ist wahr, wir haben euch Schaden zugefügt, indem wir euch die Horden der Ägypter geschickt haben. Du willst uns durch Wegnahme des Wassers der Flut bestrafen. Du sagtest, uns bleibe nur das Wasser der Hölle übrig. Jeschua und ich haben gesehen, daß du bereit bist, dein Vorhaben auszuführen. Dies bedeutet das Ende für die Menschen von Marib. Im Gegensatz zu euch leben wir von dem, was unsere Bauern erzeugen. Sie brauchen das Wasser der Flut. Daß wir uns nicht mit Waffen gegen die Ableitung des Wassers wehren können, ist uns bekannt. Wir müssen eine Lösung finden, die euch befriedigt und uns am Leben läßt. Erfahre und staune: Unsere Königin Bilqis ist bereit, nach Ma'in zu kommen, um sich der Mondgöttin Wadd hinzugeben.«

Nun war es an Aqiribi, verblüfft zu sein. Lange wartete sie mit ihrer Antwort. Schließlich sprach sie: »Im Irrtum seid ihr befangen, ihr Sonnenanbeter von Marib. Die Sonne hat euch verblendet, hat euch die Sinne durch ihre Strahlen verwirrt. Vergiß, o Harith, was du zu Hause glaubst. Du hast, o Prophet, gesehen, daß wir in Ma'in anders sind als ihr in Marib. Wir glauben, daß der Mensch dem Menschen helfen kann – zum Beispiel durch die Heilkunst. Was macht ihr anderes, als in den Tag hinein zu leben? Schon einmal haben wir euch zu helfen versucht. Ich dachte an eine Verschwörung, um eure veraltete Ordnung aufzulösen. Wir haben uns geirrt und sind gescheitert. Laßt uns diese Verschwörung vergessen. Eure Ordnung ist wirklich so überholt, wie euer Glaube veraltet ist. Ihr seid davon überzeugt, Gott il-Umquh leite, beschütze und helfe euch. Für diesen Glauben schickst du, o Harith, deine Königin zweimal im Jahr ins Wasser!«

Der Prophet hatte Mühe, sich zu beherrschen. Fast wäre er aufgesprungen, um diese Frau zu schlagen. Doch er wußte, daß dies das Ende der Hoffnung bedeutet hätte, Marib zu retten. Er war dieser Frau ausgeliefert.

Sie sprach weiter: »Du bist gut beraten, o Prophet, der du dem Sonnengott, der Königin von Saba und dir selbst dienst, das Ende meiner Worte abzuwarten. Ihr habt einen Sonnengott – wir haben eine Mondgöttin. Doch diese Mondgöttin Wadd bleibt oben am Himmel und läßt uns gewähren. Wir schauen den Mond an, weil er schön ist – wir beten ihn nicht an. Bei uns steigt auch niemand ins Wasser, um sich mit der Mondgöttin zu vereinigen. Solchen Unsinn pflegen wir nicht. Es wird ganz nutzlos sein, deine Königin nach Ma'in zu schicken, denn es wird keine Vereinigung der Bilqis mit der Mondgöttin geben. Ihre Hingabe kann sich Bilqis schenken! Die Mondgöttin wird sich ihr nicht zuwenden.«

Da gab sich der Prophet geschlagen. Die Hoffnung, Marib vor dem Hungertod zu bewahren, war zerstört. Um seine Trauer zu verbergen, sagte er: »Ehe wir uns morgen verabschieden, wollen wir uns das Vergnügen des kalten Wassers noch einmal gönnen. Der Spaß wird dann allerdings größer sein als heute, weil wir wissen, daß du in der Zelle zwischen uns behandelt wirst.«

Als er mit Jeschua allein war, wurde dem Propheten bewußt, daß das Geheimnis noch immer nicht gelüftet worden war, warum Aqiribi in Ma'in eine Frau war, in Marib aber ein Mann. Den Rest der hellen Stunden des Tages verbrachte Harith mit Nachdenken. Jeschua aber wagte sich in die Stadt, wo er Seltsames entdeckte:

Er begegnete vier Männern, die ein Gestell schleppten, in dem eine Frau saß. Die Männer trugen nur winzige Fetzen von Stoff um den Schoß. Rücken und Hinterbacken waren nackt und von Striemen gezeichnet. Offenbar waren die vier geschlagen worden. Jeschua erblickte Männer, die Lasten trugen – auch sie waren nur spärlich bekleidet. Andere gruben Erde in Gärten um oder holten Wasser aus den Brunnen.

Jeschua begann sich unbehaglich zu fühlen. Da waren nur Männer bei der Arbeit zu erblicken. Frauen ließen sich offenbar bedienen. Die Frauen waren die Herrinnen der Männer.

Dann erblickte Jeschua in der Mitte von Ma'in einen Markt, auf dem offensichtlich Männer als Ware angeboten wurden. Sie waren mit erhobenen Händen an Pfähle angebunden, mit dem Gesicht zu den Frauen, die dabei waren, die Ware zu prüfen. Die Männer waren völlig nackt. Jeschua wurde neugierig und wollte sehen, wie der Verkauf vor sich ging. Es fiel ihm auf, daß alle Männer kleine goldene Ringlein an der Unterseite des männlichen Gliedes trugen. Da wurde ihm bewußt, daß er Sklaven vor sich hatte – und das Ringlein war das Zeichen der Sklaverei. Entsetzen packte ihn, als er begriff: Er war weit und breit der einzige Mann, der ein ordentliches Hemd trug – er war frei, und alle anderen Männer waren Sklaven. Jetzt bemerkte er die Blicke der Frauen um ihn, die nicht verstanden, warum ein Mann im Hemd und nicht im Sklavenschurz ging. Er bekam Angst, gleich gepackt und ausgezogen zu werden. Er wandte sich um und rannte weg. Die Frauen folgten ihm nicht. Sie gaben ihren Sklaven den Befehl, dem Flüchtenden zu folgen. Doch die hatten offensichtlich nur geringe Lust, den einzigen Mann, der kein Sklave war, einzufangen. Unversehrt erreichte Jeschua das Haus der Heilkunst.

Er eilte sofort zur Kammer, in der sich der Prophet aufhielt. Harith hörte sich an, was Jeschua zu sagen hatte. Er vernahm vieles, was zu überdenken war. Manches erstaunte ihn. Anderes gab ihm eine Erklärung für vergangene Ereignisse. Als Jeschuas Bericht zu Ende war, dachte der junge Mann nur noch daran, wie er dieses teuflische Land Ma'in rasch verlassen konnte. Harith aber fügte Einzelheiten zusammen – und verstand bald darauf, was in der Stadt vorging. Schließlich sagte er:

»Höre, o Jeschua, der du beinahe auf dem Sklavenmarkt von Ma'in angeboten worden wärest. Es ist derselbe Sklavenmarkt, auf dem ich Itamra verkaufen lassen wollte. Aus diesem Handel wäre wohl nichts geworden. Daß dort nur Männer zu haben sind, wußte ich nicht. Wir kannten dieses Land überhaupt nicht. Ich bin jetzt überzeugt, daß die Frauen hier schon recht lange die Herrinnen sind. Sie waren es bereits, als Aqiribi in Marib die Verschwörung anzetteln wollte. Glaube mir, er hat damals aus Verzweiflung gehandelt.

Aqiribi hat mit dir und Itamra im Badehaus vor der Stadt nicht im Namen der Mächtigen von Ma'in – nämlich der Frauen – verhandelt, sondern im eigenen Namen. Und ich weiß jetzt, warum er in Marib mächtig werden wollte. Daran habe ich bisher herumgerätselt. Er wollte von unserer Stadt aus – und mit den Mitteln unserer Stadt – die Herrschaft der Frauen in Ma'in brechen. Er wollte sich auf diese Weise wehren gegen das, was ihm bevorstand. Ich begreife, daß Aqiribi in jenen Tagen der einzige Mann war, der sich in seiner Stadt noch in einer bedeutenden Stellung befand. Er war der einzige, der noch gebraucht wurde. Aber er hatte wohl Sorge, man werde auch ihm den goldenen Sklavenring anlegen und ihn nackt verkaufen. Was er unternahm, war wahrhaftig ein Schritt der Verzweiflung.«

Jeschua stimmte dem Propheten zu: »Deine Erkenntnis ist wohl richtig, denn er war bei den Gesprächen immer sehr aufgeregt und gereizt. Er drängte zur Eile. Dabei wußte er nicht, wie die Verschwörung durchzuführen war. Er hatte auch die Zahl unserer Bewaffneten überschätzt. Die Mittel von Marib hätten nie ausgereicht, um in Ma'in die Frauen von der Macht zu verdrängen. Die Gespräche sind übrigens daran gescheitert, daß Itamra die volle Macht über Marib beanspruchte und Aqiribi nur als Befehlshaber der Bewaffneten sah. Hätten Aqiribi und Itamra Bilqis stürzen können, hätten sie sich bald gegenseitig umgebracht.«

Jeschua wurde durch Aqiribi unterbrochen, der aufgeregt die Kammer betrat und sprach: »Du, Jeschua, bist mit knapper Not entkommen. Ich hätte nie gedacht, daß du so unklug bist, dich – ohne mit mir gesprochen zu haben – in eine Stadt zu begeben, die dir fremd ist. Die Gefahr ist für dich keineswegs vorüber. Die Frauen verlangen deine Unterwerfung. Sie fordern, daß du dich selbst morgen früh, nach dem Bad, ihnen auslieferst und dir das goldene Ringlein anlegen läßt. Danach kannst du zusammen mit dem Propheten unbehelligt Ma'in verlassen.«

Da sprach Harith: »Da wir, o Aqiribi, von dem wir nicht wissen, ob du Mann bist oder Frau, als Fremde mit guter Absicht gekommen sind, erwarten wir auch Achtung. Wir haben ein Angebot zum Frieden unterbreitet, das du abgelehnt hast, weil die Voraussetzungen unseres Angebots falsch waren. Unsere Aufgabe ist erfüllt. Unter deinem Schutz wollen wir Ma'in verlassen!«

Aqiribi antwortete: »Seid nicht hochmütig und verblendet, ihr, die ihr Fremdlinge seid in Ma'in. Ich muß euch die Wahrheit sagen: Mein Schutz bedeutet in dieser Stadt nichts. Ich bin in meinem Amt geduldet, weil die Frauen in ihren Reihen noch niemanden gefunden haben, der dafür geeignet ist. Wisset, daß auch ich das goldene Ringlein trage – und es wird nicht lange dauern, bis auch ich auf dem Sklavenmarkt verkauft werde. Schon jetzt bin ich Demütigungen ausgesetzt wie der niederste Sklave. Jeden Morgen, wenn ich in der Badezelle stehe, werde ich als Ringträger behandelt. Euch hat das Mädchen mit sechs Krügen Wasser überschüttet. Ich muß zwölf Krüge ertragen. Ich bin noch immer ein Mann, doch wird von mir verlangt, daß ich Frauenkleider trage, mit einer Frauenstimme rede und mich wie eine Frau benehme.«

Aqiribi gab Jeschua den Rat, sich den Ring anlegen zu lassen. Nur dadurch könnten Maßnahmen der Frauen gegen Jeschua und den Propheten verhindert werden, von denen er besser nicht rede. Dann sprach der Mann, der keine Macht mehr besaß, mit leiser Stimme: »Ich habe die Absicht, den Männern von Ma'in die Freiheit wiederzugeben. Der Tag wird anbrechen, da die Frauen zu büßen haben. Dann wird es eine Ehre sein für einen Mann, den Ring zu tragen, denn wer ihn trägt, gilt als Verfolgter, als Märtyrer, und wird hoch geachtet sein im neuen Staat. Ihr sollt mir helfen, meine Absicht auszuführen.«

Die Stimme des Aqiribi wurde noch leiser, als er hinzufügte: »Ihr habt gesehen, daß wir viel gebaut haben, um das Flutwasser zu unserem Staudamm umzuleiten. Einen schwachen Punkt hat das Netz aus Gräben, Bächen, Kanälen und Flüssen allerdings: Bei Barakisch im Bergland wird unser wichtigster Kanal nur durch einen langgezogenen Hügel, der vielleicht fünfhundert Schritte breit ist, von einem Tal getrennt, das sich auf euer Gebiet zuneigt. Durchstecht ihr diesen Hügel, dann fließt das gesamte Wasser, das als Regen in die Wüste Rub al-Khali und auf das Bergland fällt, in euren Stausee. Merkt euch den Namen: Barakisch! Das ist ein winziges Bauerndorf, das jetzt, in der Trockenzeit, nicht bewohnt ist. Ihr müßt euch allerdings beeilen – bis zur Flut bleiben nur wenige Tage. Durchstecht den Hügel von Barakisch!«

»O Aqiribi, der du in schlimmer Lage bist«, sprach der Prophet, »und dennoch uns helfen willst …«

Wütend schnitt ihm Aqiribi das Wort ab: »Ich helfe nicht euch! Ich denke dabei nur an mich und an die Männer von Ma'in. Die Frauen leiten derzeit unser Gemeinwesen. Solange nichts Außergewöhnliches geschieht, haben sie Stadt und Land in der Hand. Bricht jedoch Not herein, werden sie ratlos sein. Bleibt das Wasser aus, vertrocknen die Berberitzen, kein Gold kommt mehr ins Land, und die Ordnung bricht zusammen. Dann beginnt die Zeit, in der die Träger des goldenen Ringleins gefragt sind. Sie sind dann gefordert, wieder Wasser nach Ma'in zu holen. Wir haben bereits im Stillen Männergruppen gebildet, die sich schon jetzt auf dieses Ereignis vorbereiten. Diesen Gruppen muß dann allerdings sofort Wasser zur Verfügung stehen. Hört deshalb meine Bedingungen: Ihr schüttet im Tal zwischen Barakisch und Tumnu mit einfachen Mitteln einen Wall auf, der die Hälfte des Wassers der Flut aufstauen kann. Dies wird unser Anteil sein. Da die Ägypter noch bei euch arbeiten, verfügt ihr über die nötige Anzahl von Leuten, um den Hügel durchzustechen und mit dem gebrochenen Gestein den einfachen Wall zu errichten. Die Frauen haben bereits alle Ägypter weggeschickt. Wenn der Tag anbricht, auf den wir Männer von Ma'in warten, lassen wir, sobald die Macht der Frauen gebrochen ist, das Wasser von Barakisch und Tumnu in unseren See fließen, und die Berberitzen werden wachsen, blühen und Früchte treiben. Wichtig ist die Zukunft: Ma'in und Marib teilen sich das Wasser.«

Nachdem Aqiribi gegangen war, brach für den Propheten und Jeschua eine unruhige Nacht an. Sie hatten Aqiribi zugeredet, mit ihnen zusammen Ma'in zu verlassen. Er aber konnte sich zur Flucht nicht entschließen, weil er überzeugt war, selbst mit Hilfe der wenigen Ringträger aus dem »Haus des Wohlbefindens« nicht entkommen zu können, denn hier seien fast nur Frauen tätig, und sie überwachten alle seine

Bewegungen. Jeschua hatte er beim Abschied noch dringend aufgefordert, sich in der Frühe nach dem Bad zum Sklavenmarkt zu begeben.

Während der Nachtstunden berieten der Prophet und Jeschua, welche Anordnungen sofort nach ihrer Heimkehr zu treffen seien. Vor allem mußten die Bauarbeiten am großen Damm sofort eingestellt werden, denn ihn brauche man ja nun, wenn das Flutwasser zwischen Marib und Ma'in geteilt werde, nicht mehr.

Nach Sonnenaufgang wurden die beiden zum Kaltwasserbad abgeholt. Sie fragten sich, ob Aqiribi wohl in der Zelle zwischen ihnen mit Wassergüssen behandelt wurde. Jeschua fand heraus, daß es tatsächlich so war: Während er selbst sechs Güsse zu ertragen hatte, zählte er die Klatscher des Wasserschwalls, die er aus der Nebenzelle hörte: Es waren zwölf.

Gleich darauf begab sich Jeschua zum Sklavenmarkt. Dort wurde er bereits erwartet. Er mußte sich durch eine Menge von Frauen hindurchzwängen, dann wurde er gepackt und auf ein hüfthohes Brettergerüst gehoben. Von diesem Augenblick an war er in den Händen junger Frauen, die allesamt kurze Hemden trugen. Sie bestimmten, was mit ihm geschah. Sie streiften ihm sein langes Hemd ab und banden ihn an gekreuzte Balken, daß die Hände seitwärts hoch über den Kopf gefesselt und die Beine weit gespreizt waren. Ein Riemen um den Bauch zog ihn fest an die Stelle, an der sich die Balken kreuzten. Eine der jungen Frauen stülpte ihm eine Maske über den Kopf, die so beschaffen war, daß er weder hören noch sehen konnte. An der Maske befand sich auch ein Knebel, der ihn am Sprechen und Schreien hindern sollte. Nur die Nase blieb frei, damit er atmen konnte. Nun fühlte er nur noch, was mit ihm geschah.

Eine Hand hob sein Glied hoch und sorgte durch die Art der Berührung, daß es hart wurde. Als ein Finger an der Unterseite entlangstrich, empfand er ein wohliges Gefühl.

Eine Weile geschah gar nichts. Es störte Jeschua, daß er hart war und unbefriedigt blieb.

Dann wurde er fest angepackt, und gleich darauf spürte er stechende Schmerzen – gleich zweimal hintereinander. Offenbar waren ihm mit einer Klinge Schnitte zugefügt worden. Er wollte sich aus der Fesselung reißen, doch der Riemen um den Bauch hielt ihn fest. Durch den Schmerz war das Glied schlaff geworden. Die Hand hob es wieder an. Der Schmerz klang ab, doch gleich darauf durchfuhr ihn ein anderer, weit schlimmerer, der Jeschua an die Behandlung durch Unulaq, den »Vater des Lachens und des Heulens«, erinnerte. Er nahm an, daß ihm jetzt der Ring eingesetzt wurde, und er sah vor sich, wie der Ring geöffnet, durch die zwei Schnitte unter die Haut geschoben und dann verschlossen wurde.

Die Hand hielt ihn weiterhin fest. Er zuckte zusammen, als Tropfen einer Flüssigkeit auf die wunden Stellen fielen. Sie wirkten jedoch kühlend und linderten den Schmerz. Immer wieder, über eine lange Zeit hin, wurde das Öl auf sein Glied geträufelt. Jeschua wunderte sich, daß die Tropfen an der Wunde angenehm wirkten, daß sie jedoch, sobald sie auf den Beutel der Hoden glitten, ein entsetzliches Brennen verursachten.

Dieses Brennen mußte Jeschua lange aushalten. Er dachte darüber nach, daß er am eigenen Körper ein Wunder der Heilkunst der Frauen von Ma'in erlebte. Das Öl verhinderte, daß sich die Wunden entzündeten, und es schloß sie in kurzer Zeit. Sein Glied wurde noch immer nach oben gehalten, doch es schien immer wieder eine andere Hand zu sein, die ihn hielt. Endlich wurde sein Glied losgelassen und sank rasch nach unten. Deutlich spürte er, daß an seiner Unterseite ein Gewicht hing.

Jeschua wartete darauf, von den Fesseln des Balkenkreuzes gelöst oder wenigstens von der Maske befreit zu werden. Doch er blieb angebunden, ohne sehen und hören zu dürfen, was um ihn vorging. Daß der Tag weiterschritt, verriet ihm der Wind, der über seinen Körper strich. Als die Einsetzung des Rings beendet war, hatte er die Hitze des Mittags gefühlt, danach war langsam wieder Kühle eingekehrt. Immer wieder hatten Finger die Wunden geprüft, und wenn die Finger ihn in Ruhe ließen, konnte es geschehen, daß er einschlief, bis er wieder durch Finger aufgeweckt wurde. Hin und wieder wurde Öl geträufelt, das die Wunden kühlte, an anderer Stelle jedoch Brennen verursachte.

Hellwach wurde Jeschua, als man ihm die Maske vom Kopf riß. Seine Augen nahmen zunächst nichts wahr. Langsam begriff er, daß es Nacht war. Im Dunkeln wurde er aus der Fesselung gelöst. Jemand streifte ihm das lange Hemd über, verschwand und ließ ihn auf dem Brettergerüst stehen. Seine Augen belebten sich wieder. Er sah, daß sich niemand mehr auf dem Sklavenmarkt befand. Er sprang vom hüfthohen Brettergerüst herunter – und empfand beim Aufprall ein unangenehmes Gefühl zwischen den Beinen. Es erinnerte ihn an den Ring, den er dort trug.

Im »Haus des Wohlbefindens« angekommen, freute sich Jeschua, daß der Prophet ihn erwartete. Harith hatte den ganzen Tag über das Haus nicht verlassen, aus Angst, daß auch er sonst beringt würde. Jetzt war er neugierig zu sehen, was mit Jeschua geschehen war. Der zeigte bereitwillig den Ring – und erblickte ihn selbst zum erstenmal. Es gefiel ihm gut, derart geschmückt zu sein.

Nach Sonnenaufgang wurden der Prophet und Jeschua wieder geweckt und zum Kaltwasserbad gebracht, jeder in eine Zelle für sich. Die junge Frau im kurzen Hemd prüfte bei Jeschua Glied und Ring, ehe sie mit den Güssen begann. Er achtete darauf, ob aus der Zelle zwischen ihm und dem Propheten wieder zwölf klatschende Geräusche zu hören seien, doch dort war es still.

Keiner der beiden wunderten sich, daß sie zum Abschied noch einmal zur »Mutter des Wohlbefindens« geführt wurden. Sie wußten nun schon, was von ihnen verlangt wurde, und so drehten, streckten und bückten sie sich ganz von selbst. Beide versuchten zu ergründen, wer sich hinter der hellen Maske aus dünnem Alabaster verbarg. Daß es Aqiribi sein könne, kam ihnen nun sehr unwahrscheinlich vor.

Einen Tag später als geplant kehrten der Prophet und Jeschua nach Marib zurück. Eine erste Besprechung mit der Königin fand sofort nach ihrer Ankunft statt. Sie freute sich sehr über die Nachricht, daß sie sich der Mondgöttin Wadd nicht hinzugeben brauchte. Bilqis erfuhr, daß das Wasser zwischen Marib und Ma'in künftig geteilt werde und daß die dazu nötigen Baumaßnahmen von den ägyptischen Arbeitern durchzuführen seien. Die Arbeiten am neuen Damm müßten deshalb sofort eingestellt werden. Eine Beschreibung ihrer Erlebnisse und der Begegnungen Jeschuas mit den Frauen von Ma'in sparte der Prophet für später auf.

Noch am selben Tag ritt der Baumeister Sumhualli Yanuf ins Bergland nach Barakisch und Tumnu hinauf. Er war traurig, da er den neuen, den großen Damm nicht fertigstellen durfte, und vor allem mißfiel ihm, daß er die Absicht nicht verwirklichen konnte, das getreue Abbild des Sternzeichens von der »Heldin des Himmels mit dem Gürtel« zu vollenden. Doch als gehorsamer Diener der Königin von Saba fügte er sich.

Nach der Besichtigung des Geländes um Barakisch und Tumnu beriet sich der Baumeister mit Yafa Yafis über die Durchführung der Arbeit. Er sprach: »O Berater der Herrin, der du Wege aus Schwierigkeiten kennst! Meine Arbeiter brauchen anderes Werkzeug als bisher. Es mußten im Steinbruch Quader gebrochen werden – dazu benötigten wir Äxte, Hämmer, Meißel und Keile. Jetzt aber muß Sand, der mit Lavabrocken vermischt ist, über harten Boden geschleppt werden. Dazu brauchen wir große Beutel aus festem Leder, sonst ist diese Aufgabe nicht zu bewältigen.«

Da erschrak Yafa Yafis. Er hatte keine Ahnung, woher er

Ledersäcke besorgen sollte. Im Lande, wo die Weihrauchharze wuchsen, hatte er Ochsen gesehen, deren Fell sicher ein festes Leder abgeben würde, doch nie und nimmer würde es gelingen, innerhalb der nächsten Stunden oder Tage Felle in großer Zahl zu beschaffen. Als der Baumeister sah, wie niedergeschlagen Yafa Yafis war, sagte er: »Wir werden wohl mit den Händen graben müssen.«

Die ägyptischen Arbeiter gaben sich Mühe, die Erde des Hügels abzutragen und den Damm aufzuschütten. Dazu fertigten sie selbst Körbe aus Zweigen des ärmlichen Buschwerks an. Sie flochten die trockenen Äste so zusammen, daß die Körbe einigermaßen dicht waren für Sand und Lavabrocken.

Am schwierigsten war es, die unzähligen Männer mit trinkbarem Wasser zu versorgen. Maultiere trugen Tonkrüge aus schmalen Pfaden hinauf ins Bergland. Schließlich halfen auch Frauen und Männer aus Marib bei den Arbeiten – jeder auf seine Weise.

Selbst Bilqis wollte mit dabeisein. Doch der Prophet meinte: »Schone du, o Königin, deine Kräfte. Du wirst sie brauchen, wenn die Flut den See gefüllt hat.«

Sumhualli Yanuf bemerkte die ersten Wolken um die Mittagszeit. Er nahm sie nicht als Warnung, sie sahen hell und leicht aus. Doch als drei Viertel des Tages verflossen waren, hatten die Wolken sich verwandelt: Schwarz und schwer zogen sie vom fernen Meer her gegen das Bergland.

Jetzt war der Baumeister beunruhigt. Er ordnete an, daß Frauen und Männer aus Marib die Baustelle sofort zu verlassen hätten. Unter seiner Aufsicht wanderten sie die Hügel hinunter. Dann bestieg er sein Maultier und ritt als erstes zum Damm. Er war nahezu fertig und bereit, den Anteil der Stadt Ma'in an Wasser aufzunehmen. Noch nicht beendet aber war der Durchstich durch den langgestreckten Hügel. Sumhualli Yanuf beschloß, die Kanäle zur Füllung des Stausees zu öffnen. Es durfte – wenn der Regen bald zu fallen begann –

zunächst noch kein Wasser zur Baustelle am Hügel gelangen. Dort mußte weitergearbeitet werden. Der Baumeister wußte, daß ihm nicht viel Zeit blieb.

Als die Dunkelheit hereinbrach, ließ er Fackeln entzünden. In dieser Nacht mußte die Öffnung im Hügel weit genug werden, damit vom nächsten Tag an auch Flutwasser in Richtung Marib fließen konnte.

Noch war bei Barakisch und Tumnu kein Tropfen Wasser gefallen, doch drüben über der Wüste Rub al-Khali fuhren Blitze vom Himmel herab, und aus der Ferne krachten Donnerschläge. Sumhualli Yanuf hatte den Eindruck, über der Wüste beginne der Untergang der Erde. Der Baumeister trieb die Arbeiter an, den Durchstich vor Mitternacht zu vollenden. Es war ihm bewußt, daß er keine Ahnung hatte, wie schnell das Wasser von der Hochfläche der Wüste hinabschießen würde, doch er schätzte, daß ihm Zeit blieb bis weit in die zweite Nachthälfte hinein, um die Arbeiter vor den anstürmenden Wassermassen zu retten. Zuvor aber mußte ein gewaltiger Lavablock zerschlagen werden, der mitten im Flußbett lag. Das Gestein war außerordentlich hart. Der Baumeister konnten den Gedanken nicht verjagen, was geschehen würde, wenn dieser Riegel nicht rechtzeitig beseitigt war: Er würde die Flutwogen brechen und zur Seite ableiten. Wirbel würden entstehen, denen die Sandwände des Flußbettes nicht standhalten konnten. Es durfte nicht sein, daß der Lavablock den Schlägen der Hämmer und Äxte weiterhin trotzte.

Sumhualli Yanuf stand auf dem höchsten Punkt des langgestreckten Hügels und blickte auf die Arbeiter hinunter. Die Fackeln brannten unruhig im starken Wind und gaben weit weniger Licht als gewöhnlich. Der Baumeister war auf den Hügel gestiegen, um einen Platz zu suchen, zu dem die Arbeiter fliehen konnten, wenn die Flut heranraste.

Im Schein der Blitze sah er, daß sich riesige Wolkentürme über dem Bergland ballten. Das Gewitter zog von der Wüste her auf die Gegend um Barakisch und Tumnu zu. Damit, daß die Baustelle zum Regengebiet gehörte, hatte der Baumeister nicht gerechnet. Längst hätte er die Arbeiter auf den Hügel rufen sollen, doch er sah, daß der Lavariegel noch immer widerstand. Die Windstöße wurden stärker. Einige der Fackeln unten im Flußbett waren bereits ausgeblasen worden. Die Arbeiter bemühten sich, sie wieder und wieder zu entzünden. Ein Blitz folgte jetzt sofort dem anderen. Das Krachen erschütterte den Sandboden, auf dem Sumhualli Yanuf stand. Er war überzeugt, der Weltuntergang erreiche jetzt auch ihn.

Als er spürte, daß er den Sturmböen stehend nicht mehr standhalten konnte, kniete er nieder. Der Luftzug blies ihm Sand ins Gesicht – mit den Händen versuchte er die Augen zu schützen. Auf einmal sah er zwischen den Fingern hindurch im Lichtblitz eine gespenstische Erscheinung: Nicht weit von ihm erhob sich Sand vom Boden. Eine Sandfahne bewegte sich im Kreis. Zuerst war sie niedrig, bald aber stieg sie im Wirbel in die Höhe. Die Sandfahne blieb nicht am Platz, sondern bewegte sich. Sumhualli Yanuf wollte den Arbeitern zurufen, sie sollten sich retten, doch er wußte, daß sie seinen Ruf in dem Getöse nicht vernehmen würden.

Jetzt krachten mehrere Blitze gleichzeitig in den Boden. Hell war der Hügel für Augenblicke erleuchtet. Zu seinem Entsetzen erkannte Sumhualli Yanuf, daß sich unzählige Sandwirbel bewegten. Er hatte den Eindruck, daß sie miteinander tanzten. Da fand ein Fest der Sandwirbel statt. Die Geister triumphierten. Sie hatten die Vernichtung der Menschen beschlossen und feierten jetzt bereits den Sieg.

Plötzlich zwang eine Kraft den Baumeister, sich zu erheben. Rasend schnell umkreiste ihn eine Sandfahne. Er stand in der Mitte des Wirbels. Da verlor Sumhualli Yanuf den Boden unter den Füßen. Der Luftzug zerrte mit Gewalt an seinem Hemd. Sumhualli Yanuf schwebte und wurde fortgetragen. Er wollte um Hilfe schreien und hatte schon im nächsten Augenblick den Mund voll Sand. Er flog durch die Luft und wurde gnadenlos herumgewirbelt. Sein Hemd war über den Kopf hochgezerrt und wurde nur noch durch die Arme festgehalten. Er glaubte schon eine Ewigkeit zu fliegen, da stürzte er hart zu Boden und verlor das Bewußtsein.

Regentropfen, die auf seinen Leib fielen, weckten ihn auf. Er wickelte seinen Kopf aus dem Hemd und blickte in Finsternis. Kein Blitz zuckte mehr. Die Sandwirbel waren verschwunden. Heftig war der Regen geworden. Als die Gedanken des Baumeisters klarer wurden, fiel ihm ein, daß er die Arbeiter auf dem Hügel in Sicherheit bringen mußte. Doch wo war der Platz, an dem sie den Lavablock zerschlugen? Er war überzeugt, das Flutbett müsse gleich vor ihm liegen. Vorsichtig tastete er sich mit den Füßen weiter, doch da war nur nasser Sand.

Schwach war aus der Ferne Rauschen zu hören. Sumhualli Yanuf wollte nicht glauben, daß das Geräusch von der Flut kam, doch er wußte, daß es so war. Ihn packte Verzweiflung. Er wollte sich nicht geschlagen geben. Er strengte seine Augen an – und sah nichts. Er nahm nur das entsetzliche Geräusch wahr, das immer lauter, bedrohlicher wurde. Dann aber verwandelte sich der Regen zum Wasserfall.

Das Rauschen aus der Ferne wurde übertönt durch das Platschen der Wassermassen, die vom Himmel stürzten. Der Sand unter den Füßen des Baumeisters wurde zu glitschigem Schlamm. Er glitt aus und stürzte. Auf allen vieren wollte er weiterkriechen, doch Knie und Hände fanden keinen Halt im Schlamm. Immer wieder versuchte er voranzukommen. Die Kräfte ließen nach. Das lange Hemd, durchtränkt vom Schlamm, behinderte ihn. Er konnte es kaum ausziehen vor Schwäche. Er setzte sich hin. Müdigkeit überfiel ihn. Er schlief ein.

Sumhualli Yanuf wurde im Schlaf überrascht, als der Sandboden unter ihm weggerissen wurde und er in die Flut stürzte. Was der Baumeister befürchtet hatte, war eingetreten: Die gewaltigen Wasserstrudel hatten die Sandwände des Flußbetts aufgefressen. In kurzer Zeit war das Flußbett breiter und breiter geworden. Als es Tag wurde, war der gesamte langgestreckte Hügel verschwunden.

Zwei Tage, bevor über der Wüste Rub al-Khali und dem Bergland das alles verheerende Unwetter losbrach, hatte der Prophet gute Nachricht für seine Königin. Ein Bote hatte von Sumhualli Yanuf die Mitteilung gebracht, die Arbeiten seien so weit fortgeschritten, daß er der Flut mit Zuversicht entgegensehe. Er rechne mit gewaltigen Wassermengen, doch das weite Netz der neuen Zulaufkanäle sei bereit, das gesamte Regenwasser des Gebietes einzufangen. Aufgrund der zusätzlichen Anlagen könne selbst bei Teilung der Flutmenge mit dem Lande Ma'in eine ausreichende Menge Wasser nach Marib geleitet werden.

Die gute Nachricht beruhigte die Königin. Ihre Gedanken hatten sich während der vergangenen Wochen und Tage mit den Arbeiten im Bergland beschäftigt. Ungewöhnlich war das Vorhaben gewesen, dafür zu sorgen, daß kein Tropfen Wasser verlorengehe. Die Schwierigkeiten waren offenbar beseitigt – das war für Bilqis ein Grund, an die Tage nach der Flut zu denken.

Ihr stand die Überquerung des Stausees bevor, die Vereinigung mit Gott il-Umquh. Darauf hatte sie sich vorzubereiten. Sie entschloß sich, den Garten beim Badehaus aufzusuchen. Ein Besuch in der Höhle des Paradieswassers würde alle ihre Befürchtungen vollends zerstreuen. Mit Vergnügen erinnerte sich die Königin an das Erlebnis mit Jeschua, der sich das Schlingpflanzengewebe angezogen hatte. Sie nahm sich vor, es heute selbst wieder anzulegen. Die Höhle wollte sie allerdings ohne Begleitung nicht aufsuchen, so ließ sie Jeschua mitteilen, er habe bei der Paradiesquelle für Licht zu sorgen.

Es gab noch einen Grund, warum sie Jeschua mitnahm: Vom Propheten hatte sie inzwischen sämtliche Erlebnisse der

Reise nach Ma'in erzählt bekommen. Sie wollte jetzt unbedingt das Ringlein sehen.

Als sie nach kurzem Ritt auf dem Maultier zusammen mit Makeda im Garten draußen vor der Stadt ankam, hatte Jeschua die Metallspiegel bereits so ausgerichtet, daß sie der Quelle Licht spenden konnten. Der junge Mann befand sich offenbar in der Höhle. Während sie sich Mühe gab, in den Schlingpflanzenanzug zu schlüpfen, überlegte die Königin, ob sie es wagen konnte, Makeda ihr Geheimnis, die Paradieshöhle, zu zeigen, doch dann fiel ihr ein, daß die Sklavin nicht schwimmen konnte. Vor langer Zeit hatte sich Bilqis vorgenommen, ihr die Bewegungen beizubringen, doch es hatte sich nie eine Gelegenheit dazu ergeben. Jeschua sollte so bald wie möglich dafür sorgen, daß Makeda schwimmen lernte. Sie schickte die Sklavin voraus in die Halle des großen Wasserbeckens.

Bilqis hatte sich noch nicht ganz in die enge, dünne Hülle gezwängt, da kam Makeda zurück. Aufgeregt berichtete sie, daß der Auerhahn in der Fensterhöhle warte. Bilqis stand sofort auf. Im Gehen zerrte sie das Gewebe über die Arme. Sie war überaus beunruhigt, denn der Besuch des Auerhahns konnte nur bedeuten, daß er wieder eine Warnung mitzuteilen hatte.

Sobald Bilqis die Halle betrat, flatterte der Vogel auf den Boden herab und begann mit seinem Tanz. Seine Schritte zeichneten, wie schon einmal vor Wochen, unsichtbare Buchstaben, und wie damals zog Makeda auf den Steinplatten mit nassem Finger die Figuren nach und machte sie auf diese Weise sichtbar. Wieder las die Königin das Wort »Wasser«.

Bilqis wollte ihren Augen nicht trauen, doch auch die Wiederholung der Schritte durch den Auerhahn brachte kein anderes Ergebnis. Offenbar hatte Salomo noch immer Grund, vor einem Ereignis zu warnen, das mit Wasser zusammenhing. Doch woher drohte diese Gefahr? Die Quelle des Paradieswassers stellte keine Bedrohung dar und die Flut auch nicht, dafür war Vorsorge getroffen. Kein anderes Wasser gab es in Marib und Umgebung, das gefährlich werden konnte für die Menschen in Stadt und Land. Sie redete sich ein, die Angelegenheit sei nicht so dringend und es genüge, wenn sie die Warnung am Abend mit ihrem Propheten und mit Yafa Yafis bespreche. So überwand Bilqis ihre Beunruhigung. Den Nachmittag wollte sie sich nicht verderben lassen.

Als Makeda begriff, daß kein Anlaß zur Sorge bestehe, bewunderte sie das Schlingpflanzengewebe auf dem Leib ihrer Königin. Sie staunte darüber, wie kunstvoll Blätter und Stengel unterschiedlicher Größe in die Seide eingewoben waren und wie geschickt sie gewisse Stellen des Körpers verbargen. Die Sklavin zog jetzt ihr Hemd aus, und Bilqis sah, daß sie die einfache Kette trug. Wieder dachte die Königin daran, daß die Kette eine gute Gelegenheit bot, das Mädchen, während es die Schwimmbewegungen lernte, so festzuhalten, daß es im Wasser nicht unterging. Die Königin versprach sich viel Spaß für den Nachmittag.

Jeschua befand sich tatsächlich in der Höhle, als Bilqis bei der Quelle ankam. Er freute sich, die schwarzen Schlingpflanzen wieder zu sehen. Bilqis tat ihm den Gefallen und schwamm langsam im Schwall des aufsteigenden Wassers. Die fließende Bewegung ihrer Arme und Beine, das Biegen und Strecken ihres Körpers ließen die Schlingpflanzen durch das Wasser schlängeln. Den Gegensatz von Schwarz und Weiß auf dem Leib fand Jeschua auch diesmal verführerisch.

Er stand auf dem Mauervorsprung aus Kalkstein. Es konnte nicht ausbleiben, daß ihn das, was er sah, erregte. Sein Glied hob sich – obgleich das Ringlein aus Gold, das daran hing, nicht leicht war. Als Bilqis zu ihm hinsah, fiel ihr auf, daß da etwas glänzte, und sie wunderte sich, daß sie vergessen hatte, weshalb sie Jeschua ins Badehaus mitgenommen hatte: Sie wollte doch das Ringlein sehen.

Sie forderte Jeschua auf, sich so hinzusetzen, daß seine

Beine ins Wasser hingen. Sie selbst stellte sich – im Wasser – zwischen seine Beine. Ungehindert und gründlich konnten sich ihre Augen und Finger mit dem Ringlein befassen.

Das Licht wurde schwächer in der Höhle, während Bilqis das Schmuckstück des Jeschua bewunderte. Auf einmal aber war es nahezu völlig dunkel. Jeschua dachte sofort daran, daß jemand einen Metallspiegel aus der richtigen Lage gebracht hatte. Er blickte zum kurzen Gang und sah Bewegung dort. Jemand wollte in die Höhle eindringen, doch dieser Jemand konnte offenbar nicht schwimmen. Jeschua erhob sich, sprang mit dem Kopf voraus ins Wasser und schwamm zum Gang. Als er wieder in die Höhle zurückkehrte, schleppte er Makeda mit. Er hob sie zum Mauervorsprung hinauf.

Makeda wollte sofort reden, doch sie hatte zu viel Wasser geschluckt. Als sie endlich in der Lage war zu sprechen, sagte sie nur ein Wort: »Auerhahn!«

Rätselhafte Warnungen

Bilqis und Jeschua ließen das Mädchen sitzen, schwammen zum Ausgang, verließen den Schacht und rannten zur Halle des großen Beckens. Es war – so glaubte die Königin beim ersten Blick – ein anderer Auerhahn als der vorige. Er hüpfte ungeduldig hin und her, und sobald er die Königin bemerkte, begann er zu tanzen. Bilqis verlangte von Jeschua, daß er die Tanzfiguren mit nassem Finger auf den braunen Steinplatten nachzeichne. Diesmal war das Wort kürzer, das sich aus den Buchstaben ergab. Es hieß »Flut«.

Diese Warnung war eindeutig. Salomo mußte Kenntnis davon haben, daß die kommende Flut eine Gefahr darstellte. Die Frage war nur: Für wen? Für Stadt und Land? Oder für die Königin? Lange dachte Bilqis nach, dann war sie überzeugt, die Warnung betreffe sie ganz allein. Sie werde also bedroht sein, wenn sie während der Vereinigung mit il-Umquh im Wasser der Flut schwamm. Bis dahin aber würden noch einige Tage vergehen. Daher blieb sie bei ihrer Meinung, es sei früh genug, wenn sie am Abend mit dem Propheten und mit Yafa Yafis über die beiden Warnungen sprechen würde.

Beruhigt sagte sie zu Jeschua, es sei nun an der Zeit, sich wieder einmal von ihm mit dem Balsamöl behandeln zu lassen, das er aus Jerusalem mitgebracht hatte. Dazu aber mußte sie sich zuerst die Schlingpflanzen vom Leibe streifen. So mühsam es gewesen war, das Gewebe anzuziehen, soviel Geduld, Geschick und Kraft kostete es, die auf der Haut festklebende Seide wieder abzuziehen. Bilqis ließ sich diesmal von Jeschua helfen, dem es besonderes Vergnügen bereitete, die Schlingpflanzen von den Beinen seiner Herrin zu lösen. Er wies dabei die Königin darauf hin, daß die einzelnen Härchen, die auf ihrem Schoß nachgewachsen seien, vor der Vermählung mit Gott il-Umquh entfernt werden müßten.

Bilqis legte sich auf die gepolsterte Bank, um sich den Händen des jungen Mannes und dem Balsamöl zu überlassen, als ihr plötzlich einfiel, daß Makeda noch in der finsteren Höhle saß. Sie schickte Jeschua los, das Mädchen zu erlösen.

Makeda wußte nicht, was in dieser Höhle vor sich ging. Als sie von Jeschua auf den Mauervorsprung gesetzt worden war, hatte das Wasser wenig Geräusch gemacht. Nun aber war die Höhle von Tosen und Krachen erfüllt. Die Quelle war gewalttätig geworden: Schwall auf Schwall traf Makeda. Sie glaubte, das Wasser greife nach ihr, wolle sie ins Ungewisse hinunterziehen. Sie hatte derart Angst, daß sie nahe daran war, ins Wasser zu springen und zu versuchen, zum Ausgang zu gelangen, nur um dem Tosen und Krachen zu entkommen. Makeda schrie auf vor Glück, als sie menschliche Hände an ihren Hüften spürte. Jeschua war gekommen, sie zu retten.

Als Makeda zusammen mit ihrem Retter die Halle betrat, bot sich den beiden ein seltsames Bild: Die Königin kauerte auf dem Steinplattenboden und hielt einen Streifen aus Seide in der Hand. Auf dem Boden saß ein Auerhahn – es war wieder ein anderer.

Bilqis las, was auf dem Seidenstreifen geschrieben stand. Es war ihr anzumerken, daß sie erschüttert war. Aus drei Worten bestand diesmal die Botschaft des Königs Salomo. Sie lautete »Tod oder Regenbogen«.

Die Königin hatte die Lust verloren, sich mit Balsamöl behandeln zu lassen. Die drei Worte tauchten in ihren Gedanken immer wieder auf: »Tod oder Regenbogen«. Sie konnte den Zusammenhang der Worte nicht deuten.

Um den Nachmittag zu nutzen, ließ sie Jeschua damit beginnen, der Sklavin die Schwimmzüge beizubringen. Bilqis sah zu, wie der junge Mann die Bewegungen zunächst stehend vormachte. Mit Geduld brachte er das Mädchen dazu, ihn nachzuahmen. Danach hatte sich Makeda so auf die Polsterbank zu legen, daß ihre Beine und Arme frei schwebten und sie das Zusammenspiel der Bewegungen üben konnte. Die Königin sah noch zu, wie Jeschua die junge Frau tatsächlich an der Kette hielt – dort, wo die Hüftkette im Rücken mit den goldenen Gliedern verbunden war, die sie zwischen den Beinen trug. Dann zog sich Bilqis an, ließ die beiden allein und ritt in den Palast zurück. Ihre Lippen wiederholten immer wieder die Worte »Tod oder Regenbogen«.

Auch der Prophet wußte keine Deutung. Er sprach: »Die Warnungen des Salomo sind miteinander verknüpft, daran kann es keinen Zweifel geben: ›Wasser – Flut – Tod oder Regenbogen‹. Du, o Königin, bist überzeugt, daß die Warnungen dir – und nur dir – gelten. Mit Wasser von einiger Gefährlichkeit, mit der Flut, kommst du in Berührung, wenn du den See zu durchschwimmen hast. Rettung vor dem Tod durch die Wasserflut soll dir offenbar ein Regenbogen bringen. Dieser Hinweis ist allerdings unsinnig, denn hier in Marib hat es noch nie einen Regenbogen gegeben, und es wird auch keinen geben, weil es in Marib noch nie geregnet hat und nie regnen wird!« Der Prophet schlug vor, die Warnungen des Salomo einfach zu vergessen.

Bilqis konnte in dieser Nacht vor Unruhe nicht schlafen. Sie grübelte noch immer über die Bedeutung der Worte »Tod oder Regenbogen« nach. Endlich erhob sie sich von ihrem Lager und ritt hinaus vor die Stadt zum Badehaus. Sie sah, daß ein Licht brannte, und trat ein. Da lagen auf einem Teppich, den sie über die Steinplatten gebreitet hatten, Makeda und Jeschua eng umschlungen und schliefen. Zu anderer Zeit hätte sie die Eigenmächtigkeit ihrer Diener bestraft, doch in dieser Nacht, da ihre Gedanken um den Tod kreisten, war sie milde gestimmt.

Bilqis stellte sich an das Fenster und suchte am Himmel das Sternbild der »Heldin des Himmels mit dem Gürtel«, doch es war nicht zu sehen. Sie fragte sich, ob sein Erscheinen und sein Verschwinden vorhersehbar seien. Diese Frage wollte sie Sumhualli Yanuf stellen, der nach der Flut aus dem Bergland zurückkehren mußte.

Der Mond beherrschte als volle Scheibe den Himmel. Obgleich sie ihn keineswegs betrachten wollte, blieb ihr Blick an ihm hängen, denn er verwandelte sich auf seltsame Weise. Es schien ihr, als ob der Mond angenagt, regelrecht angefressen würde. An seinem linken Rand fehlte ein Stück, das immer größer wurde. Wer war so kühn, den Mond fressen zu wollen? Nach einiger Zeit war gerade noch die rechte Hälfte vorhanden. Auch sie verschwand bald darauf. Bilqis war verwundert über das, was sie gesehen hatte. Der Mond war nicht untergegangen, er war nicht in die Erde eingetaucht, wie dies sonst der Fall war. Er war mitten am Himmel vor ihren Augen verschluckt worden. Die Königin wünschte sich, Sumhualli Yanuf stünde neben ihr, um ihr das Rätsel zu lösen.

Als Bilqis überzeugt war, der Mond sei für alle Zeit verschwunden, da tauchte auf einmal, nur wenig entfernt von der Stelle, wo er verschluckt worden war, ein Lichtpunkt auf, der funkelte und bald darauf Strahlen aussandte. Der Lichtpunkt wurde größer und wuchs zu einem Teilstück der Mondscheibe heran. Was da geschah, war für Bilqis ein Wunder: Der Mond, von einem Ungeheuer aufgefressen, wurde neu geboren.

In dieser Nacht glaubte Bilqis die Erfahrung zu machen, daß auch der Mond nicht unantastbar und über alles Leiden erhaben war. Die Gefühle der Königin von Saba für den Mond begannen sich zu verändern.

Bilqis beobachtete, wie die Scheibe am Himmel wieder vollkommen wurde und langsam weiterwanderte. Sie bedauerte, daß die »Heldin des Himmels mit dem Gürtel« noch immer nicht zu sehen war. Andere Sternbilder, die sie betrachtete, waren mit der »Heldin« an Schönheit nicht zu vergleichen. Wenn sie genauer hinschaute, glaubte sie Umrisse von Tieren zu erblicken – da waren ein Bär zu erkennen und ein Stier, vielleicht auch ein Drache. Sie spürte das Bedürfnis, mehr von dieser Himmelswelt zu erfahren, und nur einer konnte ihr helfen: Sumhualli Yanuf.

Bilqis entfernte sich vom Fenster und legte sich auf die Polsterbank. Mit geschlossenen Augen verlangte sie von ihrer Vorstellungskraft, den Sterndeuter aus dem fernen Bergland herbeizuholen. Sie löste sich von allen anderen Gedanken, und kurz darauf sah sie den Mann bei seiner Arbeit, in der Gegend von Barakisch und Tumnu. Schließlich gelang es ihrer Vorstellungskraft, Sumhualli Yanuf in die Halle des Badehauses zu holen. Bilqis bat den untersetzten Mann im langen Hemd, neben ihr auf der Polsterbank Platz zu nehmen. Sie selbst blieb liegen.

Sumhualli Yanuf wollte von seiner Arbeit reden, von den Fortschritten beim Bau des Flutbettes. Doch er wurde von seiner Königin unterbrochen, die fragte: »Du bist Deuter der Ereignisse aus den Sternen. Du wirst dich erinnern, daß ich dich einmal gefragt habe, ob es irgendwo am weiten Himmel Anzeichen gebe, die darauf hinwiesen, daß das Wunder des Staudamms von Marib nicht fertiggestellt werden würde. Ich glaube, du hast meine Frage mit Entrüstung zurückgewiesen. Du wirst mir jetzt antworten, er sei ja fertig! Nun frage ich dich heute ernsthaft und mit der Bitte um ehrliche Antwort: Gibt es ein Zeichen, daß Gefahr droht durch die Flut, durch das Wasser? Rätselhafte Warnungen sind mir zugegangen, in denen sogar von meinem Tod die Rede war.« Dies war die Antwort des Sterndeuters und Baumeisters:

Des Sumhualli Yanuf dritte Erzählung vom Lauf der Sterne

»O Königin, während meiner Lehrzeit in Ur las ich auf alten Tontafeln, die aus Ninive stammten, diese Worte: »Findet am 15. im Monat des Hundes eine Verfinsterung des Mondes statt, wird der Sohn des Königs seinen Vater töten und sich des Throns bemächtigen, oder der Feind wird sich erheben und das Land fressen. Findet die Finsternis des Mondes am 20. Tag im Monat des Hundes statt, wird Wasser vom Himmel fallen im Überfluß.«

In dieser Nacht ist der Mond verschwunden und wiedergekommen. Dies ist die Nacht zum 20. Tag im Monat des Hundes. Die Verfinsterung des Mondes kündigt den gewaltigen Regen an, doch sie weist nicht auf ein Unglück hin. Eine Bedrohung, o Herrin, wird von der Flut nicht ausgehen.«

Die Neugierde der Königin von Saba war geweckt. Sie wollte wissen, ob Sumhualli Yanuf weitere Zusammenhänge zwischen dem Geschehen am Himmel und auf der Erde kenne.

Er sprach: »O Königin, die du die Kraft hast, mich aus der Ferne zu dir zu holen – als ich in Ur mich in der Kunst der Sterndeutung unterweisen ließ, zeigte mir mein Meister eine Tontafel, auf der zu lesen war: »Sind am 20. Tag eines Monats Sonne und Mond zur gleichen Zeit am Himmel zu sehen, dann wird der Herrscher getötet und seine Sippe vernichtet«. Heute, o Herrin, bricht bald der 20. Tag an, doch Sonne und Mond werden nicht gemeinsam zu sehen sein. In meinem Gedächtnis finde ich keinen Spruch, der dir Unheil voraussagen könnte.«

Da wollte die Königin von Saba mehr wissen von der Vorausdeutung irdischer Ereignisse.

Sumhualli Yanuf sprach: »Gelehrt wurde mir, o Herrin, daß die Erde dem Himmel entspricht – das Untere dem Oberen. Alles Irdische ist Spiegel des Himmlischen. Jedes Land, jede Stadt, jede Ortschaft ist am Himmel vorgeprägt. Die himmlische Ordnung aber, das erklärten mir meine Meister in Ur, wird von Göttern bestimmt. Die einzelnen Gebiete des Himmels haben die Götter unter sich aufgeteilt. Sie herrschen jeder in seinem Gebiet. Da das Obere dem Unteren entspricht, ist jedes Land einer Sternregion zugeordnet. So beherrschen die Götter Gebiete des Himmels und der Erde gleichzeitig.«

Bilqis hatte das Gefühl, daß ihre Vorstellungskraft nachlasse, daß Sumhualli Yanuf sich von ihr entfernen wolle, um zurückzukehren zu seiner Arbeit im Bergland. Doch sie wollte noch in seiner Lehre bleiben. Sie wollte dem Meister zuhören, der ihr Einsichten vermittelte, die ihr bisher verschlossen waren. Die Umrisse seiner Gestalt, die schon schwächer geworden waren, wurden wieder deutlicher. Der Sterndeuter hatte einige Atemzüge lang geschwiegen – nun redete er weiter:

»Nach den Vorgängen am Himmel, o Herrin, haben wir zu zählen gelernt. Ein Tag reiht sich an den anderen – wir zählen die Tage, die Wochen, die Monate, die Jahre. Daß es Zeit und Zahl gibt, haben wir vom Himmel erfahren. Als meine Meister selbst noch Schüler waren in Ur, erkannten ihre Lehrer am Himmel fünf wichtige Sterne, die sich anders verhielten als alle anderen, und die Lehrer glaubten, die göttliche Ordnung beruhe auf der Zahl Fünf. Zu dieser Zeit reihten die

Meister, die zugleich Priester waren und damit die Mächtigen, fünf Tage zusammen zu einer Woche. Als die Schüler zu Meistern wurden und damit auch zu Priestern, sahen sie sieben Sterne, die sich anders verhielten als alle anderen. Die göttliche Ordnung beruhte fortan auf der Zahl Sieben, und auch die Zahl der Wochentage wurde auf sieben erhöht. Du siehst, o Herrin, die Übereinstimmung von Himmel und Erde ist zwar wandelbar, doch sie besteht.«

Jetzt wollte Bilqis wissen, wie die Erde beschaffen sei, und sie erfuhr von Sumhualli Yanuf, daß sie eine flache Schale sei, die in einem gewaltigen Meer schwimme. Unter und neben ihr befinde sich Wasser. Unsicherheit, so sagte der Sterndeuter, bestehe nur über die Form dieser Schale. Die ägyptischen Sterndeuter seien der Meinung, sie sei viereckig wie das Sternbild der »Heldin des Himmels mit dem Gürtel«. Die Priester in Ur aber bestünden darauf, die Schale sei rund wie das Sternbild der Quelle. »Beide wissen aber, daß auf dieser Schale Berge und Wüsten, Seen und Flüsse, Täler und Ebenen aufgebaut sind.«

Bilqis fragte: »Und der Himmel, wie ist der beschaffen?«

Der Sterndeuter antwortete: »Darüber haben sich nur die Priester Ägyptens wirklich Gedanken gemacht. Sie sagen, der Himmel entspricht dem Bauch einer Frau, die sich auf Ellenbogen und Knie aufstützt – und zwar auf den vier Ecken der Welt. Sicher ist jedoch, daß sich nicht nur unter der Erde Wasser befindet, sondern auch über dem Himmel. Himmel und Erde sind von Wasser umgeben.«

Daß der Himmel dem Bauch einer kauernden Frau entsprechen sollte, konnte sich die Königin von Saba eigentlich nicht vorstellen. Der Gedanke störte sie – und sie öffnete die Augen. Da war der Sterndeuter und Baumeister verschwunden.

Es war Tag geworden. Die Sonnenstrahlen fielen auf Makeda und Jeschua, die noch immer umschlungen auf dem Teppich lagen. Bilqis wunderte sich, warum sie in der Nacht so milde gewesen war, die beiden nicht für ihre Eigenmächtigkeit zu bestrafen – das Mädchen war schließlich ihr Eigentum. Hatte Jeschua Makedas Schoß aufgebrochen, mußte er unbedingt bestraft werden.

Bilqis stieß die beiden mit dem Fuß an. Sie waren sofort hellwach und sprangen auf. Es war ihnen bewußt, daß sie getan hatten, was ihnen nicht erlaubt war. Makeda wollte der zu erwartenden Strafe entgehen und sagte deshalb: »O Herrin, nichts ist geschehen, was dein Eigentum verändert hätte. Die Kette zwischen den Beinen war ein Hindernis.«

Die Antwort gefiel der Königin. Sie lachte und zog an der Kette. Um ihrer Herrin eine besondere Freude zu machen, schrie Makeda auf und stellte sich auf die Zehenspitzen. Bilqis ließ sie los. Auf ihre Absicht, Jeschua für den Versuch, in Makeda einzudringen, mit der Peitsche zu bestrafen, verzichtete sie.

Es war wieder die Stunde des frühen Bades. Bilqis sprang ins Wasserbecken. Dann befahl sie Jeschua und dem Mädchen zu ihr ins Wasser zu kommen. Als die beiden über die Stufen herunterstiegen, dachte die Königin abermals, daß die Körper der beiden durch den Goldschmuck reizvoller geworden waren. Bilqis verlangte, daß Makeda die Schwimmübungen fortsetzte. Es zeigte sich, daß sie viel gelernt hatte am gestrigen Nachmittag. Sie schwamm nahezu von selbst. Nur zur Vorsicht hielt Jeschua seine Hände unter ihren Bauch.

Während sie den beiden zusah, dachte Bilqis, daß sie vortrefflich zueinander paßten. Den Versuch des Jeschua, die junge Frau für sich zu erobern, verurteilte sie auf einmal weit weniger als zuvor.

Ein Auerhahn, der sich auf dem Fenstersims niederließ, unterbrach ihre Gedanken. Bilqis wollte soeben aus dem Wasser steigen, um zu sehen, was er bringe, da flog der Vogel zum Beckenrand. Das Seidenröllchen, das er im Schnabel getragen hatte, konnte Bilqis gerade noch ergreifen, ehe es ins Wasser fiel. Die Botschaft des Salomo bestand aus einem

Wort. Es hieß »Regenbogen«. Bilqis sprach das Wort ganz leise für sich. Sie war überzeugt, es flöße ihr Vertrauen und Stärke ein.

Am frühen Abend dieses Tages traf Aqiribi im Palast der Königin ein. Er war von den Frauen des Landes verwiesen worden. Sie hatten ihn vor die Wahl gestellt, sein Amt aufzugeben und als Sklave zu arbeiten oder Ma'in zu verlassen. Die führenden Köpfe unter den Frauen hatten den Beschluß gefaßt, jetzt selbst die Verantwortung im Staat auf allen Gebieten zu übernehmen – die Bewaffneten in Ma'in, die ohnehin längst Frauen waren, besaßen nun einen weiblichen Befehlshaber. Dem Sklavendasein hatte Aqiribi den Verlust der Heimat vorgezogen. Er bat darum, im Palast der Königin wohnen zu dürfen. Bilqis war einverstanden.

Bei der gemeinsamen Mahlzeit mit Bilqis erzählte Aqiribi, er habe während des Ritts durch das Bergland seltsame Wolken beobachtet, die vom Meer her landeinwärts gezogen seien. Derart schwarzes Gewölk habe er noch nie gesehen. Es sei flach über Berg und Tal gekrochen. Manchmal sei er mitten in den Wolken geritten. Aqiribi meinte, es werde in den nächsten Tagen in der Wüste Rub al-Khali und im Bergland so heftig regnen wie nie zuvor. Bilqis bemerkte dazu, viel Wasser sei nötig, da es doch geteilt werde zwischen Ma'in und Marib.

Zur Mitte der Nacht versuchte Bilqis erneut, Sumhualli Yanuf durch ihre Vorstellungskraft zu sich zu holen. Doch so sehr sie sich anstrengte, es gelang ihr nicht. Sie sah verwirrende Bilder: Rasende Wasser schossen zu Tal und trugen Sand und Geröll mit sich fort. Das Wasser umspülte Berge und brachte deren Wände zum Einsturz. Felsbrocken rollten, angetrieben von gewaltigen Wogen. Was dem Wasser im Wege war, wurde mitgerissen. Kein Flußbett zügelte seinen Lauf.

Leichen sah Bilqis in den Bildern ihrer Vorstellungskraft.

Einmal glaubte sie sogar, ihren Baumeister erkannt zu haben, doch zu rasch war dieses Bild verschwunden.

Bilqis sah, daß der Regen nicht als Tropfen aus den Wolken fiel, sondern wie der Guß eines gewaltigen Wasserfalls. Die Bilder zeigten ihr die Wolken, die über das Bergland krochen und wieder Wasser heranführten, obgleich die Flut bereits zur Sintflut angewachsen war.

Als die Königin die Augen öffnete und die bedrückenden Bilder verschwanden, da wußte sie, daß im Bergland die Flut verheerend wütete, daß sie bereits Menschen getötet und Berge eingerissen hatte. Aus den Bildern zog Bilqis die eine Erkenntnis: Die Gewalt des Wassers war so ungeheuerlich, daß Gefahr bestand für die Siedlungen im Tal, vielleicht sogar für ihre Stadt Marib.

Makeda lag neben ihrer Königin und wunderte sich, daß die Herrin sie nicht zu sinnlichen Spielen benutzte. Noch erstaunter war sie allerdings, als sie aufgefordert wurde, sofort Aqiribi und den Propheten in das Schlafgemach der Königin zu holen.

Der einstige Befehlshaber der Bewaffneten von Ma'in und der Prophet traten in das Gemach der Königin und wollten sogleich wieder umkehren, als sie sahen, daß die Königin von Saba kniete und die Stirn an den Boden drückte. Sie hörten die Herrin leise sprechen: »Sind verschwunden die Sterne. Kein einziger ist mehr zu sehen. Sie haben uns verlassen – auch die »Heldin des Himmels mit dem Gürtel«! Der Himmel ist leer. Wir sind verstoßen und verdammt!«

Da Bilqis weinte, wußte der Prophet, daß ihre Worte ernst gemeint waren. Harith ging zum Fenster und sah hinaus. Die Nacht war völlig dunkel. Da war tatsächlich kein Stern und kein Mond zu erkennen. Der Himmel schien eine leere Fläche zu sein. Die Königin hatte recht. Er, der Prophet, der sich in der Vergangenheit auskannte, wußte, daß sich derartiges niemals ereignet hatte in Marib.

Die Königin hatte sich inzwischen auf ihr Lager gesetzt.

Sie erzählte den beiden Männern von den Bildern, die ihr die Vorstellungskraft gezeigt hatte. Sie sprach auch über die vielen Toten, die sie gesehen hatte – und über den Baumeister.

Aqiribi und der Prophet waren erschüttert. Harith sagte: »Du hast Sumhualli Yanuf nicht zu dir holen können, o Königin, weil er schon tot war, mitgerissen und ertrunken in der Flut. Am schlimmsten aber ist, daß es noch weiterregnet im Bergland. Seit Menschengedenken hat es immer nur an einem Tag geregnet, das reichte aus für die Flut. Der Dauerregen macht in der Tat die Flut zur Sintflut.« Er stellte die Frage, ob Gott il-Umquh den Untergang der Stadt Marib beschlossen habe, und schlug vor, daß man sich am Vormittag wieder treffen solle. Bis dahin werde zu übersehen sein, was die Zukunft bringe.

Am Morgen galt Bilqis' erster Blick dem Himmel, der mit grauen Wolken bedeckt war. Wolken hatte Bilqis bisher nur in Jerusalem gesehen – im Lande der Sabäer waren sie völlig unbekannt. Die Bewohner der Hauptstadt wußten zwar, daß es zweimal im Jahr regnete, doch das geschah weit weg, im Bergland und in der Wüste Rub al-Khali. Woher die Flut kam, war allen gleichgültig gewesen. Es hatte auch Bilqis nicht gekümmert. An jedem Tag, den die Königin in Marib verbracht hatte, war morgens die Sonne aufgegangen. Heute aber sah Bilqis zum erstenmal die Sonne nicht. Da wurde ihr bewußt, daß auch Gott il-Umquh das Land Saba verlassen hatte. Nie war er fortgeblieben. Nie hatte er die Sabäer allein gelassen! Jetzt aber wollte er sie verderben. Il-Umquh ließ durch seine Abwesenheit wissen, daß er auch die Vereinigung mit ihr, seiner Gemahlin, verschmähte. Jetzt war sie ausgestoßen aus der Gemeinschaft mit il-Umquh.

Das Maultier brachte sie ganz von selbst hinaus zum Badehaus vor der Stadt. Es hielt beim Brunnenschacht an, nicht vor der Tür des Hauses. In Gedanken verloren blieb Bilqis auf dem Tier sitzen. Jetzt erst bemerkte sie Jeschua, der ihr gefolgt war, weil er die Herrin an diesem seltsamen Tag nicht allein lassen wollte. Er wies sie darauf hin, daß der Garten verändert zu sein schien. Die Pflanzen machten den Eindruck, als seien sie traurig. Träge war die Luft, mit Sandkörnern vermischt, die zwischen den Zähnen knirschten. Jeschua sagte, daß die Luft in der Höhle angenehmer sein müßte.

Er wußte, daß seine Herrin sich immer gern in der »Höhle des Paradieses« aufgehalten hatte, und darum schlug er vor, sie möge das Bad der frühen Stunde dort nehmen. »Viel Helligkeit, o Herrin, bringen die Spiegel heute nicht bis zur Quelle, weil die Sonnenstrahlen fehlen. Du mußt mit Halbdunkel zufrieden sein. Das wird dir nicht unangenehm sein, wenn ich dich begleite.« Dann fragte Jeschua kühn seine Königin: »Wer von uns beiden zieht die Schlingpflanzen an?«

Sie antwortete: »Du!« Lächelnd fügte sie hinzu: »Aber laß mir trotzdem Gelegenheit, dein goldenes Ringlein zu sehen!«

Sie erfreuten sich am klaren Wasser, überließen sich seiner Kraft und setzten sich schließlich auf den Vorsprung der Wand. Das Getöse hatte soeben aufgehört, und der Wasserspiegel lag völlig ruhig. Jeschua sprang hinein, um seiner Herrin die Bewegung der Schlingpflanzen vorzuführen. Er schwamm gerade in der Mitte der Quelle, als ihn ein Wasserschwall emporriß und zur Decke schleuderte. Er stieß hart mit dem Kopf gegen den Stein, dann fiel der gewaltige Strahl wieder in sich zusammen. Der Wasserspiegel beruhigte sich – doch auf ihm schwamm reglos Jeschua.

Bilqis sprang ins Wasser und zog den Bewußtlosen zum Mauervorsprung. Ihre Kraft reichte nicht aus, ihn hinaufzuheben. Jeschua blutete an der Stirn. Sie überlegte, wie sie den Mann aus der Höhle bringen konnte, da stieg donnernd zum zweitenmal der gewaltige Strahl auf – und diesmal ließ er nicht sofort wieder nach. Bilqis war nahe daran, in Verzweiflung zu geraten. Ihre Hoffnung auf Rettung wuchs jedoch, als sie merkte, daß Jeschua atmete. Sie stellte ihn auf die Füße und hielt ihn fest. Es dauerte nicht lange, und sein Bewußtsein kehrte zurück. Jeschua sammelte seine Kräfte und stieg dann auf den Mauervorsprung.

Jeschua erkannte die Gefahr: Der gewaltige Strahl brachte mehr Wasser in die Höhle, als abfließen konnte. Der Wasserspiegel stieg an. Jeschua sah, daß er mit Bilqis die Höhle bald verlassen mußte. Zum Ausgang zu gelangen war allerdings unmöglich. Sie hätten durch den Strahl schwimmen müssen, der sie beide zur Decke geschleudert hätte. Ihm fiel ein, daß er beim ersten Besuch durch einen Kanal zum großen Brunnen in der Stadt gelangt war. Dieser Kanal war jetzt der einzige Ausweg.

Im Halbdunkel bemerkte Jeschua, daß sich das Wasser verändert hatte: Es wirbelte Steine hoch und schleuderte Sand empor. Jeschua glaubte auch Teile von Leichen zu erkennen. Bilqis schrie plötzlich: »Da fliegt ein Kopf!« Gestank erfüllte die Luft. Jeschua begriff, daß durch den Mund der Quelle die Flut in die Höhle einbrach. Sie erlebten das erste Anzeichen der Sintflut, die Marib bedrohte. Bilqis aber weinte hemmungslos.

Jeschua stieß sie vom Mauervorsprung hinunter ins Wasser und schob sie auf die Öffnung des Kanals zu. Der Sog zog sie in die Röhre. Sie hatten keine Schwierigkeiten, sich in ihr fortzubewegen. Das Wasser drückte sie mit Macht vorwärts. Zum Glück war die Röhre geräumig genug, so daß ihnen Luft zum Atmen blieb. Rasend schnell kamen sie voran. Sie hielten den Mund geschlossen aus Abscheu vor der stinkenden Brühe. Endlich sahen sie Licht vor sich und wußten, daß sie den Brunnen erreicht hatten.

Es war wieder die Zeit, da die Frauen Wasser holten. Ein Mädchen rief: »Eine nackte Frau und ein Brunnengeist stehen da drin!«

Es dauerte, bis den beiden ein Seil zugeworfen wurde und bis sie, von Händen gepackt, vollends nach oben gezogen wurden. Eine mitleidige Frau warf Bilqis ein Tuch zu. Erkannt wurde sie nicht. Vor dem Brunnengeist, den schwarze Schlingpflanzen umwucherten, schreckten die Leute zurück. Verwundert blickten die Frauen den seltsamen Erscheinungen nach, die, geschützt durch die Dämmerung, in den Gassen verschwanden. So erreichten sie den Palast.

Die Herrscherin verlangte, daß sofort ihr Prophet, ihr Berater und Aqiribi zu ihr kommen sollten. Jeschua hatte mit ihr den Palast betreten und war eben dabei, sich das Schlingpflanzengewebe vom Leibe zu ziehen. Die Königin hatte noch immer das ärmliche Tuch um den Leib geschlungen, als die drei Männer gemeinsam in die Halle des Palasts eintraten.

Die Königin ließ keinen zu Wort kommen. Sie sprach zunächst nur auf Aqiribi ein: »Deine Prophezeiung ist eingetroffen, die du ausgesprochen hast, als du noch unser Feind warst. Das Wasser des Paradieses ist tatsächlich zum Wasser der Hölle geworden. Wer daraus trinkt, wird sterben.« Und sie schilderte, was sie in der Höhle des Paradieswassers und im Brunnen erlebt hatte. Dann sagte sie: »Es ist jetzt nicht wichtig herauszufinden, wie das vergiftete und stinkende Flutwasser in die Quelle der Höhle gelangen konnte – wahrscheinlich gibt es eben doch einen unterirdischen Kanal, der irgendwo in den Ausläufern des Berglandes seinen Anfang hat. Von Bedeutung ist allein, die Menschen von Marib mit Wasser zu versorgen, das ihren Durst stillt und ihnen nicht schadet. Das Wasser im großen Becken des Badehauses vor der Stadt kann dazu verwendet werden. Ich erwarte weitere Vorschläge!«

Der Prophet antwortete: »Was geschehen ist, o Herrin, weiß ich. Die Ägypter, die im Bergland arbeiteten, sind von der Flut überrascht worden. Es waren immerhin noch viel mehr als tausend. Für sie gab es kein Entkommen. Sie wurden von den Wassermassen mitgerissen, gegen Felsen geschleudert und zerfetzt. Gewalttätig war die Flut. Die erste Woge der Flut wurde von einem Kanal aufgefangen …«

Unwillig blickte die Königin von Saba auf ihren Propheten, der sofort schwieg. Noch einmal wiederholte die Herrin: »Ich erwarte Vorschläge!«

Darauf schwiegen alle, bis Jeschua – der noch immer mit dem Abstreifen der Schlingpflanzen beschäftigt war – sagte: »Es regnet!«

Alle, die in der Halle waren, schauten verdutzt auf Jeschua und dann zum Fenster. Keiner glaubte, was der junge Mann gesagt hatte – doch es war die Wahrheit.

Seit Menschengedenken hatte nie irgendwer erlebt, daß es in Marib regnete. Die Bewohner wußten gar nicht, was Regen überhaupt war.

Yafa Yafis überwand als erster die Lähmung, die durch die Überraschung ausgelöst worden war. Er sagte: »Das ist die Rettung! Die Bewohner stellen alle Gefäße, die Wasser fassen können, ins Freie. Das Regenwasser ist sauber und trinkbar. Hoffentlich regnet es recht lange! Den großen Brunnen aber schütten wir mit Sand zu.«

Bilqis und Jeschua stellten sich nackt auf dem Dach des Palastes in den Regen. Sie wollten sich den letzten Rest des verdorbenen Wassers vom Leibe spülen lassen und empfanden Freude daran, von den heftigen Wassergüssen getroffen zu werden. Obgleich das Wasser mit Getöse auf den Boden des Daches aufprallte, hörten sie die Ausrufer, die durch die Straßen rannten mit dem Ruf: »Schüttet das Brunnenwasser weg! Stellt Ledereimer und Krüge vor die Tür! Trinkt das Brunnenwasser nicht! Fangt Regenwasser ein, soviel ihr nur könnt!« Erst nach langer Zeit bemerkten Bilqis und Jeschua, daß Makeda hinter ihnen im Regen stand. Sie hatte sich, aus Freude über die Rettung aus der Not, ihr gesamtes goldenes Geschmeide angelegt.

Da trat auch Yafa Yafis, allerdings im Hemd, hinaus aufs Dach. Er stellte sich mit dem Rücken zu Bilqis, Makeda und Jeschua, als er sprach: »Verzeih, o Herrin, und verstehe, daß ich nicht aufdringlich sein will. Wisse, dein Prophet hat weiter berichtet, was er vom Geschehen im Bergland durch seine Gabe des Erkennens vergangener Vorgänge erfahren hat: Die

Teilung des Wassers ist nicht gelungen. Der Anteil der Flut, der für Ma'in bestimmt war, konnte nicht abgezweigt werden. Die gesamte Flut bricht mit Gewalt herunter auf Saba. Die Frage ist nun, ob sie sich in Richtung unseres Staudammes lenken läßt oder ob sie mit voller Wucht die Stadt Marib und damit uns trifft. Wir lassen zur Vorsicht einen Sandwall aufschaufeln rings um die Stadt. Wir können nur hoffen, daß er uns schützt.«

Es war wieder Jeschua, der Bemerkenswertes entdeckte. Er schrie: »Da bildet sich ein Regenbogen!« Und erneut hatte er recht. Vom Bergland her senkte sich, nur angedeutet in zarten Tönen, eine farbige Brücke auf den Boden herab. Vom Dach des Palastes aus war zu erkennen, daß sein Endpunkt das Badehaus der Königin draußen vor der Stadt war.

Die Königin wunderte sich und sprach: »Ich hatte mir sagen lassen, ein Regenbogen bilde sich dann, wenn es aufgehört hat zu regnen. Doch zum Glück fällt immer noch Wasser aus dem Himmel! Es kann jetzt eigentlich keinen Regenbogen geben!«

Yafa Yafis aber sprach: »Erinnere dich, o Herrin, an die Warnung, die König Salomo dir hat zukommen lassen: »Tod oder Regenbogen« – und dann schickte er dir nur noch das eine Wort »Regenbogen«. Vielleicht war es eine Aufforderung, über die Brücke des Regenbogens zu ihm zu kommen, um auf diese Weise dem Tode zu entgehen. Vielleicht geschieht ein Wunder, und diese zarte Brücke trägt dich über die Sintflut hinweg.«

Deutlicher waren die Farben geworden, als wollten sie Bilqis reizen, ihren Zauber zur Flucht aus Marib zu nutzen. Daß sie nackt auf dem Dach ihres Palastes stand, von Männern umgeben, störte die Königin von Saba zu dieser Stunde nicht. Von ihrem Körper prallten die Regengüsse ab. Diejenigen, die bei ihr waren, hörten sie sagen: »Tod oder Regenbogen? Dann eben den Tod!« Bilqis hatte damit ausgedrückt, daß sie in Marib bleiben wolle, um der Gefahr zu trotzen.

In diesem Augenblick wurden die Farben des Regenbogens grell, um gleich darauf zu verblassen. Zuletzt war noch die Andeutung einer weißen Brücke zu sehen, die sich vom Badehaus draußen vor der Stadt weit über das Bergland spannte. Sogar während der ersten Stunden der Nacht war ein schwach leuchtender Bogen zu erkennen. Die Untertanen der Königin sahen darin ein gutes Zeichen.

Zwei Tage hielt der Regen an. Die Bewohner von Marib konnten Wasser ansammeln, das ihnen für zwei Wochen reichen würde. Sie fühlten sich bald sicher hinter ihrem Sandwall, denn nur geringe Ausläufer der Flut schoben sich bis in die Nähe der Stadt vor. Die Menschen glaubten, Gott il-Umquh habe sich noch einmal als gnädig erwiesen. Seit Tagen war er wieder von morgens bis abends am Himmel zu sehen.

Was Bilqis nicht zu glauben gewagt hatte, trat ein: Die Gewohnheiten aus der Zeit vor der gewaltigen Flut bestimmten wieder die Tage und Nächte. Bilqis verbrachte die Morgenstunden im Badehaus. Die Quelle in der Höhle mied sie. An den Vormittagen ließ sie sich berichten, daß die Gefahr der Überflutung immer geringer werde. Die Wassermassen wurden zuerst aufgefangen durch die Mauer des alten Damms – die jedoch bald darauf unter der Gewalt des Aufpralls zerbrach –, um dann durch das Bauwerk des Sumhualli Yanuf völlig zum Stillstand gebracht zu werden.

Nun konnte der Prophet daran denken, den Zeitpunkt der Vereinigung seiner Königin mit Gott il-Umquh festzusetzen. Er bat Bilqis, sich den aufgestauten See anzuschauen.

Eigenartig war der Königin von Saba zumute, als sie die riesige Wasserfläche sah. In seiner Mitte waren, ungeordnet, die Quader des zertrümmerten alten Damms zu erblicken. In beachtlicher Entfernung davon ragte die Mauerkrone des neuen Damms über die Wasseroberfläche.

Der Prophet sprach zu seiner Herrin: »Von deinem ewigen

Ruhm, o Königin, zeugt dieser See. Nie hat es ein ähnlich eindrucksvolles Werk menschlicher Baukunst gegeben – ein Bauwerk, das Gott und den Menschen zugleich nützen wird.« So erinnerte sie der Prophet daran, daß sie, zur Vereinigung mit il-Umquh, die Wasserfläche zu durchschwimmen habe.

Harith spürte, daß Bilqis Angst vor dieser Aufgabe hatte. Er versuchte, ihr die Sorge des Augenblicks zu nehmen mit der Bemerkung, die Flut sei diesmal mit besonderen Umständen verbunden gewesen – somit sei auch der Tag der Vereinigung nicht wie gewohnt festzusetzen. Der Königin könne daher noch eine Frist gewährt werden. Der Prophet versprach, darüber nachzudenken, wie der Herrscherin die schwierige und kräftezehrende Aufgabe zu erleichtern sei.

So prachtvoll wie an diesem Tag war Bilqis der Sonnenspiegel auf dem Wasser nie erschienen. Von erhabenem Glanz war das Zeichen der Macht des Sonnengottes. Sein Sieg stand eindeutig fest. Beim Anblick des Abglanzes ihres Gottes dachte Bilqis darüber nach, welchen Wert die Warnungen Salomos hatten: Im Rückblick erwiesen sie sich als Unsinn. Warum hatte der König von Jerusalem ihr die Worte »Tod oder Regenbogen« mitteilen lassen? Hatte Salomo die Einsicht in den Ablauf von Vergangenheit und Zukunft völlig verloren? Sie nahm sich vor, sofort nach dem Fest der Vereinigung nach Jerusalem zu reisen, um selbst zu sehen, ob der König noch im Besitz seiner Kräfte war. Vielleicht brauchte eher Salomo ihre Hilfe als sie die seine. Bilqis hatte auch ihre Absicht nicht vergessen, den Weihrauchhandel auf Salomos Hauptstadt auszudehnen. Was sie sich in den Kopf gesetzt hatte, wollte sie durchsetzen.

Als die Königin vom Besuch des Stausees zurückgekehrt war, berichtete ihr Yafa Yafis, Aqiribi habe, ohne etwas davon zu sagen, Marib verlassen – er sei wohl nach Ma'in zurückgekehrt. Dieses Verhalten fand Bilqis seltsam. Der einstige Befehlshaber der Bewaffneten von Ma'in hatte in ihrem Land Gastfreundschaft genossen. Für seine Rückkehr in die Stadt, die mit Marib verfeindet ist, hatte sie eine Erklärung erwarten dürfen.

Es blieb ihr wenig Zeit, über die Flucht des Aqiribi nachzudenken, denn am Nachmittag jenes Tages begann Jeschua, seine Herrin auf den Tag der Vereinigung mit il-Umquh vorzubereiten. Auf Maultieren ritten sie hinaus zum neuen See und berieten am Ufer, was zu tun sei. Jeschua meinte, es habe wohl wenig Sinn zu behaupten, die Vermählung sei vollzogen, wenn die Wasserfläche nur bis zum zerborstenen alten Damm durchschwommen werde. Der neue Damm sei gebaut worden, um zu zeigen, daß eine neue Zeit angebrochen sei. Der neuen Zeit aber könne das Reich nur durch größere Anstrengungen gerecht werden. Die Königin von Saba habe sich dieser Herausforderung als Vorbild aller zu stellen. Auf das, was von ihr verlangt werde, müsse die Herrscherin vorbereitet werden, und damit müsse sofort begonnen werden. Er nahm seiner Königin das Versprechen ab, sich allen seinen Anweisungen zu fügen. Die Herrscherin über das Reich Saba fand es keineswegs eigenartig, daß sie sich dem Diener unterwarf. Sie befand sich in einer Notlage, die mit Beharren auf bisherigen Verhältnissen nicht zu meistern war.

So geschah es, daß an einem völlig abgelegenen Teil des gewaltigen Ufers die nackte Bilqis die Knie beugte und streckte. Die Anweisungen dazu gab Jeschua, der ein Lendentuch umgebunden hatte. Die Sonne neigte sich bereits der Erde zu. Die Hitze des Tages war gewichen, und trotzdem lief der Frau in großen Tropfen der Schweiß über den Leib. Sobald sie aufhören wollte, befahl ihr Jeschua weiterzumachen – bis Bilqis zuletzt wirklich keine Kraft mehr in den Beinen besaß und zu Boden sank.

Damit war die Vorbereitung auf das große Ereignis für diesen Nachmittag keineswegs abgeschlossen. Jeschua hatte die Haut der Blase eines Kamels mitgebracht, die als Öffnung einen schmalen Schlauch aufwies. Durch diesen Schlauch füllte er die Blase mit Wasser, dann band er ihn durch einen

Knoten ab, damit das Wasser nicht mehr entweichen konnte. Der Königin, die sich inzwischen hatte erholen können, warf Jeschua die Blase zu.

Nun verlangte er, die Herrin habe die schwere Blase hoch in die Luft zu schleudern und wieder aufzufangen. Bilqis gehorchte, doch sie spürte, daß ihre Kräfte rasch schwanden. Ihre Arme erlahmten, und sie ließ die Blase fallen. Ohne Gnade forderte Jeschua sie auf, ihre Kräfte erneut anzuspannen. Sie gehorchte, und wieder flog die Blase in die Luft und wurde aufgefangen. Dann verlangte Jeschua von Bilqis, noch zwölfmal die Knie zu beugen und wieder zu strecken. Beim sechstenmal gab sie auf. Jeschua drohte, er werde am morgigen Nachmittag eine Weidengerte mitbringen, um die Königin zu schlagen, wenn sie wieder vorzeitig aufgebe. Sie habe schließlich versprochen, sich allen seinen Anweisungen zu fügen. Bilqis schwieg – und zeigte damit ihre Unterwerfung an.

Als die Sonne für diesen Tag nahe ihrem irdischen Ziel war, stiegen die Königin und Jeschua – der nun ebenfalls nackt war – zum erstenmal in das Wasser des neuen Sees. Er hatte ihr gesagt, sie würden von nun an jeden Tag ein Stück weiter schwimmen. Er sei überzeugt, sie werde schließlich genügend Kraft haben, um ihrem Volk zu zeigen, daß sie Übermenschliches zu leisten vermöge.

Bei der Heimkehr in den Palast zog der Prophet Jeschua zur Seite und fragte ihn: »Wie lange wirst du, o Meister über den Leib unserer Königin, brauchen, um sie bereitzumachen für die feierliche Vereinigung mit il-Umquh?«

Jeschua antwortete: »Dreimal sieben Tage.« Der Prophet bemerkte in zufriedenem Ton, dann werde das Fest auf den Tag genau in drei Wochen stattfinden.

Jeschua nahm seine Aufgabe derart ernst, daß die Königin von Saba schon am übernächsten Morgen zur Stunde des frühen Bades im Metallspiegel des Badehauses Striemen auf ihrem Hintern besah. Sie hatte am späten Nachmittag des Vortages zum erstenmal in ihrem Leben die Erfahrung gemacht, geschlagen zu werden. Jeschua hatte immer dann, wenn sie aufhören wollte, die Knie zu beugen und die Blase zu werfen, von ihr verlangt, sich zu bücken. Sie hatte so lange die Weidengerte zu spüren bekommen, bis sie versprochen hatte, sich wieder anzustrengen.

Makeda, die auch die Striemen betrachtete, begann im stillen den Mann zu bewundern, der es ungestraft hatte wagen können, der Königin von Saba Hiebe zu versetzen.

Am Abend dieses Tages, als Bilqis und Jeschua sich noch am See befanden und mit der Vorbereitung der Herrscherin auf das Fest beschäftigt waren, traf überraschend Aqiribi wieder in Marib ein. Er selbst war als Mann gekleidet, doch seine Begleitung bestand aus sieben Frauen. Sie fielen den Bewohnern der Stadt gleich bei der Ankunft durch ihre überaus kurzen Hemden auf.

Der Prophet erschrak, als er Aqiribi und die sieben Frauen sah. Er meinte, deren entschlossener Gesichtsausdruck bedeute nichts Gutes für Marib. Sie seien sicher von den Mächtigen des Landes Ma'in geschickt worden, um dem Reiche Saba Krieg bis zur Vernichtung anzukündigen, als Rache dafür, daß Ma'in keinen Anteil am Flutwasser erhalten habe. Die Abgesandten sprachen kein Wort – bis zur Ankunft der Königin in der Halle des Palastes.

Bilqis war verblüfft, als sich die sieben Frauen vor ihr auf den Boden warfen – und Aqiribi auch. Da die Abgesandten auch weiterhin schwiegen, ergriff die Königin das Wort. Sie bat die Frauen und Aqiribi, sich zu erheben, doch sie blieben auf dem Boden ausgestreckt liegen. Bilqis fand das Verhalten sonderbar und schließlich sogar unerträglich. Sie befahl Aqiribi, zumindest er möge sich erheben. Er befolgte den Befehl.

Von Aqiribi erfuhr Bilqis nun, daß die Abgesandten gekommen seien, um sich bei der Königin und dem ganzen Lande Saba zu bedanken. Die Sabäer hätten heldenmütig die Masse des Wassers in ihr Land fließen lassen und damit eine schlimme Gefahr von Ma'in abgewendet. Wäre das Wasser wie vorgesehen geteilt worden, hätte der einfache Staudamm bei Ma'in der Wassermasse niemals standhalten können. Für eine derartige Sintflut war er nicht gerüstet, der Bruch des Dammes aber hätte den Untergang der Stadt Ma'in bedeutet. Die Abgesandten seien gekommen, ihre Dankbarkeit zu beweisen.

Energisch verlangte die Herrscherin nun, daß sich die sieben Frauen erhoben. Zögernd folgten sie der Aufforderung. Aqiribi sagte zu Bilqis, die Abgesandten hätten ein Geschenk mitgebracht, das sie jedoch der Königin persönlich überreichen wollten. Den günstigen Zeitpunkt dafür werde er mit Jeschua abstimmen.

Es ergab sich, daß die sieben Frauen mit Bilqis und Jeschua am nächsten Nachmittag nackt am Ufer des Stausees standen. Die Frauen aus Ma'in lachten, als sie das Ringlein des Jeschua erblickten. Sie erinnerten sich gut an den Tag, als es ihm eingesetzt worden war, und sie zeigten der Königin, daß auch sie derartige Ringlein trugen, an den Lippen des Schoßes. Das Geschenk aber, das sie zu überreichen hatten, bestand aus zwei Kamelblasen, die aneinander gebunden waren. Erstaunt blickte Bilqis auf diese seltsame Gabe, deren Anblick ihr mißfiel. Sie dachte bei sich, daß sie täglich ihre Kräfte mit der wassergefüllten Blase zu stärken versuchte, und hielt das Geschenk für unsinnig. Da nahm eine der Frauen die schlauchartigen Öffnungen zum Mund und blies die Blasen auf, bis sie beide prall mit Luft gefüllt waren. Dann band sie die Blasen der Königin auf den Bauch und bat sie, ins Wasser zu steigen.

Sobald die Königin im Wasser lag, spürte sie, daß sie getragen wurde. Sie konnte mühelos schwimmen und brauchte nicht ihre Kraft darauf zu verwenden, sich über Wasser zu halten. Mit wenigen Bewegungen kam sie leicht voran.

Als Bilqis wieder an Land war, bedankte sie sich herzlich bei den sieben Frauen für ein Geschenk, das äußerlich wertlos erschien und doch für sie persönlich von entscheidendem

Wert war. Damit werde es ihr gelingen, die gewaltige Wasseroberfläche zu durchschwimmen, ohne in Gefahr zu geraten, daß ihre Kräfte versagten.

Eine der sieben Frauen meinte, Aqiribi habe sie auf den Gedanken gebracht, der Königin von Saba zwei Kamelblasen zu schenken. Er habe ihnen erzählt, daß die Herrin über das reiche Land Saba sich zweimal im Jahr ihrem Gott hinzugeben habe und daß dies durch den Bau des neuen Dammes für sie gefährlich geworden sei. Sie alle seien froh, daß es ihnen gelungen sei, der Königin in schwieriger Lage zu helfen.

Die sieben Frauen, Bilqis und Jeschua sprangen nun ins Wasser und schwammen, bis es zu dämmern begann, über dem großen See. Bilqis bekam Gelegenheit, die Ringlein zu besehen, und sie fand es hübsch, daß sich die Frauen auf diese Weise schmückten. Sie erfuhr, daß die Zeit der Sklaverei für die Männer von Ma'in vorüber sei seit dem Tag, da die Sintflut das Land verschont hatte. Als Geste der Versöhnung mit den Männern hätten sie, die Frauen von Ma'in, an jenem Tag beschlossen, sich selbst Ringlein anzulegen – sogar gleich zwei, an jeder Lippe eines.

Der Königin rieten sie, sich auch dort schmücken zu lassen, denn ihr Gott werde dann bestimmt seine Aufmerksamkeit allein dieser betörend geschmückten Körperstelle zuwenden und seine Sinne nicht von ihr lassen. Und er werde dabei völlig übersehen, daß sie zwei häßliche Kamelblasen am Leib trage. Bilqis fand diesen Gedanken einleuchtend. Sie erfuhr, daß zwei der sieben Frauen die Kunstfertigkeit besäßen, die Ringlein nahezu schmerzlos einzusetzen. Wenn es der Wunsch der erhabenen Königin sei, könne sie sich bereits beim Vermählungsfest mit goldgeschmücktem Schoß ihrem Gott hingeben.

Bilqis überlegte sich eben, ob es nicht hübscher wäre, wenn sie dabei einen Goldschmuck wie jenen Makedas trage, und sie nahm sich vor, das Kettengeschmeide am Abend den Frauen aus Ma'in vorzuführen.

Ihre Gedanken wurden von einer der Frauen unterbrochen, die fragte: »O mächtige Herrin über das Reich Saba und Gemahlin eines Gottes, wie kann es geschehen, daß du Striemen von Hieben auf deinem Körper trägst, wie es bei den Männern von Ma'in der Fall war, als sie noch die Sklaven der Frauen waren?

Bilqis antwortete: »Nicht als Sklavin werde ich geschlagen, sondern weil ich mit den Hieben einverstanden bin und ihren Zweck verstehe. Jeschua treibt mich an, wenn mein Körper bei der Vorbereitung zur kräftezehrenden Vereinigung mit il-Umquh zu erlahmen droht. Ich werde dann geschlagen, wie man ein Maultier schlägt, damit es weitergeht. Nie würde ich mich schlagen lassen, um zu zeigen, daß ich unterworfen bin.«

Da waren die Frauen aus Ma'in zufrieden. Sie versprachen der Königin, daß sie ein weiteres Geschenk für sie hätten – was es sei, werde sie jedoch erst am Morgen des Festes erfahren.

Bilqis bat die sieben Frauen, in die Stadt zurückzukehren, da sie mit Jeschua die Vorbereitungen fortsetzen müsse. Am späteren Abend aber werde sie glücklich sein, ihre Gäste wieder im Palast begrüßen zu dürfen. Deren Achtung vor der Herrin über das Reich Saba stieg noch, als sie beim Wegreiten bemerkten, daß sich die nackte Bilqis bückte, um eine Weidengerte aufzuheben, die sie dann Jeschua überreichte. Sie hörten allerdings nicht, wie sie sagte: »Heute wirst du mich zum letztenmal durch Hiebe antreiben. Es ziemt sich nicht, daß ich Striemen trage, wenn mein Gemahl und Gott mich umfaßt!« Außerdem sei es nicht mehr nötig, ihre Beine und Arme gar zu sehr zu kräftigen, da sie nun die Kamelblasen habe, die sie über das Wasser tragen würden. Für dieses Geschenk sei sie wirklich dankbar.

Als es dunkel war in Marib, ließ die Königin in ihrem Gemach Fackeln und Öllampen entzünden. Der Raum war hell erleuchtet, als ob sie ein Fest feiern wollte. Dann bat sie die sieben Frauen aus Ma'in zu sich. Sie setzten sich auf Polster, die einer Wand entlang angeordnet waren. Bilqis schwieg, ebenso wie die Frauen, die in gespannter Erwartung vor ihr saßen. Da klatschte die Königin in die Hände, und gleich darauf trat Makeda langsam und würdevoll durch die Vorhänge ins Gemach.

Sie trug einen schlichten weißen Umhang, der bis zu den Füßen reichte. Sobald sie in der Mitte des Raumes angelangt war, blieb Makeda stehen und wandte sich mit dem Gesicht zu den sieben Frauen. Nun klatschte Bilqis noch einmal in die Hände – und sofort ließ Makeda ihren Umhang fallen. Ein Laut des Staunens war zu hören. Mit offenem Mund blickten die Gäste der Königin auf das Goldgeschmeide, das im Licht auf der leicht dunklen Haut der jungen Frau funkelte. Sie sahen die Ketten, Ringe und goldenen Gewebe, die Brüste und Schoß verbargen und dennoch reizvoll hervorhoben.

Bilqis klatschte in die Hände, und Makeda drehte sich um und zeigte ihren Rücken, der ungeschmückt war, und den Hintern, durch dessen Spalte, straff gespannt, eine Kette gezogen war. Da konnte die Herrin ihrem Drang nicht widerstehen. Sie trat auf Makeda zu, griff an deren Bauch nach der Kette und spannte sie noch stärker an. Die sieben Frauen erkannten am Zucken der Hinterbacken, daß die Sklavin Schmerz empfand – und daß der Königin von Saba dies gefiel.

Die Frauen aus Ma'in gaben zu, daß der Schmuck, den die Herrin durch Makeda vorführen ließ, die Verzierung ihrer Körper an Schönheit weit übertraf. Sie waren voll Verständnis, als Bilqis ihnen sagte, sie werde sich keine Ringlein einsetzen lassen, auch wenn die Kunstfertigkeit ihrer Gäste dafür bürge, daß dies nahezu schmerzfrei geschehen könne.

Zwei Nächte vor dem Fest machte sich Bilqis bereit, ihre Kräfte zu erproben. Sie hatte sich in den Kopf gesetzt, es müsse ihr gelingen, die riesige Wasserfläche ohne die Kamelblasen zu durchschwimmen. Sie sagte zu Jeschua, wenn sie die Kamelblasen am Leib trage, werde sie bestimmt unter dem Gefühl leiden, sie schmälere das Vergnügen ihres Gemahles und Gottes. Deshalb wollte sie ohne luftgefüllte Blasen ins Wasser steigen – und sie tat es auch in jener Nacht, als sie ihre Kräfte erprobte.

Diesmal schwamm Jeschua neben ihr, um ihr Sicherheit zu geben. Beide waren während der vergangenen Tage Stück für Stück weiter in den See hineingeschwommen. Zuletzt waren Hinweg und Rückweg zusammen so weit gewesen wie die gesamte Strecke, doch Jeschua hatte seiner Herrin deutlich gemacht, daß es ein Unterschied sei, ob man wieder zum Ausgangspunkt zurückschwimmen dürfe oder immer weiter nach vorn schwimmen müsse.

Bilqis war glücklich darüber, daß sich der Mond nicht am Himmel sehen ließ. Doch vor ihren Augen stand das prachtvolle Sternbild der »Heldin des Himmels mit dem Gürtel«. Genau darauf schwamm sie zu, und wieder hatte sie das Gefühl der Geborgenheit. Das Sternbild zog sie an, und so fiel ihr das Schwimmen leicht. Ihre Gedanken führten sie zurück zu den Stunden, die sie mit Sumhualli Yanuf verbracht hatte. Sie bedauerte, daß er wohl tot war, ertrunken in der Sintflut. Gerne hätte sie mehr von ihm über die »Heldin« erfahren. Bilqis tröstete sich, indem sie an die Zukunft dachte: Sie würde bald nach Jerusalem reiten und dort – hoffentlich – Gelegenheit haben, mit den Sterndeutern des Salomo zu reden. Sie traute dem König zu, daß er gelehrte Männer an der Hand hatte, die ihr mehr über das Sternbild sagen könnten.

Ohne zu ermüden, erreichte Bilqis die Trümmer der Mauer des alten Dammes – es war ihr, als ob die »Heldin des Himmels mit dem Gürtel« sie durch das Wasser gezogen hätte. Bilqis und Jeschua setzten sich auf die zerstreut liegenden Quader, die teils wenig unter, teils knapp über der Wasseroberfläche lagen. Jeschua meinte, die Königin habe vom Ufer bis hierher ein Drittel des Weges zurückgelegt, der insgesamt zu durchschwimmen war, und er habe das Gefühl, sie werde auch die restlichen zwei Drittel bewältigen. Dennoch werde er am Tag des Festes auf jeden Fall hinter den noch aufragenden Quadern versteckt warten, um ihr – wenn sie ermüdet sein sollte – luftgefüllte Kamelblasen umzubinden, wobei er daran denke, drei Blasen vorzubereiten.

Bilqis wurde erstaunlich rasch müde, als sie zurückschwamm. Diesmal war ihr, als ziehe sie das Sternbild zurück, als wehre es sich dagegen, daß sie von ihm wegschwimme. Die Königin wollte den Gedanken verdrängen, zwischen ihr und der »Heldin des Himmels mit dem Gürtel« bestehe eine Beziehung – sie gehörte il-Umquh und nicht diesem Sternbild.

Am Morgen darauf bat der Prophet, in das Gemach der Herrscherin über Saba eingelassen zu werden. Sie hatte während der vergangenen Wochen die grenzenlose Achtung seiner Fähigkeiten verloren, die früher für sie selbstverständlich gewesen war. Bilqis saß auf dem Polster, als sie Harith empfing. Er blieb stehen und sprach, wie er als Prophet zu reden pflegte:

»Morgen, o Königin, ist der Tag der Vereinigung mit il-Umquh, unserem Herrn. Er verlangt, daß du am ganzen Leibe enthaart bist. Ich selbst habe versprochen, dein Haupthaar ihm zu opfern. Dieses Versprechen will ich halten, und ich werde es halten.«

Da fiel ihm die Königin ins Wort: »O Prophet, der du weißt, was in der Vergangenheit geschah, und der du versagst, wenn die Zukunft erkundet werden soll. Ich sage dir, was geschehen wird: Mein Haar bleibt auf dem Kopf, und für den Schoß sorge ich, nicht wegen dir, sondern weil es mir gefällt, wenn ich gerade dort ohne Haare bin.« Dann forderte sie ihn mit einer Handbewegung auf, das Gemach zu verlassen. Verdutzt befolgte der Prophet die Weisung seiner Herrin.

Gleich darauf trat Makeda ein, die ihr eine Nachricht von Jeschua zu überbringen hatte. Er ließ der Herrin mitteilen, die Höhle des Paradieses sei vom Schmutz der Sintflut befreit. Ihr Wasser könne wieder getrunken werden, es sei klar und sauber. Da freute sich Bilqis und befahl, die Bewaffneten, die den Brunnen in der Stadt bewacht hatten, abzuziehen, damit die Bevölkerung den Schacht vom Sand befreien und wieder Wasser schöpfen könne.

Auf einmal kam ihr der Gedanke, Jeschua habe ihr deshalb diese Mitteilung zukommen lassen, um ihr zu sagen, daß die Höhle des Paradieses, in der sie so Schreckliches erlebt hatte, sie selbst wieder in Reinheit erwarte – und sie ordnete an, sofort zwei Maultiere ans Tor des Palastes zu bringen. Zusammen mit Makeda wollte sie das frühe Bad des Tages dort nehmen, und beide hofften, Jeschua bei der Höhle zu finden. Bilqis fragte ihre Dienerin, ob sie wisse, wo sich das Schlingpflanzengewebe befinde, das zuletzt Jeschua getragen habe. Makeda kannte den Platz, wo Jeschua es aufbewahrte. Sie holte es und nahm es mit zur Höhle des Paradieses.

Dort befand sich tatsächlich bereits Jeschua im Brunnenschacht, um die Lage der Metallspiegel so zu verändern, daß Licht in die Höhle fiel. Bilqis befahl dem jungen Mann, so lange nicht herauszukommen, bis beide Frauen bereit zum Einstieg wären. Jeschua gehorchte und schwamm nach einiger Zeit voraus in die Höhle.

Die Königin schwamm als nächste durch den Gang. Sie war nackt wie Jeschua und zog sofort dessen Blick auf sich. Gleich darauf aber wurde er abgelenkt durch eine betörende Erscheinung. Da schlängelten sich Schlingpflanzen im Wasser. Sie zogen sich zusammen und entfalteten sich wieder. Sie duckten sich und schnellten empor. Sie bildeten einen Knäuel, der sich langsam entrollte, und breiteten sich über den Höhlenboden aus.

Auf dem Mauervorsprung der Wand saß Jeschua und sah gebannt dem bezaubernden Spiel der Schlingpflanzen zu. Die

Königin stieg aus dem Wasser und setzte sich neben ihn. Jeschua beachtete sie gar nicht. Sie aber war stolz, daß sie auf den Gedanken gekommen war, dem Mädchen das Gespinst überzuziehen. Makeda hatte in überraschend kurzer Zeit gelernt, sich im und unter Wasser zu bewegen. Sie beherrschte jetzt auch das erregende Spiel mit den schwarzen Wasserpflanzen. Bilqis bemerkte, daß Jeschua die junge Frau begehrte. Als seine Herrin nahm sie sich das Recht, sich Gewißheit zu verschaffen. Er hatte, sitzend, die Knie angezogen, Bilqis aber schob sie auseinander und griff nach dem Ringlein. Jeschuas Zuneigung war zu erspüren.

Da hob sich die Oberfläche des Wassers und stieg bis nahe zur Decke empor. Makeda machte die Bewegung des Wassers mit: Sie stieg steil hoch und fiel mit dem Schwall zurück. Sie verließ die Lichtstrahlen, verschwand im Dunkel und wurde wieder sichtbar in der Helligkeit. Jeschua, der gar nicht wahrgenommen hatte, daß er von seiner Herrin berührt worden war, sah dem Tanz der Schlingpflanzen zu. Es war ihm, als ob er träume. Obgleich er das Gesicht der Schwimmenden bisher nicht gesehen hatte, wußte er, daß es Makeda war. Ihre Gestalt war ihm vertraut.

Daß Jeschua eine Klinge neben sich liegen hatte, bemerkte Bilqis erst jetzt. Sie riß ihn aus seinen Gedanken mit der Bemerkung, wenn er ihr die Härchen vom Schoß schaben wolle, müsse er jetzt damit beginnen. Er aber sprang ins Wasser, packte Makeda und veranlaßte sie, auf den Mauervorsprung zu klettern. Makeda war außer Atem, folgte aber der Aufforderung, sich um den Schoß ihrer Herrin zu kümmern. Viel war nicht zu tun – die Wachsbehandlung hatte die meisten der Haarwurzeln beseitigt.

Als Makeda Bilqis bedient hatte, verlangte sie von Jeschua, sich mit gespreizten Beinen hinzulegen. Die wenigen Härchen, die bei ihm nachgewachsen waren, schabte sie ihm säuberlich weg. Makeda ließ sich dazu Zeit. Bilqis beobachtete das Mädchen, wie es Jeschua liebevoll anfaßte. Die Königin sagte sich, daß sie wohl nicht anders handeln könne, als Makeda und Jeschua zusammenzugeben.

Sobald Makeda mit der Aufgabe fertig war, die ihr so sehr gefiel, begann sie damit, sich das festhaftende Gewebe vom Leib zu ziehen. Sie wollte nackt sein wie Jeschua. Er aber schob ihre Hände beiseite und streifte selbst die schwarzen Schlingpflanzen vom Leib der Frau, die er liebte.

Bilqis mußte sich eingestehen, daß sie bei diesem Anblick neidisch wurde. Sie wünschte sich in diesem Augenblick, daß ein Mann sie berühre, ihr seine Zuneigung zeige. Bilqis beschloß, sich sofort nach dem Fest ein ganz junges Mädchen aufs Lager zu holen.

Da sie in der folgenden Nacht nicht gleich in den Schlaf fand, suchte sie in der Fensterhöhle nach dem Sternbild, mit dem sie sich verbunden fühlte. Es gab ihr Stärke und Vertrauen – auch für das, was ihr morgen widerfahren würde. Seit sie in der vergangenen Nacht auf das Sternbild zugeschwommen war, spürte Bilqis keine Angst mehr. Sie schlief schließlich ein.

Die leuchtenden Punkte am Himmel waren ihr auch im Schlaf gegenwärtig. Bilqis hatte die Sterne bis in die Träume mitgenommen, und sie wurden in ihrer Vorstellung lebendig. Die hellen Punkte verblaßten zwar, doch die Umrisse der »Heldin am Himmel« wurden deutlicher, sie nahmen Gestalt an, bekamen Körper und Gesicht. Es war keine Frau, die aus den Sternen hervortrat – es war ein Mann. Sie suchte in ihrer Erinnerung, ob sie diesen Mann kannte, ob er ihr schon einmal begegnet war. Auf einmal wußte sie, daß ihr Salomo erschien. Sie erkannte seinen Mund, seine Stirn, seine Augen, sein ganzes Gesicht. Die Augen bewegten sich, blickten auf sie. Dann rührte sich die gesamte Gestalt, sie belebte sich. Salomo war mit einem reichbestickten Mantel bekleidet. Die Königin wunderte sich, daß er keinen Gürtel umgebunden hatte.

Salomo schritt über den Himmel. Majestätisch waren seine

Bewegungen. Bilqis hatte den Eindruck, er wolle den Himmel verlassen. Ganz deutlich trat er jetzt auf sie zu. Die Königin empfand, daß sie glücklich war. Der Mann kam zu ihr, den sie ersehnt hatte, dem sie sich hingeben wollte. Jetzt bewegten sich Arme und Beine nicht mehr, und dennoch war sich Bilqis sicher, daß er näher kam. Er befand sich bereits in ihrem Gemach. Bilqis sah, wie sich Salomo über sie beugte und den Mantel fallen ließ. Sie schrie auf, als ihr bewußt wurde, daß sich dort, wo das Sternbild den Gürtel trug, Salomos Männlichkeit befand.

Als die Königin vor Morgengrauen erwachte, war ihr nur noch deutlich, daß Salomo bei ihr gewesen war. An nichts anderes konnte sie sich erinnern. Da sie noch völlig von ihrem Hemd bedeckt war, nahm sie an, daß er, wie er gekommen, auch wieder fortgegangen war, ohne sie zu berühren. Das Glücksgefühl aber war ihr erhalten geblieben. Die Nacht war wunderschön gewesen.

Als die Morgendämmerung das Gemach erhellte und die Sonne ihr Kommen ankündigte, da packte die Herrscherin das Entsetzen vor dem, was ihr bevorstand. Sie hatte sich Gott il-Umquh hinzugeben. War ihr dies nach der Begegnung mit Salomo noch möglich? Vergessen war, daß ihr il-Umquh bisher Wärme und Schutz geboten hatte. Jetzt empfand sie, daß il-Umquh zerstörte, was sie in der vergangenen Nacht erlebt hatte. Sie wollte sich nicht die Erinnerung daran auslöschen lassen. Ihr Verstand und ihr Gemüt begannen sich gegen die Vereinigung mit il-Umquh zu wehren. Als die Sonne in ihr Gemach schien, war sie entschlossen, sich il-Umquh nicht hinzugeben. Sie zog den Vorhang vor das Fenster.

Makeda hatte eben das Gemach verlassen, kehrte jedoch sofort zurück. Sie sagte, die sieben Frauen aus Ma'in warteten darauf, vorgelassen zu werden. Kaum waren sie eingetreten, sprach eine von ihnen: »O Königin von Saba, ein Geschenk haben wir dir bereits überreicht – ein weiteres Geschenk aber haben wir dir versprochen.«

Eine andere der sieben Frauen sagte: »Es schickt sich nicht, o Herrin, daß du dich nackt zum Lager deines Gemahls begibst. Wir haben dir ein Kleid besonderer Art mitgebracht.«

Eine dritte der sieben Frauen setzte die Rede fort: »Töpfchen mit edlen Farben stehen bereit. Die Farben sind schön wie die des Regenbogens. Sie duften nach den feinsten Rosenölen, die in Ma'in gepreßt werden.«

Die vierte sprach: »Wir werden, o Herrin, deinen Leib mit den Farben bestreichen. Sie werden ihn bekleiden, wie er nie zuvor bekleidet war.«

Die fünfte hatte sich diese Worte ausgedacht: »Du wirst, o Königin von Saba, das Kleid aus Farben tragen, wenn du ins Wasser steigst, um deinem Gemahl und Gott entgegenzuschwimmen. Er findet Gefallen daran und umfaßt dich.«

Die sechste der Frauen aus Ma'in verkündete: »O Herrin über die Sabäer, dein Gemahl und Gott wird dir das Gewand der Farben vom Leibe streifen und ein Gefühl hoher Lust dabei empfinden.«

Die letzte wußte zu sagen: »Stark wird seine Vereinigung mit dir sein und unvergeßlich für euch beide. Deine Hingabe und seine Kraft machen die Zeugung der Sonnentochter möglich. Göttlich werden die Königinnen von Saba künftig sein und über allen Königinnen und Königen stehen.«

Je länger die sieben Frauen aus Ma'in gesprochen hatten, desto deutlicher wurde im Bewußtsein der Königin der Drang, die Vereinigung mit il-Umquh auf keinen Fall zu feiern. Das Gerede von den Farben, die sie am Leibe tragen sollte, hatte sie immer mehr geärgert. Der Hinweis auf die Farben des Regenbogens hatte sie gestört.

Als die siebte ihre Rede beendet hatte, sprach Bilqis: »Wertvoll sind mir eure Geschenke, o Frauen von Ma'in, weil sie mit fühlendem Herzen erdacht sind – doch wertlos sind sie mir zugleich, weil ich mich mit il-Umquh nie mehr vereinen werde. Ich will den Bund mit ihm nicht mehr. Ich, die

Königin von Saba, danke euch. Entsprecht meiner Bitte, die Farbtöpfchen wieder mitzunehmen.«

Die sieben Frauen von Ma'in sahen sich an und verließen rasch das Gemach der Königin.

Empört war der Prophet, als er am Ufer des Stausees bemerken mußte, daß sich Bilqis nicht das Haupthaar hatte abscheren lassen, doch er sagte nichts. Als sich die Königin jedoch nicht anschickte, ihren Umhang abzuwerfen, sagte er streng: »Dein Gemahl und Gott il-Umquh wartet, o Herrin über die Sabäer. Laß ihn nicht ungeduldig werden.«

Da sprach sie laut und deutlich zu allen, die sie am Seeufer hören konnten: »O Frauen und Männer von Marib und vom ganzen Lande Saba! Wendet eure Gesichter zu mir und hört mich an. Vieles hat sich geändert bei uns! Verschwunden sind die Dschinnen aus unserem Leben. Niemand vermißt sie. Werden wir Gott il-Umquh vermissen, wenn er aus unserem Leben verschwindet? Wir sagen, in der Sonne zeige er sich uns. Wir haben erlebt, daß die Sonne auch tagsüber verschwunden war – und wir wurden trotzdem beschützt, als die Sintflut über uns hereinbrach. Ich zweifle an diesem Gott, und ich glaube nicht mehr an seinen Propheten. Ich bin überzeugt, ein anderer Gott hat uns beschützt. Ich werde diesen Gott suchen. Morgen schon werde ich mich auf den Weg machen. Komme ich zurück, dann habe ich den wahren Gott gefunden. Komme ich nicht zurück, dann bestimmt euch eine andere Königin und vermählt sie mit Gott il-Umquh.«

Als diese Worte gesprochen waren, forderte die Herrscherin ihre Untertanen auf, mit ihr in die Stadt zurückzukehren. Lang war der Zug der Männer, Frauen und Kinder. Bilqis ritt auf ihrem Maultier voran. Niemand sprach ein Wort. Die Untertanen fürchteten, Unheil breche über sie herein. Bilqis ritt und blickte sich nicht um. Mehrmals beschlich sie die Angst, sie werde im nächsten Augenblick erschlagen.

Als die Sonne drei Viertel ihres Weges zurückgelegt hatte, standen zwölf sehr junge Mädchen nackt am Rand des großen Wasserbeckens im Badehaus draußen vor der Stadt. Die Mädchen, fast Kinder noch, wirkten verschüchtert. Sie wußten nicht, was ihnen bevorstand.

Bilqis hatte noch am Morgen in der Stadt verkünden lassen, daß sie Dienerinnen suche, die noch jung sein sollten – die Auswahl werde noch am selben Tag getroffen. Sie war gespannt gewesen, welche der angesehenen Familien ihre jungen Töchter ins Badehaus zur Begutachtung schicken würden. Mit dem Ergebnis war die Königin zufrieden: Die in der Stadt wichtigen Sippen waren offenbar auch weiterhin stolz, wenn eines ihrer Mädchen der Königin von Saba dienen durfte. Im stillen war Bilqis besorgt gewesen, ihre Verweigerung der Vermählung mit il-Umquh habe sie ihren Untertanen entfremdet.

Makeda hatte von ihrer Herrin den Auftrag erhalten, die Mädchen zu prüfen. Bilqis machte es Spaß, die Auswahl völlig ihrer bisherigen Dienerin zu überlassen. Sie ahnte, daß Makeda Lust daran empfand, Herrin zu spielen. Aufmerksam beobachtete die Königin, wie Makeda die Mädchen behandelte. Sie tastete deren Körper sorgfältig ab, ließ sie viele Atemzüge lang mit angezogenem linken Knie auf dem rechten Bein stehen und befahl ihnen dann zu tanzen, wie es ihnen in den Sinn kam. Da sie die Neigungen ihrer Herrin kannte, untersuchte sie den Schoß jedes Mädchens, ob er durch Berührung genügend zu reizen war. Auch die Vorliebe der Bilqis, anderen Frauen Schmerzen zuzufügen, berücksichtigte Makeda: Die Mädchen mußten sich bücken, und jede erhielt zwölf Schläge mit der Weidengerte. Makeda merkte sich, welche Mädchen am meisten schrien, zappelten und um Schonung flehten.

Knapp vor Sonnenuntergang hatte Makeda ihre Auswahl getroffen. Zwei Mädchen waren übriggeblieben. Sie hießen Tupaina und Silema.

Jetzt wurde den zwölf Müttern, die bisher im Garten gewartet hatten, erlaubt, das Badehaus betreten. Zwei davon durften sich von ihren Töchtern verabschieden – und waren glücklich darüber. Zehn erhielten ihre Töchter zurück – und freuten sich nicht.

Während der Nacht wurde die Karawane ausgerüstet für die Reise nach Jerusalem. Die Königin hatte angeordnet, daß Weihrauchharz in großer Menge mitzunehmen sei. Sie wollte selbst mit dem Weihrauchhandel in der Hauptstadt des jüdischen Volkes beginnen. Im Hof ihres Palastes waren die Kamele und Maultiere versammelt, die beladen wurden. Bilqis vernahm die ganze Nacht über die Geräusche: Ledersäcke klatschten gegeneinander; hölzerne Fässer fielen um; Männer schimpften lautstark. Bilqis schaute durch das Fenster zum Sternbild empor. Sie wartete darauf, daß es sich wieder in Salomo verwandle, doch die Sterne blieben kalt und abweisend. Ihre Hoffnung, das Abbild Salomos werde ihr die Verweigerung der Vermählung mit il-Umquh durch besondere Zuneigung lohnen, erfüllte sich nicht.

Das Erbe des Sterndeuters

Es zeigte sich, daß die eine Nacht zur Beladung der Kamele und Maultiere nicht genügt hatte. Am Morgen entschied Bilqis, die Abreise sei um einen Tag zu verschieben. Sie benutzte die Frühe des Tages, um im Badehaus ihre neuen Dienerinnen Tupaina und Silema näher anzuschauen. Daß sie keine Brüste besaßen und bei beiden der Schoß noch kindlich war, störte die Herrin. Mit Kindern wollte sie sich nicht abgeben.

Um die Mittagszeit fiel der Königin ein, daß sie den Propheten und Yafa Yafis noch nicht aufgefordert hatte, mit ihr nach Jerusalem zu reiten. Besonders Harith war froh über diese Einladung, hatte er doch geglaubt, in Ungnade gefallen zu sein. Die Verweigerung der Vermählung mit il-Umquh war für den Propheten ein Schlag ins Gesicht gewesen – sie hatte ihn, den Mann des Glaubens an diesen Gott, überflüssig gemacht. Durch die Einladung aber hatte ihn die Herrin wissen lassen, daß sie ihn noch immer brauchte.

Der Prophet glaubte, sich sofort nützlich machen zu müssen: Er erinnerte Bilqis daran, daß sie Jeschua dem König Salomo zurückzubringen habe, damit er durch seinen wahren Herrn für die Beteiligung an der Verschwörung gegen die Königin von Saba bestraft werde. Nach diesen Worten reute es die Herrin, den Propheten eingeladen zu haben. Dann aber sprach Harith Nützliches aus:

»Ich weiß, o Herrscherin, daß du vor deiner Abreise Jeschua und Makeda erlauben willst, ihre Körper zu vereinigen, wie die beiden dies wünschen. Ein günstiger Tag dafür ist morgen, in der zweiten Hälfte der Nacht, wenn der Stern am Himmel erscheint, den die Kundigen im Lande Babylon den ›Hirten der Sterne‹ nennen, von dem sie glauben, er sei Marduk, der Schöpfer der Welt, der Gnade und Segen schenkt.«

Bilqis war überrascht, daß Harith, der bisher nur an il-Umquh geglaubt hatte, auf einmal Bescheid wußte über Sterne und andere Götter. Sie hörte ihm aufmerksam zu, als er weitersprach: »Wisse, o Herrin, daß dieser ›Hirt der Sterne‹ gerade von dem Volk verehrt wird, zu dem du reiten willst. Die Juden sehen in ihm ihren Schutzherrn, dem sie den siebten Tag ihrer Woche widmen. Sie arbeiten nicht an diesem Tag, sondern denken an ihren Gott. Daß ihnen an diesem siebten Tag kein Übel zustößt, dafür sorgt jener ›Hirt der Sterne‹.

Da wollte Bilqis wissen, warum der Zeitpunkt, an dem der »Hirt der Sterne« am Himmel erscheine, besonders günstig sei für die Vermählung von Jeschua und Makeda. Der Prophet antwortete: »Erfahre, o Königin, daß der ›Hirt der Sterne‹ der Verwalter der Gerechtigkeit ist. Wenn du es für gerecht hältst, daß sich beide vereinigen und daß sie gleichzeitig aus dem Stand der Diener ausscheiden, um frei zu sein von der Sklaverei, dann ist es gut, daß du beider Leben unter den Schutz jenes Sternes stellst. Er ist der Hüter der gerechten Ordnung. Noch etwas will ich dir verraten, o Herrin: Die Babylonier glauben, der ›Hirt der Sterne‹ sei in der Nacht der Stellvertreter der Sonne am Himmel. Hättest du nicht den Glauben an il-Umquh verloren, würde ich dir jetzt sagen, daß du in der Nacht nicht länger unbehütet sein wirst, denn der Sonnengott habe für die dunklen Stunden einen Stern damit betraut, ihn am Himmel abzulösen. Vor wenigen Tagen noch hättest du mir geglaubt. Wahr ist, daß der ›Hirt der Sterne‹ von segensreichem Einfluß sein kann, wenn er sich dem Sternbild nähert, das wie eine Frau aussieht. Das männliche und das weibliche Wesen nähern sich dann an. In der zweiten Hälfte der morgigen Nacht geschieht dies – für Jeschuas und Makedas Glück.«

Jetzt war Bilqis noch neugieriger geworden. Sie fragte: »Wer, o Prophet, hat dich dieses Wissen um die Sterne gelehrt?«

Der Prophet gab Auskunft: »Sumhualli Yanuf war ein fleißiger Mann. Er hat Aufzeichnungen hinterlassen, die mir ausgehändigt worden sind. Ich will dir gerne berichten, was der Sterndeuter über die Geheimnisse der Sterne erfahren hat. Während des Rittes nach Jerusalem geben uns die langen Nächte am Lagerfeuer Gelegenheit dazu.«

Die Königin bedankte sich für dieses Versprechen und ordnete an, daß die Vermählung des Jeschua mit Makeda in der übernächsten Nacht beim Aufgang des ›Hirten der Sterne‹ zu vollziehen sei. Der Aufbruch der Karawane werde deshalb um einen weiteren Tag verschoben.

Den Nachmittag verbrachte Bilqis wieder im Badehaus draußen vor der Stadt. Sie ließ Makeda zu sich kommen. Beide lagen im kühlen Wasser, als die Königin sagte: »Du bist zum letztenmal als meine Sklavin hier. Noch kann ich dir befehlen – und ich werde dich bestrafen, wenn du nicht aufs Wort befolgst, was ich anordne!« Die Königin zögerte einen Augenblick und freute sich daran, daß Makeda ängstlich blickte. Dann aber sprach Bilqis: »Stehe auf und lege die Kette ab, die Zeichen des Sklavenstandes ist. Das Geschmeide aber, das deine dunkel getönte Haut so wunderbar ziert, gehört dir, damit sich Jeschua an seinem Anblick erfreue.«

Von Freude überwältigt, wandte sich Makeda der Königin zu, schlang ihre Arme um sie, drückte sie fest an sich und sagte: »Es ist des Jeschua und mein Wunsch, daß du, o Herrin, dabei bist, wenn wir uns vereinigen, und wir bitten darum, daß wir hier im Badehaus den Aufgang des ›Hirten der Sterne‹ erwarten dürfen – mit dir zusammen.«

Während die Königin sich Gedanken darüber machte, daß in ihrem Palast nichts vor den Ohren der Diener und Sklaven verborgen blieb – auch nicht ihr Gespräch mit dem Propheten –, stand Makeda auf, ergriff den Haken des Verschlusses der Kette, zog ihn aus der Öse und löste das Schmuckstück von ihrem Körper. Sie legte die Kette in die offene Hand der Bilqis.

Die beiden Frauen hatten eben ihre Hemden übergestreift, als der Prophet ins Badehaus trat. Er bat um Verzeihung für sein ungebührliches Eindringen, doch er habe eine wichtige Entdeckung mitzuteilen. Harith war sichtlich aufgeregt. Die Königin gab ihm zu verstehen, daß sie bereit war, ihm zuzuhören. Der Prophet sprach:

»O Herrin, in den Aufzeichnungen des Sumhualli Yanuf habe ich entdeckt, daß er einen erstaunlichen Vorgang am Himmel beobachtete: Auf den ›Hirten der Sterne‹ wandert ein anderer, ebenfalls heller Stern zu. Er nannte ihn den 'Stern der Königin'. Sumhualli Yanuf deutete den Vorgang so: Du, o Königin von Saba, befindest dich auf dem Weg zu König Salomo. So, wie es den Sternen bestimmt ist, sich zu treffen, so ist es dir bestimmt, nach Jerusalem zu reiten zur Begegnung mit Salomo. Wenn sich die Sterne vereinen, entsteht ein überaus helles Licht am Himmel, das von allen Menschen beobachtet werden kann. Es wird als Zeichen gedeutet werden für ein Ereignis von ungewöhnlicher Bedeutung. Sumhualli Yanuf hielt es überdies für bemerkenswert, daß die Begegnung des ›Hirten der Sterne‹ und des ›Sterns der Königin‹ im Sternbild der Fische stattfinde. Es bedeute äußere Ohnmacht, aber verborgene Vollmacht – es künde von Hingabe und Opfer, aber auch von königlicher Kraft. Die Vereinigung der zwei Sterne im Sternbild der Fische – so ist aus den Aufzeichnungen des Sterndeuters zu entnehmen – sagt die Vereinigung von Gesetz und Gnade, von Gerechtigkeit und Liebe, von Weisheit und Fülle, von Vergangenheit und Zukunft voraus. Dein Schicksal, o Königin, ist aus den Sternen abzulesen: Du wirst in Jerusalem verschmelzen mit König Salomo, damit ein Herrscher geboren werde, der Gesetz und Gnade, Gerechtigkeit und Liebe, Weisheit und Fülle, Vergangenheit und Zukunft durch sein Leben miteinander verbinden wird.«

Wenig hatte Bilqis verstanden von dem, was der Prophet gesagt hatte, doch sie wußte, daß sie ihre Bestimmung zu erfüllen hatte. Sie wollte deshalb wissen, wann die Vereinigung der beiden Sterne im Sternbild der Fische stattfinde. Der Prophet antwortete: »In siebzig Tagen von heute an.«

In der Nacht lag Bilqis auf den Polstern in der Halle des großen Beckens. Sie dachte darüber nach, was ihr der Prophet gesagt hatte. Sie war Salomo verfallen, das war ihr allmählich bewußt geworden. Wenn sie zu sich selbst ehrlich war, mußte sie zugeben, daß sie sich schon recht lange nach ihm sehnte.

Freude empfand sie, als das Sternbild des ›Helden des Himmels mit dem Gürtel‹ in der Fensterhöhle zu sehen war. Lange blickte Bilqis zu ihm hinauf. Auf einmal verblaßten die hellen Punkte, doch die Umrisse des Sternbilds wurden deutlicher, nahmen Gestalt an, bekamen Körper und Gesicht. Die

Gestalt war Salomo, der über den Himmel schritt, schließlich auf sie zukam und seinen Mantel fallen ließ.

Als Bilqis am Morgen aufwachte und ins Wasserbecken steigen wollte, kam sie am Metallspiegel vorbei. Beim ersten Blick sah sie zu ihrem Schrecken, daß sie um den Bauch und zwischen ihren Beinen die Kette trug, die bisher Makeda gehört hatte. Sie berührte das Schmuckstück und fand, daß es überaus straff anlag. Es blieb ein Geheimnis, wie es ihr angelegt worden war, doch sie war sich sicher, daß Salomo dafür verantwortlich war.

Dunkel war die Halle des großen Beckens in der folgenden Nacht. Bilqis hatte die Fenster durch dichte Tücher verhängen lassen. Neben der Königin, die ein Hemd trug, lagen Jeschua und Makeda nackt, zur Vereinigung bereit. Abgemacht war, daß der Prophet, der auf dem Dach des Badehauses saß, auf der Rohrflöte eine schlichte Melodie spielen würde, sobald der ›Hirt der Sterne‹ am Himmel zu erkennen war.

Die Liebenden waren geduldig. Trotz der Dunkelheit glaubte Bilqis erkennen zu können, daß sie sich streichelten. Endlich waren die sanften Töne zu hören – und bald darauf vernahm Bilqis einen spitzen Schrei. Da wußte die Königin, daß das Mädchen zur Frau geworden war.

Schlaf fand die Königin kaum während dieser Nacht, da die Liebenden nicht zur Ruhe kamen. Bilqis machte die Liebe der beiden vergnügt – und sie wünschte sich, daß bald ein Mann auch ihr Freude bereiten möge.

Schließlich war durch die Tücher zu erkennen, daß es draußen Tag wurde. Bilqis riß die Vorhänge zur Seite und sah, daß sich die Sonne eben von der Erde erhob. Jeschua und Makeda standen von den Polstern auf, voller Kraft, als ob sie die Nacht schlafend verbracht hätten, und sprangen ins Wasser.

Bilqis zog gemächlich ihr Hemd aus und stieg über die Stufen ins Becken. Ehe die Königin ins Wasser tauchte, bemerkte Makeda die goldene Kette am Leib ihrer einstigen Herrscherin. Die junge Frau konnte ihr Erstaunen nicht verbergen. Gerne hätte sie an der Kette gezogen, um der Königin Schmerz zuzufügen – doch dazu fehlte ihr der Mut. Bilqis unterließ es, Makeda zu sagen, wer sie zu seiner Sklavin gemacht hatte.

DRITTER TEIL

DER STERN

Die Hälfte des Morgens war vergangen, als die Karawane, die aus vier Dutzend Kamelen und zahllosen Maultieren bestand, aufbrach. Diesmal schlug Bilqis nicht den Umweg über das Weihrauchland ein, sondern wählte den Wüstenpfad über die Wasserstelle Yathuli nach Qamawu und Raqma.

Anstrengend waren die Ritte von Sonnenaufgang bis Sonnenuntergang. Gleich am ersten Tag hatte Bilqis die goldene Kette abgelegt, weil sie schmerzhaft in ihren Schoß einschnitt. Die Königin freute sich auf die Abende, wenn das Lagerfeuer entzündet und das karge Mahl gegessen war. Dann sprach der Prophet von seinen Entdeckungen in den Aufzeichnungen des Sterndeuters Sumhualli Yanuf:

»Wisse, o Herrin, daß ihm berichtet worden war, nach Meinung die Priester von Ur sei nichts, was am Himmel geschieht, dem Zufall überlassen. Jede Himmelserscheinung sei Ausdruck göttlichen Willens. Wer die Himmelserscheinungen zu deuten verstehe, dem öffne sich der Blick in die Zukunft. Fünf der vielen Sterne, so sagen die Priester von Ur, sind auserwählt als Verkünder künftiger Vorgänge auf der Erde. Sie haben keinen festen Platz am Himmel, sondern sind beweglich, benutzen eigene Pfade und machen so dem Kundigen die Zukunft deutlich. Die wissenden Deuter erfahren auf diese Weise, was die Götter beabsichtigen. Ihnen geben die Götter ihren göttlichen Willen preis. Zum Nutzen der Priester und derer, die an sie glauben. Die Priester von Ur kennen den Zusammenhang zwischen Göttern und Sternen schon lange. Ihr Schriftzeichen für Gott ist ein Stern.«

Der Prophet hatte die Aufzeichnungen des Sumhualli Yanuf auf die Reise mitgenommen. Auch die Königin verstand es bald, darin zu lesen. Gemeinsam mit dem Propheten versuchte sie anhand der Schriften die Sterne am Himmel zu erkennen, denen die Priester von Ur die Bezeichnung Wandelsterne gegeben hatten.

Da war Ishtar, der Stern der Liebe, der Müttern half, doch den Säuglingen schadete. Der Wandelstern, der »Hirte der Sterne« genannt wurde, gab Hinweise auf Tod und Leben irdischer Herrscher. Der Stern des Totengottes Nerqal konnte Mißernten und Kriege ankündigen. Nabu war der Wandelstern, der Böses und Gutes zugleich bewirken konnte. Der fünfte der Wandelsterne war der Liebling des Weltschöpfers – der »Stern der Königin«.

Bilqis selbst konnte im Ablauf vieler Nächte erkennen, daß sich der »Stern der Königin« auf den »Hirten der Sterne« zubewegte. Aus dem sich verringernden Abstand las sie ab, wieviel Zeit ihr noch blieb, nach Jerusalem zu gelangen.

Längst hatte die Karawane die Grenzen des Reichs der Sabäer überschritten. Auch das Land Ma'in lag weit zurück. Unendlich schien die Wüste zu sein, die noch vor ihnen lag. Gefühle der Trostlosigkeit beschlichen die Königin während der langen Tage, die sie auf dem Kamel zubringen mußte. Die schaukelnde Bewegung schläferte sie ein. Für Abwechslung sorgte ein Sandsturm – der die Karawane allerdings vom Wege abbrachte.

Als die Sicht wieder besser war, befand sich die Karawane vor einem beachtlich großen, aber ausgestorbenen Dorf, das einmal wohlhabend gewesen sein mußte. Der Prophet fand einen sehr alten Mann namens Attar, der von der Vergangenheit zu berichten wußte:

Die Erzählung des Attar vom Drachen und den Silberöfen

»O Fremde, die ihr aus der Ferne hierher nach Radrad geritten seid, ihr sollt erfahren, daß sich hier eine Silbergrube befand. Im ganzen Land Hurasan gab es keine ähnliche Silbergrube, und auch sonst nirgendwo. In jeder Woche haben wir soviel Silber aus dem Boden geholt, wie ein kräftiges Kamel tragen kann. In vierhundert Öfen wurde das Silber aus dem Gestein herausgeschmolzen. Glaubt mir, ihr Fremden, kein Vogel wagte es, über unser Dorf zu fliegen, weil sich über Radrad die giftigen Dämpfe aus den Silberöfen sammelten. Der Vogel wäre tot zu Boden gefallen.

Die Bewohner hatten sich an die Dämpfe gewöhnt, nicht aber ein Drache, dem sie in die Nase stiegen. Er lebte in den Bergen von Hamdani, und der Wind trug tagtäglich die Dämpfe hinüber zu seiner Höhle. Er glaubte schließlich, bei uns lebe ein anderer Drache, der – wie er selbst – Feuer spie, und er gelobte, ihn zu töten. Da erfuhren die Bewohner des Dorfes der Silberöfen von der Absicht des Drachen, und sie bekamen Angst, ihr Dorf werde Schaden erleiden. So beschlossen die Männer von Radrad, dem Drachen ein Opfer zu bringen. Ein wunderschönes Mädchen sollte draußen vor dem Dorf an einen Baum gebunden werden, damit der Drache sie holen könne. Die Wahl fiel auf meine einzige Tochter, denn sie war die Schönste im Dorf. Als sich der Drache ihr näherte, blies ihm der Wind giftigen Dampf ins Auge, und er mußte weinen. Eine Träne fiel auf den rechten Busen meiner Tochter. Die Träne war derart ätzend, daß sie den Busen zerfraß. Da wollte der Drache das Mädchen nicht mehr haben. Er drohte, er werde in hundert Tagen wiederkommen. Sei dann der fremde Drache nicht verschwunden, werde er Radrad überfallen und die Bewohner töten.

Ich band meine Tochter vom Baum los und schickte sie zum König Salomo nach Jerusalem, denn es wird gesagt, wer verwundet zu Salomo komme, werde geheilt, sobald er die Schwelle von Salomos Palast überschreite. Nach hundert Tagen kam der Drache wieder, da hatten alle Bewohner das Dorf verlassen – außer mir. Ich hatte mich versteckt, und er fand mich nicht. Seither sind Jahre vergangen – ich weiß nicht, wie viele –, und noch immer warte ich auf meine Tochter. Ihr Name ist Hawbas.«

Die Königin bedauerte den sehr alten Mann. Sie sagte ihm, daß sie unterwegs sei nach Jerusalem, um König Salomo zu besuchen. Das Angebot der Königin, ihr dorthin zu folgen, nahm Attar an.

Der Sandsturm und die Erzählung des Alten vom Untergang des reichen Dorfes hatte die Karawane aufgehalten. Nun zog sie weiter und gelangte noch vor Anbruch der Nacht zu einer Stadt, die nur durch eine enge Schlucht erreichbar war. Sie bestand aus in den Fels gehauenen Höhlen. In einigen lebten Familien – in anderen waren die Toten bestattet. Ebenfalls aus dem Fels gemeißelt war ein Wasserbecken, das völlig vom Stein umgeben und nur durch eine runde Öffnung zu erreichen war. Jeschua hatte diese von Menschen geschaffene Höhle entdeckt und von ihrem Besitzer die Erlaubnis für ein Bad des königlichen Hofstaats erhalten.

Bilqis und ihre Dienerinnen Tupaina und Silema stiegen als erste durch die Öffnung und entdeckten dahinter genügend Platz, um sich im Trockenen auszuziehen. Bilqis hatte sich ein vergnügliches Bad bei Fackellicht erwartet, doch der Anblick der Mädchen, die fast noch Kinder waren, reizte ihre Sinne kaum. Sie schickte Tupaina und Silema weg – sie sollten den Propheten auffordern, zu ihr zu kommen.

Die Königin hatte alle Fackeln bis auf eine gelöscht und sich in den Bereich des Wassers gelegt, der sich im Schatten des Fackellichtes befand. Der Prophet war verwundert, die Herrin im Bad anzutreffen. Sie aber sprach: »O Harith, Dunkelheit und Wasser bekleiden mich vortrefflich. Erzähle mir mehr von dem Wissen, das Sumhualli Yanuf gesammelt hatte.«

Da setzte sich der Prophet an die Öffnung der Höhle und begann zu berichten: »Erfahre von mir, o Herrin, daß die Priester von Ur wissen, auch der Mensch sei nach den Bildern des Himmels geschaffen worden. Mit dem Auge könne man deutlich menschliche Umrisse der Sternbilder erkennen. Die Sterne seien geschaffen worden, ehe sich der Schöpfer vorgenommen habe, die Welt zu formen.«

Bilqis mußte an das Sternbild des »Helden am Himmel mit dem Gürtel« denken, das sie als Abbild des Königs Salomo erkannt hatte.

Der Prophet sprach weiter: »Die weisen Priester von Ur lehren, auch die Tiere hätten ihre Gestalt nach dem Vorbild der Sterne erhalten. Die Form von Mensch und Tier sei herabgestiegen durch die Pfade der Wandelsterne hindurch. Die Priester von Ur verkünden, Gleiches strebe zu Gleichem, deshalb steige der Geist der Toten hinauf zu den Sternen – und zwar zu dem Wandelstern, der das Leben des Verstorbenen beeinflußt hatte.«

Bilqis unterbrach ihren Propheten. Sie empfand das Wasser als kalt und wollte die Höhle verlassen. Als Harith zur Öffnung hinausstieg, fragte sie ihn, wie viele Tage ihr noch blieben bis zur Vereinigung des »Hirten der Sterne« mit dem »Stern der Königin«. Er antwortete: »Noch dreißig Tage, o Herrin!«

Da wußte Bilqis, daß sie sich beeilen mußte. Von dieser Nacht an trug sie wieder die Kette des Salomo um die Hüften und zwischen den Beinen.

Glücklich war Bilqis, als sie mit der Karawane endlich das Gebiet des Königs Salomo erreichte. Diesmal aber wurde die Karawane der Königin von Saba schon in Gaza empfangen. Im Hof, der die Karawanen aufnahm, die Gaza nach beschwerlicher Reise durch Wüste und Steppe erreichten, wartete der Priester Menachem. Als Bilqis vom Kamel abgestiegen war, trat er auf sie zu und sprach:

»O Herrin über das Reich im Süden! Salomo, der König, hat mich gesandt, um dich nach Jerusalem zu geleiten. Er entbietet durch mich seinen Gruß. Dankbar ist er, daß du gekommen bist.«

Noch während Menachem sprach, waren erst die Töne eines gezupften Saiteninstruments und dann die Stimme eines Mannes zu hören, der eine feierliche Weise sang. Der Sänger war nicht zu sehen. Was er sang, hallte mehrfach wider von den gemauerten Wänden des Innenhofs. Trotzdem waren die Worte gut zu verstehen:

»Vertraue ihm, der die Wogen bändigt.
Vertraue ihm, der stärker ist als Wälle.
Der Herr thront über der Flut.
Er gebietet den Wassern der Sintflut.
Die Stimme des Herrn erschüttert die Wüste.
Sie läßt erzittern die Wüsten Kades und Rub al-Khali,
So, wie die Berge des Libanon einst erschüttert
wurden.
Die Stimme des Herrn zerschmettert Zedern.
Es zerschmettert der Herr die Zedern des Libanon.
Die Stimme des Herrn sprüht Feuerflammen.
Der Herr der Herrlichkeit donnert.
Er ist der Herr über gewaltige Wasser.«

Bilqis begriff, daß der Gesang zu ihrer Begrüßung auf die jüngsten Ereignisse in ihrem Lande anspielte.

Sobald der Sänger schwieg, sagte der Priester Menachem: »Von David sind Worte und Weise, o Königin. Ein Psalm Davids, zur Harfe zu singen. Zu deinem Empfang hat Salomo ihn eigens ausgewählt. Er verbringt Tage damit, die Psalmen seines Vaters zu sammeln und zu ordnen. Ihr wahrer Wert ist jetzt erst erkannt worden. Als Dichter von Psalmen wird David in der Erinnerung der Menschen Jahrtausende fortleben, wenn seine Taten als König längst vergessen sind. Salomo sorgt dafür, daß die Dichtungen Davids nicht verloren gehen.«

Da waren wieder erst das gezupfte Saiteninstrument und dann die Stimme des Mannes zu hören. Er sang eine weitere Weise, und seine Worte sprachen von Liebe:

»Tritt ein, Tochter eines Königs.
Du selbst bist Königin!
Der König begehrt deine Schönheit.
Söhne wirst du ihm gebären.
Mit Freuden führt man dich zum Palast!«

Nun sang eine Frau betörende Töne im Einklang mit dem Saiteninstrument. Die Melodie schwang durch den Innenhof und hallte wider als vielfältiger Zusammenklang der Töne, der sich ständig veränderte. Die Worte waren voll Sehnsucht und Verlangen:

»Ich singe dem König mein Liebeslied.
Von Herzen strömt dieses Festgedicht,
Meinem Herrn und Gebieter entgegen.
Gott hat dich für immer gesegnet.
Gürte dein Schwert um die Hüften, du Held.
Dein Gewand duftet nach Myrrhe und Aloe.
Anmutig sind deine Lippen.

Dein Auge ist furchtlos.
Deine Blicke treffen mich ins Herz!«

Bilqis empfand Worte und Weise als schön und empfindsam. Doch sie wollte nicht glauben, daß David der Dichter des Liebesliedes war. Sie war der Meinung, Salomo habe die Verse erfunden – eigens für ihre Ankunft. Die Worte erinnerten an die Dichtung des Königs, die sie im Palast in Jerusalem vernommen hatte.

Ihre Gedanken wurden durch Menachem unterbrochen, der sagte: »Höre, o Herrin über die Sabäer. König Salomo hat befohlen, daß der ›Hof der Karawanen‹ leer sei, wenn du ankommst. Du wirst im ganzen Haus keinen Fremden finden. Der Wunsch des Königs ist, daß du dich hier in Tagen der Ruhe darauf vorbereitest, ihm zu begegnen. Wisse, auch König Salomo sieht, was sich am Himmel vorbereitet. Ich habe ihm gedeutet, was dem Unkundigen nicht offenbar wird. Der Herrscher ist voller Erwartung. Du und er müssen gerüstet sein für die Nacht, in der sich die Zeichen des Himmels erfüllen.«

Der Priester Menachem geleitete die Königin von Saba ins Haus. Sie schritten durch kurze und lange leere Gänge, sie sahen Räume, in denen sich niemand befand, sie erstiegen eine Treppe, auf der ihnen keiner begegnete, und erreichten schließlich die Gemächer, die der Königin zugedacht waren. Die Räume waren weit und luftig. Fenster sorgten für kühlenden Luftzug. In lindem Grün waren die Wände bemalt. Üppige Polster lagen auf dem Boden.

Bilqis ging auf eine verhangene Tür zu – und bemerkte, daß ihr der Priester nicht folgte. Fragend sah sie ihn an. Er sprach: »Die Überraschung, die du dort drinnen findest, ist nicht für meine Augen bestimmt. Geh du hinein und staune!«

Bilqis schob den Vorhang beiseite – und sah Makeda! Die leicht dunkel getönte Haut, die kleinen festen Brüste, die schlanken Beine – es konnte keinen Zweifel geben: Da stand

Makeda, in der Haltung einer Sklavin. Bilqis traute ihren Sinnen nicht: Sie hatte doch Makeda dem Jeschua zur Frau gegeben – und damit war sie nicht mehr Sklavin. Es würde ihr nie einfallen, ihrer einstigen Herrin je wieder in sklavischer Demut zu begegnen. Aber es konnte eigentlich keinen Zweifel geben: Bilqis sah Makeda vor sich, die um die Hüften und zwischen den Beinen die goldene Kette trug. Das Mädchen drehte sich um und zeigte seinen Rücken. Bilqis hatte den Leib der Makeda oft nackt gesehen. Sie kannte seinen Reiz, und sie erkannte ihn jetzt wieder.

Als Bilqis das Mädchen fragte, warum sie Sklavin sei, obwohl ihr die Freiheit zugesprochen worden war, antwortete sie nicht – und Bilqis begriff, daß das Mädchen nicht sprechen konnte.

Doch blieb der Königin keine Zeit, länger nachzudenken: Die Sklavin trat beiseite – und Bilqis erlebte ihre zweite Überraschung: Da stand das ›eherne Meer‹ in seiner Größe und vollkommenen Schönheit. Bilqis sah das gewaltige Becken, die zwölf Rinder, die in einem Rund angeordnet waren und mit den Hinterteilen zusammenstießen. Benyamin Ben Eliezer hatte dieses Kunstwerk einst in Jerusalem für Bilqis gießen lassen, mit Hilfe der Gußformen des »ehernen Meeres«, das in Salomos Tempel stand. Wunderschön gearbeitet waren die Blütengewinde, die in zwei Reihen rings um das Becken geschlungen waren. Becken, Rinder und Rädergestell waren zusammen unvorstellbar schwer – und doch war es Salomo gelungen, das »eherne Meer« von Jerusalem nach Gaza schleppen zu lassen.

Bilqis sah, daß das Becken mit Wasser gefüllt war, und sie bekam Lust auf ein Bad. Als sie sich auskleidete, kniete das Mädchen, dessen Leib dem der Makeda wie ein Spiegelbild glich, auf allen vieren vor dem Becken nieder. Die Sklavin wußte also, was von ihr verlangt wurde: Sie hatte Fußbank zu sein für ihre Herrin. Geduldig wartete sie.

Die Königin aber ließ sich jetzt Zeit. Sie versuchte zu

begreifen, was sie sah. Sie betrachtete das kniende Mädchen, dessen Blick zu Boden gerichtet war. Als Bilqis nackt war, schickte sie sich an, ins Wasser zu steigen, doch ehe sie den Fuß auf den Rücken der Knienden setzte, hatte sie den Einfall, »Makeda!« zu rufen. Das Mädchen hob den Kopf und blickte fragend. Sie kannte diesen Namen also. Auf einmal aber sprang die Sklavin auf und ging rasch auf die Königin zu. Sie zeigte mit dem Finger auf deren goldene Kette – und wies dann auf die eigene Kette. Die Glieder beider Schmuckstücke glichen einander und waren wohl vom selben Meister nach demselben Muster gefertigt. Verblüfft stand das Mädchen da, bis es plötzlich über die eigene Kühnheit erschrak und zurückging zum »ehernen Meer«. Dort sank es erneut nieder, und Bilqis stieg der Dienerin auf den Rücken und gelangte leicht ins Wasser. Das Mädchen folgte etwas mühsamer nach.

Nebeneinander lagen sie am Rande des Beckens. Es machte der Königin Freude, wieder eine Sklavin von dieser Gestalt, diesem Aussehen und dieser Hauttönung zu besitzen. Sie beschloß, das Mädchen einfach Makeda zu nennen. Es zeigte sich aber, daß die junge Frau zunächst nicht begriff, daß sie Makeda heiße. Immer wenn sie das Wort hörte, schaute sie ihre Herrin an, als wolle sie sagen, daß sie einen anderen Namen trage, aber auch, daß sie jemand kenne, der wirklich Makeda heiße. Sie konnte zwar nicht sprechen, doch sie verstand ihre Herrin und litt darunter, sich nicht verständigen zu können.

Bilqis befahl ihr, die Hände im Nacken zu verschränken. Sie wollte prüfen, ob diese Makeda ebenso sinnlich veranlagt war wie die erste Makeda. Sanft strich sie ihr über die Brüste. In Kreisen bewegte sie ihre Hände. Immer näher kamen sie den Brustwarzen. Schließlich glitten ihre Handflächen über die Spitzen, die sich steif aufrichteten. Die Hände verließen die Brüste und umkreisten den Bauchnabel. Makeda hob den Bauch an, um den Händen näher zu sein, um ihren Druck stärker zu spüren. Jetzt folgte die linke Hand der goldenen Kette, die straff am Bauch anlag, um in der Spalte zu verschwinden. Dem Mädchen war nicht anzumerken, ob ihr die Zärtlichkeiten gefielen. Sie hatte offenbar Angst, bei dieser ersten Begegnung mit ihrer Herrin Gefühle zu zeigen. Sie schien es nicht gewöhnt zu sein, daß sie Lust empfinden durfte. Da verlor Bilqis das Vergnügen, ließ von Makeda ab und legte sich zurück ins Wasser. Leisen Gesang vernahm sie jetzt. Ein Mann und eine Frau sangen gemeinsam:

»Die Königin zeigt sich in edler Schönheit.
Auf sie wartet Gold aus dem Lande Ophir.
Aus güldenem Geflecht werden ihre Gewänder sein.
Man führt sie mit Freuden und Jubel
Hinauf zum König nach Jerusalem.
Sie trete ein in den Königspalast.
Vergiß, o Königin, dein Volk im Süden.
Vergiß das Reich Saba.
Aus dir erstehe ein neues Geschlecht,
Gezeugt von Salomo.«

Die Nacht war angebrochen, als sich die Königin von Saba zum Essen in ihrem Gemach niedersetzte. Fackeln in großer Zahl erleuchteten den Raum. Da trat Adiya ein, der noch junge Verwalter des königlichen Besitzes. Bilqis kannte ihn vom ersten Besuch in Jerusalem.

Adiya begrüßte die Herrin des Reiches im Süden und sprach dann: »Ich weiß, o Königin, daß du dich über das Mädchen wunderst, das Makeda gleicht. Salomo hat den König von Äthiopien gebeten, ihm ein Mädchen von gleicher Gestalt und Hauttönung wie Makeda zu senden. Wie es dem König von Äthiopien gelungen ist, das wahre Abbild von Makeda zu finden, weiß auch Salomo nicht. Er hat sich sehr gewundert, als er den Leib der jungen Frau betrachtete. Die goldene Kette, die sie trägt, hat er ihr anlegen lassen.«

Bilqis fragte Adiya, ob am Hofe des Königs ein Mädchen eingetroffen sei, das den Namen Hawbas trage und Heilung gesucht habe für die Haut ihres Busens. Da Adiya keine Antwort gab, erzählte sie ihm die Geschichte des Dorfes Radrad, seiner Silbergrube und des Vaters Attar, der seine Tochter Hawbas nach Jerusalem zu Salomo geschickt habe, damit ihr Busen gesunde. Adiya aber ging auf die Frage der Königin nicht ein. Da beide nicht wußten, über was sie nun reden sollten, stand Bilqis auf und verließ das Gemach.

Kurze Zeit später befand sie sich auf dem Dach des »Hofes der Karawanen« und blickte zu den Sternen hinauf. Sie sah, daß der »Stern der Königin« dem »Hirten der Sterne« näher gekommen war. Doch sie konnte nicht abschätzen, wie viele Tage und Nächte es dauern würde bis zur Vereinigung, die allen Menschen ein Zeichen sein sollte für ein bedeutendes Ereignis auf Erden.

Später, als Bilqis schlaflos auf den weichen Polstern ihres Gemachs lag und die schwüle Luft von Gaza ihr Schweißperlen aus der Haut trieb, vernahm sie zarten Gesang eines Mannes. Die Weise war von schmelzender Süße, und die Worte waren erdacht, um sinnliche Sehnsüchte der Königin von Saba zu wecken:

»Deine Lippen erquicken den König.
Deine Küsse sind köstlicher als Wein.
Wie eine Blüte bist du aus den Gärten von Schamron,
Wie eine Lilia vom Ufer des Flusses.
Du gleichst der Rose, doch dir fehlen die Dornen.
Die Edelsten steigen herab von Sannin und Hermon,
Vom Amonagipfel und von Gideon,
Um dich zu empfangen.«

Das Lied weckte Sehnsüchte in der Königin, jedoch nicht nach Umarmungen durch König Salomo. Bilqis wurde unruhig bei dem Gedanken, wie lustvoll das Zusammensein einst war mit Itamra und Makeda, die ihr beide das Gefühl gegeben hatten, Beherrscherin ihrer Körper zu sein. Sie mußte die neue Sklavin Makeda rasch erwecken und zähmen zugleich.

Zum Bad am frühen Morgen bat Bilqis Makeda zu sich, die jetzt Jeschua angehörte. Die junge Frau freute sich darauf, wie früher unbeschwert in ein Wasserbecken tauchen zu dürfen, denn der »Hof der Karawanen« bot sonst keine Gelegenheit dazu. Als die junge Frau sich bis auf ihre Kette entkleidet hatte und eben zum Rand des »ehernen Meeres« hinaufklettern wollte, ließ Bilqis das Mädchen eintreten, das ihr seit der Ankunft in Gaza diente. Es hatte ebenfalls die goldene Kette an. Gespannt beobachtete die Königin, wie sich Makeda beim Anblick der jungen Frau benahm, die ihr so sehr ähnlich sah. Zu ihrer Überraschung umarmten und küßten sich die beiden und waren überaus herzlich miteinander. Während der Begrüßung gaben sie keinen Laut von sich.

Bilqis wurde schließlich ungeduldig und klatschte in die Hände. Da lösten sich die Mädchen voneinander. Makeda wandte sich zur Königin und sagte: »Wir sind Zwillinge! Ich begreife, warum sie hier ist. Salomo hatte erfahren, daß du mich Jeschua gabst, da wollte er dir, o Herrin, eine ähnliche Jungfrau schenken. Der König von Äthiopien konnte leicht ein Mädchen schicken, das so aussieht wie ich – er besaß ja noch meine Zwillingsschwester.«

Die Königin verglich nun die beiden Körper sorgfältig und sah, daß sie sich in allem glichen. Da gab es nur zwei Unterschiede. Die zweite Makeda besaß Haare auf dem Schoß – das ließ sich ändern –, und sie konnte nicht sprechen – dagegen gab es kaum Abhilfe.

Als sie beide im Wasser lagen, war die Königin froh über diese Unterschiede, denn sie hätte sonst nicht mehr gewußt, welche die erste und welche die zweite Makeda war.

Die Makeda, die sprechen konnte, sagte: »Wie ich sehe, hast du sie noch nicht gepeitscht wie damals mich nach der ersten Nacht auf dem gemeinsamen Lager. Du sagtest damals zu Itamra: ›Nimm Makeda in deine Kammer mit und gib ihr zwölf scharfe Hiebe. Für den Anfang kann dies nicht schaden. Sie muß an ihrem Leibe erfahren, daß sie Dienerin ist. Dann laß sie schlafen, solange sie will.‹ Du hast dann an den Striemen gesehen, daß Itamra mir wahrhaftig scharfe Hiebe gegeben hat.« Bilqis nahm sich vor, das Versäumte am Abend nachzuholen.

Im Verlauf des Nachmittags trat die Königin von Saba aus dem Tor des »Hofs der Karawanen«, um sich das Meer anzusehen. Dazu hatte sie bisher nie die Möglichkeit gehabt – es hatte für die Herrscherin keinen Anlaß gegeben, Marib zu verlassen, um ans Meer zu reisen. Jetzt war sie am Meer, doch Gelegenheit, in Ruhe das Spiel der Wellen zu betrachten, erhielt sie nicht. Der Prophet war ihr gefolgt und sprach sie an:

»Aus den Sternen, o Herrin, habe ich Übles abgelesen. Der Wandelstern des Gottes Nerqal, der nicht allein für den Tod zuständig ist, sondern auch List und Tücke auf der Erde lenkt, ist in den Kreis um den ›Stern der Königin‹ eingetreten. Er befindet sich zwischen dem ›Hirten der Sterne‹ und dem ›Stern der Königin‹. Dies bedeutet, daß dich jemand überlisten will – und zwar Salomo selbst. Was du noch nicht weißt, o Königin, für Salomo werden im ›Hof der Karawanen‹ Gemächer hergerichtet. Er trifft heute abend noch ein, um dich morgen nach Jerusalem zu geleiten. Sei auf der Hut in dieser Nacht! Gib dich ihm nicht hin vor der Nacht, in der sich der ›Stern der Königin‹ und der ›Hirte der Sterne‹ vereinigen. Du darfst dich dem König Salomo erst in Jerusalem schenken, im Mittelpunkt seines Reiches. Dort erfahren alle seine Untertanen von dem Ereignis, sie feiern mit und achten dich. Hier in Gaza würde es heimlich geschehen – am Rande seines Reiches. Die Untertanen würden glauben, daß dich Salomo verstecken will, und sie würden dich verachten.«

Die Königin mußte zugeben, daß ihr Prophet recht hatte. Sie nahm sich vor, jede List des Königs zu vereiteln.

Der Duft in Salomos Gemächern überwältigte ihre Sinne: Weihrauchschwaden mischten sich mit dem Geruch von herbem Myrrheöl und süßer Cassia. Die Öle waren auf die Teppiche gesprüht worden, mit denen der Fußboden belegt und die Wände behängt waren. Auf den Tischen vor den Polstern waren Speisen angerichtet: zerriebene Leber, mit Gewürzen vermischt, und gehacktes Rindfleisch mit Zwiebeln. Niemanden sonst hatte König Salomo zu diesem Mahl eingeladen als die Königin von Saba. Das Hauptgericht bestand aus gebratenen und gekochten Fischen aus dem Meer, die mit Pfeffer bestreut waren. Sie schmeckten derart köstlich, daß Bilqis immer wieder zugriff. Der König sah es mit Freuden.

Der Königin von Saba aber fiel wohl auf, daß das Essen reich gewürzt war, Salomo jedoch sehr wenig zum Trinken anbot – und sie dachte sich, daß die List damit zu tun haben mußte. Sie ließ sich nichts anmerken.

Als die Speisen zu Ende und die Fackeln nahezu abgebrannt waren, sprach Salomo: »Warum, o Königin, verbringen wir nicht die Nacht gemeinsam? Wir können uns kosen bis zum Morgen! Das Lager ist für uns beide bereitet.«

Bilqis war versucht, dem Werben des Königs nachzugeben, hatte sie doch schon während des Essens übergroße Sehnsucht nach seiner Umarmung verspürt. Sie wollte die Arme öffnen und Salomo empfangen, wie sie ihn aufgenommen hatte, als er vom Sternbild »Held des Himmels mit dem Gürtel« auf ihr Lager heruntergestiegen war. Doch gerade noch rechtzeitig fiel ihr ein, was ihr Prophet gesagt hatte.

In ihr Schweigen hinein sprach der König: »Glaubst du nicht, o Herrin des Landes im Süden, daß ich ein Recht darauf habe, die goldene Kette zu sehen, die du am Leibe trägst? Es ist zwar kein Geschenk von mir, doch du wirst nicht leugnen, daß dich die Kette mit mir verbindet – auch wenn es dir noch immer ein Rätsel ist, auf welche Weise sie dir angelegt wurde.«

Bilqis mußte im stillen zugeben, daß Salomo den Angriff

auf ihre Jungfräulichkeit überaus geschickt und ohne plumpe Wendung begonnen hatte. Es reizte sie, das Spiel mitzumachen, und so sprach sie: »O weiser König, du hast mir durch diese Kette, die ich am Leib trage, gezeigt, daß ich dir gehöre. Ich fühle mich verpflichtet, sie vor dir nicht zu verbergen. Ich bin bereit, das Lager, nur mit der Kette bekleidet, in dieser Nacht mit dir zu teilen. Doch mußt du mir schwören, daß du mir keine Gewalt antust, daß du mich nicht zur Liebe zwingst!«

Salomo zögerte mit der Antwort, doch Bilqis bestand darauf: »Schwöre mir beim Gott des Volkes Israel, daß du mir keine Gewalt antust, daß du weder durch Drohung noch durch Überwältigung unsere Körper vereinigen willst!«

Da leistete der König den Schwur. Doch er gab sich noch nicht geschlagen und sprach: »Auch du, o Königin, mußt mir einen Schwur leisten. Ich will, daß du dich verpflichtest, nichts aus meinen Gemächern, was dir nicht gehört, an dich oder zu dir zu nehmen.«

Da rief Bilqis in höchstem Zorn: »Ich muß annehmen, du weißt nicht, was du redest! Du bist weise, und doch haben deine Worte keinen Sinn. Bin ich in dein Land gekommen, um zu stehlen oder um deinen Palast auszurauben? Ich bin die Herrin eines wohlhabenden Reiches. Silber und Gold besitze ich soviel wie du! Hüte deine Zunge, o Salomo!«

Er entgegnete rasch: »Es war, o Königin, nicht meine Absicht, dich zu beleidigen. Es ist selbstverständlich, daß du nicht gekommen bist, zu stehlen und zu rauben. Wenn wir uns darin einig sind, dann fällt es dir doch leicht, den Schwur zu leisten.«

Dagegen konnte wiederum Bilqis nichts einwenden, auch wenn sie zunächst nicht begriff, welchen Sinn der Schwur haben sollte. Also schwor sie, nichts aus den Gemächern des Königs Salomo an sich oder zu sich zu nehmen, was ihr nicht gehörte.

Darauf entkleideten sich Bilqis und der König und bestiegen das Lager, das bereitet war – jeder näherte sich dem Polster von seiner Seite. Ohne sie zu berühren, betrachtete Salomo die goldene Kette. Nach einiger Zeit legte sich Bilqis auf den Bauch, damit er auch das Schmuckstück an ihrer Rückseite sehen konnte. Sie aber bemerkte, daß seine Männlichkeit genauso aussah wie in jener Nacht, als er den Himmel verlassen hatte, um ihr nahe zu sein.

Die Fackeln an den Wänden waren erloschen. Nur noch ein Öllämpchen spendete schwachen Schein, doch der fiel auf ein silbernes Gefäß, einen Krug, an dem Wassertropfen herunterglitten. Er stand in Reichweite der Bilqis, die nun spürte, wie sie Lust bekam, das kühle Wasser, das sie im Gefäß vermutete, zu trinken. Groß war die Versuchung. Bilqis schloß die Augen, doch immer wieder blickte sie auf das verlockende Silbergefäß. Sie empfand, daß sie durstig war. Doch sie wußte, daß dieses Wasser zu der Falle gehörte, die ihr in dieser Nacht gestellt wurde. Sie sprach noch einmal für sich die Worte des Schwurs: »Ich verpflichte mich, in den Gemächern des Königs Salomo nichts an mich oder zu mir zu nehmen, was mir nicht gehört.« Jetzt wurde ihr deutlich, was gemeint war: Wenn sie von dem Wasser trank, nahm sie etwas zu sich, das ihr nicht gehörte. Wenn sie Wasser trank, brach sie den Schwur und gab Salomo die Möglichkeit, auch den seinen zu brechen. Wenn sie auch nur einen Schluck zu sich nahm, durfte er ihr Gewalt antun. Sie nahm ihre Sinne fest unter Aufsicht ihres Verstandes und beherrschte sich.

Salomo blieb die ganze Nacht wach, um den Augenblick seines Triumphes nicht verpassen. Bilqis aber schlief immer wieder ein. Zwischendurch litt sie zwar Durst, doch die Freude, den weisen Salomo überlisten zu können, gab ihr die Kraft, ihr Begehren nach dem kühlen Trunk niederzukämpfen. Sie fluchte auf die scharfen Gewürze der Mahlzeit. Sie war überzeugt, ihr Mund trockne aus, ihr Speichel sei bereits versiegt – und hielt dennoch durch und wartete auf den ersten erlösenden Schimmer des Tages. Bei Beginn der Morgendämmerung erhob sie sich, griff nach ihrem Umhang und verließ das Gemach des Königs. In ihren eigenen Gemächern durfte sie trinken, was sie wollte.

Dort aber wartete schon der Prophet, der glaubte, die Königin von Saba habe sich Salomo hingegeben. Er hatte sich während des Wartens darauf vorbereitet, Bilqis zu verdammen, weil sie die Beherrschung verloren hatte. Doch er kam, als sie eintrat, nicht zu Wort.

»Nach jeder Vermählung mit il-Umquh«, sagte sie, »war ich Jungfrau geblieben. Ich habe das Lager mit Salomo geteilt in dieser Nacht und bin trotzdem heute morgen noch immer Jungfrau. Salomo aber hat Grund zum Ärger über sich selbst.«

Der Prophet bemerkte dazu: »Ich bin durch deine Worte keineswegs erleichtert, o Königin. Noch immer steht bedrohlich der Wandelstern des Gottes Nerqal, der Tücke, Lüge und Verschlagenheit auf Erden lenkt, im Sternbild der Fische, in dem sich Bedeutendes ereignen soll. Der Wandelstern befindet sich zwischen dem ›Hirten der Sterne‹ und dem ›Stern der Königin‹. Ich deute dies so: Die Beziehung zwischen dir und dem König Salomo ist durch List bestimmt. Du mußt weiterhin damit rechnen, daß Salomo dich durch fein ausgedachte Verschlagenheit einfangen will. Er glaubt, dich für ein einziges Mal besitzen zu können, für eine Nacht, ohne daß es seinen Untertanen auffällt. Ich aber verlange, daß du die rechtmäßige Gemahlin des Königs wirst, mit Vorrechten vor allen anderen Frauen. Nichts anderes wird dem Stolz der Königin von Saba gerecht. Ich will, daß euer Kind König werden kann in Jerusalem.«

Bilqis aber entgegnete: »Du weißt genau, o Prophet, daß sie das Kind einer Fremden nicht zum Herrscher wollen! Deshalb ist es mein Wunsch, daß es, durch Salomos Samen gezeugt, zum Herrscher der Sabäer heranwächst.«

In diesem Augenblick stürzte die stumme Makeda in das Gemach. Sie war aufgeregt und wollte ihrer Königin dringend etwas mitteilen, das sie aufs äußerste bewegte. Heftig waren ihre Gesten. Bilqis aber verstand die Zeichen nicht. Die stumme Makeda wies plötzlich auf die Tür – da stand König Salomo.

Er machte dem Propheten Platz, der eilig und mit Gebärden der Demut das Gemach verließ, und trat auf Bilqis zu. »O Sternengleiche, wir haben das Lager der Nacht miteinander geteilt, da ist es wohl recht und billig, daß wir das Bad des Tages teilen. Es gibt ohnehin am ›Hof der Karawanen‹ nur eine Gelegenheit dazu – das ›eherne Meer‹.«

Der Königin gefiel, daß Salomo sie derart hartnäckig verfolgte – doch zur leichten Beute durfte sie nicht werden. Sie wollte wiederum listiger sein als der König. Sie mußte zunächst Zeit gewinnen, also sprach sie: »Es wird dich, o Herr, dem hier alles gehört – nur ich nicht –, wenig befriedigen, wenn ich dir vorschlage, du mögest alleine baden. Dazu steht dir selbstverständlich das ›eherne Meer‹ zur Verfügung. Ich bestehe allerdings nicht darauf, denn ich bin dir zu Dank verpflichtet dafür, daß du das ›eherne Meer‹ hast von Jerusalem nach Gaza schleppen lassen. Zudem kann ich vor dir nichts mehr verbergen, denn du konntest mich mehrfach schon nackt sehen. Ich bin einverstanden, daß wir das Bad teilen. Wir haben dann Gelegenheit nachzuholen, was wir gestern abend versäumt haben: Du, o weiser Herrscher, mußt mir den Sinn der Warnungen erklären, die du mir in Marib hast zukommen lassen. Ich erinnere nur an die Worte ›Wasser, Flut, Tod, Regenbogen‹. Du hast mir sogar wirklich den Regenbogen nach Marib gesandt. Daraus schließe ich, daß dir deine Geister noch dienstbar sind.«

Salomos Gesicht machte deutlich, daß ihn die Fragen störten und daß er ungeduldig wurde. Er meinte, Bilqis könne reden, fragen und sogar streiten, wenn sie beide erst ins »eherne Meer« gestiegen seien. Bilqis aber hatte Freude daran, den König zappeln zu lassen. Er hatte seinen Umhang bereits abgelegt, doch als er bemerkte, daß die Königin bekleidet blieb, zog er ihn wieder an. Mit Vergnügen sah sie, wie sich sein Ärger steigerte. Sie hatte vor, ihn in Wut zu versetzen, und verlangte daher, daß er einen Schwur leiste. In bösem Ton sagte darauf der König, das Spiel der Schwüre sei am gestrigen Abend schon langweilig gewesen.

Bilqis blieb hart: »Ohne Schwur kein gemeinsames Bad. Ich will nur, daß du den gleichen Schwur leistest, den du mir abverlangt hast.«

Diese Wendung hatte Salomo nicht erwartet. Nun war es an ihm, erstaunt zu sein. Wut und Ärger verflogen. Mit kleinlauter Stimme leistete Salomo den Schwur. Bilqis befahl der stummen Makeda, sich auszukleiden und als Fußbank zu dienen. Dann ließen der König und die Königin ihre Umhänge fallen und stiegen ins eherne Becken.

Scheu empfanden sie nicht voreinander. Sie lagen so im Wasser, daß sie ihre Fußsohlen gegeneinander pressen und jeder mit den Zehen des anderen spielen konnten. Salomo war nun bereit, über die Warnungen zu reden, die er Bilqis gesandt hatte. Er erzählte, die Vögel hätten ihm von der Gefahr der Sintflut berichtet. Sie hätten von anderen Tieren, die am Meer lebten, erfahren, daß sich gewaltige Wassermassen in die Luft erhoben, um finster drohende Wolken zu werden.

Salomos Füße hatten inzischen die der Königin auseinander geschoben und drangen behutsam zwischen ihre Unterschenkel ein. Als sie merkte, was er beabsichtigte, drängte sie Salomos Füße ebenso behutsam wieder zurück. Als sei nichts gewesen, sprach er weiter:

»Die Tiere hatten den Eindruck, das Meer entleere sich. Sie bekamen Angst, und diese Angst sprach sich bis zu unseren Vögeln herum. Ich konnte mir leicht denken, daß so viel Wasser eine außerordentliche Flut erzeugen mußte. Und da ihr Sabäer mit den Vögeln nicht zu sprechen vermögt, haben eure Tiere euch nicht gewarnt. Ihr habt überhaupt keine Beziehung zu Tieren, und so hat sich in Marib wohl niemand darüber gewundert, daß die meisten die Gegend um die Stadt verlassen hatten. Sie sind sogar durch die Wüste geflohen bis in unsere Gegend.

Ich erfuhr, was sie befürchteten. Dich, o Königin, wollte ich auf jeden Fall retten. So schickte ich Warnungen und befahl den Dschinnen, die Regenbogenbrücke zu spannen. Du hast sie wohl gesehen. Sie sollte auch ein Zeichen meiner Liebe sein.«

Bilqis erfuhr, daß König Salomo schon bald nach dem Abklingen der Flut vom für Marib glücklichen Ausgang der Bedrohung berichtet worden war. Salomo sagte ihr auch, daß ihm kundgemacht worden sei, die Königin von Saba habe sich geweigert, den See zu durchschwimmen. Seine Kundschafter hätten ihm schließlich berichtet, Bilqis sei aufgebrochen zum langen Ritt nach Jerusalem.

Die Königin fragte nun direkt, ob Salomo wieder Herr über die Dschinnen seines Reiches sei – da sie für ihn die Regenbogenbrücke gespannt hätten, müsse es wohl so sein.

Die Antwort des Königs war: »Es wird dich nicht wundern, o Herrin, die du mit Dschinnen verwandt bist, daß deine Tat, den Dschinnen von Saba die Unsterblichkeit zu nehmen und ihnen dafür das ewige Leben im Eis zu geben, Schrecken ausgelöst hat unter den Geistern meines Landes. Sie hassen dich seither und wollen dich töten. Lange Zeit hatte ich nicht gewußt, daß sie ihre doch früher gute Meinung über dich geändert hatten. Als ich dann von ihrem Haß erfuhr, war ich ganz froh, daß du die Regenbogenbrücke nicht benutzt hast. Die Dschinnen wären imstande gewesen, dich abstürzen zu lassen.«

Bilqis unterbrach Salomo mit der Frage: »Ist es so, o Herr über die Dschinnen, daß ihr Zorn auf mich dich bei ihnen wieder beliebt machte?«

Seine Antwort war: »Du sagst es! Reumütig haben sie sich mir wieder unterworfen. Doch sie warten sicher den Tag ab, an dem sie mich zu ihrem Sklaven machen können.«

Bilqis wunderte sich, daß Salomo während seiner ausführlichen Erzählung nicht mehr versucht hatte, ihr näherzukommen. Sie war ein wenig verletzt über seine Kühle. Doch was er jetzt sagte, machte sie hellhörig:

»Ich weiß nicht, o Bilqis, warum die Dschinnen mir einreden wollen, unsere Vereinigung müsse unter allen Umständen in Palmyra stattfinden. Immer wieder fangen sie davon an. Sie verlangen von mir, daß ich mit dir nach Palmyra reise.«

Während dieser Worte empfand Bilqis Wasser und Luft als seltsam eisig. Ihre Glieder wurden starr. Sie konnte den Kopf nicht mehr bewegen. Nur die Augen gehorchten ihr noch. Bilqis blickte in das Gesicht des Salomo und erschrak: Er sah aus wie in jenen gespenstischen Bildern, die ihr auf der leeren Wand in der Kammer des Priesters Menachem erschienen waren. Mit Entsetzen sah sie die Bilder noch einmal vor sich. Salomo war älter geworden, doch er war noch immer kraftvoll. Er trug eine Last auf beiden Armen. Es war ein Körper, von den Füßen bis zum Hals in ein weißes Tuch eingehüllt. Das Gewebe war dünn. Es ließ erkennen, daß Salomo eine Frau trug. Ihr Gesicht war unbedeckt. Das Haar fiel fast bis auf den Boden herab. Immer deutlicher wurden die Gesichtszüge.

Bilqis hatte damals in der Kammer des Priesters Menachem begriffen, daß ihr eigener Körper zu sehen war, leblos. Sie hatte sich auf dem Weg zum Begräbnis gesehen. Dies alles sah sie jetzt wieder. Da war eine Grube, ausgehoben im Sand. Sie war nicht tief, denn der fließende Sand füllte die Furche am Boden nach kurzer Zeit auf. Bilqis hatte gesehen, wie der Leichnam in die flache Grube glitt. Er lag da, bedeckt vom dünnen weißen Tuch, das den Blick freigab auf die Schönheit der Frau. Der Wind begann mit dem Tuch zu spielen. Erst an den Beinen wurde es hochgehoben, dann lagen Schoß, Bauch und Brüste frei. Der Wind blies Sand auf den Körper.

Die Königin hörte Salomo sagen: »Löse dich, o Bilqis, von

dem, was du in deinem Inneren siehst! Schreckliches mußt du eben erlebt haben!«

Sie aber antwortete geistesabwesend, als ob sie unter einem bösen Zwang stünde: »Da sprach der Priester Menachem: ›Und es wird auch geschrieben stehen: Er begrub sie unter den Wällen von Palmyra‹.«

Und Salomo sah, daß sie bitter weinte. Da begriff er, daß es nicht der passende Moment war, sie zu verführen. Er hob sie aus dem Wasser und ließ sie langsam über den Beckenrand gleiten. Sie hatte die Kraft zu stehen, doch sie nahm nichts wahr von dem, was um sie vorging. Salomo legte ihr den Umhang über die Schulter und rief nach Makeda.

Am nächsten Tag setzte die Karawane aus Saba ihren Weg nach Jerusalem fort. König Salomo ritt neben dem Kamel der Königin her. Weder sie noch er sprachen über das, was im »ehernen Meer« vorgefallen war. Er war entschlossen, unter allen Umständen die Reise nach Palmyra zu verhindern.

Die Karawane war umgeben von Männern und Frauen auf Maultieren. Palmzweige wurden geschwungen. Die Luft war erfüllt von Gesang. Dies waren die Worte, die Bilqis vernahm:

»Meine Liebe gehört dir, Herr, und meine Stärke.
Herr, meine Burg auf Felsen,
Meine Festung, meine Mauer.
Todesbrandungen tosten um mich.
Bäche des Unheils schreckten mich auf.
Der Unterwelt Fesseln umgarnten mich.
Des Todes Fallen bedrohten mich.
Es wankten die Erde und die Pfeiler der Berge.
Der Herr neigte den Himmel,
Und es fiel Wasser heraus.
Der Herr hatte Wolken und Finsternis an seinen
Füßen.

Er flog daher auf des Sturmes Flügeln.
Er machte sich ringsum Finsternis zum Zelt.
Aus der Finsternis brachen aus Hagel und glühende Kohlen.
Er schleuderte Blitze und ließ Donner erdröhnen.
Die Tiefen des Meeres wurden sichtbar.
Der Erde Grund wurde aufgedeckt.
Der Herr aber streckte seine Hand aus der Höhe
Und zog mich heraus aus gewaltigen Wassern.«

Als der Gesang zu Ende war, wandte sich Salomo der Königin von Saba zu und sagte: »Ein Psalm meines Vaters David – offenbar im prophetischer Voraussicht für dich gedichtet!«

Rotglühend war der Himmel bei Sonnenuntergang, als die Karawane vor Jerusalem eintraf. Salomo hatte den Weg über Gath, Rubute, Manohath gewählt und war dann zwischen der Mauer und den Steinbrüchen im Norden zum Tor mit den zwei Türmen gelangt. Prächtig war der Empfang durch Salomos Reiter, die – in zwei Reihen aufgestellt – eine Gasse bildeten. Während die rote Glut des Sonnenuntergangs verschwand, erleuchtete das Licht von tausend Fackeln den Platz hinter dem Tor. Niemand wunderte sich mehr über die Kamele der Herrin von Saba. Sie waren den Bewohnern von Jerusalem inzwischen vertraut.

Bilqis und ihre Begleiter stiegen von ihren Reittieren ab und betraten zu Fuß die Stadt Jerusalem. Widderhörner erklangen in unterschiedlicher Tonhöhe. Dumpfe Klänge wechselten ab mit hellen und strahlenden. Paukenschläge und Paukenwirbel mischten sich darein. Stimmen von Männern und Frauen waren zu hören, die laut sangen:

»Unsere Füße betreten Jerusalem.
Wir pilgern zum Hause des Königs.
Dorthin ziehen die Stämme,
Die dem König dienen.

Dies ist ein Gesetz in Israel,
Sich seinem Richtspruch zu unterwerfen.
In Sicherheit lebe, wer den König liebt.
Ewiges Heil wohne in seinem Palast.«

Bilqis dachte eben bei sich, daß dies wohl auch ein Psalm Davids sei, als Salomo flüsternd zu ihr sagte: »Noch nie waren Davids Psalmen so beliebt wie derzeit. Die Leute verlangen, daß wir immer neue entdecken. Doch in der Hinterlassenschaft meines Vaters sind keine mehr zu finden.«

Und erneut waren die Sänger zu vernehmen:

»Sein machtvolles Zepter streckt der König aus
Vom Berge Sion bis zum Meer.
Sein Volk ist voll Ergebenheit.
Gott ist ihm zur Rechten.
Er zerschmettert Könige am Tage seines Zornes.
Unter den Völkern hält er Gericht
Und häuft Leichen auf Leichen.
Er zerschmettert Häupter und tötet die Feinde.«

Als Worte und Weise verklungen waren, meinte Salomo, nicht alle Psalmen seines Vaters David seien es – nach seiner Ansicht – wert, aufbewahrt zu werden. Doch sie träfen offenbar den Geschmack des Volkes.

Bilqis samt Hofstaat und Salomo waren am Palasttor angekommen. Nun schritt der Prophet neben ihr, und die Königin fragte ihn, wie viele Nächte noch verstreichen müßten, bis das helle Licht am Himmel den Menschen das bedeutende Ereignis verkünde. Der Prophet antwortete, bis dahin werde noch eine Woche verstreichen.

Bilqis bemerkte, daß sie durch andere Gänge und schließlich in ein anderes Gemach geführt wurde als bei ihrem ersten Aufenthalt an Salomos Hof. Es war groß und prächtig. Mit zierlichen Schnitzereien aus Ebenholz waren die Fensterhöhlen ausgefüllt. Aus Ebenholz, nicht aus Vorhängen, bestanden auch die Türen. Die Wände waren mit hellblauer Seide bespannt. Die Fackeln steckten nicht in Haltern an den Wänden, sondern in Ständern aus massivem Gold.

In einem Nebenraum, der auch beachtliche Ausmaße besaß, stand das »eherne Meer«. Bilqis wunderte sich, wie rasch es von Gaza herbeigeschafft worden war, konnten doch die Dschinnen erfahrungsgemäß keine Lasten schleppen. Zu Salomo, der sie noch immer begleitete, sprach die Königin:

»Ich bin bereit, o König, das Bad, das am Morgen durch mein Verhalten unterbrochen wurde, in dieser Nacht fortzusetzen.« Salomon entgegnete, er freue sich und sei dankbar.

Nur eine Öllampe brannte, als König und Königin wieder, Fußsohle an Fußsohle, im »ehernen Meer« lagen. Salomo fragte, ob nach Ansicht der Königin von Saba die Schwüre des Morgens auch in der Nacht bindend seien.

Bilqis antwortete: »Du hast geschworen, nicht mit Gewalt zu nehmen, was dir nicht gehört. Dabei soll es bleiben!«

Salomo schlug nun einen Wettstreit im Rätsellösen vor. Wer gewinne, dürfe darüber bestimmen, ob der Schwur noch gelte oder nicht. Damit war Bilqis einverstanden, glaubte sie doch im Rätsellösen anderen weit überlegen zu sein. Sie nahm sich überdies vor, Salomo durch ihre Reize vom Nachdenken abzulenken – und sie begann damit, daß sie ihre Brüste aus dem Wasser hob.

Dann sprach sie: »Ich kenne zwei Dienerinnen, sie sind von gleicher Gestalt. Sie dienen dem, der ihnen dient und dabei die Augen öffnet. Geschlossen aber hat sie ein anderer, der auf andere Weise genießt. Wer sind die zwei Dienerinnen?«

Salomo antwortete: »Du hältst sie mir vor die offenen Augen. Sie dienen dem Mann, der sie anschaut und streichelt, und dem Kind, das bei geschlossenen Augen daraus trinkt.« Bilqis, die dem König die Aufgabe unabsichtlich leicht gemacht hatte, nickte mit dem Kopf.

Nun war die Reihe an Salomo, ein Rätsel aufzugeben: »Zu ihrem Sohn sagt eine Frau: ›Dein Vater ist zugleich mein Vater, und dein Großvater ist mein Mann. Du bist mein Sohn, und ich bin deine Schwester.‹«

Da geriet Bilqis in Verlegenheit. Sie wußte die Lösung nicht, und als Salomo ihr sagte, es handle sich um die Tochter des Lot, da war ihr die Erzählung von Vater Lot – den seine beiden Töchter betrunken gemacht hatten, damit sie ihn verführen konnten – völlig unbekannt. Bilqis wollte wissen, warum die Töchter dies getan hätten, und Salomo erläuterte ihr, es seien eben keine anderen Männer in jener Gegend zu finden gewesen und die Mädchen hätten unbedingt schwanger werden wollen, damit sie Söhne bekämen. Bilqis fand das Verhalten der Töchter des Lot seltsam. Im Reich Saba kenne man derartige Geschichten nicht – und deshalb sei für sie das Rätsel nicht lösbar gewesen. Salomo stimmte zu, daß dieses Rätsel nicht gewertet werde, weil Bilqis nicht bewandert sein könne in der Historie des jüdischen Volkes.

Er stellte ein zweites Rätsel: »Sage mir, o Königin, welches Wasser eignet sich nicht zum Bade und nicht zum Trinken, ist auch nicht aus dem Boden gequollen oder vom Himmel gefallen?«

Diesmal wußte Bilqis rasch die Antwort: »Das Wasser des Schweißes.« Da war es an Salomo zu nicken.

Bilqis bemühte sich, ihm beim nächsten Rätsel die Aufgabe nicht durch leichtfertige Preisgabe der Lösung einfach zu machen. Sie blieb diesmal ruhig im Wasser liegen und sprach: »Es ist ein Tor, das verschlossen ist. Ein Schlüssel öffnet es. Doch nur dem Richtigen ist es vergönnt, den Schlüssel zu gebrauchen. Dem Richtigen wird gern geöffnet. Der Falsche wird vom Tor gewiesen. Hat es der Richtige geöffnet, wird er im Augenblick reich belohnt – und vielleicht noch einmal zu späterer Zeit.«

Salomo hatte die Antwort gefunden, noch ehe Bilqis das Rätsel vollständig gestellt hatte. Er sprach: »Es ist der Schoß der geliebten Frau! Belohnt wird der Geliebte im Augenblick des Eindringens – und noch einmal nach neun Monaten, wenn ihm ein Sohn geboren wird.«

Kurz darauf fragte Salomo: »Wer wird nicht geboren und stirbt auch nicht?«

Ehe er ausgeredet hatte, sprach Bilqis die richtige Antwort aus: »Es ist Gott!«

Beide waren sie jetzt der Meinung, daß durch das Spiel der Rätsel nicht entschieden werden könne, ob der Schwur des Morgens noch am Abend gültig sei.

Salomo verlor die Geduld. Er wollte diese Frau besitzen. So lange hatte ihm bisher keine widerstanden. Es war ihm gerade recht, daß das Verlangen seine Männlichkeit zu beherrschen begann. Er fragte die Königin: »Kennst du die Geschichte von Aaron und seinem Stab? Und vom Wunder, das er in Ägypten bewirkte?«

Bilqis antwortete, Moses und Aaron seien Männer gewesen, deren Taten auch im Lande Saba bewundert würden. Da begann Salomo zu sprechen:

»Es steht geschrieben: Der Herr redete zu Mose und Aaron also: ›Wirkt ein Wunder! Nur ein Wunder kann euch retten. Nimm, o Aaron, deinen Stab und wirf ihn auf den Boden, und er wird zur Schlange werden!‹ Da tat Aaron, was ihm der Herr befohlen hatte. Er nahm seinen Stab und warf ihn auf den Boden, und er ward zur Schlange.«

Da sprach Bilqis, die begriffen hatte, was Salomo meinte: »Es steht auch geschrieben: ›Der Pharao ließ die Weisen und Zauberer rufen und auch einfache Menschen wie Handwerker und Bauern – und Könige auch. Sie vollbrachten alle das Wunder, die Schlange wieder zum Stab werden zu lassen‹.«

Da lachte Salomo und hob seinen Unterleib aus dem Wasser – und Bilqis konnte sehen, wie sich die Schlange in den Stab verwandelte.

Da erhob sich die Königin aus dem Wasser und stand vor Salomo. Langsam öffnete sie den Verschluß ihrer Kette.

Dann löste sie das Schmuckstück von den Hüften und aus den Lippen ihres Schoßes. Ihre Hände spielten mit der Kette. Sie zog die Glieder durch ihre Finger. Schließlich beugte sie sich nieder zu Salomo und schmückte den Stab des Aaron damit. Als sie fertig war, bedeckte Gold die Männlichkeit des Königs.

In jener Nacht gab sich Bilqis Salomo hin – und sie blieben sieben Tage und sieben Nächte beieinander.

Nichts sahen die beiden vom gewaltigen Licht am Himmel in jener Nacht, als sich der »Stern der Königin« mit dem hellsten Stern im Gürtel des »Hirten der Sterne« vereinigte – im Sternbild der Fische. Die Bewohner von Jerusalem standen auf Straßen und Plätzen, auf der Stadtmauer und auf Dächern und sahen ein Wunder. Bilqis und Salomo hörten die Rufe des Erstaunens und der Freude, die aus tausend Kehlen drangen. Sie liebten sich in dieser Nacht stärker als in den Nächten zuvor – und Bilqis wußte am Morgen, daß sie einen Sohn empfangen hatte.

Salomo aber beschäftigte ein Traum, dessen Bilder er im Halbschlaf zwischen den Umarmungen gesehen hatte: Über Jerusalem ging ein Stern auf. Er war erst blaß, dann aber wurde er heller. Er strahlte stärker als jeder Edelstein in der Schatzkammer des Königs. Doch der Stern verharrte nicht über Jerusalem: Er flog über den Himmel mit einem leuchtenden Schweif. Er entfernte sich und blieb dort stehen, wo das Land Saba war. Dort überstrahlte er alle anderen Sterne.

Als Bilqis und Salomo badeten, sagte er in traurigem Ton: »Ich weiß, daß du mich verlassen wirst. Du willst meinen Sohn in dir mitnehmen, wenn du zurückreitest nach Saba. Es ist jedoch die Ordnung Gottes, daß der Sohn beim Vater und die Tochter bei der Mutter bleibe.«

Sie aber antwortete: »Wir brauchen einen König in Saba. Ich bringe ihn mit. Ich wünsche aber, daß er in deinem Glauben erzogen wird. Ich brauche jemanden, der ihn und mich darin unterweist.« Und sie nahm sich vor, den König um den Priester Menachem zu bitten.

In die Stimmung der Trauer mischte sich der Ton eines Saiteninstruments, dessen Höhe sich kaum veränderte. Er wurde lauter und leiser, dann einschmeichelnder und wieder eindringlicher. Schließlich sang eine Frau:

»Du bist, o Königin, geküßt vom Glück.
Du jugendliche Herrin der Sabäer.
Du gehst und läßt uns nichts zurück
Als das trockne ›eherne Meer‹.

Du bist, o Königin, geküßt vom Glück.
Doch du beraubst uns wie ein Dieb.
Das Reich war bisher aus einem Stück.
Die Teilung trifft uns wie ein Hieb.

Du bist, o Königin, geküßt vom Glück.
Den Erben nimmst du unterm Herzen mit.
Er wär' der Held mit scharfem Blick,
Der sich dem Feind stellt mit entschloss'nem Tritt.

Du bist, o Königin, geküßt vom Glück.
Ob unser Land zerfällt, es ist dir gleich.
Du gehst und läßt uns nichts zurück.
Du denkst nur an dein eigen' Reich.

Du bist, o Königin, geküßt vom Glück.
Du jugendliche Herrin der Sabäer.«

Als das Lied verklungen war, sagte Bilqis: »Von deinem Vater David ist dieses Lied wohl nicht.«

Da schwieg der König und verließ das Gemach.

Der Tag schritt voran, und die traurige Stimmung verflog. Die redende Makeda erinnerte Bilqis daran, daß die stumme Makeda zwölf scharfe Hiebe zu bekommen habe – dies erwarte jede neue Dienerin von ihrer Herrin. Da Bilqis selbst dazu keine Lust hatte, beauftragte sie die redende Makeda damit. Die Königin sah jedoch zu, wie die Stumme gezüchtigt wurde. Die Polster wurden zunächst so hergerichtet, daß die Stumme, als sie sich darüberlegen mußte, ihren Hintern hochgereckt darbot. Zwölfmal schlug die redende Makeda mit einem Lederriemen zu. Die stumme konnte keinen befreienden Schrei ausstoßen – doch sie wand sich auf dem Polster wie eine Schlange. Sie hatte rasch begriffen, was ihrer neuen Herrin gefiel.

Die Königin wurde von der redenden Makeda gefragt, was sie mit ihren Sklavinnnen Tupaina und Silema zu tun gedenke, denn auch diese beiden hätten die ihnen zustehenden Hiebe noch nicht erhalten. Bilqis wußte darauf keine Antwort. Die redende Makeda aber meinte, es werde ihr dazu etwas einfallen. Da sagte die Königin: »Schaff mir die Kinder vom Leibe!«

Als der Tag noch nicht ganz seine Mitte erreicht hatte, ging die Herrin zusammen mit Adiya, dem Verwalter der königlichen Besitztümer, durch den Teil von Jerusalem, in dem sich die besseren Handelsherren niedergelassen hatten. Eigentümlich war ihm vorgekommen, was Bilqis ihm gesagt hatte. Adiya hatte verstanden, sie suche ein geräumiges Gewölbe, um darin einen Laden einzurichten. Er konnte nicht glauben, was er gehört hatte. Doch Bilqis bestand darauf, sie brauche ein Gewölbe, um darin Weihrauch zu verkaufen. Sie gebe ihre Ware ab an einzelne Käufer, die das Weihrauchharz selbst verbrauchen wollten, und an Kaufherren, die beabsichtigten, es an andere Länder zu liefern. Auf diese Weise, so erklärte die Königin, werde Jerusalem zum Mittelpunkt des Weihrauchhandels werden, mit Niederlassungen in Ägypten und in Babylon.

Die beiden schauten sich einige Gewölbe an. Die Auswahl war nicht groß, weil nur wenige Läden leerstanden; die Geschäfte gingen damals gut in Jerusalem. Bilqis fand schließlich ein Gewölbe, das ihr einigermaßen gefiel. Es bot Platz für ein Lager und für Verkaufsräume. Vorteilhaft war, daß es an der Straße lag, die hinaufführte zum Palast. Sie wurde von den wohlhabenden Höflingen benutzt, die mit den Handelsherren Geschäfte machten, und von den Reichen, die dem Herrscher ihre Ehrfurcht bezeugen wollten. Bilqis konnte mit guter Kundschaft rechnen.

Zurückgekehrt in den Palast, gab sie Jeschua den Befehl, alles Weihrauchharz, das die Karawane mitgebracht hatte, in das Gewölbe zu schaffen. Adiya aber bat sie, noch vor Abend ein Schild malen zu lassen mit der Aufschrift:

»Feinstes Weihrauchharz
Aus dem wundersamen Reiche Saba.
Inhaberin: Bilqis, die Königin«.

Am frühen Abend bestaunten die Händler der umliegenden Gewölbe und ihre Kunden das Schild. Sie sahen der Königin zu, die Anweisungen gab, und atmeten den Duft der Weihrauchschwaden ein, die durch Straßen und Gassen zogen. Bilqis hatte angeordnet, daß mit dem Harz nicht gegeizt werden dürfe. Für die Leute von Jerusalem sei dieser Duft schließlich etwas Neues – und sie sollten sich möglichst rasch an ihn gewöhnen.

In derselben Straße, in der sich das Weihrauchgewölbe der Königin befand, hatte der Handelsherr seine Räume, der für König Salomo Streitwagen vertrieb. Adiya wies Bilqis eigens darauf hin, denn das Haus war eher unauffällig. Kein Schild machte auf den Streitwagenhandel aufmerksam. Adiya meinte, die Streitwagen, die in Jerusalem verkauft würden, seien die besten, die zu bekommen seien im weiten Gebiet zwischen den Flüssen Ägyptens und Babylons. Hergestellt würden die Kriegsfahrzeuge in den Städten der Philister, die Salomo unterstünden. Der wichtigste Teil des königlichen Einkommens stamme aus dem Streitwagenhandel. Adiya sagte: »Pures Gold in Mengen ist daran zu verdienen!«

Das Geheimnis der Frauen des Salomo

In der Nacht ließ sie ihren Gedanken und Bildern freies Spiel. Auf einmal sah sie eine Gestalt vor sich, die saß auf einem überaus hohen Thron. Die Gestalt selbst schien eher klein zu sein. Sie sprach in barschem Ton:

»Staune nur, o Fremde, die du meine Pracht siehst! Wir Dschinnen vom Jerusalem leben nicht so bescheiden wie einst die Dschinnen deines Reiches. Wir sind auch nicht so tölpelhaft. Merke, o Tochter einer Dschinnin, daß ich Mundhir heiße. Weiter brauchst du über mich nichts zu erfahren. Wir hatten einst Hoffnung in dich gesetzt, doch du hast die Dschinnen deines Landes verraten. Kein Dschinn hat mehr Vertrauen zu dir. Wir alle wollen dein Verderben, und du reizt sogar noch unseren Zorn. Kaum bist du in Jerusalem angekommen, führst du den Kampf gegen uns: Du eröffnest ein Ladengewölbe, in dem mit Weihrauch gehandelt wird. Weißt du denn nicht, daß wir den Gestank von Weihrauch hassen? Daß deine Dschinnen ihn gerne rochen, haben wir nie verstanden. Wir können den Gestank nicht ausstehen! Er bringt uns um! Wir fordern dich deshalb auf: Verschwinde mit deinem Laden aus der Stadt!«

Das Bild des Dschinnen Mundhir verblaßte. Bilqis verdrängte die Gedanken an ihn und versuchte zu schlafen. Doch jede Spur von Müdigkeit verflog, als sie daran dachte, daß die Dschinnen Salomo veranlassen wollten, mit ihr nach Palmyra zu reiten – Palmyra, der Ort ihres Grabes! Jetzt hörte sie die Stimme des Mundhir erneut:

»Deine Gedanken waren eben mit dem Wort Palmyra beschäftigt. Du mußt wissen, daß ich Gedanken lesen kann. Deshalb bin ich der oberste der Dschinnen. Meine Fähigkeit kann gefährlich für dich werden! Ich warne dich! Du sollst jedoch erfahren, daß Palmyra, die blühende Stadt, uns gehört. Wir herrschen dort.«

Bilqis sah diesmal den Dschinnen Mundhir nicht. Sie vernahm nur seine Stimme. Er sprach weiter:

»Ich spüre, du willst mehr wissen über uns. Deine Abstammung zwingt dich dazu, dich mit uns zu befassen. Wenn du hinter unser wichtigstes Geheimnis kommen willst, dann besuche Salomos Frauen in Jericho. Sie haben alle eines gemeinsam. Wenn du dieses Gemeinsame erfahren hast, verstehst du vieles, wenn nicht alles!« Die Stimme erstarb, doch Bilqis dachte noch lange über die Worte des Mundhir nach.

Salomo, den Bilqis am Morgen im »ehernen Meer« traf, hatte nichts dagegen einzuwenden, daß Bilqis hinunterritt ins Tal des Flusses und des salzigen Meeres. Die stumme und die redende Makeda begleiteten sie.

Heiß war die Luft zur Mittagszeit im tiefen Tal. Beim Ritt über die tiefgelegene Ebene zur Oase rann ihr der Schweiß vom Gesicht auf ihren Umhang. Die Königin fragte sich, warum Salomo gerade hier seinen Frauen den Palast zum ständigen Aufenthalt gebaut hatte. Die Luft in Jerusalem war doch so viel besser. Als sie sich dem Ort näherte, wußte sie die Antwort: Es war der üppige Garten, der den Palast von Jericho zum Paradies machte.

Bilqis trat ein und sah, daß es hier Wasser in Hülle und Fülle gab. Vom Fluß her waren Kanäle gezogen. Sie durchquerten in sanften Windungen einen Hain niederer Palmen, die sich durch breite Fächer auszeichneten. Da die Palmen dicht beieinander standen, lagen die Wege und die Gewässer im Schatten. Sträucher blühten in vielen bunten Farben. Blumenbeete leuchteten. Bilqis atmete angenehme Düfte ein.

Ausgesperrt waren aus diesem Paradies Hitze und sengende Sonne, Schwüle und dumpfe Luft. Bilqis empfand Heiterkeit, als sie durch den Garten ging. Niemand hielt sie auf. Sie hatte keine Wachen am Tor bemerkt. Sie sah Frauen in leichten Gewändern, die gemächlich auf den Wegen gingen, allein oder in Gruppen.

Eine junge Frau sprach Bilqis an und stellte sich vor: »Ich bin die Tochter des Pharao!« Dann aber fragte sie sofort: »Du bist also auch nicht schwanger?«

Bilqis war erstaunt über diese Frage, doch sie erfuhr den Grund. Die Tochter des Pharao erzählte: »Wisse, daß wir alle, die wir hier sind, in den ersten Wochen nach unserer Ankunft in Jerusalem dem König Salomo sehr nahe waren und bei ihm im Palast wohnten. Auch ich war mit ihm glücklich. Eines Tages aber fragte er mich, ob ich schwanger sei. Ich mußte ihm sagen, daß ich noch kein Kind erwarte. Da wandte sich Salomo um. Am selben Tag wurde ich hierher nach Jericho gebracht.«

Bilqis sprach: »Ich wurde noch nicht gefragt. Es ist erst wenige Tage her, daß mich der König zu seiner Frau gemacht hat.« Sie sagte nichts davon, daß sie glaubte, ein Kind empfangen zu haben.

Bilqis und die Tochter des Pharao standen nicht lange allein beisammen. Andere Frauen traten hinzu: die Töchter der Könige von Sidon, Zypern und Libyen, der Fürsten von Shiraz, Lahore und Kandahar. Sie wunderten sich alle, daß Bilqis wieder zurückkehren durfte in den Palast des Salomo. Es war ihnen nicht verboten, Haus und Garten in Jericho zu verlassen. Es war ihnen sogar gestattet, aus dem Land des Königs auszureisen, wenn sie es wollten. Nur den Palast in Jerusalem durften sie nie mehr betreten.

Es war die Zeit, da die Frauen das kühle Wasser aufsuchten. Sie brachten Bilqis zu ihrem Badebecken, dessen Anblick die Besucherin überraschte, denn es war seltsam angelegt. Es bestand aus einem runden, weiten und tiefen Schacht mit einem Durchmesser von fünfzehn Schritten. Der Wasserspiegel lag sieben Schritte unter dem oberen Rand. Zu erreichen war die Tiefe über eine Treppe, die – außerhalb des Schachtes seinem Rund angepaßt – nach unten führte. Auf der Höhe des Wasserspiegels gab eine Öffnung den Weg frei zum Inneren des Schachtes.

Das Reizvolle war, daß über den Rand oben ringsum Wasser quoll, das hinunterstürzte in die Tiefe. Bilqis bewunderte diesen kreisrunden Wasserfall.

An der Wand der Treppe waren Haken angebracht zur Aufbewahrung der Umhänge, Röcke, Hemden und Tücher. Auch Bilqis legte ihren Umhang ab und trat durch die Öffnung in den Schacht. Sie durchschritt den Wasserfall, der mit Wucht auf sie einstürzte, und stand auf dem hellen Marmorkranz, der an der Schachtwand entlang im Kreis das Wasserbecken umgab. Zart getönt in Weiß, Grün und Blau waren die Marmorverkleidungen der Wände. Das Wasser und der Marmor strahlten Kühle aus.

Einige Frauen – auch Bilqis – setzten sich auf den Marmorkranz und ließen die Beine ins Wasser baumeln. Andere schwammen bereits. Zwischen ihren weißen nackten Leibern glitten goldglänzende Fische unterschiedlicher Größe durch das Wasser. Es war, als ob die Frauen und die Fische miteinander tanzten. Der Boden des Wasserbeckens aber bestand aus einem farbigen Mosaik, das wie ein wertvoller Teppich aus Isfahan wirkte. Die Unruhe des Wasserspiegels veränderte das Muster unentwegt. Bilqis gefiel, was sie sah.

An ein Gespräch im größeren Kreis der Frauen war nicht zu denken – der Wasserfall rauschte zu laut. Selbst zwischen zwei Frauen war eine Unterhaltung nur mit erhobener Stimme möglich. Bilqis saß mit der Tochter des Pharao zusammen und erfuhr, daß es nie mehr als ein Dutzend Frauen im Haus des Salomo gegeben hatte. Bilqis fragte sich, wer als erster behauptet haben mochte, Salomo besitze tausend Frauen. Noch rätselhafter war ihr, daß jemand von Salomo sagen konnte, er verzaubere seine Frauen in Tulpen. Es war die redende Makeda gewesen, die ihr dies einst erzählt hatte. Bilqis war nun überzeugt, die Dschinnen hätten Makeda damals in ihrem Bann gehalten und sie veranlaßt, Lügen über Salomo zu verbreiten. Die Königin hielt es für besser, Makeda jetzt nicht mehr danach zu fragen.

Die Tochter des Pharao klagte, König Salomo komme nie in das Haus und in den wunderbaren Garten von Jericho. Er lasse seine Frauen völlig allein. Bilqis wollte wissen, ob die Frauen unter diesen Umständen nicht lieber in ihre Heimat zurückkehren wollten – dies sei ihnen doch offensichtlich erlaubt. Sie erhielt die Antwort, die Frauen würden von ihren Sippen nie mehr aufgenommen werden, weil die Männer in der Sippe den Spott fürchteten, Salomo habe eine ihrer Töchter verstoßen. Diese Schande dürften die Frauen ihren Sippen nicht bereiten.

Sie selbst ganz besonders, die Tochter des Pharao, wäre bei einer Heimkehr in schlimmer Lage. Ihr Vater würde sich veranlaßt sehen, Krieg gegen Salomo zu führen, um die Ehre des Landes Ägypten reinzuwaschen. Dies würde Not und Elend für Ägypten und für Jerusalem bedeuten.

Die Königin von Saba schaute sich in der Runde um und fand, daß die Frauen alle sehr schön waren – und tatsächlich war keine von ihnen schwanger.

Auf einmal wußte sie, was der Dschinn Mundhir gemeint hatte mit den Worten: »Wenn du hinter unser wichtigstes Geheimnis kommen willst, dann besuche Salomos Frauen in Jericho. Sie haben alle eines gemeinsam. Wenn du dieses Gemeinsame erfahren hast, verstehst du vieles, wenn nicht alles!« Daß die Frauen nicht schwanger waren, war die Gemeinsamkeit – und das Geheimnis der Dschinnen war, daß Salomo kein Kind zeugen konnte.

Beim beschwerlichen Ritt hinauf nach Jerusalem machte sich Bilqis Gedanken. Sie kam zu dem Ergebnis, daß niemand anderes als die Dschinnen schuld sein mußten an der Kinderlosigkeit der Frauen im Haus des Salomo in Jericho: Sie hatten den Samen des Königs verdorben. Und Bilqis war sich nun gar nicht mehr sicher, daß sie ein Kind bekam. Doch die Unfruchtbarkeit des Königs war offenbar ein Leiden aus jüngerer Zeit. Bilqis wußte nämlich, daß Salomo aus einer früheren Verbindung einen Sohn hatte, und nahm sich vor, ihren Propheten in dieser Sache zu befragen.

Harith wußte tatsächlich Bescheid. Er sagte: »O Königin, Rehabeam heißt dieser Sohn. Er soll Salomos Reich erben. Doch die Leute fürchten sich davor. Sie sagen Schlimmes über diesen Rehabeam. Sie meinen, er sei ganz in der Hand der Dschinnen. Von Rehabeam wird gesagt, er werde ein hartes Regime führen. Diese Worte soll er gesprochen haben: ›Mein Vater Salomo hat euch ein schweres Joch auferlegt. Ich aber will dieses Joch noch schwerer machen. Mein Vater hat euch mit Geißeln geschlagen, ich aber will euch mit stacheligen Peitschen züchtigen!‹«

Bilqis bedankte sich bei ihrem Propheten für die Auskunft. Sie verstand nun: Die Dschinnen wollten, daß Rehabeam das Reich übernehme, da sie ihn bereits beherrschten und glaubten, mit ihm ein leichtes Spiel zu haben.

In diesem Augenblick, als die Gedanken der Königin von Saba mit Salomo, seinen Frauen und den gefährlichen Dschinnen beschäftigt waren, erinnerte der Prophet sie daran, daß der König von der Beteiligung seines Untertanen Jeschua an der Verschwörung des Aqiribi und der Itamra erfahren müsse. Schließlich habe sie, Bilqis, selbst gesagt, allein der König habe das Recht, ein Urteil über diesen Mann aus Jerusalem zu sprechen.

Da wurde Bilqis ungehalten. Sie sagte: »In dieser Angelegenheit ist keiner bestraft worden – über Jeschuas Verhalten wird nicht mehr geurteilt!«

Bilqis war glücklich, daß Salomo in der folgenden Nacht

wieder das Lager mit ihr teilte. Sie fragte nicht, wo er gewesen sei. Sie aber erzählte ihm von der Begegnung mit dem Dschinnen Mundhir, vom Besuch bei Salomos Frauen und vom Gewölbe, in dem sie Weihrauch verkaufen wolle. Bei der Nennung des Namens Mundhir war der Gesichtsausdruck des Königs böse gewesen – die Nachricht von der Ladeneröffnung aber erheiterte den König. Er sagte, es freue ihn, daß die Königin von Saba nun bei ihm in Jerusalem steuerpflichtig werde.

Bilqis wollte wissen, ob Salomo sich nicht lösen wolle aus den Fängen der Dschinnen. Er entgegnete, dafür bestehe keine Hoffnung. Das Schlimmste für ihn sei es, keine Kinder mehr zeugen zu können. Er habe wohl begriffen, daß die Dschinnen seinen Samen verdorben hätten. Ihn quäle der Gedanke an die Zukunft seines Reiches, und ihm sei bewußt, daß Rehabeam dem jüdischen Volk Unglück bringen werde.

Als sie seine Worte gehört hatte, befahl ihm Bilqis, alle ihre Anweisungen zu befolgen. Mit traurigem Gesicht versprach Salomo, er werde tun, was sie wolle.

Jetzt gab sie ihm zu verstehen, jeder Untertan habe Weihrauchharz abzuholen im Gewölbe, das die Aufschrift trage:

»Feinstes Weihrauchharz
Aus dem wundersamen Reiche Saba.
Inhaberin: Bilqis, die Königin«.

Es werde dort kostenlos verteilt. Das Harz müsse zu der Stunde, da es verteilt worden sei, überall in der Stadt angezündet werden. Salomo gab Befehl, jede Familie in Jerusalem habe sich der Anweisung zu fügen.

Die Geschichte vom Ende der Dschinnen-herrschaft

Noch ehe es Nacht wurde, war Jerusalem von Weihrauchschwaden eingehüllt. Da es windstill war, hingen die duftenden Wolken über Gassen, Straßen und Plätzen. Bald aber begann hoch droben in der Luft über den Schwaden ein gewaltiges Sausen, als ob die unsichtbaren Heerscharen des Himmels sich versammeln würden. Das unheimliche Geräusch verebbte nicht, sondern wurde immer stärker. Die Menschen flohen in ihre Häuser. Sie begriffen, daß es mit den Weihrauchschwaden zusammenhängen mußte, doch sie konnten den Ursprung des Sausens nicht wirklich ergründen.

Die Leute von Jerusalem waren geteilter Meinung. Die einen sagten: »Es sind hunderttausend Engel, die uns heimsuchen, weil bei uns die Dämonin Bilqis wohnt.« Die anderen meinten, es seien hunderttausend Teufel gekommen, um Bilqis, ihre Herrin, zu feiern. Es hatte nur den Anlaß der unheimlichen Geräusche gebraucht, um Bilqis im Bewußtsein der Menschen zu verteufeln.

Ihr Prophet trat in das Gemach ein, in dem sich Königin und König aufhielten. Harith beachtete Salomo kaum und sprach zu seiner Herrin: »Es sind die Dschinnen, die durch den Weihrauchduft aus der Stadt vertrieben wurden und sich nun zum Angriff sammeln. Dies ist ein gefährliches Spiel, o Königin. Schicke die Bewaffneten los in die Gassen und Straßen. Sie sollen den Leuten sagen, es gelte nur diese Nacht durchzuhalten – ihrem König zuliebe. In keinem Haus dürften die Weihrauchharze zu glimmen aufhören.«

Bei Einbruch der Dunkelheit trieben Wolken über Jerusalem zusammen, dann begann es zu regnen. Der Prophet meinte dazu, die Dschinnen versuchen jetzt das Glimmen der Weihrauchharze zu löschen, doch zum Glück befänden die sich überwiegend unter Dächern.

Der Regen ließ nach, hörte schließlich auf. Doch Bilqis

glaubte nicht, daß die Dschinnen den Kampf schon aufgegeben hätten. Sie warnte, um Mitternacht werde Jerusalem heimgesucht werden.

Eng umschlungen standen Salomo und Bilqis am Fenster. Mit ihnen wartete der Prophet auf das, was geschehen würde. Auf einmal fuhren lange Feuerstöße über den Himmel. Kurz danach war entsetzliches Krachen zu hören. Die drei Menschen am Fenster des Königspalastes sahen, wer das Feuer ausspie: Es waren riesige Ungetüme mit Köpfen und Gliedern. Ihre Leiber wechselten ständig die Farbe zwischen giftigem Grün und feurigem Rot. Zu erkennen waren auch silbrige Schuppen. Die Ungetüme bewegten Flossen und flogen damit. Wenn sie die Augen aufrissen, waren diese schwefelgelb.

Der Prophet sagte: »Das, o König und Königin, sind die furchtbaren Meeresdrachen, die schrecklichsten Tiere der Schöpfung überhaupt. Sie leben am Grunde des Meeres, dort, wo die Eingänge zur Hölle sind. Die Meeresdrachen sind wohl mit den Dschinnen verbündet. Sie bilden deren letztes Aufgebot.«

Schlimmer als zu Beginn des Abends war jetzt das Geräusch in der Luft. Die Meeresdrachen wollten auf die Stadt herunterstoßen, doch auch sie wurden – wie die Dschinnen – aufgehalten durch die Schwaden des Weihrauchs, die sich über Jerusalem ausgebreitet hatten. Es bestand die Gefahr, daß die heftige Bewegung der Meeresdrachen Wind erzeugte, der die schützenden Schwaden wegblies.

In diesem Augenblick der Not war die Stimme der Königin von Saba zu hören, die sagte: »König Salomo, ich glaube an deinen Gott.«

Da erhob sich ein Geschrei und Gekreische am Himmel, furchterregende Töne der Wut und Ohnmacht dröhnten über die Stadt. Geschlagen flogen die Meeresdrachen zurück zu den Pforten der Hölle am Grunde des Meeres.

Als längst wieder Ruhe herrschte, lag Bilqis noch halbwach neben Salomo, der in tiefen Schlaf gesunken war. Da begann ihre Vorstellungskraft zu wirken und sorgte dafür, daß Bilqis eine Gestalt sah. Es war Mundhir, der oberste der Dschinnen. Er saß nicht mehr auf seinem gewaltigen Thron – er kniete und schwieg.

Da sprach die Königin von Saba: »Du hast eine Niederlage erlitten, o Mundhir. Die Zeit der Dschinnen ist auch in Jerusalem zu Ende. Ich nehme an, ihr möchtet Palmyra im Lande Amurru behalten. Dort wird euch eine Frist gewährt, bis auch in jener Stadt eine Königin herrschen wird – ihr Name wird Zenobia sein. Bis dahin werdet ihr nicht aus Palmyra vertrieben und nicht durch Weihrauch belästigt. Doch ich stelle eine Bedingung: Nehmt mit, was von Salomos Wesen euch gehört, und nehmt von meinem Wesen mit, was ich von den Dschinnen ererbt habe. Begrabt die Tochter des Dschinnenfürsten unter den Wällen von Palmyra!«

Die Gestalt des Mundhir verschwand. Das Bild erlosch völlig. Bilqis schlief ein. Da sah sie im Traum plötzlich Salomo. Er trug eine Last auf beiden Armen. Es war ein Körper, von den Füßen bis zum Hals in ein weißes Tuch gehüllt. Das Gewebe war dünn. Es ließ erkennen, daß Salomo eine Frau trug. Ihr Gesicht war unbedeckt. Das Haar fiel fast bis auf den Boden herab. Immer deutlicher wurden die Gesichtszüge. Zum drittenmal erlebte Bilqis ihre eigene Beerdigung. Da war eine Grube ausgehoben im Sand. Sie war nicht tief, denn der fließende Sand füllte die Furche am Boden nach kurzer Zeit auf. Bilqis sah, wie der Leichnam in die flache Grube glitt. Er lag da, bedeckt vom dünnen weißen Tuch, das den Blick freigab auf die Schönheit der Frau. Der Wind begann mit dem Tuch zu spielen. Erst wurde es an den Beinen hochgehoben, dann lagen Schoß, Bauch und Brüste frei. Der Wind blies Sand auf den Körper. Jetzt aber sah Bilqis, was sie nie zuvor gesehen hatte: Salomo sank langsam nieder, beugte sich über die Tote und legte sich mit dem Gesicht nach unten zu ihr.

Die Bilder wurden verschwommen und erloschen. Bilqis erwachte und schrie laut auf, dann heulte sie ihren Schmerz aus der Seele – den Schmerz um Salomo. Plötzlich wurde das Heulen zum Gewimmer, und dann sagte Bilqis:

»Da sprach der Priester Menachem: ›Und es wird auch geschrieben stehen: Sie begruben beide, Salomo und Bilqis, unter den Wällen von Palmyra‹.«

Jetzt schüttelte sie der König, bis sie wach war – und Bilqis erkannte, daß sie und Salomo lebten. Unter den Wällen von Palmyra war begraben worden, was von ihm und ihr der Welt der Dschinnen zugehört hatte.

Bilqis setzte sich auf und blickte dem Mann ins Gesicht, mit dem zusammen sie Seltsames erlebt hatte und der doch so eigentümlich unberührt blieb von ihrem Erleben. Sie hatte den Eindruck, er sei jünger geworden in dieser Nacht. Salomo aber sah der Königin an, daß sie sich diesmal nach seiner Umarmung sehnte. Am Morgen war sie fest überzeugt, wirklich einen Sohn empfangen zu haben.

Weder am Hofe noch in der Stadt wurde viel über die Geschehnisse der Nacht geredet. Die Menschen hatten das richtige Gefühl, eigentlich seien nur der König und die Königin von der Auseinandersetzung mit den geheimnisvollen Mächten betroffen gewesen.

Vergessen war, daß Bilqis einen Abend und eine halbe Nacht lang den Teufeln zugerechnet worden war. Als der Spuk verflogen war, galt Bilqis wieder als gütig, gescheit und verehrungswürdig. Da man Bilqis und Salomo in glücklicher Umarmung sah, wußten die Untertanen, daß beide beim nächtlichen Kampf gesiegt hatten.

Der wirkliche Sieger aber war der Weihrauch. Die Bewohner von Jerusalem fanden den Duft wunderbar. Was im Gewölbe der Königin Bilqis noch an Harzen vorhanden war, war rasch verkauft. Bilqis, die Besitzerin des Gewölbes, versprach, ihren Propheten nach Marib vorauszuschicken, damit er dort eine Karawane mit den feinsten Weihrauchharzen beladen lasse.

Bilqis hatte beschlossen, so lange bei Salomo zu bleiben, bis sie ihm sagen konnte, daß sie schwanger sei. Sie nutzte die Zeit, um mit ihm beisammen zu sein. Sie fand aber auch Hawbas wieder, die Tochter des Alten aus dem Dorf Radrad, das der Drache vernichtet hatte.

An ihrem Weihrauchladen hatte Bilqis einen Zettel anheften lassen mit dem Aufruf, wer das Mädchen Hawbas kenne, möge die Königin von Saba im Palast aufsuchen. Noch am selben Tag stand Hawbas vor Bilqis. Ihr Eindruck war, daß dieses Mädchen mit gutem Grund als schönste junge Frau des Dorfes Radrad galt. Die Königin war begeistert von der edlen Form des Gesichts und vom strahlenden Glanz ihrer Augen. Das Besondere aber war das blonde Haar, das ihr bis auf die Schultern fiel. Bilqis war neugierig, ob der Körper dem Gesicht an Schönheit entsprach. Sie befahl dem Mädchen, sich auszuziehen. Hawbas drehte sich um, zog die lange Hose aus, die zur Tracht der Frauen ihres Dorfes zählte, und streifte dann ihr Hemd über den Kopf. Rund waren Hintern und Schenkel. Schmal war die Hüfte. Reizvoll fand Bilqis die Grübchen. Sie wollte sich nicht trennen von diesem Anblick, doch sie mußte auch die Vorderseite sehen. Hawbas wandte sich der Königin zu, legte aber zuvor die Hand auf die rechte Brust. Wohlgeformt waren Bauch und Schenkel. Ein Flaum blonder Haare umgab die Spalte ihres Schoßes. Die linke Brust war länglich geformt und lief spitz zu. Winzig war die Knospe.

Die rechte Brust ließ Hawbas bedeckt. Sie sagte: »O Herrin, die Haut unter meiner Hand besteht aus einer häßlichen Narbe. Mein Vater hatte mich nach Jerusalem geschickt, damit ich hier Heilung finde. Er meinte, jeder, der eine Wunde habe, werde geheilt, wenn er die Schwelle von Salomos Palast überschreite. Ich aber habe den Schritt bisher nicht gewagt. Heute jedoch habe ich die Schwelle überschritten – doch nichts hat sich verändert.«

Da sagte die Königin: »Wunder wirken kann niemand mehr im Hause des Königs Salomo.« Wenige Tage später sollte Bilqis erkennen, daß sie sich mit dieser Meinung im Irrtum befand.

Während sich Hawbas wieder anzog, sagte ihr Bilqis, daß sie fortan in königlichem Dienst stehe. Sie werde künftig im Palast von Marib wohnen – und ihr Vater Attar auch. Dann ließ die Königin den besten Silberschmied von Jerusalem kommen und beauftragte ihn, für Hawbas eine rechte Brust aus Edelmetall zu formen. Als Vorbild habe ihm die linke Brust zu dienen. Bilqis hoffte, auf diese Weise die Schönheit der jungen Frau wiederherzustellen.

Hawbas war offensichtlich nicht glücklich über den Entschluß der Königin, sie nach Marib mitzunehmen. Es stellte sich heraus, daß sie aus der Ferne Adiya, den Verwalter des königlichen Eigentums, gesehen hatte – und er sie auch. Sicher war, daß sie den jungen Mann liebte, und sie glaubte, daß auch er in Liebe entbrannt war. Bilqis erinnerte sich an Adiyas seltsames Verhalten, als sie ihn nach Hawbas gefragt hatte, und war nun überzeugt, daß er das Mädchen mochte – und daß auch daß er Bescheid wußte über den Zustand ihrer rechten Brust.

Auch der Priester Menachem ist ein Sterndeuter

Ein Punkt war noch unerledigt: Bilqis hatte sich vorgenommen, in Jerusalem Näheres über das Wissen der Priester des Salomo von der Welt der Sterne zu erfahren. Sie ließ dem Priester Menachem ausrichten, er möge – wenn er derartiges Wissen besitze – sie am Abend aufsuchen. Er kam nicht allein, sondern brachte einen jungen Mann mit, der Jehu hieß. Beide nahmen neben der Königin von Saba auf den Polstern

Platz. Jehu, so erfuhr Bilqis, sei ein Schüler des Priesters Menachem und wißbegierig. Jehu sei mitgekommen, um zuzuhören.

Menachem sprach: »Wisse, o Königin des Weihrauchlandes, daß wir die Gestirne nicht verehren, daß wir weder den Mond noch den ›Hüter der Sterne‹ für Gottheiten halten. Sie sind für uns Mächte, die Befehle Gottes ausführen. Wir versuchen den Weg der Sterne zu ergründen und zu verstehen, was die Bewegungen am Himmel bedeuten. Wir haben viel von unserem Wissen aus Babylon übernommen. Die Priester dort waren sehr genau in ihren Aussagen. Sie haben sich festgelegt in ihren Vorhersagen und wurden zur Verantwortung gezogen, wenn vorhergesagte Ereignisse nicht eintraten. Eine solche festgelegte Aussage war: ›Ist der Mond von einem Hof umgeben und befindet sich der aufgehende Wandelstern Nerqal in diesem Hof, wird der König von Amurru mächtig werden und die Feinde schlagen.‹ Eine andere genaue Festlegung lautete: ›Gerät der Stern des frühen Morgens in das Sternbild, das einer Schlange gleicht, dann wird die Krankheit abklingen, an der viele gestorben sind.‹« Menachem war stolz auf sein Wissen – und er war glücklich, daß die Königin ihm zuhörte. Er sprach weiter: »Was die Priester in Babylon und wir aus dem Lauf der Sterne ablesen, bezieht sich immer auf Herrscher oder ganze Völker. Allein ihr Schicksal zu deuten ist unsere Aufgabe. Dem einzelnen deuten wir die Sterne nur, wenn er mächtig ist. Ich bin bereits dabei, mich um deinen Sohn zu kümmern, o Bilqis. Ich weiß, daß er geboren wird, wenn sich der aufgehende Abendstern dem ›Hirten der Sterne‹ nähert – und bald kann ich dir sagen, ob er ein mit Glück gesegneter Herrscher sein wird.«

Bilqis wollte wissen, ob Menachem als Sterndeuter nicht in Widerspruch gerate zu seiner Berufung als Priester des einen und allmächtigen Gottes. Dies war die Antwort des Priesters Menachem:

»Es steht geschrieben, o Herrin: ›Jahwe sprach zu Mose

also: Seid heilig, denn ich, euer Gott, bin heilig!‹ Gott ist dem Mose erschienen – immer wieder. Es steht geschrieben: ›Jahwe redete am Ersten des zweiten Monats im zweiten Jahre des Auszugs aus dem Äyptenlande in der Wüste Sinai zu Mose. Gott sprach auch zu Josua, dem Sohne des Nun.‹ Dann aber steht geschrieben: Únd das Volk Israel tat, was böse ist in den Augen Jahwes, und es diente dem Gott Baal. Das Volk verließ Jahwe, den Gott seiner Väter. ›Dann kam endlich David. Gott war erzürnt gegen Israel, doch er sprach mit David. Die Aussöhnung fand statt. Jahwe sprach auch mit Salomo – zweimal. Beim zweiten Mal hat Gott gedroht, Unheil werde über das jüdische Volk kommen. Seither aber schweigt Gott. Die Frage ist: Wann bricht das Unheil über uns herein? Wäre es in diesen Jahren der Unsicherheit nicht sträflicher Leichtsinn, Gottes Zeichen nicht zu beachten?«

Bilqis gab dem Priester Menachem recht – es war seine Aufgabe, aus allen Äußerungen Gottes dessen Willen abzulesen.

Menachem sprach weiter: »Begreife, o Königin, daß Jahwe derzeit nicht offen mit Salomo redet. Da ist es meine Pflicht, Bedrohungen zu erkennen. Er und das Land sind in Gefahr!«

Nun wollte sie mehr darüber erfahren. Sie fragte: »O Menachem, wer bedroht Salomo derzeit? Ich sehe keine Feinde!«

Da antwortete der Priester: »Wenn du in diesen Tagen den Sternenhimmel ansiehst, dann erkennst du, daß der ›Hirte der Sterne‹ von anderen Sternbildern bedroht ist. Da ist eines, das wie ein Stier aussieht, der zum Sprung auf den ›Hirten der Sterne‹ ansetzt. Und noch zwei andere Sternbilder wollen den Hirten packen. Sie greifen ihn von hinten an. Sie gleichen einem großen und einem kleinen Hund. Die offensichtliche Feindschaft des Stiers und der Hunde gegen Salomo ist leicht zu deuten. Bist du gewillt, dazu etwas aus unserer Vergangenheit zu lernen?«

Bilqis rückte sich das Polster zurecht und zeigte damit an,

daß sie zu hören bereit war. Menachem, der Priester, begann zu erzählen:

»Erfahre, o Königin, daß David einst das Volk der Edomiter schlug und daß er seinem Heerführer Joab den Befehl gab, alle Männer, auch die eben erst Geborenen, zu töten. Sechs Monate lang blieb Joab in Edom, und er befolgte den Befehl seines Herrn. Nur einer, ein kleiner Junge aus der Sippe des Königs, konnte entfliehen. Er hieß übrigens Hadad, wie dein Vater, o Königin! Von Midian aus schlug sich dieser Hadad auf gefährlichen und beschwerlichen Wegen nach Ägypten zum Pharao durch.

Der Edomiter gefiel dem Herrscher der Ägypter. Der Pharao gab dem Flüchtling Land und Haus und schließlich sogar die Schwester seiner eigenen Frau. Sie hieß Tachpenes und hatte überaus großen Einfluß am Hofe des ägyptischen Herrschers. Tachpenes gebar Hadad einen Sohn, der Genubat benannt wurde. Als dieser Genubat zum jungen Mann wurde, wuchs in Tachpenes der Ehrgeiz, Genubat zum König zu machen. Im Lande des Pharao war dies ausgeschlossen, doch in Jerusalem war es möglich. Und so geschah es, daß Tachpenes den Pharao überzeugte, ihr Sohn Genubat sei zum Herrscher in Jerusalem geboren. In Ägypten steht ein Heer bereit, das von Hadad geführt wird. Es ist gerüstet zum Aufbruch. Der Befehl ist gegeben, unser Land zu überfallen und Salomo zu töten.«

Bilqis hatte verstanden: Das Heer des Hadad, das zum Sprung auf Jerusalem ansetzte, entsprach dem Sternbild, das wie ein Stier aussah. Nun wollte die Königin erfahren, wie der große und der kleine Hund zu deuten waren, die ebenfalls dem »Hirten der Sterne« Böses wollten. Dieses Bild deutete der Priester Menachem so:

»Auch diese Feindschaft geht auf die Zeit Davids zurück. Er hatte Leute töten lassen, die gegen den König von Zoba kämpften. Die Feinde dieses Königs haben zwei Anführer: Eljada und Reson. Der zweite ist der Sohn des ersten. Da

David ihre Leute getötet hat, sind sie jetzt erbitterte Feinde von Salomo. Eljada und Reson halten Damaskus besetzt, das zum Herrschaftgebiet des Salomo gehört.

Jetzt kannst du, o Königin, die Deutung der Vorgänge am Himmel erkennen: Der ›Hirte der Sterne‹ muß sich gegen den Stier aus Ägypten wehren – ihm wendet der ›Hirte‹ sein Gesicht zu. In seinem Rücken aber greifen die Hunde Eljada und Reson an. Du siehst, durch das, was derzeit für Kundige am Himmel zu erkennen ist, warnt uns Gott. Dem Priester und Sterndeuter aber ist es vorbehalten, Schlüsse zu ziehen. Meine Aufgabe ist es, Salomo zu warnen. Doch er will nichts von den Gefahren hören. Allein du, o Herrin über die Seele Salomos, kannst ihm sagen, wie es um ihn und uns bestellt ist.«

Da sprach die Königin: »Ich werde versuchen, seine Gedanken in deinem Sinne zu leiten, o Priester, dem die Sorge um das Land anzumerken ist. Meine Zukunft hast du mir schon gedeutet: Ich werde einen Sohn bekommen.«

Da unterbrach sie der Priester Menachem: »In deinem Land wird er geboren werden – und ich werde den Augenblick der Geburt erkennen. Ein heller Stern wird über den Himmel fahren, von unserem Land zu deinem Land!«

Bilqis war inzwischen umgezogen in das Haus, das Salomo aus Zedernholz des Libanon hatte bauen lassen. Dort stand jetzt auch das »eherne Meer« – Bilqis fand, das Becken samt den Verzierungen sei das einzig Schöne in diesem Haus. Der Umzug war auf Salomos Wunsch erfolgt.

Am Morgen des folgenden Tages, nach einem Abend und einer Nacht des Glücks, lagen Salomo und Bilqis müde, aber selig im »ehernen Meer«. Bilqis wollte eben von den Sorgen des Priesters und Sterndeuters reden, da sagte Salomo:

»Ich weiß, daß dir vorausbestimmt ist, unseren Sohn in deinem Land Saba zu gebären. Ich will dir eine wertvolle Gabe mitgeben. Ich besitze Schriften, deren Worte Wundersames bewirken können zum Wohle der Menschen. Erfahre und glaube, daß diese Schriften Sprüche bewahren, die Gefahren abwenden, das Böse vertreiben, Wunden heilen und Krüppel gesund machen. Es geht nun nicht einfach an, daß ich dir die Schriften übergebe. Du mußt auch wissen, daß sie nur wirken, wenn du, o Bilqis, sie mit eigener Hand abschreibst – wie ich die Sprüche eigenhändig abgeschrieben habe aus den Schriften, die mir Ben Aphek geliehen hatte – ein Mann, der Wunder wirken konnte. Du kannst heute mit der Arbeit beginnen.«

Es war Salomos Absicht, der Königin an jedem Tag nur einen kleinen Teil der Schriften auszuhändigen. Die Arbeit des Abschreibens sollte lange dauern. So wollte der König Bilqis noch für viele Tage an sich binden.

Wie Salomo zuvor, schrieb Bilqis auf Papyrusstreifen, die aus Ägypten stammten. Ruß war die Grundlage der Tinte. Auf Papyrus und mit Tinte zu schreiben, war Bilqis nicht gewohnt – so kam sie mit der Abschrift nur langsam voran.

Die wunderwirkenden Sprüche des Ben Aphek begannen mit Versen, die den Tod bannen sollten:

»So halt von diesem sterblichen Geschöpf
Das Sterben fern.
Versiegelt sei das Reich der Toten,
Daß es zur Stunde keinen Toten mehr empfängt.«

Heilung von Krämpfen in Magen und Bauch versprach dieser Spruch:

»Ihr, die ihr reinen Wein getrunken,
Trinkt auch die Hefe.
Vergeßt jedoch nicht zu bedenken:
Wir alle gleichen nur dem Hauch.«

Der nächste Spruch in den Schriften des Ben Aphek versprach Heilung der Wunden eines Menschen. Bilqis schrieb die Worte auf den Papyrusstreifen und nahm sich dabei vor, am Abend die Wirkung an Hawbas, der Tochter des Attar, zu erproben.

So geschah es, daß beim Licht der Fackeln Hawbas nackt im Gemach der Königin von Saba stand. Ihre rechte Brust hielt die junge Frau mit der Hand bedeckt. Ihr Gesicht war Bilqis zugewandt – ihren Rücken zeigte sie Salomo.

Der König war einverstanden mit dem Versuch, die Wunderkraft der Verse des Ben Aphek an Hawbas zu prüfen. Er selbst, das gab er zu, hatte kein einziges Mal einen der Sprüche ausgesprochen, aus Angst, enttäuscht zu werden. Bilqis aber hatte ihm gesagt, sie werde die Arbeit des Abschreibens sofort beenden – und mit ihrer Karawane abreisen –, wenn Hawbas nicht geheilt werde.

Bilqis sprach nun langsam und leise diese Worte:

»Azazel, Herr der Nacht, der dunklen,
Der aus Lust am Bösen Gutes schafft,
Der Makelloses liebt am Leib der Frau.
Azazel, vernimm mein Wort:
Ihr Leib glich einem Saphir,
Ihre Brüste glichen zwei Chrysolithen,
Mach' ein Ende der Zerstörung!
Azazel, der du Wunden heilen kannst.«

Bilqis sah nicht mehr, wie die Fackeln mit einem Schlag erloschen. Sie war nach ihrem letzten Wort ohnmächtig geworden. Als sie wieder erwachte, war das Gemach dunkel. Bilqis fand sich am Boden liegend. Sie tastete mit den Händen und griff ins Leere. Ihre Gedanken wurden nur langsam wieder klar. Ihr Körper unter dem Hemd war schweißbedeckt. Mühsam richtete sie sich auf und rief nach Makeda. Gleich darauf trat die sprechende Makeda ins Gemach. Sie trug eine brennende Fackel in der Hand. Bilqis sah den König, der sich vom Boden erhob. Auch er war eben erst aus der Ohnmacht erwacht.

Hawbas aber stand aufrecht. Makeda hielt die Fackel so, daß die Brüste der jungen Frau im Licht zu sehen waren. Hawbas besaß zwei länglich geformte Brüste, die steil vom Brustkorb abstanden und spitz zuliefen. Bei beiden Brüsten war die Knospe winzig.

Im stillen war Bilqis erstaunt, daß die Worte des Spruchs gewirkt hatten. Sie besaß nicht die geringste Ahnung, wer dieser Azazel war, den sie angerufen hatte. Zudem hatte sie den Spruch so verändert, daß er einigermaßen auf Hawbas und deren Verstümmelung paßte.

Während sich Bilqis über ihre erstaunliche Zauberkraft wunderte, bemerkte sie, daß die Schönheit des Körpers der jungen Frau auf Salomos Sinne wirkte. Er sah nichts anderes mehr als die steilen Brüste der Hawbas. Bilqis nahm die Fackel und ließ sie langsam kreisen. Licht und Schatten bewegten sich über die Brüste. Salomo, noch nicht völlig bei Bewußtsein, trat auf die Frau zu und berührte sachte ihre rechte Brust auf der Unterseite. Er strich vom Brustkorb zur Knospe und hielt schließlich die Spitze zart mit zwei Fingern fest. Im Schein der Fackel sah Bilqis, wie sie sich erhob und hart wurde.

Die Königin von Saba wurde sich nun bewußt, daß sie nicht mehr gebraucht wurde in Jerusalem – und es war ihr recht.

Da war niemand mehr aus dem Kreis derer, die mit ihr aus Marib gekommen waren, der nun dorthin zurückkehren wollte. Selbst Tupaina und Silema – die sich vernachlässigt fühlten, da sie noch nicht einmal die Schläge erhalten hatten, die einer Dienerin bei Antritt ihres Dienstes zustanden – gaben zu erkennen, daß sie bei Salomo bleiben wollten. Sie erhofften sich, von ihm beachtet zu werden. Dieser Eigensinn der Dienerinnen mißfiel der Königin. Sie wußte bereits, wie sie die Absicht der beiden durchkreuzen konnte.

Der Prophet Harith befand sich bereits auf dem Weg nach Marib, um dort dafür zu sorgen, daß so rasch wie möglich

Weihrauchharze nach Jerusalem ins Gewölbe der Königin Bilqis geliefert werden. Sie bestimmte Jeschua und die sprechende Makeda zu Verwaltern des Gewölbes. Jeschua sollte nach Ablauf von drei Monaten zum Handelsherrn des Reiches Saba ernannt werden – mit Sitz in Jerusalem.

Der Priester Menachem hatte nie recht zur Kenntnis genommen, daß es der Wunsch der Königin von Saba war, ihn nach Marib mitzunehmen. Jetzt aber rückte der Tag der Abreise näher, und die Königin mußte erfahren, daß er Jerusalem nicht verlassen wollte. Als er ihr dies vorsichtig sagte, war sie nicht ungücklich, denn der junge Mann Jehu gefiel ihr gut – ihn wollte sie mitnehmen. Sie bat den Priester jedoch, seinem Vertreter Jehu das Wissen zu vermitteln, das ihm in Marib abverlangt wurde.

Bilqis aber wollte nun erfahren, wer jener Azazel war, den sie angerufen hatte, um Hawbas heilen zu lassen. Menachem war bereit, die Königin kundig zu machen. Er sagte:

»Es steht geschrieben:

›Azazel verwirrte die Sinne.
Azazel lehrte die Menschen, Schwerter zu machen
Und Messer, Schilde und Brustpanzer.
Er zeigte ihnen die Metalle und lehrte ihre Bearbeitung
Zu Armspangen und Schmuck.
Er lehrte die Frauen, die Augen zu schminken,
Schoß und Brüste zu färben.
So herrschte Gottlosigkeit und Unzucht
Durch Azazel, den Zaubermächtigen.‹«

Es schmerzte die Königin doch, daß Hawbas bereits das Lager des Königs Salomo teilte. Während der drei Tage der Reisevorbereitungen bekam Bilqis den Vater ihres Kindes nicht zu Gesicht. Sie konnte ihm nicht sagen, daß sie schwanger war.

Salomo verabschiedete die Königin und die Karawane

nicht. Die Kamele und Maultiere zogen das Kidrontal hinunter bis dorthin, wo es sich mit dem Hinnomtal vereinigte, und benutzten dann den Pfad ins Tal des Flusses und zum salzigen Meer. Da es ihr gelungen war, Jerusalem zu einem Stützpunkt des Weihrauchhandels zu machen, wollte Bilqis den Weg der Karawanen ändern und verkürzen – er sollte künftig nicht mehr über Gaza führen, sondern über Gad, Moab, Ezjon Gever und Taima. Sie selbst hatte sich vorgenommen zu prüfen, ob die Pfade im Osten des salzigen Meers sicher und benutzbar waren.

Neben der Königin von Saba ritten Jehu, der Vertreter des Priesters Menachem, und Adiya, der Verwalter der königlichen Güter. Salomo hatte gestattet, daß beide in die Dienste der Königin traten.

Zur Überraschung des Priesters Menachem und aller Untertanen nutzte Salomo die Abreise der Königin von Saba zu einer allgemeinen Umbesetzung auf wichtigen Staatsämtern. Der König ließ verkünden: »Priester des Reichs wird Asarja, der Sohn des Zadok. Elichaph und Adriya, die Söhne des Schischa, sind die Reichsschreiber. Jehoschaphat ist der oberste Aufseher im Palast.« Salomo hatte die Gelegenheit genutzt, Männer, die ihn – mehr als andere – hofierten, auf einflußreiche Posten zu setzen. Die Ablösung des Priesters Menachem hatte er lange schon beabsichtigt. Dessen Vertraute verschwanden aus ihren Ämtern.

Ihre Enttäuschung, mit der Karawane ziehen zu müssen, hatten Tupaina und Silema bei der Abreise nicht verbergen können. Was mit den beiden ungeliebten Dienerinnen geschehen sollte, hatten Bilqis und die sprechende Makeda bei ihrer letzten Unterhaltung im Weihrauchgewölbe durchdacht. Makeda hatte den Rat gegeben, in den Schriften des Ben Aphek nach einem Spruch zu suchen, der Frauen in Männer verwandeln konnte. Tupaina und Silema, die ohnehin das Aussehen von Knaben hätten, wären als junge Männer ein wunderbares Gastgeschenk für die Frauen im

Garten von Jericho. Als Frauen würden sie den Garten betreten – und drinnen, von niemandem bemerkt, würden sie Männer werden.

Die Unterredung mit Makeda war für Bilqis Anlaß, die Papyrusseiten des Ben Aphek – in der Handschrift von Salomo – nicht zurückzugeben. Sie hatte die Sammlung zauberkräftiger Sprüche mitgenommen. Einen Spruch hatte sie in ihrer eigenen Schrift abgeschrieben und in ihrem Reisegepäck verborgen.

Eine erste Unterbrechung ihrer Reise hatte Bilqis in Jericho vorgesehen. Sie wollte sich von den Frauen des Salomo verabschieden – und ihnen zugleich die Hoffnung rauben, der König werde sich künftig mehr um sie kümmern.

Drei der Frauen erwarteten die Königin bereits: Sie standen im Tor des üppigen Gartens, als die Kamele und Maultiere angepflockt wurden. Bilqis ließ sich bereitwillig in den Garten führen, hinter ihr gingen Tupaina und Silema. Wieder staunte Bilqis, daß es Wasser in Hülle und Fülle gab, daß draußen Hitze herrschte und drinnen angenehme Kühle. Sie bewunderte die Teiche und Kanäle. Sie wanderte durch die Haine der niederen Palmen, deren breite Fächer Schatten spendeten. Sie war glücklich beim Anblick der leuchtenden Blumenbeete und der hellbunten Blüten der Sträucher. Tief atmete sie den schweren Duft ein, der den Blumen und Blüten entströmte.

Dem jungen Mann Jehu und dem Verwalter Adiya waren nur kurze Blicke in den Wundergarten gestattet worden, dann hatten die beiden ein geräumiges Zelt aufzusuchen, das ihnen beim Lagerplatz der Kamele und Maultiere aufgeschlagen worden war. Sie hatten einen Nachmittag und Abend der Langeweile vor sich.

Bilqis aber wurde zum seltsam angelegten Badebecken geführt, das tief in den Boden eingelassen war. Schon als Palmstämme und herunterhängende Wedel ihr den Blick auf den Schacht noch verdeckten, hörte sie das Rauschen des Wassers, das vom Rand aus im Rund in die Tiefe stürzte.

Bilqis ging die Treppe hinunter und legte dabei Umhang und Hemd ab. Nackt trat sie durch die Öffnung ins Innere des weiten Schachts und blieb unter dem Wasserfall stehen. Lange genoß sie die Abkühlung. Sie wand und drehte sich, um die Kraft des Aufpralls überall auf der Haut zu spüren. Die beiden Mädchen, Tupaina und Silema, standen zunächst noch am Fuß der Treppe.

Wegen des Wasservorhangs konnte Bilqis nicht sehen, was im Rund des Schachtes vor sich ging. Erst als sie drei Schritte nach vorn auf den Marmorkranz trat und sich umblickte, bemerkte sie, daß die Frauen des Königs anwesend waren. Einige standen unter dem Wasserfall, andere saßen am Beckenrand. Auch die sprechende Makeda war da. Sie fiel der Königin sofort auf, weil sie ihren wunderschönen, üppigen Goldschmuck aus Ketten, Ringen und Geweben trug. Jetzt bemerkte Bilqis auch, daß alle Frauen durch Ketten um die Hüften und zwischen den Beinen – wenn auch in einfacher Ausführung – geschmückt waren. Bei ihrem ersten Besuch im Garten war dies noch nicht der Fall gewesen.

Da sie wegen des tosenden Wassers nicht zu allen Frauen auf einmal reden konnte, sprach Bilqis nacheinader mit jeder einzelnen. Sie erzählte, daß die Dschinnen aus Jerusalem verschwunden seien und daß Salomos Same wieder gesund sei – ihre Schwangerschaft sei der Beweis dafür. Bilqis' Erklärung löste Erstaunen aus. Manche glaubten ihr nicht so recht. Eine der Frauen betastete sogar den Bauch der Königin. Bilqis berichtete den Frauen allerdings auch, daß Salomo einer Frau von großer Schönheit verfallen sei – und sie erzählte von Hawbas, der Tochter des Attar.

Während der Gespräche war es Abend geworden. In der Tiefe des Badeschachts schwand das Tageslicht rasch. Doch ehe es ganz dunkel wurde, flammte an einem Punkt ein Licht auf. Von diesem einen Punkt aus breitete sich – immer auf derselben Höhe – hinter dem Wasservorhang Feuer aus. Das gesamte Rund war bald durch ein Lichtband erleuchtet. Vielfältig brach sich der Schein in den herabstürzenden Kaskaden und auf der unruhigen Oberfläche des Badebeckens. Golden und rot waren die Spiegelungen.

Lange erkannte Bilqis nicht, was sich hinter dem Wasservorhang ereignet hatte. Nun aber sah sie, daß zwischen Schachtwand und Wasserfall Öl entzündet worden war, das sich dort in Pfannen befand.

Jetzt hielt sie den Zeitpunkt für geeignet, um auszuführen, was sie sich vorgenommen hatte. Sie rief Tupaina und Silema, die sich im Hintergrund gehalten hatten, zu sich auf den Marmorkranz des Wasserbeckens und stellte die nackten Mädchen nebeneinander auf. Dann sprach Bilqis langsam:

»Azazel, Herr der Nacht, der dunklen,
Der aus Lust am Bösen Gutes schafft.
Verwandle Tupaina und Silema.
Ergänz den Leibern, was ihnen fehlt.
Azazel, vernimm mein Wort.
Ihre Leiber seien Elfenbein.
Den Frauen zum Vergnügen.«

Von niemandem bemerkt, veränderten sich die beiden Körper, bis junge Männer von edler Schönheit auf dem Marmorkranz des Beckens standen. Sie sprangen ins Wasser und schwammen zwischen den Fischen unterschiedlicher Farbe und Größe. Den Frauen, die jetzt alle aufmerksam geworden waren, gefiel der Anblick außerordentlich.

So wie das Lichtband sich fortgepflanzt hatte, so begann es wieder zu erlöschen. Von einem Punkt breitete sich Dunkel aus. Die Flammen starben ab. Schließlich war es Nacht im Schacht. Sobald sich ihre Augen an die Schwärze gewöhnt hatten, sah Bilqis über dem Schacht Sterne blinken. Da war der »Hirte der Sterne« zu erblicken. Immer strahlender wurde das Bild. Plötzlich trat Stille ein. Der Wasserfall hatte aufgehört zu tosen. Die Frauen standen erstarrt. Sie hörten einer Stimme zu, die sang:

»Es schlummerte meine Seele
So fern von Salomo.
Meine Seele wurde zur Öde,
Bewachsen von Dornengestrüpp.
Verdorrt waren unsere Leiber,
Wie verbrannte Bäume im Wind.
Jetzt schlummert meine Seele
Ganz nahe bei Salomo.«

Während des Gesangs war eine Frau nach der anderen im Dunkeln die Treppe hinaufgestiegen, hatte ihr Gewand ergriffen und sich dann ins Haus und in ihr Gemach begeben. Es war, als ob die Frauen von dem Gefühl getrieben wären, Salomo sei eingetroffen und erwarte seine Frauen. Einsam schwammen die beiden jungen Männer mit den Fischen.

Nun stieg auch Bilqis die Treppe hinauf. Tastend fand sie ihr Hemd und ihren Umhang. Sie wanderte durch den Garten, wobei ihr nur der Widerschein des Sternenlichts in Teichen und Bächen den Weg wies. Sie erreichte den Ausgang und verließ die Oase.

Vor ihrem Zelt saßen Jehu und Adiya, die sich darüber unterhielten, daß sie Jerusalem ganz gerne verließen – und den König Salomo auch.

Sobald sie Bilqis erkannten, standen sie auf. Sie sprach zu ihnen: »Ich danke euch, daß ihr bereit seid, mit mir im Reiche Saba zu leben. Dich, o Jehu, brauche ich, damit du mein Volk in deinem Glauben unterweist – und meinen Sohn auch. Dich, o Adiya, brauche ich, damit du meinem Volk und dem Reich Ordnung gibst – und damit du meinen Sohn erziehst, so daß er König werden kann. Wenn die Sonne sich über die Erde erhebt, brechen wir auf.«

Abseits von der Karawane vergrub Bilqis die Schriften des Ben Aphek. Sie blieben für immer verschollen. Hin und wieder tauchten unter dem Titel »Der Schlüssel des Salomo« Schriften auf, von denen behauptet wurde, ihr Inhalt wirke Wunder. Diese Fälschungen waren daran zu erkennen, daß sie keinerlei Zauberkraft besaßen.

Nie mehr kam eine Nachricht der Königin von Saba nach Jerusalem. Vergeblich warteten Jeschua und Makeda in ihrem Ladengewölbe auf Weihrauchharz aus Saba. Sie mußten die begehrte Ware schließlich aus Gaza beziehen. Die Kaufleute dort wurden wie gewohnt beliefert.

Dreiunddreißig Wochen nach der Abreise der Königin von Saba war in einer Nacht Bemerkenswertes am Himmel zu sehen: Ein Stern flog von Jerusalem aus dorthin, wo sich das Land Saba befand.